本书为国家社会科学基金一般项目"自然灾害综合防治立法研究"（项目编号：19BFX180）的研究成果

自然灾害
防治综合立法研究

林鸿潮等—著

中国法治出版社
CHINA LEGAL PUBLISHING HOUSE

前　言

林鸿潮

一、自然灾害防治综合立法的背景及其进程

在自然灾害防治领域制定一部综合性、统领性的法律，既是对自然灾害及其应对工作认识不断深化的结果，也是自然灾害管理体制机制演进到一定阶段后产生的法律化要求。

一个国家应对自然灾害的工作，最初针对的都是其国土上发生最频繁、危害最大的那些灾害，相应地，针对这些灾种的管理体制机制就较为成熟，制度化、法律化水平也比较高，我国也不例外。在我国，典型的灾害管理细分领域是治水、抗震和防台风。因为其重要性，国家设立了专门的政府部门（水利、地震和气象部门）负责应对，也制定了相应的法律，如《防洪法》《防震减灾法》《气象法》。[①] 针对次重要的灾害如地质灾害、森林火灾、草原火灾，则没有专设部门，只将其作为既有部门的职责之一，没有制定法律，而只制定了行政法规，如《地质灾害防治条例》《森林防火条例》《草原防火条例》。这种分灾种管理的体制经过一段时间的运行就会显露出不适应性。首先，人们会发现有一些灾害之间存在链条式的紧密联系，比如沿海地区的台风和洪涝经常伴生，地震之后经常引发堰塞湖和山体滑坡，森林和草原火灾很多时候边界难分。于是，国家会尝试将这些灾害合并起来应对，建立某些协调机制，以将相关的负责部门整合进来。其次，人们会逐渐发现不同灾害

---

① 本书引用的冠以"中华人民共和国"的法律、行政法规及其草案，统一略去"中华人民共和国"字样。——编者注

的应对中存在一些共通性的工作，并非所有的灾害管理工作都需要按灾种分门别类，而且随着经验的积累，这样的工作越来越多。于是，国家会尝试将这样的工作集中起来由特定部门负责，以节约资源、提高效率。最后，人们会发现分灾种、分部门应对自然灾害导致了资源的分散，既不利于不同部门之间的资源互补，又导致在重大灾害发生时不能迅速集中力量。于是，国家会尝试在部门分工的基础上建立一些整体性治理机制，如设立政府层面的应急指挥和议事协调机构。①

实践的需要推动灾害应对体制机制逐步走向综合化。②一开始是一些关联紧密的灾害被整合在一起应对，比如沿海地区普遍设立"三防"指挥部，一体统筹防风、防旱和防汛；又如随着林业和草原行业管理职责的合并，森林火灾和草原火灾的防治被合二为一。接着是将一些共通性的灾害管理职责集中给某个部门负责，并不断拓展其综合性。最典型的就是在由民政部门长期统一负责灾后救助的基础上，设立综合减灾委员会并依托该部门具体运作，逐步将职责拓展到牵头起草综合防灾减灾规划、推进社区防灾减灾能力建设等方面。与此同时，立足于大灾应对中的资源和能力的跨部门统筹，在政府层面设立多个灾害应急指挥机构，如抗震救灾指挥部、防汛抗旱总指挥部、森林防火指挥部等。随着灾害应对整体性治理要求的不断加深，最终推动了标志性变革的出现，那就是组建一个部门集中履行救灾职责，并统筹防灾减灾工作。2018年的国家机构改革"将……民政部的救灾职责，国土资源部的地质灾害防治、水利部的水旱灾害防治、农业部的草原防火、国家林业局的森林防火相关职责，中国地震局的震灾应急救援职责以及国家防汛抗旱总指挥部、国家减灾委员会、国务院抗震救灾指挥部、国家森林防火指挥部的职责整合，组建应急管理部，作为国务院组成部门"③。体制机制的重大

---

① 参见孟涛：《中国非常法律的形成、现状与未来》，载《中国社会科学》2011年第2期，第131—132页。
② 参见高小平、张强：《再综合化：常态与应急态协同治理制度体系研究》，载《行政论坛》2021年第1期，第64页。
③ 《中共中央印发〈深化党和国家机构改革方案〉》，载中国政府网2018年3月21日，https://www.gov.cn/zhengce/202203/content_3635301.htm#1，2024年8月6日访问。

变革使灾害管理中"统"和"综"的因素开始超过了"分"和"专"的因素，原有以"分"和"专"为主的法律体系就显得很不匹配，此时制定一部灾害防治领域的综合性法律就变得迫切起来。

和国外经验的"对标"对法律的制定也有一定的助推作用。实际上，我国的自然灾害应对可以"对标"的国家不多。绝大多数国家因幅员较小、自然环境相对单一，不具有"灾害种类多、分布地域广、发生频率高、造成损失重"[1]的类似国情而没有可比性。美国在国情上虽有此特点，但由于其属联邦制国家，有关灾害应对的联邦法律聚焦于解决联邦和州防灾减灾救灾的事权划分上，和我国关注的问题侧重点并不相同；而在州法层面，一州的"州情"与我国国情又失去了可比性。俄罗斯和加拿大、澳大利亚一类的国家则因为地广人稀、人均资源丰富，对自然灾害的容忍度高，其看待人与自然、人与灾害的观念和我们也颇不相同。至于印度、巴西、印度尼西亚等国家，就其目前的灾害应对水平而言，还谈不上有可资借鉴的优势。因此，实际上能够成为"对标"对象的就是同处东亚、同属儒家文化圈、同为灾害大国的日本，国内有关防灾减灾救灾体制机制和立法的各种讨论，也总是以日本作为最重要的比较对象。其中，日本在1959年伊势湾台风之后开始制定、1961年出台、迄今经过多次修改的《灾害对策基本法》，自然就成了国内灾害法研究中的"参考资料"。[2] 在有关制定一部自然灾害防治领域综合性法律的各种建议中，日本的这部法律既是论述必要性的依据，又是佐证可行性的理由。2007年，调整包括自然灾害在内的四大类突发事件应对全过程的《突发事件应对法》出台，一度让人们认为其实际上可发挥"灾害对策基本法"的作用，无须再重复立法。但在随后发生的南方雪灾、汶川地震等重大灾害的检验下，这部法律"颗粒度"较粗，特别是日常防灾减灾措施和应急保障措施规定得不全面、不细致、刚性不足等问题集中显露出来。于是，在《突发事件应对法》的基本框架之下，为灾害防治领域继续量身定制一部"基本

---

[1] 习近平：《充分发挥我国应急管理体系特色和优势　积极推进我国应急管理体系和能力现代化》，载《人民日报》2019年12月1日，第1版。
[2] 参见杨东：《论灾害对策立法——以日本经验为鉴》，载《法律适用》2008年第12期，第11—13页。

法"的呼声再起。①

2016 年，制定一部自然灾害防治领域"基本法"的目标在官方文件中被正式提出。同年 12 月 19 日印发的《中共中央 国务院关于推进防灾减灾救灾体制机制改革的意见》提出，要"根据形势发展，加强综合立法研究"。2017 年，当时承担综合减灾协调职能的民政部（2018 年党和国家机构改革之前，国家减灾委员会的办事机构设在民政部，由其承担日常工作）曾组织过"综合减灾法"的起草研究工作。2018 年机构改革之后，新组建的应急管理部很快着手推动其主管领域内相关法律法规的完善，并将制定一部自然灾害防治领域的"基本法"作为重要目标之一。2019 年 11 月 29 日，习近平总书记在主持第十九届中央政治局第十九次集体学习时提出，要"系统梳理和修订应急管理相关法律法规，抓紧研究制定应急管理、自然灾害防治、应急救援组织、国家消防救援人员、危险化学品安全等方面的法律法规"②。此后，应急管理部正式着手启动《自然灾害防治法》③的起草工作。在此期间，一些地方先行探索，出台了相关的地方性法规或者地方政府规章。从 2017 年开始，福建、贵州、山东等省份针对自然灾害的日常风险防范和灾后救助，先后制定了政府规章；2019 年 3 月，广东省将台风、洪灾和旱灾综合在一起，出台了地方性法规层面的《广东省防汛防旱防风条例》。2022 年 7 月，应急管理部公布了其起草的《自然灾害防治法（征求意见稿）》（分为 7 章，65 条）及其立法说明，公开向社会征求意见。④2023 年 9 月，深圳市参照应急管理部征求意见稿的框架，出台了《深圳经济特区自然灾害防治条例》。该条例第二条第二款规定："本条例所称自然灾害防治工作，是指对水旱灾害、气

---

① 参见王建平：《我国防灾减灾救灾综合机制的设想》，载《政法论丛》2017 年第 3 期，第 84 页。

② 《习近平在中央政治局第十九次集体学习时强调 充分发挥我国应急管理体系特色和优势 积极推进我国应急管理体系和能力现代化》，载新华网 2019 年 11 月 30 日，http://www.xinhuanet.com/politics/leaders/2019-11/30/c_1125292909.htm，2024 年 8 月 6 日访问。

③ 本法尚未完成制定，为行文方便，本书统一表述为《自然灾害防治法》。——编者注

④ 参见《关于向社会公开征求〈中华人民共和国自然灾害防治法（征求意见稿）〉意见的通知》，载应急管理部网站 2022 年 7 月 4 日，https://www.mem.gov.cn/gk/zfxxgkpt/fdzdgknr/202207/t20220704_417563.shtml，2024 年 8 月 6 日访问。

象灾害、地震灾害、地质灾害、海洋灾害和森林火灾等自然灾害的防治规划、风险治理、应急准备、监测预警、应急响应、灾后恢复及相关管理活动。"这意味着，该条例是第一部调整全部灾种应对全过程的地方性法规，即首个地方版的"自然灾害防治法"，这对国家层面立法的出台具有重要的探索意义。

2023年9月，十四届全国人大常委会立法规划正式将《自然灾害防治法》列入第二类立法项目。[①] 尽管第二类项目是"需要抓紧工作、条件成熟时提交审议的法律草案"，从以往的惯例来看，很少在当届全国人大常委会任期内提交审议，一般要到下一届任期期间才可能"升级"为第一类项目，但这仍不失为一个重要标志，意味着自然灾害防治综合立法终于进入了国家立法日程表，其必要性和成熟度获得了认可，成为一个可以期待在不久的将来能够实现的目标。

二、自然灾害防治综合立法需要解决的问题

灾害法是一个比较小众的研究领域，总体上研究成果不多，直接针对灾害防治综合立法的研究更少。有关这部法律和这个领域的很多基础性或深层次的理论问题还没有形成共识，有的甚至还没有得到过讨论。制定这样一部法律，至少需要回答以下四个方面的问题。

第一，这部法律的性质、功能和定位。回答这些问题，首先需要从外部视角入手，即适度跳出灾害法的范畴，在更一般的层面上讨论这部法律的性质和功能。因为，《自然灾害防治法》最不同于以往的单灾种立法之处在于，它在灾害防治领域中具有基础性地位，是本领域的"基本法"。[②] 而在法典化热潮的带动下，制定领域"基本法"恰恰是近年来的一大立法热点，其他领域已经出台或者正在制定的"基本法"在整个国家法律体系中的定位，必然会对《自然灾害防治法》产生影响。那么，在一般层面上厘清领域"基本法"的性质、目标和功能，就成为不得不回答的基本问题。特别是，《自然灾害

---

① 参见《十四届全国人大常委会立法规划》，载中国人大网2023年9月8日，http://www.npc.gov.cn/npc/c2/c30834/202309/t20230908_431613.html，2024年8月6日访问。

② 参见李一行、刘兴业：《自然灾害防治综合立法研究：定位、理念与制度》，载《灾害学》2019年第4期，第173页。

防治法》到底应该制定为本领域的"总则法"还是"综合法",抑或是"促进法",还是兼而有之?这尤其需要明确。在解决了这些问题之后,还需要回到灾害法内部,讨论《自然灾害防治法》的具体定位和制度展开方式。《自然灾害防治法》面临着上有《突发事件应对法》、下有各灾种单行法的挤压,要恰当地找准自己的立法空间,并切实发挥对既有法律制度的整合或弥合作用,避免沦为"摆设",并非易事。而在框架结构上,如果完全沿用《突发事件应对法》和各灾种单行法按应急管理环节渐次展开的方式,则必然承袭这种模式的很多固有弊端;如抛开传统模式另起炉灶,则面临着和"左邻右舍"难以衔接的问题,给法律的理解和适用带来困难。在不同的制度展开模式之间进行取舍或者折中,也是不小的挑战。

第二,国家应对自然灾害的基础理论。这些问题主要是宪法层面的,其核心是如何理解国家的自然灾害应对义务,它包含着或者衍生出如下一系列问题:国家的自然灾害应对义务从何而来,或者说,国家基于何种理由需要承担自然灾害应对义务,特别是,福利国家理论或者国家的基本权利保护义务能否成为其理由?这种义务的具体内容是什么,即国家基于这种义务需要向公民提供什么,它们各自包含着什么样的具体要求?进一步地,这些义务是否对应着公民的请求权?如果是,则谁可以作为请求的主体,除了个人,一定区域内遭受自然灾害威胁或者损害的人们能否作为一个"集体"提出请求?如果可以,则应当通过何种方式行使?对于国家是否履行这些义务有没有可资判断的标准,比如,在国家不可能保证拯救每一个遭受灾害威胁的生命的情况下,如何判断其已经履行了在灾害中拯救生命的义务?在国家不可能满足灾后救助的任何要求的情况下,如何判断其已经履行了保障公民生存的义务?虽然这些问题的答案并不必然对应着某个需要在法律文本中直接呈现的条文,但决定着整部法律的"基调",并在许多具体制度的设计方向上直接或间接地发挥着影响,特别是在对各级政府及其部门防灾减灾救灾职责的设定方式上。

第三,自然灾害防治中若干综合性制度的具体设计。在具体的制度设计层面,《自然灾害防治法》作为本领域的"基本法",应当主要解决各灾种单行法不能或不宜解决的问题,也就是需要进行整体性治理,宜"统"不宜

"分"、宜"综"不宜"专"的问题,①它们应当作为整体性的制度在法律上得到规定,而不是被分散地规定在针对各灾种的专门性法律、法规中;或者应当在"基本法"作出统一规定的前提下,根据不同灾种的特点在单行法中作出一些补充性、个别性的规定;或者虽然需要在单行法中分散规定,但也应同时建立起跨部门、跨灾种的统筹协调机制。这些问题还应当是《突发事件应对法》没有解决的,包括该法可以规定却没有规定或者规定得不够好的问题,以及基于自然灾害防治的特殊性不宜在该法中规定的问题。总的来看,这些制度集中在灾害风险治理、应急预案体系建设、应急救援力量建设、灾后救助、承灾补偿和有关责任机制等方面。能否把这些制度设计好,将决定《自然灾害防治法》的制定是否达到了其主要目的。

第四,一些有中国特色的防灾救灾机制的法律化,以及自然灾害防治和其他突发事件应对制度的衔接。依托社会主义国家集中力量办大事的制度优势,我国在长期的防灾减灾救灾实践中形成了一些具有鲜明特色的治理机制。比如,主要应用于大规模地震和流域性洪灾、集中体现"一方有难八方支援"的灾后恢复重建"对口支援",②以及主要应用于防汛救灾、以高层职务权威嵌入常规科层治理为特点的领导干部"包保责任制"等。其中,有些问题已经得到了较为充分的讨论,如"对口支援",其法律化的条件相对成熟;有的还没有得到深入研究,如"包保责任制",需要对相关机制加以完善才有可能法律化。而在突发事件应对这个大的领域内部,自然灾害防治和其他突发事件应对之间还存在一些需要明确的"边界"问题,最突出的便是"天灾"和"人祸",即自然灾害和事故灾难(主要是生产安全事故)之间的关系亟待厘清。在2021年的河南郑州"7·20"特大暴雨灾害、2023年的四川金阳"8·21"山洪灾害中,有关这方面的一些争议问题已有突出表现,也需要利用制定《自然灾害防治法》之机予以回应。

---

① 参见林鸿潮、赵艺绚:《制定〈自然灾害防治法〉的几个基本问题》,载《中国安全生产》2019年第10期,第27页。
② 参见钟开斌:《控制性多层竞争:对口支援运作机理的一个解释框架》,载《甘肃行政学院学报》2018年第1期,第4页。

三、对既有研究的梳理和总结

国内的既有研究总体上可以分为三类：一是以灾害法为对象，从整体上对灾害法律体系进行研究；二是以灾害防治领域的基本法为研究对象，学界对灾害防治基本法的表述有所不同，包括"灾害基本法"[①]"自然灾害防治法"[②]"防灾减灾法"[③]"灾害防减基本法"[④]等，主要围绕制定这一法律的必要性、性质定位、基本原则、立法框架等展开；三是以这部法律中的某一项或者几项具体制度为对象的研究。

（一）以灾害法为对象的研究

部分学者从整体上对灾害法律体系提出立法建议，致力于为自然灾害防治工作提供体系完备的法律保障。应松年认为，在巨灾冲击背景下，需要发挥灾害法律系统的保障和支持功能，增强灾害法的适用性和综合性，保证巨灾处置有效、合法运行。[⑤]莫纪宏认为，我国灾害法的主要法律制度包括灾害预防制度、灾害应急制度、救灾制度、灾后重建和安置制度、灾害救助制度和政府在救灾中的责任制度；从长远角度来看，既要制定适用于某个特定灾种的法律，也要争取出台灾害基本对策法，建立符合我国防灾减灾工作特点的防灾减灾法律体系。[⑥]杨东从比较法角度，以日本经验为镜鉴对我国的灾害对策立法进行考察，认为我国不仅需要制定一部《灾害对策基本法》作

---

① 参见王建平：《我国防灾减灾救灾综合机制的设想》，载《政法论丛》2017年第3期，第84页。
② 参见林鸿潮、赵艺绚：《"十四五"时期应急管理法律体系建设的重点》，载《中国安全生产》2021年第2期，第18页。
③ 参见方印：《中国防灾减灾基本法立法问题研究》，人民法院出版社2016年版，第430页。
④ 参见钮敏、蒋洁：《我国灾害防减基本法的框架设计》，载《江苏社会科学》2010年第1期，第159页。
⑤ 参见应松年：《巨灾冲击与我国灾害法律体系的完善》，载《中国应急管理》2010年第9期，第20—22页。
⑥ 参见莫纪宏编著：《"非典"时期的非常法治——中国灾害法与紧急状态法一瞥》，法律出版社2003年版，第74—81页。

为灾害预防、紧急应对和灾后重建的根本性法律,还需要建立由灾害对策基本法、灾害预防、灾害紧急应对、灾后重建、灾害管理组织五大类法律构成的灾害对策法律体系。①

部分环境法学者从生态环境保护的角度研究灾害法,认为健全的防灾减灾法律体系有利于生态环境的可持续发展。陈海嵩提出,虽然自然灾害法和环境法在立法体系上相对独立,但二者在法律体系上存在交叉,自然灾害防治中涉及次生环境灾害的防治等问题,在完善防灾救灾法律体系过程中还需注重该类环境灾害的防治。②王权典认为,自然灾害是我国生态环境安全建设过程中面临的严峻问题,需要通过法律手段加强自然灾害防治,构建灾害防治法律体系,强化法治保障机制,规范政府主导下的灾害防治行为。③还有学者提出"生态减灾法"的概念,如杜群提出建构以"生态保护减防自然灾害"为目标、以"生态保护法"和"自然灾害法"两个领域法为基础的"生态减灾法",以增强我国生态保护和自然灾害防治的协同治理。④黄智宇对"生态减灾法"的范畴、调整对象、具体制度、法律责任等问题进行了系统讨论,提出以"减灾"为本位加强对生态系统的保护。⑤

部分应急管理领域的学者在研究灾害治理"一案三制"中的"三制"时,也对灾害法制略有提及,认为灾害治理需要灾害法制作为坚实保障。周利敏、谭妙萍认为,灾害治理不仅需要完善的体制,还需要建立起配套的机制和法制,并对我国的灾害治理法制现状进行了总结,认为我国灾害治理法制呈现

---

① 参见杨东:《论灾害对策立法——以日本经验为鉴》,载《法律适用》2008年第12期,第14—15页。
② 参见陈海嵩:《自然灾害防治中的环境法律问题》,载《时代法学》2008年第4期,第19—21页。
③ 参见王权典:《论环境安全视角下的我国灾害防治法制建设》,载《自然灾害学报》2003年第3期,第161—163页。
④ 参见杜群:《"生态减灾法"的概念构成——兼论"生态保护法"与"自然灾害法"的协同法域》,载吕忠梅主编:《环境资源法论丛》(第13卷),法律出版社2021年版,第97页。
⑤ 参见黄智宇:《生态减灾的法律调整:以环境法为进路》,法律出版社2018年版,第5页。

零散特征，缺乏最高层次法制和预防性法制建设。[1] 周晓丽将自然灾害治理纳入灾害性公共危机治理的范畴进行讨论，认为危机治理是体制、机制和法制相统一的系统过程，成熟的灾害性公共危机治理机制不仅表现为健全的组织系统，更表现为完善的法律制度。[2]

（二）以自然灾害防治基本法为对象的研究

第一，制定自然灾害防治基本法的必要性。一是法律关系视角，从自然灾害防治基本法和其他法律的关系入手论证立法的必要性。王建平对灾害基本法、减灾法、灾害救助法和灾害紧急状态法等进行了概括研究，通过对比灾害基本法和其他三类法律，认为灾害基本法的调整对象为防灾和减灾，以一般性对策为主要内容，不可被其他法律替代，论证了灾害基本法制定的必要性。[3] 林鸿潮、赵艺绚对《自然灾害防治法》和《突发事件应对法》的关系进行了阐释，认为二者是特别法和一般法的关系，后者解决的是多灾种的通用、兜底问题，前者解决的则是跨灾种的综合、整合问题。[4] 二是供给—需求视角，认为现有的"一事一法"灾害法律体系无法满足现实需要。周伟、刘红春从防灾减灾立法范式的角度出发，认为单一型立法无法有效应对复合型灾害和各部门之间衔接不畅的情况，应促进防灾减灾体系向综合型立法范式转变。[5] 朱勋克认为，减灾工作不到位、力度不够大的关键因素在于缺乏由国家强制力保障实施的、行之有效的制度，需要制定综合减灾基本法以提升我国的综合减灾能力。[6] 方印、兰美海认为，制定防灾减灾领域的基本法

---

[1] 参见周利敏、谭妙萍：《中国灾害治理：组织、制度与过程研究综述》，载《理论探讨》2021年第6期，第142页。

[2] 参见周晓丽：《灾害性公共危机治理》，社会科学文献出版社2008年版，第343—344页。

[3] 参见王建平：《减轻自然灾害的法律问题研究》（修订版），法律出版社2008年版，第346—348页。

[4] 参见林鸿潮、赵艺绚：《制定〈自然灾害防治〉的几个基本问题》，载《中国安全生产》2019年第10期，第27页。

[5] 参见周伟、刘红春：《单一到综合：防灾减灾立法范式的转变》，载《学习与实践》2015年第2期，第85—87页。

[6] 参见朱勋克：《论综合减灾基本法的立法要义》，载《法学杂志》2002年第3期，第71页。

是实现依法治国方略、保障灾区人民生命财产安全、恢复灾区正常生活秩序和提高全社会防灾减灾能力的必然要求。①

第二，自然灾害防治基本法的性质和定位。学界对该基本法的定位存在共识。方印、兰美海认为，防灾减灾领域的基本法不仅是行政管理法，还是社会安全和可持续发展保障法；不仅是公法，还是公私兼备的综合法。② 李一行、刘兴业认为，自然灾害防治综合立法不仅是自然灾害防治的基本法，还是应急管理领域中的特别法，也是公共安全的支撑法。③ 学界对自然灾害防治法到底是"综合法"还是"总则法"则有一些争议。代海军认为，自然灾害防治综合立法的关键和难点就在于"综合"，既包括灾种的"综合"，体现为各类灾种的"大综合"或特定灾种的"小综合"，也包括过程的"综合"，即要实施全过程的灾害风险管理。④ 林鸿潮、赵艺绚认为，自然灾害防治综合立法是"综合法"而不是"总则法"，这是因为在各灾种单行法基本齐备的前提下，再将自然灾害防治中共同的、一般性的制度内容提取出来，只有形式上的整合意义，很容易与现有的《突发事件应对法》重复。⑤

第三，自然灾害防治基本法的原则和原理。方印认为，防灾减灾法的基本原则包括预防为主、防抗救相结合原则，防灾减灾与经济社会科技发展相协调原则，政府主导、公众参与和灾民自救相结合原则。⑥ 方印和陈浩还从历史考古的角度对我国古代、近代和现代一系列典型防灾减灾思想理念进行了梳理，认为应在新时代总体国家安全观的指引下，推动我国防灾减灾制

---

① 参见方印、兰美海：《我国〈防灾减灾法〉的立法背景及意义》，载《贵州大学学报（社会科学版）》2011年第2期，第23—25页。

② 参见方印、兰美海：《我国防灾减灾法的性质与地位问题初探》，载《灾害学》2013年第1期，第139—140页。

③ 参见李一行、刘兴业：《自然灾害防治综合立法研究：定位、理念与制度》，载《灾害学》2019年第4期，第173页。

④ 参见代海军：《新时代应急管理法治化的生成逻辑、内涵要义与实践展开》，载《中共中央党校（国家行政学院）学报》2023年第4期，第144页。

⑤ 参见林鸿潮、赵艺绚：《"十四五"时期应急管理法律体系建设的重点》，载《中国安全生产》2021年第2期，第18—19页。

⑥ 参见方印：《论我国防灾减灾法的基本原则》，载《贵州警官职业学院学报》2013年第2期，第5页。

度的完善。① 王建平认为，在"灾后反应文化"向"灾害预防文化"转化的背景下，防灾减灾综合机制的理论支撑在于"合作协调职能论"，需要政府、社会公众和媒体等责任主体积极参与、通力合作，尤其是各级政府之间主动协调配合。② 崔永东强调预防理念的重要性，认为"关口前移，重在预防"是应急法治的核心，应推进制定《预防灾害法》。③

国家的灾害应对义务是自然灾害防治领域的基础理论问题，对此，学界存在一定争论。有的学者持福利国家说。例如，杨丹认为，政府应对自然灾害的责任是社会保障责任，并且是有限责任，应遵循国家辅助性原则，科学划定政府、社会团体和个人的责任权限，丰富社会参与机制和个人责任意识。④ 王丽娜认为，灾害应对过程中应首先明确个人的自救责任，其次推动社会积极参与，只有当个人和社会都无法满足生存和发展的需要时才由国家发挥公权力提供辅助性服务。⑤ 有的学者持基本权利保护义务说，认为自然灾害应对义务属于基本权利保护义务的一种类型。⑥ 部分环境法学者持国家环保义务说。例如，陈海嵩认为，在重污染天气应急过程中，同一主体享有的基本权利之间（财产权、自由权和健康权）产生了矛盾和对立，现有的基本权利理论无法解决"同一主体的基本权利冲突"问题，可以诉诸国家环保义务理论，避免对公民的环境权和健康权"保护不足"，也避免强制性应急措施对公民的财产权和自由权造成"过度侵害"，从而对重污染天气应急过

---

① 参见方印、陈浩：《我国防灾减灾思想理念的历史考梳及修法意义》，载《贵州大学学报（社会科学版）》2017年第6期，第104—110页。
② 参见王建平：《我国防灾减灾救灾综合机制的设想》，载《政法论丛》2017年第3期，第85页。
③ 参见崔永东：《预防灾害法制的基本理论及相关立法问题研究》，载《法治研究》2013年第9期，第26页。
④ 参见杨丹：《自然灾害援建中政府责任的法学分析——以社会保障为视角》，载《中国公共政策评论》2017年第2期，第110—113页。
⑤ 参见王丽娜：《国家辅助性原则在中国自然灾害行政给付中的实施》，载《河北学刊》2011年第5期，第163页。
⑥ 参见[日]小山刚：《基本权利保护的法理》，吴东镐、崔东日译，中国政法大学出版社2021年版，第45—46页。

程中政府的行政裁量权形成有效约束。①

第四，自然灾害防治基本法的框架。学界的构想基本围绕灾前预防、灾中应急、灾后重建三大阶段展开。方印对防灾减灾基本法的框架体系进行了研究，并提出了立法建议稿，具体包括总则、防灾减灾规划、自然灾害监测预警、自然灾害预防、自然灾害应急救援、灾害后过渡性安置和恢复重建、监督管理、法律责任和附则等九章。②钮敏、蒋洁对立法框架进行了设计，认为应包括总则、灾害防减组织、灾害防减计划、灾害预防、灾害应急措施、灾后复原重建、附则等七章。③林鸿潮、赵艺绚认为，《自然灾害防治法》的初步框架包括总则、自然灾害防治规划、自然灾害风险治理、防灾减灾教育、救灾准备和保障、自然灾害信息、救灾、灾后恢复和重建、法律责任和附则等十章。④

（三）以自然灾害防治具体制度为对象的研究

一是灾害应急预案制度。相关讨论集中在两个方面，首先是应急预案的性质。应急预案的性质对应急预案功能的发挥至关重要，在应急预案体系建设初期，由于应急法制建设相对滞后，出现了"以案代法"的权宜之计。⑤随着应急法律体系的逐步完善，应急预案回归"行动方案"的本质。⑥其次是应急预案的实际效用。王建平、李军辰认为，灾害应急预案供给与启动的实际效用受限于事件突发时政府的应对能力、启动预案时政府部门间的配合

---

① 参见陈海嵩：《雾霾应急的中国实践与环境法理》，载《法学研究》2016年第4期，第159—161页。

② 参见方印：《中国防灾减灾基本法立法问题研究》，人民法院出版社2016年版，第430页。

③ 参见钮敏、蒋洁：《我国灾害防减基本法的框架设计》，载《江苏社会科学》2010年第1期，第159—160页。

④ 参见林鸿潮、赵艺绚：《制定〈自然灾害防治法〉的几个基本问题》，载《中国安全生产》2019年第10期，第27页。

⑤ 参见林鸿潮：《论应急预案的性质和效力——以国家和省级预案为考察对象》，载《法学家》2009年第2期，第24页。

⑥ 参见詹承豫、顾林生：《转危为安：应急预案的作用逻辑》，载《中国行政管理》2007年第5期，第89页。

能力等因素。[1]

二是灾害救援力量建设。曹海峰认为，需要通过完善我国的消防救援队伍来提升自然灾害和事故灾难的应急救援能力，可以建构"国家综合—地方专职—社会志愿"一体两翼的消防救援队伍体系新格局，推动我国消防救援队伍体系向职业化、专业化和科学化方向发展。[2] 杜兴军提出，社会应急救援力量在灾害应急事件中发挥着难以替代的重要作用，承担着各类灾害救援和应急处置责任，不仅可以弥补政府应急能力的不足，还可以极大提高应急救援的广度和深度，应积极规范和引导社会救援力量的健康发展。[3] 莫于川、梁爽对应急志愿力量进行探讨，认为需要加强对应急志愿服务的法律保障，对应急志愿服务的基本原则、组织和管理机制、应急志愿者的权利和义务进行明确，以促进应急志愿服务的法治化和规范化。[4]

三是灾害救助制度。首先是灾害救助法律体系的完善。杨立新对意外灾害影响下的民事救济问题进行了研究，包括物权法、债权法、亲属法、继承法和侵权法上的应急救济问题。[5] 杨珊从救助主体入手，认为应该构建政府组织、市场化运作、社会作为和灾民参与的社会救助供给主体制度，并在此基础上建构系统化、多层次的自然灾害社会救助法律体系。[6] 王建平、李欢认为，除了硬件基础设施等物质型重建任务，还需要关注灾后心理重建任务，

---

[1] 参见王建平、李军辰：《灾害应急预案供给与启动的法律效用提升——以"余姚水灾"中三个应急预案效用总叠加为视角》，载《南京大学学报（哲学·人文科学·社会科学）》2015年第4期，第71—72页。

[2] 参见曹海峰：《新时期加快推进我国消防救援队伍体系建设的思考》，载《行政管理改革》2019年第8期，第77页。

[3] 参见杜兴军：《新时代社会应急救援力量建设研究》，载《中国应急管理科学》2022年第10期，第76页。

[4] 参见莫于川、梁爽：《关于完善中国的应急志愿服务法律保障体系之管见》，载《河北法学》2011年第5期，第56页。

[5] 参见杨立新主编：《意外灾害应急民法救济》，人民法院出版社2008年版，前言第2页。

[6] 参见陈珊：《我国自然灾害事件下社会救助法制体系研究——基于汶川地震的实证分析》，中国政法大学出版社2013年版，第290—291页。

需要将灾后心理救援法律化。[1]其次是灾害救助中的具体法律适用问题。王建平、唐仪萱对灾民的资格标准问题进行了研究，认为灾民身份的认定标准应采取地域标准或属地主义原则，即凡是在灾区的人民，无论其是否遭受人身伤亡或财产损失，因社会秩序处于混乱状态，需要政府和社会提供救助的，应自动取得灾民身份。[2]最后是灾害救助中的转移支付问题。钟晓敏、岳瑛通过观察汶川地震后的转移支付制度，认为需要进一步完善纵向转移支付制度，增强乡级财政财力，同时要规范横向转移支付制度，促进区域经济协调发展。[3]

四是灾后对口支援制度。对口支援是中国特色的灾后重建模式，充分显示了中国特色社会主义集中力量办大事的制度优势。钟开斌引入"控制性多层竞争"分析框架对该制度成功运作的原因进行解释，认为对口支援是上级主导的下级之间进行可控性多层竞争的过程，在以人事任免为核心的垂直控制体制下，通过目标的层层设定和任务的层层分解，确保对口支援总体任务得以快速高效完成。[4]翟进、张海波通过观察汶川地震后的对口支援，认为对口支援不是传统的援助方和被援助方的层级关系，而是多元的网络结构，既包括中央和地方的纵向互动，也包括支援方和受援方、支援方和支援方、受援方和受援方形成的横向互动，各利益相关主体之间的合作促进灾后可持续恢复。[5]

五是有关职责和责任机制。相关研究分为两个方面，首先是职责的划分和承担。王建平、李臻通过考察城市灾害生成和城市减灾救灾能力，认为需

---

[1] 参见王建平、李欢：《芦山地震心理危机干预"二次伤害"的法律控制——以张支蓉叠加性损害的心理援助义务法律化为视角》，载《理论与改革》2014年第6期，第153页。

[2] 参见王建平、唐仪萱：《灾民身份的认定与灾后重建救助协调——以〈防震减灾法〉修改为视角》，载《中国司法》2008年第8期，第98页。

[3] 参见钟晓敏、岳瑛：《论财政纵向转移支付与横向转移支付制度的结合——由汶川地震救助引发的思考》，载《地方财政研究》2009年第5期，第29页。

[4] 参见钟开斌：《控制性多层竞争：对口支援运作机理的一个解释框架》，载《甘肃行政学院学报》2018年第1期，第11页。

[5] 参见翟进、张海波：《巨灾的可持续恢复——"汶川地震"对口支援政策案例研究》，载《北京行政学院学报》2015年第1期，第20—21页。

要实行城市减灾"一岗双责"和"终身负责制",提升城市减灾法治能力。[1] 詹承豫、徐培洋从公共治理的角度考察自然灾害防治公共责任,在政府有限责任的基础上提出自然灾害防治公共责任的划分需要覆盖全灾种、联动全主体、整合全流程,通过完善自然灾害防治综合立法等法律规范优化公共责任划分。[2] 李华强认为,在防灾减灾责任主体方面,除了政府,社区和公众也是防灾减灾的主体,需要加强公众参与以推进自然灾害防灾减灾的社会化,动员广泛的社会大众力量采取预防、缓解和准备等措施减轻灾害风险,增强针对灾害的适应力。[3] 其次是事后追责的考量因素。林鸿潮认为,在自然灾害应对过程中,对行政机关的履职评价需要考察作为可能性要素,综合考虑行政资源的可及性、充足性及其与行政任务的匹配度,当行政机关不(完全)具备作为可能性时,还应结合行政机关是否采取替代履职方案、是否积极调剂其他行政资源、是否合理调节公众预期等因素,最终评价其履职情况和责任。[4] 对于自然灾害发生后政府应承担何种赔偿责任的问题,杜仪方认为,政府承担的是危险防止型行政责任,行政主体对自然灾害的预防行为属于危险防止型行政的一部分,而如何判断危险防止型行政中的行政不作为违法,关键在于判断自然灾害是否具有预见可能性。[5]

(四)小结

总体而言,目前虽然学界针对自然灾害防治基本法的研究成果总量不多,但做了不少积极探索,在一些基本问题上形成了积累。首先,对于制定

---

[1] 参见王建平、李臻:《功能叠加视角下城市减灾能力提升的法治路径》,载《华南师范大学学报(社会科学版)》2020年第4期,第175—176页。
[2] 参见詹承豫、徐培洋:《基于目标导向的自然灾害防治公共责任划分逻辑研究》,载《灾害学》2024年第4期,第163—164页。
[3] 参见李华强:《自然灾害防灾减灾社会化中的公众参与:一个阶段化路径模型》,载《中国行政管理》2021年第6期,第129页。
[4] 参见林鸿潮:《履行行政职责的作为可能性》,载《法学研究》2022年第6期,第52—54页。
[5] 参见杜仪方:《政府在应对自然灾害中的预见可能性——日本国家责任的视角》,载《环球法律评论》2017年第1期,第97—99页。

自然灾害防治基本法的必要性问题，学界基本上达成了共识，认为亟须将"一事一法"的灾害立法范式转变为综合型立法范式，以更好地适应我国的灾害国情。其次，现有研究大都强调将预防原则作为立法的基本理念之一，以促进灾害法制建设从灾后补救向灾前预防转变。再次，学界为自然灾害防治基本法的基本框架和思路提供了智识基础，虽然不同学者的构思有所不同，但基本围绕灾害治理全过程展开，覆盖了灾前预防、灾中应急、灾后重建、法律责任各主要板块。最后，学界对自然灾害防治基本法涉及的一些具体制度已有较为深入的探索和争鸣，如应急预案的性质和功能、应急救援体系的构成和建设方针、灾后救助的内容和方式、相关责任机制的构建和完善等，为立法上具体的制度设计提供了重要参考。

四、本书的框架结构

本书分为三个部分，按照如下框架结构展开。

（一）基础理论

本部分包括第一章到第三章。

第一章研究领域"基本法"的一般理论问题，包括推动领域"基本法"出台的主要社会因素，领域"基本法"能实现和不能实现的目标，以及可能生成此类法律的主要领域分布情况，并在其中论及了本成果的研究主题，即自然灾害防治领域"基本法"的相关问题。

第二章研究国家的自然灾害应对义务，指出国家的自然灾害应对义务属于安全保障义务，可以分为生命保障义务和生存保障义务。具体而言，生命保障义务又可分为奠基义务和纠错义务；生存保障义务则可分为托底义务和基于实质平等的给付义务。

第三章研究《自然灾害防治法》本身的基础性问题，在分析我国灾害法体系现存问题的基础上，讨论了该法的目标和功能定位，重点分析了其与《突发事件应对法》和各灾种单行法的关系处理，在此基础上提出了分别以风险、事件和损失为对象的制度展开逻辑，并论及该法将来的实施机制。

（二）重点制度

本部分包括第四章到第十三章，用十章的篇幅重点研究了《自然灾害防治法》中五个方面的重要制度。

第四章、第五章研究应急预案制度。第四章引入新的视角重述了应急预案的性质和功能，在梳理其从"以案代法"到回归突发事件应急行动方案的功能变迁史的基础上，指出其编制过程还具有紧急权力正当化的功能，并据此提出了具体制度设计。第五章研究作为大规模自然灾害重要应对工具的区域联合应急预案，在分析其作为应急行动方案和府际协议双重性质的基础上，指出了其双重性质造成的内在紧张关系，进而提出了相应的调适机制。

第六章研究应急救援力量建设。在"灾害韧性"理念的引导下，指出应急救援力量建设对城市灾害韧性的提升具有多方面的重要作用，因此其建设理念也应当进行"韧性"更新，并借助制度化手段推动其实现。应急救援力量的"韧性"建设体现为对鲁棒性、冗余性和易恢复性的追求。在此基础上，提出了加强应急救援力量的规划建设、畅通各种应急救援力量之间的自主性合作渠道和义务互补机制，加强应急救援力量建设的效能评估机制等建设。

第七章、第八章研究灾害救助。第七章研究灾害救助标准，从宪法角度分析了灾害救助的权利属性，以及由此产生的立法安定性和现实变动性对灾害救助标准的双重要求，提出了调和两者紧张关系的路径，以及审查灾害救助标准合宪性的具体方式。第八章研究灾害救助中的集体给付请求权，指出在灾害救助中，在公共利益和个体利益这两个端点的中间，实际还存在诸多可以惠及个体成员却不可分割的集体利益，在此基础上分析了构建集体给付请求权的可能性，提出了具体的请求权类型及其行使和救济途径。

第九章研究承灾补偿。以蓄滞洪区补偿为主要切入点，研究自然灾害承灾区域的利益补偿和转移支付问题。指出当前实行的"应急+救助"转移支付机制中存在的不足，提出应当根据是否发生承灾事实采取不同的转移支付机制，在承灾区域未实际使用时，基于其受损的发展利益，采用"常态+发展"的补偿机制；在其被实际使用之后，基于其同时受损的发展利益和生存利益，采用"常态+发展"与"应急+救助"叠加的双重补偿机制。

第十章到第十二章研究有关职责和责任机制。第十章研究自然灾害应对中履行行政职责的作为可能性，指出灾害法上存在许多目标与能力不匹配的行政任务，要准确评价行政机关履行自然灾害应对职责的状况，需要综合考虑行政资源的可及性、充足性及与行政任务的匹配度，确定对行政机关作为可能性的合理预期，和作为义务、结果回避可能性一起，在行政可问责性的完整架构下进行评价。第十一章研究防灾救灾中的领导干部包保责任制，指出其本质上是一种补充于科层制的统筹协调机制，在实践中虽发挥了多方面的积极作用，但应用泛化也使其面临功能过载削弱法治权威、关系过载引发权责紊乱、责任过载造成问责失衡等问题，提出应从厘清应用边界、理顺权责关系、明确归责原则和构成要件三个方面完善该制度。第十二章研究自然灾害次生事件的性质认定和责任衡量，分析了在此类事件中经常出现"人祸"遁入"天灾"，从而造成追责不公并诱发道德风险的原因，提出对此类事件的性质进行辨析的具体规则，以及在将其认定为生产安全事故情况下的责任衡量具体方法。

第十三章研究《自然灾害防治法》中的促进型条款，指出自然灾害防治领域存在很多促进型法律条款，具体包括"促进政府"和"政府促进"两种样态，在此基础上分析了促进型条款作为"原则"的规范要求，指出了其目标程式造成的规范效力不足问题，提出可以通过建立为促进型条款服务的细化分解机制、督查整改机制和评比表彰机制等，间接补强其规范效力。

（三）立法建议

以上述研究成果为依托，本书最后提出了《自然灾害防治法》的立法建议稿，并附有逐条理由说明。该建议稿既对应急管理部公布的征求意见稿和一些地方层面的立法例如《深圳经济特区自然灾害防治条例》有所参考，又在整体法律框架和许多具体制度设计上，提出了与这些版本不同的方案。

需要说明的是，我们对《自然灾害防治法》中的具体制度没有面面俱到地全部开展研究。该法涉及的具体制度较多，因力量有限，本着有限目标、量力而行的原则，选择了一些争议较多的问题和实践中新出现、尚未得到充分讨论的问题进行了研究，形成了本书第二部分的十章内容，但没有将一些共识度较高或既有成果较多的问题，如灾害风险管控、救灾物资储备、救援队伍建设等作为研究对象，这影响了本书在具体制度部分的全面性和体系性。

五、本书作者简介

林鸿潮，中国人民大学纪检监察学院教授，博士生导师，国家治理工程学院纪检监察与廉政建设研究所所长。

赵艺绚，中国人民公安大学涉外警务学院讲师，法学博士。

纪庆全，南京警察学院基础部讲师，法学博士。

刘文浩，中国消防救援学院政治工作系讲师，法学博士。

薛悟娟，中国政法大学政治与公共管理学院博士后研究人员，法学博士。

刘　辉，中国政法大学法学院博士研究生。

周　俊，中国政法大学法学院博士研究生。

杨佩琳，中国政法大学法学院博士研究生。

吕之滨，中国政法大学法学院博士研究生。

王一然，中国政法大学法学院博士研究生。

张润琪，中国政法大学法学院硕士研究生。

王进威，中国政法大学法学院硕士研究生。

目 录 CONTENTS

第一部分 基础理论

第一章 领域"基本法"的动力机制、目标校准和生成空间

林鸿潮 / 003

一、引言 / 003

二、制定领域"基本法"的动力机制 / 006

三、对领域"基本法"的目标校准 / 013

四、领域"基本法"的生成空间 / 021

五、结语 / 028

第二章 国家的自然灾害应对义务

林鸿潮　纪庆全 / 031

一、引言 / 031

二、既有理论及其检视 / 033

三、国家自然灾害应对义务的含义及其边界 / 039

四、国家生命保障义务的展开 / 043

五、国家生存保障义务的展开 / 047

六、结语 / 051

第三章 《自然灾害防治法》的功能定位、展开逻辑和实施机制

林鸿潮　杨佩琳 / 052

一、引言 / 052

二、既有法律"体系"存在的问题 / 055

三、《自然灾害防治法》的功能定位 / 063

四、《自然灾害防治法》的制度展开逻辑 / 068

五、《自然灾害防治法》的实施机制 / 077

六、结语 / 079

第二部分　重要制度

第四章　应急预案的性质和功能再探讨

林鸿潮　张润琪 / 083

一、引言 / 083

二、对应急预案性质和功能的认识变迁 / 085

三、一个新视角：预案作为紧急权力正当化的渠道 / 092

四、预案编制中的正当程序嵌入 / 102

五、结语 / 108

第五章　区域联合应急预案的双重属性和制度优化

林鸿潮　赵艺绚　王进威 / 109

一、引言 / 109

二、区域联合应急预案的生成逻辑和制度功能 / 110

三、作为应急行动方案的区域联合应急预案 / 113

四、作为府际协议的区域联合应急预案 / 116

五、区域联合应急预案双重属性的内在张力 / 119

　　六、双重属性之下区域联合应急预案的制度调适 / 121

　　七、结语 / 125

第六章　"灾害韧性"视角下城市应急救援力量的制度化建设导向及其路径

林鸿潮　吕之滨 / 127

　　一、引言 / 127

　　二、"灾害韧性"视野下的城市应急救援力量建设理念更新 / 129

　　三、城市应急救援力量的"灾害韧性"建设导向 / 136

　　四、"灾害韧性"目标下的城市应急救援力量建设路径 / 141

　　五、结语 / 148

第七章　灾害救助立法安定性与变动性的宪法调和

周　俊 / 149

　　一、引言 / 150

　　二、灾害救助立法的宪法依据 / 151

　　三、灾害救助立法安定性的诉求 / 157

　　四、灾害救助立法安定性与变动性的紧张关系 / 162

　　五、对降低灾害救助立法安定性的合宪性控制 / 167

　　六、结语 / 179

第八章　灾害救助的集体给付请求权

林鸿潮　周　俊 / 181

　　一、引言 / 181

二、灾害救助中的国家给付义务 / 183

三、灾害救助给付义务中的集体利益指向 / 187

四、灾害救助集体给付请求权的规范构造 / 195

五、灾害救助集体给付请求权的实现途径 / 202

六、结语 / 206

第九章　承灾区域转移支付的权利基础和制度完善

薛悟娟　林鸿潮 / 207

一、引言 / 207

二、蓄滞洪区转移支付的现状 / 208

三、"应急＋救助"纵向转移支付存在的问题 / 210

四、转移支付的权利基础和模式转向 / 216

五、"常态＋发展"转移支付的制度构建 / 221

六、结语 / 226

第十章　自然灾害应对中履行行政职责的作为可能性

林鸿潮 / 227

一、引言 / 227

二、消失的行政机关作为可能性 / 229

三、灾害法上的不对称行政任务 / 236

四、被肢解的行政可问责性及其复原路径 / 240

五、引入作为可能性之后的履职评价 / 245

六、结语 / 252

第十一章　防灾救灾中的领导干部包保责任制

林鸿潮　刘文浩 / 254

一、引言 / 254

二、防灾救灾中领导干部包保责任制的实践形态 / 256

三、防灾救灾中领导干部包保责任制的治理逻辑 / 262

四、领导干部包保责任制应用泛化下的法治困境 / 266

五、防灾救灾中领导干部包保责任制的优化路径 / 270

六、结语 / 275

第十二章　自然灾害次生事件的性质认定与责任衡量

林鸿潮　王一然 / 276

一、引言 / 276

二、自然灾害次生事件的性质认定难题 / 278

三、自然灾害次生事件认定规则的建构 / 282

四、自然灾害次生事件的责任衡量 / 290

五、结语 / 295

第十三章　自然灾害防治中的促进型法律条款

刘　辉 / 296

一、引言 / 296

二、灾害防治促进型条款的实践样态及其生成逻辑 / 299

三、灾害防治促进型条款对政府的规范要求 / 307

四、灾害防治促进型条款的执行隐忧 / 313

五、灾害防治促进型条款的规范效力建构 / 317

六、结语 / 322

第三部分 立法建议

《中华人民共和国自然灾害防治法》立法建议稿与逐条说明

林鸿潮　刘　辉 / 327

参考文献 / 367

第一部分

基础理论

第一章
领域"基本法"的动力机制、目标校准和生成空间

林鸿潮

摘要：法典化运动同时带动了多个领域"基本法"的立法进程。政府主管部门是此类立法最重要的推动者，目的是彰显本领域治理体系的成熟度，以稳定和强化其在国家治理格局中的地位，并与其他领域廓清边界，同时以立法为契机整合内部管理职权和向上争取治理资源。大多数领域"基本法"无法成为本领域的法律"总则"，但有助于领域内共通性制度的统一和部分管理机制的整合，实现领域内较优制度的扩散和互鉴，并有限地发挥"填补空白"的兜底作用。领域"基本法"主要生成于与国家基本职能对应的领域、国家主导性强的行业性领域，以及因同类行政事务归集形成的管理领域。后者最需要制定"基本法"，以解决"大部门制"改革之后的制度、职权、机制整合问题，其主管部门推动立法的积极性也最高，将成为制定领域"基本法"的主要场域。

一、引言

《民法典》的成功编纂推动了多个领域的法典化进程，在"适时推动条件成熟的立法领域法典编纂工作"[①]方针引领下，生态环境法典、教育法典等

[①] 习近平：《坚定不移走中国特色社会主义法治道路　为全面建设社会主义现代化国家提供有力法治保障》，载《求是》2021年第5期，第10页。

领域法的法典化主题先后继起成为研究热点，产出了大量成果。但不太为人关注的是，法典化运动还带动了另外一类立法的推进，就是在那些法典化条件还"不太成熟"的领域，制定一部本领域的"基本法"①——在本领域具有基础性、统领性地位，较为全面地对该领域中的各种社会关系作出原则性、一般性规定的法律。例如，2019年出台的《基本医疗卫生与健康促进法》和目前已经列入十四届全国人大常委会立法规划第二类项目的《交通运输法》《自然灾害防治法》等，②它们之于卫生健康、交通运输、自然灾害防治等领域，就分别具有这种"基本法"的地位。

近年（拟）出台的这些领域"基本法"在背景上有两个特点：一是该领域下的多个细分板块已经分别制定了法律、法规，但缺少一部覆盖本领域各方面的总的立法。比如，在《基本医疗卫生与健康促进法》出台之前，卫生健康领域已经制定了十多部法律，涉及基本医疗卫生服务、医疗卫生人员、药品供应和管理、健康促进等该领域的各主要方面，但内容较为零散，体系化程度较低。③又如，在交通运输领域，公路运输有《公路法》《道路交通安全法》，铁路运输有《铁路法》，水路运输有《港口法》《航道法》《海上交通安全法》，民航运输有《民用航空法》，邮政有《邮政法》，但没有一部覆盖交通运输全领域的法。④再如，在灾害防治领域，地震有《防震减灾法》，台风有《气象法》，洪涝有《防洪法》，滑坡、泥石流、森林火灾、草原火灾等也有相关行政法规，但也没有一部调整全部灾种防治工作的法律。⑤二是该

---

① 国家立法机关和国务院主管部门在很多官方场合提及这些法律时，便经常将其描述为某某领域的"基本法"。之所以在此将"基本法"一词加上双引号，是因为其虽已成为指称此类法律的常用语，但显然又有别于效力高于普通法律的、宪法学意义上的基本法，如《香港特别行政区基本法》和《澳门特别行政区基本法》，为避免混淆和误解而采用此表述方式。

② 参见《十四届全国人大常委会立法规划》，载中国人大网2023年9月8日，http://www.npc.gov.cn/npc/c2/c30834/202309/t20230908_431613.html，2024年8月6日访问。

③ 参见许安标：《加强公共卫生体系建设的重要法治保障——〈基本医疗卫生与健康促进法〉最新解读》，载《中国法律评论》2020年第3期，第175页。

④ 参见胡正良、曹译文：《我国"综合交通运输法"立法宗旨的价值探析》，载《学术交流》2019年第2期，第84—86页。

⑤ 参见李一行、刘兴业：《自然灾害防治综合立法研究：定位、理念与制度》，载《灾害学》2019年第4期，第173页。

领域此前在体制上分属多个部门管理，各管理部门和各细分板块法律法规基本上呈对应关系，在"大部门制"改革中，原有的部门、机构被合并到一起，如组建交通运输部；或者设立了一个新部门行使该领域的综合管理职责，如组建应急管理部（原有各部门并未撤销）。从已出台的此类法律或已公布的草案来看，其内容上也呈现出两个特点：一是试图对本领域各部分、各环节的工作作出综合性、统领性规定，即充当本领域的"基本法""龙头法"，[1]因此不免采取一些类似于法典编纂的技术，对原有各部分的单行法"提取公因式"。[2]二是其篇幅较为精简，对大多数问题只做原则性规定，没有过多涉入具体制度设计，既不试图取代现有的单行法，也不试图将这些单行法的既有内容装入其中，这些"基本法"施行之后，原有的各单行法继续有效，甚至会专门指明这些单行法"另有规定的，从其规定"，即明确它们的优先效力，而自甘居于"二线"兜底地位。[3]

上面的描述带来了一些疑问：既然有关领域的各细分板块大多已经制定了单行法，并不存在太多"立法空白"，领域"基本法"也并不试图取代这些单行法，那为何还要制定这样一些法律呢？特别是，这些领域国家层面的主管部门为何要如此积极地推动这些法律出台？[4]换句话说，制定这些法律

---

[1] 参见王晨光、张怡：《〈基本医疗卫生与健康促进法〉的功能与主要内容》，载《中国卫生法制》2020年第2期，第2页；《综合交通法规体系2035年基本建成 六大系统支撑交通运输一体化发展》，载中国政府网2021年1月12日，https://www.gov.cn/xinwen/2021-01/12/content_5579131.htm，2024年8月6日访问。

[2] 参见朱明哲：《法典化模式选择的法理辨析》，载《法制与社会发展》2021年第1期，第95页；王丽莎：《试论中国卫生基本法的制定》，载《中国医院管理》2013年第1期，第16页。

[3] 将某部法律定位为"基本法"后，过于具体的制度设计反而会遭到批评，如一些学者就认为《环境保护法》（1989年）的部分内容过于具体，与基本法的身份和功能不符。参见汪劲：《从环境基本法的立法特征论我国〈环境保护法〉的修改定位》，载《中外法学》2004年第4期，第480页；王灿发、傅学良：《论我国〈环境保护法〉的修改》，载《中国地质大学学报（社会科学版）》2011年第3期，第31页。

[4] 立法机关在面对专业性立法任务时，往往缺乏足够的立法技术和实践经验，因此不得不依赖政府主管部门提出立法草案，进而主导立法过程，学界一般将这种现象称为部门立法或部门主导立法。参见王理万：《立法官僚化：理解中国立法过程的新视角》，载《中国法律评论》2016年第2期，第120页。

的内在动力机制到底是什么？进一步的追问还包括：制定这些法律意图实现哪些目标？哪些有可能被实现，哪些不能？以及，在各式各样的"领域法"中，到底哪些领域可能生成这样一些"基本法"？对领域"基本法"的制定来说，这些都是十分重要的基础性问题，本章将尝试作出回答。

二、制定领域"基本法"的动力机制

一个领域制定一部"基本法"的必要性何在？从法律的功能出发，似乎可以从两个角度作出简单回答。第一个解释是存在"立法空白"需要填补，就是这些领域中存在某些社会关系需要法律调整，但目前还有欠缺。[①]事实果真如此吗？这个问题恐怕只能在很弱的意义上获得肯定回答，那就是多多少少存在一些。比如，就灾害防治领域而言，大多数常见灾种都有单行法，但仍有个别遗漏如海洋灾害，在为其制定单行法条件不太成熟或者必要性不大的情况下，一部"基本法"可以发挥一定的"兜底"作用，使其至于无法可依。一些较为重要的自然灾害应对机制如灾害保险，目前也缺少法律规范，在"基本法"中作出一些原则性规定，自然也有助于消灭"空白"。[②]其他领域多多少少也存在类似情况。但如果将这些"空白地带"和该领域"基本法"所（试图）展开的体系相比，其占据的比例并不显著。至于这些法律的其他内容，大多是对原有单行法中相关制度、条款的概括、放大乃至重复。一个显而易见的道理是，法律的适用需要借助一系列规则最终指向唯一结果，具有同样规范内涵的内容无论是在一部法律还是在多部法律中被重复多少遍，其实际内容都不会有丝毫增减，不必要的重复只会徒增适用中的复杂性和出错概率。[③]总之，用填补为数并不太多的"立法空白"来解释制定领域"基本法"

[①] 参见胡正良、曹译文：《我国"综合交通运输法"立法宗旨的价值探析》，载《学术交流》2019年第2期，第86页。

[②] 参见《关于〈中华人民共和国自然灾害防治法（征求意见稿）〉的起草说明》，载应急管理部网站 2022年7月4日，https://www.mem.gov.cn/gk/zfxxgkpt/fdzdgknr/202207/t20220704_417563.shtml，2024年8月6日访问。

[③] 参见汤善鹏、严海良：《地方立法不必要重复的认定与应对——以七个地方固废法规文本为例》，载《法制与社会发展》2014年第4期，第159页；李高协：《关于重复立法问题的思考》，载《人大研究》2021年第10期，第55页。

的必要性，确实过于勉强。第二个解释是需要一部具有总则功能的法律来提取这些领域的法律原则，对这些领域的立法、执行和司法（尽管司法的内容相当有限）进行统率和指引。① 换句话说，就是要为这些领域的法律提炼出若干共同价值，将该领域的大部分法律规范凝聚为一体。如果是这样，这些法律便具备了价值的融贯性，"法典"味道就相当浓厚了。② 但从现实情况来看，这些立法显然志不在此。领域法的任务和问题导向决定了其以提供社会治理之良策为主要使命，因而其大多数内容仍是制度层面的，并没有将重点放在价值和原则上。③ 即使它们在"总则"章中也规定了某些原则，但充其量只是一些工作原则，比如医疗卫生事业的"公益性原则"，灾害防治工作的"预防为主原则""社会动员原则"。必须承认，这些原则反映了该领域事业发展或者工作开展的一些重要特点，或者在该领域的某些工作中有指导意义，但显然缺乏被解释出独特规范内涵从而能够凝聚该领域大多数法规范的潜力。

既然如此，那到底是什么因素在推动这些领域制定出一部"基本法"呢？这恐怕需要在纯粹的法律思维之外寻求答案。

（一）基于多重目的的"体系性"追求

无论是官方还是学界，在谈到制定这些"基本法"的必要性时，增强本领域法律规范的"体系性"，或者使本领域法律法规走向"体系化"，是被提及最多的理由，常常被置于立项论证、草案说明、官方解读中的重要位置。④ "体系化"在这些法律的制定中具有两重意义：一是这部法律制定完

---

① 参见李龙亮：《中国自然资源立法的反思及其完善》，载《资源科学》2008年第4期，第485—486页；曹译文：《综合运输立法与多式联运立法的协调向度》，载《河北法学》2019年第1期，第186页。
② 参见王利明：《论编纂式法典化》，载《政治与法律》2023年第12期，第138页。
③ 参见刘剑文、胡翔：《"领域法"范式适用：方法提炼与思维模式》，载《法学论坛》2018年第4期，第78页；章志远：《部门行政法学历史使命的三重维度》，载《浙江学刊》2017年第4期，第62页。
④ 参见柳斌杰：《关于〈中华人民共和国基本医疗卫生与健康促进法（草案）〉的说明》，载《中华人民共和国全国人民代表大会常务委员会公报》2020年第1期，第58—61页；《关于〈中华人民共和国自然灾害防治法（征求意见稿）〉的起草说明》，载应急管理部网站2022年7月4日，https://www.mem.gov.cn/gk/zfxxgkpt/fdzdgknr/202207/t20220704_417563.shtml，2024年8月6日访问。

之后，和本领域已有的其他单行法结合起来，既有"总"又有"分"，看起来形成了一个比较完整的法律法规体系；二是在这部"基本法"中，通过篇章、条款安排，将本领域各部分的制度用某种能够自圆其说的逻辑联系在了一起，并在总则中进行一定程度的概括提炼，使本领域的各项制度理顺了关系，看起来也"体系化"了。[①] 无论是从已经出台的《基本医疗卫生与健康促进法》，还是从正在起草中的《交通运输法》和《自然灾害防治法》的草案来看，确实都在上述两重意义上提升了本领域法律制度的"体系化"水平。但是，这种"体系化"除了有助于帮助人们正确理解、把握该领域各种法律法规制度之间的联系，在其他方面看来，形式意义大于实际意义。[②] 既然如此，这些领域"基本法"的"体系化"功能为什么会得到如此重视呢？很难想象，这些有限的"体系化"功能会成为有关领域主管部门力推这些立法项目的动力，也很难想象立法机关会被这样的理由所说服，从而将其列入立法规划中。

实际上，领域"基本法"的"体系化"功能另有深意，其关键指向是通过法律的"体系化"体现本领域制度建设的较高水平，彰显本领域治理体系达到了相当成熟和稳定的程度，进而稳定和强化本部门、本系统在国家治理格局中的地位，并与其他部门、系统廓清边界。

在我国国家治理体系现代化的过程中，伴随着较为频繁且力度颇大的机构改革。机构改革在本质上是国家因应经济社会环境变迁调整治理目标或目标达成方式而进行的组织适应，[③] 只要组织环境发生变化，这样的组织适应就不会停止，因此机构改革是一项"永远在路上"的改革。[④] 但是，每次机构改革必然带来相关部门机构、职能、编制、人员及其与其他部门"边界"的

[①] 参见雷磊：《法典化的三重视角》，载《法制与社会发展》2023年第2期，第68—69页。

[②] 有学者在《环境保护法》修订过程中便指出："当前主导《环境保护法》修改的'基本法论'是法律体系化思维的产物，其首要目标是环境法体系的完整性而非解决问题的实效，相应的修改并不能带来环境法实质功能的提升。"参见巩固：《政府激励视角下的〈环境保护法〉修改》，载《法学》2013年第1期，第52页。

[③] 参见[挪]克里斯滕森T.：《比较视野下的中国中央政府机构改革：视角、经验与反思》，陈思丞译，载《公共管理评论》2020年第1期，第194页。

[④] 参见陈振明：《党和国家机构改革与国家治理现代化——机构改革的演化、动因与效果》，载《行政论坛》2023年第5期，第63—64页。

变化，对组织和个人带来挑战，并影响官员对其个人发展前景的预期。[1] 如果在机构改革中，本部门、机构成为撤销、分拆、削弱的对象，则负面影响更大。因此，每个部门和机构都希望在改革中处于有利地位，比如以本部门为基础吸纳和整合其他部门、机构、职能，或者在不冲击本部门原有基本架构的情况下增加职权和编制。[2] 而要做到这一点，这些部门就必须设法证明本领域的治理体系已经比较成熟、稳定，本部门的机构设置和职能配置已经与相应的经济社会条件及与此相对应的国家治理任务比较匹配，不需要进行大的调整了。那么，本领域的法律制度比较健全，已经自成一体，内部自治协调，外部边界清晰，就是十分重要的证明方式。[3] 如果本领域已经出台了一部"基本法"，并以其为"龙头"将领域内的各种法律法规以"体系化"的方式联结在一起——至少看起来是这样，那么这将是一个十分关键的标志。因为，按照依法行政的基本逻辑，政府管理活动必须依法运行。机构改革一方面会推动法律环境变化，另一方面会受到法律环境的限制。[4] 既然这个领域的法律体系已经比较成熟、稳定，相应的机构设置和职能配置也就应该稳定下来，不能再轻易"折腾"，即使有所改革也不能破坏既有体系，只能"增"不能"损"。如果在这些领域的机构或职能上再动"大手术"，就会造成体制和法制脱节，带来大量法律立改废释的任务，乃至于需要"伤筋动骨"推倒重来，原有的制度建设成果就会成为巨大的沉没成本，成为改革成本"不可承受之重"。这一点，无疑会成为机构改革方案设计中的一个重要考虑因素。因此，一部标志着本领域法律制度已经走向"体系化"的"基本法"的出台，对于保持本领域治理格局和体制机制的稳定，特别是对于"锁定"既有的机构和职能配置具有重要意义。

---

[1] 参见于显洋：《组织社会学》，中国人民大学出版社2020年版，第329—331页。
[2] 参见谭燕萍：《政府部门职能界定中的博弈分析——基于职能交叉现象的思考》，载《学术论坛》2008年第7期，第115—117页。
[3] 参见宋华琳：《政府职能配置的合理化与法律化》，载《中国法律评论》2017年第3期，第68页。
[4] 参见贾圣真：《政府机构改革与法律环境的互动与协调》，载《行政法学研究》2021年第5期，第70—71页。

"基本法"的"体系化"功能还体现在另一个方面，就是在本领域需要和其他领域厘清关系，特别是不同领域主管部门之间需要厘清职责边界时，可以占据一个相对有利的地位。无论行政机构根据专业化分工和整体性治理的需要如何分分合合，不同部门之间仍不可避免地会经常因为职责分工发生争议，焦点无非"争权"和"避责"。① 每当面临这种情况，有关各自主管领域的规章制度——特别是经由全国人大或其常委会制定的最具权威性的法律——就是部门间展开利益博弈的重要依据。② 如果某个部门主管领域的制度体系相对"成熟"，特别是能够通过各种法律解释技术逻辑自洽地自圆其说，那么在面对另一个制度体系不那么"成熟"的领域的主管部门时，就会占据上风，因而更容易获得成功。如果这个领域已经出台了一部"基本法"，那么其所发挥的上文所提到的两个层面的"体系化"作用，无疑会大大增强该领域主管部门的论证能力，帮助其获得优势。

（二）作为领域内权力整合的工具

仔细考察近年来已经制定和准备制定"基本法"的领域，可以发现一个特点，就是该领域之下存在多个独立性较强的细分领域，这些细分领域在此前相当一段时间内甚至自成一体，或者隶属于其他部门管理，后来才由于机构改革等原因被整合到当前领域主管部门的职责范围中。如何彻底完成内部整合，充分发挥对各细分领域的统筹协调、综合管理职能，是这些领域主管部门需要解决的一个重要问题。③

以最典型的交通运输领域为例，中华人民共和国成立以来，交通、民航、铁路、邮电（邮政）等部门分分合合，后三者在很长一段时间内都设立过单独的政府部门，有的甚至曾隶属军队系统，并由此形成了规模相当可观的行

---

① 参见［美］安东尼·唐斯：《官僚制内幕》，郭小聪等译，中国人民大学出版社2006年版，第229—230页。
② 参见曹旭东、刘训东：《职权交叉点避责：地方立法中的部门利益博弈》，载《地方立法研究》2022年第1期，第69页。
③ 参见张强：《我国大部制改革的演进逻辑》，载《甘肃行政学院学报》2019年第5期，第10页。

业性系统。① 反观交通部门，其在很长一段时间内只主要管理公路运输和水运，在影响力上甚至不如铁路部门。直到 2008 年和 2013 年两轮"大部门制"改革，民航、邮政和铁路三个部门才先后降格为"部管局"，隶属新组建的交通运输部，在机构设置上形成"大交通运输"格局。但即使如此，由于这些细分领域早已自成一体且体量相当庞大，部与局之间的实质整合进展不大，"枝强干弱"的局面仍在持续。② 而立法上"有枝无干"的现状使这一情况变得更加严重：铁路、民航、邮政、公路、水运等细分领域各有法律法规，交通运输部及其下属几个"部管局"分别依据这些法律实施行业管理，事实上"各搞一摊"，没有一部规范交通运输全域事务管理的法律，交通运输部门要履行本领域的一些综合管理职能，特别是要对下属的"部管局"进行统筹协调时，在法律依据上反而无所凭借，只能依靠纯粹的组织权威或者部门负责人的职务权威进行协调，并不十分得心应手。

　　灾害防治领域则是另外一种情况。长期以来，自然灾害应对工作按照灾种和工作环节由多个部门分头负责。在 2018 年党和国家机构改革之前，水利、地震、气象、自然资源、农业农村、林业等部门的防灾减灾职能分别与洪涝灾害、地震灾害、气象灾害、地质灾害、草原火灾、森林火灾等灾种一一对应；抢险救灾环节名义上由县级以上人民政府统一负责，但其设立的针对各灾种的专项应急指挥机构的日常办公机构却仍依托上述部门运行；民政部门名义上承担了一些综合减灾职能，但实际职权范围仅及于灾后救助环节。③ 2018 年的机构改革在这个领域可谓大刀阔斧，"将……民政部的救灾职责，国土资源部的地质灾害防治、水利部的水旱灾害防治、农业部的草原防火、国家林业局的森林防火相关职责，中国地震局的震灾应急救援职责以

---

① 参见贾义猛：《大部门体制改革：从探索实行到坚定推进——以铁路和交通运输行政管理体制改革为例》，载《行政管理改革》2011 年第 11 期，第 27 页；马得勇、张志原：《观念、权力与制度变迁：铁道部体制的社会演化论分析》，载《政治学研究》2015 年第 5 期，第 102 页。

② 参见周志忍：《机构改革的回顾与展望》，载《公共管理与政策评论》2018 年第 5 期，第 4 页。

③ 参见童星：《中国应急管理的演化历程与当前趋势》，载《公共管理与政策评论》2018 年第 6 期，第 17 页。

及国家防汛抗旱总指挥部、国家减灾委员会、国务院抗震救灾指挥部、国家森林防火指挥部的职责整合，组建应急管理部，作为国务院组成部门"①。但是，由于这些职责此前已经分属多个部门运行多年，互不统属，"装进"一个部门之后要从"物理相加"变成"化学反应"，实现实质性的内部整合并非易事。②何况，某些灾种仍有部分防灾职责由原来的主管部门继续行使——原因是无法和与防灾工作紧密相关的上下游业务完全切割开来——如自然资源部、水利部、国家林业和草原局仍继续承担地质灾害、水旱灾害、森林草原火灾"防"的职责，从而和应急管理部形成了"防"和"救"的分工关系。

卫生健康领域的"散装"程度虽然比不上上述两者，但另有特点，就是该领域历经的机构改革次数很多，几乎每次机构改革都被涉及，多个职能板块如计划生育、药品管理、食品安全、医疗保障、老龄化等时分时合。③而且，一些合进来的板块未能被彻底消化，分出去的板块和本领域仍存在千丝万缕的联系，"剪不断，理还乱"。如何在理顺这些关系的基础上，对各职能板块进行不同程度的整合，以便在整体上促进卫生健康事业的发展，也成为颇为棘手的问题。

要在上述领域实现内部权力整合当然绝非易事，但制定一部本领域的"基本法"对解决这一问题可以提供不少助益。因为，"基本法"以相应领域的全部事务作为调整对象，不可避免地要就其中整体和局部的关系作出界定，也必然要针对该领域进行全域性管理的体制机制作出重点规定，而这些内容又必然会围绕该领域主管部门的职权展开。④一般来说，这些法律在总则部分和各重要制度环节，都会规定本领域主管部门若干"抓总"的权力，比如设立议事协调机构并承担其日常工作、起草规划、拟定标准、统筹项目、

---

① 《中共中央印发〈深化党和国家机构改革方案〉》，载中国政府网2018年3月21日，https://www.gov.cn/zhengce/202203/content_3635301.htm#1，2024年8月6日访问。

② 参见王宏伟：《中国应急管理改革：从历史走向未来》，应急管理出版社2019年版，第212—216页。

③ 参见刘文生：《机构改革：用变革回应变革时代》，载《中国医院院长》2018年第8期，第52—56页。

④ 参见董文勇：《论基础性卫生立法的定位：价值、体系及原则》，载《河北法学》2015年第2期，第6—7页。

协调工作、督查考评等，实际上就是赋予该部门在本领域内对下属各细分板块以及关系密切的其他部门进行整合、吸纳的主导性地位。这样的立法契机，对于领域主管部门来说无疑具有极大的吸引力，这也是其对推动此类法律出台不遗余力，甚至相互间形成法案起草权"争夺战"的重要原因。①

三、对领域"基本法"的目标校准

分析领域"基本法"的生成机制，并不是为了在规范主义立场上对其进行批评。上述分析主要是法社会学的，旨在解释一些这样的法律为什么会被制定出来（或正在被制定着），而不是讨论其是否需要被制定。某部这样的法律可能确实无须制定，或者无须以这种方式制定，但它却被实实在在地制定出来了，或者将在不久之后的某个时间被制定出来，事实便是如此。

不过，上文呈现的事实引出了下一个需要讨论的问题：既然要制定这样一些法律，那么，是否有可能在实现主管部门所欲达成的那些目标之余，将更多的理想目标寄托在它们身上去实现呢？毕竟，在民主立法、开门立法的方针和制度保障下，一旦立法议程开启，其内容便不可能被立法的首倡者——主要是领域主管部门——完全左右，学者和其他利益相关者也有机会将自己的想法注入其中。②在某些情况下，立法的首倡者和推动者所欲达到的目标也不得不有所退缩，在和其他目标达成一定妥协，找到目标间的"最大公约数"之后，法律方能获得通过。③因此，我们仍可继续严肃地讨论如下问题：从理想角度而言，这些领域"基本法"到底有助于实现什么？

---

① 参见封丽霞：《部门联合立法的规范化问题研究》，载《政治与法律》2021年第3期，第10页。

② 参见王理万：《立法官僚化：理解中国立法过程的新视角》，载《中国法律评论》2016年第2期，第133—134页。

③ 参见李克杰：《〈立法法〉修改：点赞与检讨——兼论全国人大常委会立法的"部门化"倾向》，载《东方法学》2015年第6期，第82页；刘风景：《审慎立法的伦理建构及实现途径》，载《法学》2020年第1期，第35页。

（一）领域"基本法"之所不能

制定某个领域"基本法"的立法项目在被提出时，往往被寄予一大厚望，那就是在本领域的法律体系中扮演一个"总则"的角色，以便成为实现更宏大的远景目标——编纂一部本领域的法典——之关键一步。[①]领域主管部门在描述这些法律的目标和前景时，有时也并不讳言这一点。这样的美好愿景对包括学者在内的与该领域存在各种密切关系的人群来说，自然也有着巨大的吸引力，使其愿意为这一目标的实现——至少是证成这一目标的可行性——努力。要讨论这一目标能否实现并不十分困难，其本质是讨论领域法法典化，特别是制定领域法"总则"的可能性。

"总则"的功能在于提炼一般规范和自足价值。所谓一般规范，指的是对某种规则甚至某项制度进行高度浓缩的一般化概括，需要具备一般性、普适性和兜底性。[②]所谓一般性，指的是一般规范应该能够提炼出这种规则或者制度最主要的特点，并以简洁的方式表达出来。由于具有一般性，只要将一般规范和其射程范围内的各种具体情景相结合，就可以演绎成各种各样更加具体详细的规范。[③]换句话说，这个领域内已有的各种具体规范，都可以被看作由若干一般规范演绎而成的结果。例如，有关各灾种的单行法中关于某类问题的规定，可以被看作由《自然灾害防治法》中的一般规范演绎而来的；有关各种交通运输方式的单行法中关于某类问题的规定，可以被看作由《交通运输法》中的一般规范演绎而来的。所谓普适性，指的是一般规范在某一问题上应该能够普遍适用于该领域中的各种具体情形，而不是部分情形。普适性并不拒绝例外，因为存在例外并不意味着普适性的缺失，而是意

[①] 参见焦艳鹏：《领域型法典编纂中法律责任的设定——以生态环境法典为例》，载《法制与社会发展》2023年第1期，第113页；姚晓霞、蔚欣欣：《推进〈交通运输法〉立法势在必行正当其时》，载《中国交通报》2022年5月9日，第3版。

[②] 参见［德］迪特尔·梅迪库斯：《德国民法总论》，邵建东译，法律出版社2013年版，第22—24页。

[③] 参见彭宇文：《理性主义的教育法法典化：理想与现实之间》，载《华东师范大学学报（教育科学版）》2022年第5期，第50页。

味着以一般规范作为参照物，某些情形将得出不同结论，但可以根据一般规范对这些结论作出例外化解释。①普适性的缺失指的是存在某些情形完全不能为规则所涵摄，既非一致，也非不一致，而是被排除在外。所谓兜底性，指的是即使不存在专门针对某种特定情景的具体规范，一般规范也可以借助各种法律解释技巧，在这个特定情景中适用。②比如，当出现某种新型的自然灾害时，尽管缺少有针对性的专门立法，但仍可直接适用《自然灾害防治法》中的有关条款对防范、处置这种灾害的社会活动进行调整。由此，我们可以假设一种极端情形，那就是某个领域的法律十分简约，以至于只有一部"基本法"来"约法×章"，没有其他任何进一步细化的法律规范。在这种情况下，仅仅凭借"基本法"中的一般规范，理论上也能够调整这个领域中的社会关系。当然，这种情况对法律实施的社会条件及执法者、司法者法律解释技巧的要求极高。

"总则"的规定要满足一般性、普适性和兜底性的要求，从而可以充当一般规范，需要满足一个基本前提，就是"总则"所要统摄的这个法律部门或者法律领域的边界是清晰的，或者说，属于这个法律部门或者法律领域的法规范在边界上是封闭的。法规范的边界封闭，并不是说这些法规范在当前已经被全部发现、制定出来了，而是说存在一个明确的标准可以对哪些法规范属于这个部门、这个领域进行清晰界定，即使新的法规范在将来被不断地制定出来，这个标准仍可以稳定地用于区分彼此，从而使此前根据这个标准提炼出来的一般规范对这些新的法规范继续发挥统摄作用。③对部门法来说，这个边界问题相对容易解决（尽管也存在一些争论），毕竟部门法是通过所调整社会关系的性质来区分的，而性质的界定基本上是稳定、一贯的，

---

① 参见李永军：《民法典总则的立法技术及由此决定的内容思考》，载《比较法研究》2015年第3期，第4—5页。

② 参见王利明：《总分结构理论与我国民法典的编纂》，载《交大法学》2019年第3期，第48页；赵英男：《行政基本法典总则部分"提取公因式"技术的困境与出路》，载《法律科学（西北政法大学学报）》2022年第6期，第178页。

③ 参见陈景辉：《法典化与法体系的内部构成》，载《中外法学》2022年第5期，第1195页。

比如对于什么是民事、什么是行政，是可以被教义化的，教义化意味着部门法内部的自足闭合与对外独立。① 而对领域法来说，解决这个问题就要难得多。因为，除了少数领域的边界较为稳定，在大多数情况下，对"××领域"的理解完全是实践性、经验性的，甚至是政策性的，经常处于变动之中。② 以交通运输领域为例，其边界看起来十分清晰，所谓"交通运输"就是解决人和货物在一定空间内转移的手段与设施。但是，通过管道输送油气是否属于"交通运输"呢？通过电网输电、通过水渠水管输水又是否属于"交通运输"呢？这些问题的答案完全是可变的，取决于人们在某个时点是不是把水电油气视为"货物"，以及是否会把运输线路同时视为运输工具。再以灾害防治领域为例，什么是"自然灾害"呢？一般认为"自然灾害"就是因自然力的异常释放造成人类生命、财产损害或者环境破坏的灾难事件。但是，现代性的一大特点就是自然风险和技术风险无法完全区分，这也是"风险社会"一词的重要由来。③ 将哪些灾害当作"自然灾害"来对待，比如，人为破坏和自然原因共同造成的山体滑坡、泥石流是否属于自然灾害？海水富营养化产生的赤潮是否属于自然灾害？灾害的二重性使得这些问题的答案完全是政策性的，是可变的。④ 领域边界的不确定直接损害了"基本法"中一般规范的普适性和兜底性，人们对于这些条款能否适用于本领域的某些部分将不断产生疑问，其与其他领域相关法律条款的关系也会变得模糊不清，"基本法"的"总则"地位也将随之不复存在。

"总则"的另外一个功能是为本部门或者本领域的法规范提供价值，这些价值在实定法上表现为原则。⑤ 一个领域的"基本法"即使不能提供一般规范，但如果能够将本领域的基本原则（价值）抽象出来，通过其将本领域

---

① 参见赵宏：《行政法学的主观法体系》，中国法制出版社2021年版，第7—8页。
② 参见刘剑文：《论领域法学：一种立足新兴交叉领域的法学研究范式》，载《政法论丛》2016年第5期，第10页。
③ 参见［德］乌尔里希·贝克：《风险社会：新的现代性之路》，张文杰、何博闻译，译林出版社2018年版，第3—8页。
④ 参见刘雪松、王晓琼：《自然灾害的释义及伦理省思——人类中心主义的反思和修正》，载《自然灾害学报》2006年第6期，第195页。
⑤ 参见王利明：《论编纂式法典化》，载《政治与法律》2023年第12期，第129页。

的绝大多数规范凝为一体，并使之与其他领域的规范在品格上区分开来，那么仍可认为其发挥了"总则"的作用。但这些价值需要符合两个条件：一是普遍性，即至少能够适用于本领域的大部分法规范，用于指引这些法规范的制定和实施，具有全局而非局部的意义。二是自足性，这一点至关重要。这些原则（价值）不是法的一般原则（价值）在本领域的具体演绎，而是为本领域所独有，从而使本领域的法规范具备与其他领域的法规范不同的特性。[①]自足价值作为一个标准，回答了"本领域的法规范应该是什么样子"的问题。不符合这个标准的法规范不能被制定出来，如果被制定出来了，也应该被评价为"恶法"；本领域的法规范如果不按照这个标准实施，也应当被否定。那么，领域法能够提炼出这样的原则（价值），从而规定在该领域具有"总则"意义的"基本法"（或者将来可能编纂的法典"总则"编）中吗？在有些领域中似乎可以，比如生态环境法，可以从人与自然的关系这一角度提炼出独特价值；[②]又如教育法，可以从人内在的发展完善这一角度进行提炼。[③]因此，我们可以发现这些领域较早就出台了"基本法"，并在较长一段时间内扮演着该领域法律体系中类似于"总则"的角色。也恰恰是这些领域，被认为编纂法典的条件相对成熟，并以不同方式进入国家立法议程，这恐非巧合所能解释。对大多数领域来说，要提炼出对内具有普适性、对外具有自足性的法律原则（价值）绝非易事，这些领域的法律提出的"基本原则"，要么只是法的一般价值如民主、公正、公平、效率、人权等在本领域中的具体体现，即属于和所有法律共享的原则；要么虽有一定特色，但仍与其他一些领域的法律共享，称不上自足，如《基本医疗卫生与健康促进法》中的"公益性原则"就无法将其与调整其他公益性事业（如教育）的法律区分开来。[④]再以

[①] 参见陈景辉：《法典化与法体系的内部构成》，载《中外法学》2022年第5期，第1194—1195页。

[②] 参见吕忠梅：《环境法典编纂方法论：可持续发展价值目标及其实现》，载《政法论坛》2022年第2期，第22—25页。

[③] 参见任海涛：《论教育法体系化是法典化的前提基础》，载《湖南师范大学教育科学学报》2020年第6期，第21页。

[④] 有学者提出"将单行法中的教育公益性原则延展为教育法典基本原则"，同样值得商榷。参见任海涛：《教育法典总则编的体系构造》，载《东方法学》2021年第6期，第131页。

灾害防治领域为例，其经常强调的"人民至上、生命至上"原则显然是由法的一般原则演绎而来的，自然没有自足性可言；至于"预防原则"，其既不能普适于本领域的各环节（如救灾），也无法与其他领域（如安全生产、公共卫生等）相切割，更谈不上自足性；如果从人与自然的关系这一角度进行提炼，则等于承认该领域其实是生态环境领域的一部分，对后者具有从属性。为什么会有这样的区别呢？如果要给出一个较为彻底的回答，恐怕还要从不同领域形成的原因入手，后文还将继续展开论述这一点。有些领域之所以被称为一个"领域"，本身就缘于其所要实现的目标具有自足性，教育和环保就是如此，因为它们分别要解决人内在的发展完善问题以及人和自然的关系问题。而其他很多领域之所以被称为一个"领域"，只是一种基于技术原因的分工而已，比如因生产方式或者产出物不同所形成的行业分工，或者政府基于管理效率而形成的科层分工。[①] 那么，这些"领域"就谈不上有自足性，反映到其法律体系上，也就无法提炼出具有自足性的法律原则（价值）了。

总而言之，除了相对"条件成熟"、事实上也已经以不同方式进入法典编纂议程的生态环境法、教育法等少数领域外，其他领域想通过一部"基本法"发挥"总则"作用，为该领域的法律体系提供一般规范或者自足价值，进而在将来某个"条件成熟"的时点编纂法典，都面临着很大挑战。无论是《基本医疗卫生与健康促进法》之于卫生健康领域，还是《交通运输法》之于交通运输领域，抑或是《自然灾害防治法》之于灾害防治领域，都难以担此重任。

（二）领域"基本法"之所能

德国学者彼得·诺尔将立法区分为"调节性"立法和"法典编纂性"立法两种类型，前者是一种面向未来的政治调控工具，用来为政府和行政部门实现一定的制度目的，后者则远离政治调控，是一种追溯既往的法律知识汇

---

① 参见刘剑文、胡翔：《"领域法"范式适用：方法提炼与思维模式》，载《法学论坛》2018年第4期，第79页。

编，领域法主要属于"调控式"立法的类型。① 多数领域"基本法"无法承载充当领域法"总则"进而推进法典化的厚望，但如果能够珍惜这一宝贵"立法资源"并筹措得当，则仍可利用制定这些"基本法"的机会，促进该领域中若干重要方面的制度优化，以提升治理效能。

第一，制定"基本法"有助于领域内共通性制度的统一，从而提升法律实施的协调性。正如上文所提到的那样，很多行政管理领域是由此前的多个细分领域经过"大部门制"改革形成的。在此前长期"分而治之"的格局下，各细分领域都制定了单行性法律法规，这些单行法中的很多具体制度实际上规定的都是同一类问题。但由于原来分属不同部门，又各自制定法律法规，这些本来大同小异的问题就被规定得千差万别，还相应建立了不同的管理机制。例如，森林防灭火和草原防灭火几乎每个环节都很类似，但由于原来其分属林业部门和农业部门负责，就形成了两套工作机制，又分别制定了《森林防火条例》和《草原防火条例》，还由此产生了"边界"问题，比如森林和草原交界处的火灾依法应该由谁负责。在"大部门制"改革将这些细分领域合并为一个大的领域后，统一这些制度就具备了条件，而制定领域"基本法"就是解决此类问题的主要方式。具体做法就是通过"提取公因式"规定这些制度中的共通部分，即从各单行法中抽象提炼共通性规则，作为本领域的共通调整手段，② 而对于一些次要差别，则可以继续承认单行法规定的优先效力。

第二，制定"基本法"可以促进领域内某些管理机制的整合或者增强其协调性。这比上一点更进一步，因为制度统一的结果只是由"异"变"同"，减少了法律适用中的疑问和争议；而管理机制的整合则由"多"变"一"，既

---

① 参见［德］托马斯·西蒙：《何为立法？为何立法？——法典编纂与调控性立法：立法上规范制定的两种基本功能》，载［奥］汉斯·凯尔森等：《德意志公法的历史理论与实践》，王银宏译，法律出版社 2019 年版，第 171—173 页；彭峰：《中国环境法法典化的困境与出路》，载《清华法学》2021 年第 6 期，第 184—185 页。

② 参见吴凯杰：《法典化背景下环境法基本制度的法理反思与体系建构》，载《法学研究》2024 年第 2 期，第 151 页。

提升治理的整体性水平，又节约行政成本。[1] 政府的科层划分和职责配置始终是专业分工和整体治理两者平衡的结果，当前者的重要性压倒后者，便倾向于"分"；反之，便倾向于"合"。[2] 大领域的形成无论是体现为"大部门制"改革，还是体现为权威性协调机构的建立，都是"合"的结果。[3] 这意味着该领域国家治理中的整体性因素显著增加，很多事务需要打破之前细分领域之间的边界，由一个机构（该领域的主管部门或牵头部门）按照一套制度实施统一管理，把"多"变成"一"。即使有些管理机制一时难以整合，也需要解决其互通、共享、协调问题。[4] 那么，这些综合性管理职能由谁来行使？按照什么样的方式行使？和那些没有被综合起来、仍按细分领域分头管理的事务之间是何关系？通过何种方式提供保障？这些问题都需要在法律上确定下来，而这正是制定领域"基本法"要完成的任务之一。以灾害防治为例，各灾种单行法中基本上都对风险调查评估、风险区划、应急预案、应急救援队伍、应急物资保障、监测与报告、预警发布、灾后救助等制度作出了规定，并分别形成了管理机制。但这些制度和机制的内容实则"大同小异"，完全可以《自然灾害防治法》的制定为契机进行深度整合，以实现制度的简化、成本的节约和治理效能的提升。

第三，"基本法"的制定有助于实现本领域内较优制度的扩散和互鉴。这和前面两点密切相关，因为在对各细分领域实现制度统一和管理机制整合的过程中，必然要解决以哪一个为"底板"的问题，这实际上也是对原有各细分领域的制度进行优选的过程。在此前各细分领域分别发展的过程中，针对同一个问题，某个细分领域已经建立的制度可能相对好一些。在制定领域"基本法"的过程中，这些相对较优的做法就会被筛选出来，扩散为整个领

---

[1] 参见汪玉凯：《冷静看待"大部制"改革》，载《理论视野》2008年第1期，第13页。
[2] 参见张佩茹、赵秀哲：《越精细越低效？——政府部门职责分工与平衡的再思考》，载《领导科学》2022年第3期，第132—133页；宋华琳：《政府职能配置的合理化与法律化》，载《中国法律评论》2017年第3期，第67—68页。
[3] 参见韩兆柱、杨洋：《整体性治理理论研究及应用》，载《教学与研究》2013年第6期，第84页。
[4] 参见王佃利、吕俊平：《整体性政府与大部门体制：行政改革的理念辨析》，载《中国行政管理》2010年第1期，第107—108页。

域的一般制度，或者若干种做法的优点经过互鉴之后被组合在一起。无论是哪一种方式，最终都可以促使该领域的制度在整体上得到优化提升。即使在这个过程中，由于其他一些因素的影响不得不进行某些折中，但一般不至于出现逆淘汰，至少可以保证最终被选择的方案"不太差"，仍可在一定程度上实现制度改进。

第四，"基本法"可以有限地发挥"填补空白"的兜底作用。这一点前文已有提及，虽然大多数领域由于边界的不确定性和易变性，其"基本法"无法像法典"总则"一样提供普适性的一般规范，但这并不意味着其完全不能发挥这方面的作用。对于那些明确属于本领域范围，但还没有立法或者立法层次不高的情况，"基本法"作为本领域的基础性规制"工具箱"，能够发挥"规范储存器"的功能对其进行补充，确有一定的兜底意义。[①] 比如在灾害防治领域，风暴潮等一些海洋灾害还缺少单行法，地质灾害、森林草原火灾只有行政法规而没有法律，对于这些情况，将来出台的《自然灾害防治法》中的一般条款就有适用的空间，可以解决最基本的"有法可依"问题。之所以说领域"基本法"的这个功能是"有限"的，一方面，是因为其只能适用于已知且确定的有限情形，不能面向未来稳定地发挥作用。另一方面，是因为政府部门总是倾向于优先适用那些看起来能够在充分考虑"此情此景"的基础上提供更加明确具体的"情境化"实施方案的单行法，除非万不得已，否则其并不愿意借助法律解释技巧将相对笼统、原则的一般规定适用于个案——在他们看来，后者似乎包含着某种出错的风险。[②] 因此，即使真的存在一些"基本法"可以填补也需要填补的"立法空白"，其象征意义也大于实际意义。

四、领域"基本法"的生成空间

上文的分析表明，领域"基本法"的出现有其内在机理，也具备促进本领

[①] 参见周骁然：《论环境法典总则编基本制度的构建理路》，载《苏州大学学报（法学版）》2021年第4期，第44页。

[②] 参见靳文辉：《论公共规制的"情境化"实施》，载《甘肃政法大学学报》2024年第2期，第24—25页。

域部分制度优化和治理效能提升的功能。那么,这是否意味着所有的领域都适合制定这样一部综合性的法律呢?对这个问题的回答,涉及对"领域"和"领域法"的理解,即涉及人们是在何种意义上将社会生活的某个方面称为"××领域",以及在何种意义上在部门法之外将某个方面的法律称为"××法"。

"领域"一词,按照《现代汉语词典》的解释,一是指"一个国家行使主权的区域",二是指"学术思想或社会活动的范围"。[①] 在本书的语境下,自然是取其"社会活动的范围"之意。而在现代社会,"领域"的形成还和政府的科层分工也就是政府对"管理领域"的划分密切相关。而且,对很多已经被提出来的"领域法"概念来说,其领域名称和政府部门名称之间就存在对应关系,如教育法、生态环境法、卫生健康法、交通运输法、科技法、体育法等。[②] 那么,在人们将某个方面的法律法规统称为"××法",并称这是一种"领域法"的时候,到底是按照什么标准来确定这个"领域"的呢?实际上并不存在统一标准,稍加分析便可发现,有的领域是用国家的某种职能命名的,有的是用某个行业命名的,有的是用某一类行政管理对象命名的,还有的只是因为其与某一因素相关而得名。因为划分标准的不同,很多领域之间还存在交叉,即一个事物按照 A 标准属于一个领域,按照 B 标准又属于另一个领域。下文将区分情况进行讨论。

第一,因某种国家职能而形成的领域。这些领域对应着国家的某项基本职能,一般较早就设立了和该职能对应的政府部门,如国防、外交、教育、环保、卫生等。由于这些职能涉及国家和公民之间的关系,涉及国家义务边界的确定,本质上是宪法层面的问题,自然要力求对其内涵、外延和履行方式作出清晰界定,而及时制定一部本领域的"基本法",便是解决这一问题的重要方式。其中,有些国家传统职能的边界一开始就比较清晰,相应的国家机构和职能也比较稳定,比如国防、外交和教育,因此一般较早就出台了本领域的"基本法",并在本领域法律体系的发展过程中比较稳定地发挥着

---

① 中国社会科学院语言研究所词典编辑室编:《现代汉语词典》(第7版),商务印书馆2016年版,第833页。

② 参见熊伟:《问题导向、规范集成与领域法学之精神》,载《政法论丛》2016年第6期,第58页。

"总则"的作用，这一点和上文着重讨论的近年涌现的领域"基本法"明显不同。①比较特殊的是外交领域，因为其主要涉及国际法，且因外交工作政治性强而难以过多通过法律调整，国内法规范很少，没有在国内法意义上形成"领域法"的可能性——国际法既不是部门法，也不是领域法，而是完全不同的法律类型。②因此，直至2023年，我国才制定了《对外关系法》。而且，从内容上看，该法也明显不同于其他领域的"基本法"，篇幅精练、内容原则，且宣示性、倡议性条款所占比例较高，以一种更加权威的方式——法律方式——阐述中国的对外关系政策是其主要作用。③另外一些因国家职能而形成的领域则经历了一些变化，比如环境保护和卫生健康。一方面，这是在夜警国家向福利国家转型过程中出现的新兴国家职能，其历史较短，且因国家性质不同而有所差别，其内涵和边界趋向稳定有一个过程；另一方面，自然条件和社会条件的变化也对这些国家职能的边界确定带来了挑战，比如对于如何理解国家应对气候变化的义务、应对人口老龄化的义务、对医学伦理的规制义务等，都不免有所争议。因此，这些领域的"基本法"要么出台得比较晚，如《基本医疗卫生与健康促进法》在2019年才制定、2020年才施行；要么是出台一段时间后经过全面大修才基本定型，如《环境保护法》从1979年的"试行法"到1989年的"正式法"，再到2014年全面修订后的现行法，每次变动的幅度都比较大。④两者相比之下，卫生健康领域面临的"边界"问题更加复杂，和其他国家职能的交叉地带也更多。正因如此，该领域的"基本法"出台时间更晚，而且从内容上看，对领域内制度的整合力度也比较低，柔性的促进型条款占了很大比例，法律的名称上也冠以"促进"二字。

第二，因某个或某类行业而形成的领域。一个行业的形成，主要是因为

---

① 参见图们：《国防法是国防活动的典据》，载《法学杂志》1997年第3期，第40—41页；罗恒：《论军事领域法：概念提出与体系建构》，载《时代法学》2023年第1期，第77页。
② 参见叶必丰：《论部门法的划分》，载《法学评论》1996年第3期，第40页。
③ 参见王毅：《贯彻对外关系法，为新时代中国特色大国外交提供坚强法治保障》，载《人民日报》2023年6月29日，第6版；蔡从燕：《〈对外关系法〉：六点评论》，载《国际法研究》2024年第2期，第45页。
④ 参见吕忠梅：《〈环境保护法〉的前世今生》，载《政法论丛》2014年第5期，第52—59页。

从业者向市场提供了相同或者同类产品或服务。法律对行业生产经营活动的调整，首先是通过私法来完成的，在这个意义上很难因某个或某些行业而形成领域性的法。即使历史上曾经存在一些这样的私法，随着经济社会的发展，其领域性色彩也已逐渐淡化，"商法"就是一个例子。而在公法层面，对行业的国家干预主要出于对公共风险的控制和对公共秩序的维护，如反不正当竞争、质量安全、生产安全、环保节能等，由此形成的是一些统一的法律制度，也不会以行业为中心形成领域性的法。[1] 在产业促进等个别方面，国家可能在某些历史阶段基于一些考虑对某些行业制定特殊政策，这些政策有一部分可能上升为法律，但不足以形成一个领域性的法律体系。因此，我们很少听到诸如"工业法""服务业法""商业法（不同于商法）"的说法。只有在那些国家介入程度很深的行业——关系到国家安全的农业、作为国民经济"先行官"的交通运输业、在国际竞争中具有战略意义的信息产业等——才需要出台各种专门性的法律法规进行保障、引导、激励和规范，从而形成有一定规模的行业法，[2] 成为"领域法"的一种类型。[3] 在这些行业性领域中，如果存在权力整合、制度整合、管理机制整合等现实需求，就需要制定一部本领域的"基本法"来满足，正在起草中的《交通运输法》就属于这种情况。

第三，因行政管理事务相同而形成的领域。这是一些因政府部门职责分工而形成的领域，和上述两种领域的划分标准都不同，并可能存在交叉之处。这些政府部门职责分工并不和某项国家职责完全对应，它可能只是某项国家职能的一部分，或者涉及多项国家职能的各一部分。这种分工也与行业无关，因为该领域并不提供同类产品或者服务，甚至是专门从不同行业中将某些事务分割出来组合而成的，比如将草原资源调查和确权登记从农业管理中分割出来，将森林资源调查和确权登记从林业管理中分割出来，而基于其同属

---

[1] 参见宋亚辉：《风险控制的部门法思路及其超越》，载《中国社会科学》2017 年第 10 期，第 143—145 页。

[2] 参见孙笑侠：《论行业法》，载《中国法学》2013 年第 1 期，第 53 页。

[3] 关于领域法和行业法的关系，有学者指出"领域法"比"行业法"包容性更强、涵盖面更广，二者属于包含与被包含的关系。参见刘剑文：《论领域法学：一种立足新兴交叉领域的法学研究范式》，载《政法论丛》2016 年第 5 期，第 8 页。

"自然资源"这一特征,将它们都纳入自然资源管理的范畴。[①] 由此可见,这些领域之所以形成,只是政府出于提高管理效率的考虑,将某些具有相同性质的事务集中到一个部门来管理,或者建立跨部门的协调机构、机制。人们也常常将这些被集中到一起管理的事务称为"××领域",将调整这些事务的法律法规称为"××法"。[②]

有研究者将这种集中了同类管理事务的政府部门称为"专部门","从集成的形式来看,专部门的形成是某个部门将散落在其他部门的同类职能进行析取和吸附,形成一个'纯度'更高的部门,以公式来表示就是:新部门A=原 a 部门+Ba 分支(B 部门中和 a 部门职能相关的部分)+Ca 分支+……Za 分支"[③]。其典型例子是,在2018年的国务院机构改革中,以国土及附着于其上的水、森林、草原、海洋资源等所统称的"自然资源"为管理对象,将国土资源部的职责,国家发展改革委的组织编制主体功能区规划职责,住房和城乡建设部的城乡规划管理职责,水利部的水资源调查和确权登记管理职责,农业部的草原资源调查和确权登记管理职责,国家海洋局的职责,国家测绘地理信息局的职责,国家林业局的森林、湿地等资源调查和确权登记管理职责整合,组建了自然资源部。[④] 当然,"专部门"的形成还有其他"变种",比如原来有多个(而不是一个)主体部门管理的是同类事务,再加上散落在其他部门中的一些职责针对的也是此类事务,将它们整合在一起形成的也是"专部门"。例如,以"市场秩序"为共同管理事务组建起来的市场监管部门就属于这种情况。[⑤]

[①] 参见严金明、王晓莉、夏方舟:《重塑自然资源管理新格局:目标定位、价值导向与战略选择》,载《中国土地科学》2018年第4期,第1—3页。

[②] 参见孟磊、李显冬:《自然资源基本法的起草与构建》,载《国家行政学院学报》2018年第4期,第103页。

[③] 刘杰:《寻找部门合成的"最大公约数"——政府机构改革中的集成逻辑研究》,载《政治学研究》2023年第1期,第113页。

[④] 参见《国务院机构改革方案》,载中国政府网2018年3月17日,https://www.gov.cn/guowuyuan/2018-03/17/content_5275116.htm,2024年8月6日访问。

[⑤] 参见王健、王鹏:《新一轮市场监管机构改革的特点、影响、挑战和建议》,载《行政管理改革》2018年第7期,第25—26页。

有的时候，若多个部门、机构管理同类事务，但不适宜完全合并为一个部门，则会采取建立跨部门协调机构、机制的方式，围绕该项职责建立紧密联系，这也会被称为一个"领域"。对于这种情况，通常会形成就同类事务由一个主管部门"统管"加上若干个其他部门"分管"，即"1+N"的"统分式齐抓共管"模式。[1] 比如，从事生产经营的各行各业都有安全生产问题，但不同行业安全监管的专业性差别比较大，相对于设立一个庞大的安全生产监管部门统包统揽，将这些职责分别交由各行业主管部门负责，实行"管行业就要管安全"，无疑更加高效。但是，安全监管本身也具有专业性，加上对各行业部门履行这些职责还需要进行统筹协调，因此国家又设立了专门的安全生产综合监管部门，形成了"统分式齐抓共管"。为了确保这种特殊的行政管理格局能够顺利运转，并协调"1+N"个部门之间复杂的"边界"问题，又不得不以同级政府的名义设立议事协调机构（安全生产委员会），其统筹协调范围之内的事务也就被统称为"安全生产领域"。

还有一些领域介于上述两种情况之间，就是对于一类行政管理事务，有一部分集中到一个部门负责，还有一部分不宜集中的仍由多个部门分别负责，但以主体部门为中心建立了协调机制。[2] 以"自然灾害"为对象的灾害防治领域就属于这种情况，"救灾"职能被集中到新组建的应急管理部，成为其两大职能之一（另一个是安全生产综合监管）；"防灾"职能仍分散在多个部门，但由应急管理部依托国家减灾委员会、国务院抗震救灾指挥部、国家防汛抗洪总指挥部、森林草原防灭火指挥部等机构进行协调。

无论采取上述哪一种方式，这种领域都是由原本分散的多项行政管理职能基于管理对象的相似性汇集形成的，是一种"管理领域"。不管是组建一个新部门，还是进行跨部门统筹协调，抑或是两者兼而有之，这些管

---

[1] 参见林鸿潮、刘辉：《统分式齐抓共管：生成逻辑、运行机制和制度改进》，载《政治学研究》2024年第1期，第127页。

[2] 有学者指出，在这种职责分工模式下，领域主管部门既是职能型机构（专业部门），又是赋能型部门（综合部门），兼具"柱"（执行）与"梁"（协调）双重职能定位，从而形成梁柱型组织结构。参见钟开斌：《找回"梁"——中国应急管理机构改革的现实困境及其化解策略》，载《中国软科学》2021年第1期，第3—7页。

理领域形成之后，内部的制度整合、职能整合、机制整合问题都比较突出，对于制定本领域"基本法"的需求也比较强烈。比如，安全生产监管职能的集中（其标志是 2001 年国家安全生产监督管理局的设立）就催生了 2002 年的《安全生产法》，该法已经施行多年，较好地在安全生产领域中发挥了上述整合功能。而自然灾害防治职能的集中（其标志是 2018 年应急管理部的组建）则推动了《自然灾害防治法》进入立法议程，早在 2019 年 11 月 29 日的中央政治局集体学习上，习近平总书记就已经提出抓紧研究制定自然灾害防治方面的法律法规。[1] 类似地，如果在将来不久的某个时点，"市场监督管理法""自然资源法"之类的立法项目被提出来，也不会令人意外。[2]

第四，因具有某些共同因素而形成的领域。除了上述几种类型，"信息法""网络法""互联网法""数据法""数字法""涉外法"等也是十分常见的领域法概念，这些领域也会产生一部"基本法"吗？这些领域法的概念之所以被提出，只是因为其调整的对象具有某种共同因素，比如都与互联网或者数字信息技术有关，或者都有涉外因素。尽管由于这些共同因素的存在，这些方面的法律确实具有一些不同于其他法律的特点，将其统称为 ×× 领域的法当然也无不可。但在其内部，这些法律的性质和内容却大不相同，不容易归纳出一个相对明确、有较明显边界的问题领域。[3] 以信息法（或者其他相近的概念）为例，其中有些法律规范调整的是私人通过信息网络实施的社会活动，有些是政府借助信息技术实施行政管理的活动，有些是获取、公

---

[1] 参见《习近平在中央政治局第十九次集体学习时强调　充分发挥我国应急管理体系特色和优势　积极推进我国应急管理体系和能力现代化》，载新华网 2019 年 11 月 30 日，http://www.xinhuanet.com/politics/leaders/2019-11/30/c_1125292909.htm，2024 年 8 月 6 日访问。

[2] 目前已有很多学者主张制定"自然资源基本法"和"市场监管法"。参见孟磊、李显冬：《自然资源基本法的起草与构建》，载《国家行政学院学报》2018 年第 4 期，第 104 页；付英：《自然资源部语境下的自然资源统一立法研究——初论自然资源法通则》，载《中国国土资源经济》2018 年第 5 期，第 4—8 页；王敬波：《统一市场监管的法治道路》，载《中国行政管理》2022 年第 10 期，第 6—8 页、第 11 页。

[3] 参见宋维志：《数字法学真的来了吗？》，载《现代法学》2024 年第 1 期，第 82—83 页。

开和利用、交易信息（数据）的活动，有些则是促进信息技术发展和应用的活动。① 要在这些不同性质的法律法规中提炼出共同原则和一般制度，进而制定一部领域"基本法"，其可行性值得怀疑。

综上所述，可以发现，领域"基本法"的生成空间主要存在于三个方面：第一，与国家某方面职能对应的领域一般能够成功出台"基本法"，但出台时间的早晚及其内容的具体化程度，则因该项国家职能边界的稳定水平而存在差别；第二，因行业形成的领域大多不会出台"基本法"，但国家主导性很强的特殊产业除外；第三，因同类行政管理事务而形成的领域最需要制定"基本法"，重点解决"大部门制"改革之后的制度整合、职权整合、机制整合问题，这些领域的主管部门或综合协调部门推动立法的积极性也最高，在将来一段时间内可能是制定领域"基本法"的主要场域。

五、结语

借助上文的分析，至此可以讨论一个结论性的问题：领域"基本法"被制定出来之后，到底将成为一部什么样的法？具体来说，它将成为一部"总则法"还是"综合法"，抑或是"促进法"？通过分析这些法律各部分的构成，不难得到答案。

第一，关于基本原则。领域"综合法"和其他法律一样，都会在"总则"章中规定若干基本原则。那么，它们会成为本领域的基本法律原则吗？还是说，仅仅是本法的基本原则？如前文所述，对那些"领域"内涵明确、边界趋于稳定，甚至可以作教义化理解、将来有望法典化的领域来说——主要是一些和国家基本职能对应的领域——其"基本法"发挥的就是类似于法典"总则"的功能，"基本法"上规定的基本原则就约等于本领域的基本法律原则。它们可以将本领域的大部分法规范凝为一体且与其他领域相区别，在"什么是本领域的法规范"和"本领域的法规范应该是什么样子"这两个

---

① 参见齐爱民：《论信息法的地位与体系》，载《华中科技大学学报（社会科学版）》2006年第1期，第41—44页；张守文：《信息权保护的信息法路径》，载《东方法学》2022年第4期，第52—53页。

问题上充当标准。除此之外，其他领域"基本法"所规定的基本原则只是本法的基本原则，可以为本法具体条款的理解和适用提供约束和指引，但难以对本领域的单行法实现价值的整合，即使单行法规定的某些原则或者制度与其不符，也不能据此加以否定。①

第二，关于一般制度。这和上一点类似，对那些发挥本领域"总则"功能的"基本法"来说，该法规定的一般制度就是本领域的一般规范，在本领域全面发挥"兜底"作用，并可用于指引相关单行法规范的制定和实施。除此以外，其他领域"基本法"上的一般制度则要区分两种情况。一种情况是"基本法"对单行法的整合程度低，只对单行法做了一般性总结，根据特别法优先的原则，这些一般制度很少有机会得到适用，只具有和单行法建立起形式上"总分关系"的"体系化"功能。另一种情况是整合程度较高时，原本各细分领域的有关制度通过"基本法"的制定实现了由"多"变"一"，该法的一般制度将直接取代各单行法上的规定，除该法特别规定允许例外的情况外，后者就此失效。

第三，关于综合管理制度。这些制度主要存在于通过"大部门制"改革将原本多个细分领域整合而成的"大领域"。机构改革后，新设立的主管部门或综合部门和各细分领域的主管部门之间将形成新的分工，本领域的职责宜合则合、宜分则分，一些原本分散在多个部门的相同或共通职责将由前者统一行使。对于这些职责的范围和行使方式，以及与各细分领域管理职责的关系，都需要在领域"基本法"中作出规定。

第四，关于促进型条款。很多领域"基本法"还会规定一些针对本领域事业发展的促进型条款。这些"柔性"条款一般只规定政府及其主管部门应当采取必要措施以促进某一施政目标的实现或施政效果的改进，但目标相对笼统，方式也不具体，且缺少相应的法律责任。② 但这并不意味着这些规定毫无约束力，其效力至少体现在：禁止实施与该条款所提出目标相反或构成

---

① 参见王利明：《论编纂式法典化》，载《政治与法律》2023 年第 12 期，第 133 页。
② 参见刘风景：《促进型立法的实践样态与理论省思》，载《法律科学》2022 年第 6 期，第 19 页；焦海涛：《论"促进型"经济法的运行机制》，载《东方法学》2011 年第 5 期，第 53 页。

阻碍的行为；为政府及其主管部门出台更具体的促进措施提供依据；为上级政府及其主管部门就相关事项实施绩效评价和运用评价结果提供依据。

总而言之，领域"基本法"可能因领域性质和制定背景的不同而分别呈现为以下三种形态：在少数具备法典化条件的领域，扮演着本领域"总则法"的角色，并可能在将来演变为法典的"总则编"；在不具备法典化条件但内部整合程度较高的领域，主要解决制度由"多"变"一"和规范本领域综合管理职能行使的问题，侧重于发挥"综合法"的作用；在不具备法典化条件且内部整合程度较低的领域，主要发挥形式上的"体系化"和本领域事业"促进法"的功能。在有些情况下，领域基本法的角色也可能介于第二种和第三种形态之间，兼有"综合法"和"促进法"的作用。

第二章
国家的自然灾害应对义务

林鸿潮　纪庆全

摘要：国家的自然灾害应对义务属于安全保障义务，包括生命保障和生存保障。在生命保障方面，国家应当尽可能地预防、减少自然灾害的威胁，使人们对生活环境的安全性拥有足够信心。在生存保障方面，国家既要满足受灾公民的基本生存所需，又要在灾后为受灾公民获得体面又有尊严的生活提供帮助。生命保障义务包括奠基义务和纠错义务。奠基义务是指国家应当有效控制自然灾害的风险，为实现保障公民生命安全的目标和个人、社会组织参与自然灾害应对奠定基础；纠错义务是指国家有义务纠正个人的错误选择，防止个人误入险境。生存保障义务包括托底义务和基于实质平等的给付义务。托底义务以满足受灾公民的基本生活所需为目的；基于实质平等的给付义务以帮助受灾公民获得体面又有尊严的生活为目的。

一、引言

自然灾害是人类生存和发展过程中面临的重大威胁。我国是世界上自然灾害最为严重的国家之一，灾害种类多、分布地域广、发生频率高、造成损失重。在中国古代，洪水、干旱、地震等天灾给先民们带来了深重的灾难。中华人民共和国成立之后，国家的科技力量和综合国力显著提升，很多自然灾害得到了有效应对。但是，我们仍然没有摆脱自然灾害的威胁。相关部门的统计数据显示，仅 2023 年一年，各种自然灾害就造成"9544.4 万人次不同程度受灾，因灾死亡失踪 691 人，紧急转移安置 334.4 万人次；倒塌房屋 20.9 万间，严重损坏 62.3 万间，一般损坏 144.1 万间；农作物受灾面积 10539.3 千公顷；直接经济损失 3454.5 亿元"[①]。在当年的七八月之交，海河流域还发生了流域性特大洪水。总之，自然灾害的威胁依然严重，应对自然灾害仍是一项未竟的事业。

在没有国家介入的情况下，人们在自然灾害面前可以采取的有效应对措施十分有限。例如，个体可以避免在恶劣的天气出行，也可以转移到高处躲避洪水，但是却无法预测这些灾害。社会组织可以募集救灾物资，也可以参与救援工作，但是却无法筹建大型水利工程。及时预警灾害的发生、修建稍具规模的水利设施、恢复灾区基础设施，都离不开国家的主导。毫无疑问，应对自然灾害是国家的一项义务。然而，国家自然灾害应对义务的规范内涵却尚未得到澄清。国家既不可能事无巨细地承担所有工作，也不能毫无作为地放任灾害发生。那么，究竟哪些方面属于国家必须承担的义务，哪些方面国家不宜过度干涉，应当交由个人和社会自主负责？进一步地，如果个人的自主决策将导致自己身陷险境，国家能否强制介入？如果能够介入，其方式是什么？对于灾害给人们带来的损失，国家是否需要给予弥补？如果需要，应当弥补到什么程度？这些问题至今缺乏清晰且令人信服的答案。

大部分既有研究局限于从对策论的角度探讨国家如何更有效地应对自然灾害，忽视了对其自然灾害应对义务的理论分析，这是上述问题没有得到深入解答的重要原因。还有部分学者试图借助福利国家理论或基本权利的国家保护义务澄清上述问题，但自然灾害应对并不属于福利国家的范畴，福利国家说所主张的国家辅助性原则也不能正确描述国家在自然灾害应对中的作用；基本权利保护义务说所要求的"法的三极关系"在国家应对自然灾害的情景中无法成立，国家履行基本权利保护义务和自然灾害应对义务的方式也

[①] 《国家防灾减灾救灾委员会办公室 应急管理部发布 2023 年全国自然灾害基本情况》，载中国政府网 2024 年 1 月 21 日，https://www.gov.cn/lianbo/bumen/202401/content_6927328.htm，2024 年 8 月 6 日访问。

截然不同。无论是福利国家说，还是基本权利保护义务说，都不能给出令人信服的答案。有鉴于此，本章将在反思既有理论的基础上，尝试澄清国家自然灾害应对义务的内涵及其边界。

二、既有理论及其检视

有学者认为，自然灾害应对是国家向个人提供的福利，属于福利国家的范畴。[1] 持福利国家说的学者主张，为了防止个人过度依赖国家，自然灾害应对必须遵循国家辅助性原则，即先由个人竭尽所能地采取应对措施，最后才由国家承担补充功能。概言之，国家是自然灾害应对的参与者而非主导者。[2] 还有学者认为，国家应对自然灾害是在履行基本权利保护义务。[3] 换言之，自然灾害应对义务属于基本权利保护义务的一种类型。我们认为，福利国家说和基本权利保护义务说都有不容忽视的影响力，但都不能为国家的自然灾害应对义务提供合理解释。

（一）福利国家说

矫正形式平等导致的严重的事实上不平等，是福利国家的主要目的。但是，国家应对自然灾害的主要目的并不是保障公民的平等权。有人可能认为，并非所有的福利都和平等权存在因果联系，本章对福利国家的界定未免过于狭隘。社会福利的内涵已经从特指对社会弱势群体的服务与救助转变为"面向满足所有公民需要的普及性福利"[4]。从广义上讲，国家提供的包括自然灾害应对在内的各种给付都属于福利国家的范畴。应该说，从广义上界定福利

---

[1] 参见王丽娜：《国家辅助性原则在中国自然灾害行政给付中的实施》，载《河北学刊》2011年第5期，第163—166页；杨丹：《自然灾害援建中政府责任的法学分析——以社会保障为视角》，载《中国公共政策评论》2017年第2期，第112—113页。

[2] 参见杨丹：《自然灾害援建中政府责任的法学分析——以社会保障为视角》，载《中国公共政策评论》2017年第2期，第117页。

[3] 参见［日］小山刚：《基本权利保护的法理》，吴东镐、崔东日译，中国政法大学出版社2021年版，第45—46页。

[4] 刘继同：《国家、社会与市场关系：欧美国家福利理论建构与核心争论议题》，载《社会科学研究》2018年第4期，第85页。

国家的主张不无道理。但是，将自然灾害应对纳入福利国家的范畴会造成诸多误解，无助于澄清国家的自然灾害应对义务。

首先，自然灾害应对和福利国家的主要目的不同。福利国家建基于平等权，其主要目的是矫正形式平等导致的严重的事实上不平等。形式平等在近代社会被奉为圭臬，主张"任才能驰骋"。这一要求包含三个含义：一是阻碍某些人发展的任何人为障碍，都应当被清除；二是个人所拥有的任何特权，都应当被取消；三是国家为改善人们之状况而采取的措施，应当同等地适用于所有的人。也就是说，不论人与人之间存在何种差异，每个人都应当平等地享有权利、承担义务，获得平等的机会。不可否认，形式平等反对前现代社会普遍存在的特权和歧视，具有巨大的历史进步意义，但是其自身的缺陷也非常明显。在现实中，人与人之间存在天赋、经济实力、社会资源、生理机能等方面的差异。形式平等往往有利于在某些方面具有强势特征的人，一味贯彻形式上的平等将造成严重的事实上的不平等，不可避免地导致弱势群体的权益得不到保障。如果不考虑强势群体和弱势群体的现实差异，"一切权利和自由就有可能会变成无任何实际意义的画饼充饥般的存在"①。"对一切人的不加区别的平等就等于不平等。"②为了矫正形式平等的缺陷，另一种平等原理即实质平等诞生了。根据实质平等的要求，"要考虑到现有社会中的社会权利分配关系，使得社会上的弱势群体能够通过国家的帮助，在实质上与社会强势者达到平等状态"③。福利国家则是贯彻实质平等原理、保护弱势群体权益的重要方式，向弱势群体提供生活、教育、医疗等方面的帮助，使其能够获得平等的发展机会，拥有合乎人之尊严的生活，这是福利国家存在的主要目的。

国家应对自然灾害的主要目的并不是保障公民的平等权。不可否认，人与人之间承受灾害的能力存在巨大的差异。例如，居住在坚固楼房中的居

---

① ［日］大须贺明：《生存权论》，林浩译，法律出版社2001年版，第12页。
② ［古希腊］柏拉图：《法律篇》，张智仁、何勤华译，上海人民出版社2001年版，第165页。
③ 胡川宁：《德国社会国家原则及其对我国的启示》，载《社会科学研究》2015年第3期，第96页。

民比居住在破旧平房中的贫困户更能抵抗地震和洪水的冲击,经济实力较强的公民比积蓄不多的公民更容易从灾害中恢复。但是,个体之间承受灾害的能力差异和国家应对自然灾害之间没有因果关联,因为国家应对自然灾害并不是为了矫正强势群体和弱势群体在灾害承受能力方面的差异。面对自然灾害,如果没有国家提供的保护,无论是强势群体还是弱势群体,都要遭受严重损失甚至失去生命。在重大的、毁灭性的自然灾害面前,人类社会的阶级差异、财富差异甚至都丧失了意义,不管是社会精英还是底层贫民,都只能无助地祈求命运的眷顾。此时,国家提供的保护是一视同仁地面向所有公民的。当然,自然灾害应对和平等权之间并非毫无关联。当受灾公民因为灾害的打击不幸成为弱势群体时,国家应当履行给付义务,为其获得体面又有尊严的生活提供帮助。但无论如何,保障公民的平等权并不是自然灾害应对的主要目的。

其次,福利国家说低估了自然灾害应对的重要性。有人可能认为,本书对福利国家的界定未免过于狭隘。国家提供的福利是复杂多元的,覆盖了人们生活的方方面面,通信、交通、医疗、教育等都属于国家通过直接或间接方式提供的福利。正是得益于国家提供的各种福利,人们才能够享受安全、方便、高质量的生活。因此,并非所有的福利都和平等权存在因果联系,从广义上说,国家为了公民享受更好的生活而提供的给付都属于福利范畴。[①]就此而言,自然灾害应对也是国家向公民提供的一项福利。从广义上界定福利国家的主张并非没有道理,但是,将自然灾害应对看作国家提供的一项福利,严重低估了自然灾害应对的重要性。社会权是福利国家在宪法中的体现,[②]传统宪法理论主张,"公民对于宪法规定的社会权并不具有针对国家的直接请求权,也不能直接请求法院予以救济"[③]。在提供社会福利方面,国家享有巨大的自主空间,可以根据自身的价值判断决定是否提供福利以及提供

[①] 参见刘继同:《国家、社会与市场关系:欧美国家福利理论建构与核心争论议题》,载《社会科学研究》2018年第4期,第85页。

[②] 参见凌维慈:《比较法视野中的八二宪法社会权条款》,载《华东政法大学学报》2012年第6期,第96页。

[③] 张翔:《基本权利的规范建构》(增订版),法律出版社2017年版,第197页。

何种程度的福利。通常来说，国家不会因为没有提供公民所期待的福利而违反宪法。如果自然灾害应对属于国家提供的一项福利，这就意味着国家可以基于自身的价值判断决定是否采取有效的行动以应对自然灾害，公民无权向国家提出应对自然灾害的要求。

提供福利旨在提高人们的生存质量，即便国家不向人们提供任何福利，人们仍然可以依靠自身力量保障其基本生存。而自然灾害应对关乎人们的生命安全和生存安全，国家只有积极履行自然灾害应对义务，人们的安全才能得到基本保障。例如，只有国家及时、准确地发布灾害预警，人们才能够事先做好避险的准备；只有国家及时组织抢险救援，灾区公民才能够及时摆脱危险处境；即使在社会力量介入程度较深的灾后救助环节，国家也负有保障受灾公民免予生存危机的托底责任。实际上，与自然灾害斗争本来就是国家诞生的重要原因之一。正因为个人或者分散的氏族、部落不足以在天灾面前提供最基本的安全保护，所以人们才组成国家。"我国从虞舜时因为大禹治水的需要，而直接促成了对早期国家公共事业管理职能的需要，逐渐出现早期国家。"[1] 黄河水患是中原农耕区的先民一直面对的无法彻底消除的生存威胁，"这就要求有一个不仅超越村落而且超越区域利益的政治领袖和核心政治集团，能聚集和组织起各地的政治、文化和技术精英，建立科层化的机构，规划设计黄河治理。更要以强大的执行力，以一种大致公道但往往专断的方式，来动员、组织直至强迫那些不能理解其中利害，甚或不能直接或当即从治水中获益的广大民众加入这一工程中来。还要有人监督、管理和奖惩。谁能创建、领导并有效掌控这一机制，保证其稳定运行，他和他的那个群体事实上也就在这一广大地区建立了最高的政治统治"[2]。能否担负起应对自然灾害的使命甚至关乎政权的兴衰更迭，研究发现，明王朝的覆灭、清王朝的衰落都和"明清小冰期"引发的气象灾害存在直接关系。[3] 时至今日，应对自

---

[1] 王晖：《尧舜大洪水与中国早期国家的起源——兼论从"满天星斗"到黄河中游文明中心的转变》，载《陕西师范大学学报（哲学社会科学版）》2005年第3期，第83页。

[2] 苏力：《大国宪制：历史中国的制度构成》，北京大学出版社2018年版，第14页。

[3] 参见肖杰、郑国璋、郭政昇等：《明清小冰期鼎盛期气候变化及其社会响应》，载《干旱区资源与环境》2018年第6期，第79—84页。

然灾害仍被人们视为国家的重要任务，国家在自然灾害应对方面的成败得失挑动着公众的敏感神经。人们可以容许国家降低福利，但不能容忍国家在自然灾害应对方面的懈怠和失误。

总之，国家是自然灾害应对的主导者，而不是辅助者。持福利国家说的学者主张，国家应对自然灾害应当受到国家辅助性原则的约束。国家辅助性原则旨在防止出现个人过度依赖国家的现象，主张"公民有能力自求生存，国家就不进行干预"[①]。在福利国家说者看来，国家是自然灾害应对的参与者、辅助者，个人才是救助自己的第一责任人。[②]也就是说，应当先由个人竭尽所能地采取措施应对自然灾害，社会组织可以提供必要的援助，当个人和社会组织都无能为力时，国家才可以进行干预。不可否认，自然灾害应对需要发挥个人的主观能动性，以避免出现"国家全能包干和灾民过度依赖的恶性循环"[③]。但是，国家在自然灾害应对中的地位绝不是辅助性的。在没有国家介入的情况下，人们难以依靠自身的力量应对自然灾害。时至今日，哪怕一个稍具规模的水利工程都涉及大量的资源统筹和复杂的利益平衡，即使不能断言离开了国家的介入就必然无法完成，但其效率也一定会让人们沮丧到极点。而那些为人们所津津乐道的凝聚了人类力量和智慧的著名水利工程，则至今仍被作为衡量一个国家能力的重要标志。再如赈灾和重建，只有足够规模的国家才可能通过调剂内部资源"取有余以补不足"，以避免灾民的人道主义灾难和灾区的一蹶不振。总之，那些能够为公民提供重要安全保障的防灾减灾工程或者灾害应对措施，都需要在国家的统筹或主导下才能实施和完成。

（二）基本权利保护义务说

从某种意义上讲，国家应对自然灾害就是在保护公民的基本权利。因此，

---

① 吕艳辉：《行政给付限度论》，载《当代法学》2011年第2期，第26页。
② 参见王丽娜：《国家辅助性原则在中国自然灾害行政给付中的实施》，载《河北学刊》2011年第5期，第165页。
③ 杨丹：《自然灾害援建中政府责任的法学分析——以社会保障为视角》，载《中国公共政策评论》2017年第2期，第103页。

有观点认为，自然灾害应对义务属于基本权利保护义务的范畴。这种观点看似合理，实则不然，理由有二：

第一，自然灾害应对中法的三极关系"第三人"的缺失。基本权利的国家保护义务旨在"直接保护公民免予第三方的侵害"[①]，"当涉及保护义务时会出现如下三个主体：①国家；②要求保护者；③侵犯其权益并受国家规制的第三人"，"这一点学术上称为'法的三极'"[②]，这是基本权利保护义务的重要特征。在法的三极关系中，国家承担着保护公民基本权利不受第三人侵害的保护义务。所谓的第三人，包含除国家和"要求保护者"之外的所有社会成员，单个或者多个公民、社会权力或社会集团以及特定条件下的外国或国际机构都可以成为这里的第三人。第三人的类型是多样的，但都属于具有独立意志、能够独立承担责任的主体。

自然灾害是由自然力造成的。自然力不属于具有独立意志、能够独立承担责任的主体，不是此处适格的第三人，可归责的第三人的缺失将导致基本权利保护义务所要求的法的三极关系无法成立。因此，自然灾害应对义务不应属于基本权利保护义务的范畴。有人可能提出，很多自然灾害的发生受到了人为因素的影响，人为因素的介入意味着存在可归责的第三人。这个问题可以分成两种情况讨论。第一种情况，尽管有些人为活动的破坏性结果会较快地通过自然力表现出来，比如工程活动造成山体滑坡、严重超标排放二氧化硫造成酸雨、破坏草原植被带来沙尘暴，但这并不构成真正的自然灾害，而是一次后果缓发的生产安全事故或者生态环境事故。第二种情况，有些真正的自然灾害已经被证明部分地受到人类活动的影响，如碳排放可能增加气象灾害的发生概率，但一次单独的碳排放行为和气象灾害之间并不存在对应的、直接的因果关系，无法确定具体的、可归责的第三人。通过减少碳排放来防范气象灾害必须诉诸长期的、极大范围的集体行为，而这种集体行动仍然只能通过国家和国际合作来推进。可以确定的是，大多数自然灾害并不存

[①] 张翔：《基本权利的规范建构》（增订版），法律出版社2017年版，第235页。

[②] ［日］小山刚：《基本权利保护的法理》，吴东镐、崔东日译，中国政法大学出版社2021年版，第44页。

在人为因素，即使是那些需要考虑人为因素的灾害，对于人为因素的影响是否足够显著也仍存在很大争议。

第二，义务履行方式的差异。除却法律关系方面的差异，国家的基本权利保护义务和自然灾害应对义务在履行方式上也截然不同。基本权利的国家保护义务旨在防止公民的基本权利受到第三人的侵害，国家通过让第三人承担义务或责任的方式保护公民的基本权利，例如，命令第三人停止侵害、赔偿损失。即便第三人无力赔偿其侵权行为造成的损害，国家也没有就其无法赔偿的部分进行弥补的义务。自然灾害应对义务则旨在预防和减少自然力量造成的损害，防灾减灾救灾需要国家安排和统筹，国家需要通过发布预警信息、修建防灾减灾工程、救助受灾公民等方式预防和减少自然灾害给公民造成的损害。对于自然灾害给人们造成的损失，国家通常需要进行适当弥补。

三、国家自然灾害应对义务的含义及其边界

"如果安全没有保障，人将既不能够去对他的各种力量进行培养，也不能够去享受由这些力量所创造出的果实，因为一旦丧失安全，那么，自由就无从谈起。"[①] 安全保障是国家应当承担的一项基本义务。国家应对自然灾害就是在保障公民的安全，其自然灾害应对义务属于安全保障义务的范畴，具体体现为生命保障义务和生存保障义务。

（一）生命保障

生命安全得到保障，是人从事其他一切活动的前提与出发点。因此，国家应对自然灾害的首要任务是保障公民的生命安全。绝对安全或者说零风险虽然是人们所梦想实现的，但在理论和实践中却是不可能的。[②] 人类的力量还远不足以排除自然灾害对个人生命安全的威胁，要求国家给人们创造一个生命安全不受自然灾害威胁的绝对安全的生活环境是不切实际的，国家在生

---

① ［德］威廉·洪堡：《论国家的作用》，窦凯滨译，华中科技大学出版社 2016 年版，第 58 页。

② 参见王贵松：《论法治国家的安全观》，载《清华法学》2021 年第 2 期，第 23 页。

命保障方面的目标是"基本安全",而非"绝对安全"。至于何为基本安全,可以从客观安全和主观安全两个层面来把握。所谓客观安全,是指通过一定手段排除危险形成的客观状态;所谓主观安全,是指在客观安全保障的前提下人们在主观上感受到的安全。[①] 就客观安全而言,完全避免自然灾害的发生是无法实现的,但是,国家应当在现有的能力和资源范围内尽可能地排除自然灾害的威胁。如果国家没有排除那些其显然能够排除的威胁,就没有尽到生命保障的义务。因此,国家需要及时发布灾害预警,使人们在自然灾害发生之前能够预先做好避险的准备;当公民因灾而陷入险境时,国家应当提供及时、有效的救援。就主观安全而言,国家应当确保人们对自身生活环境的安全性拥有足够信心,使人们不用生活在对自然灾害的恐惧之中,可以正常安排和规划自身的生活、学习和发展。即便某些自然灾害的威胁无法避免,人们也有足够的理由相信,依靠国家、社会组织和个人自身的共同努力,可以确保自身的安全。

每个人都是独立自主的个体,通常情况下有权自主决定其个人事务。国家履行生命保障义务必须尊重个人自主。首先,国家因应对自然灾害的需要限制公民的个人自由应当遵守比例原则。为了保障公民的生命安全,在必要情况下,国家有权合理限制公民的个人自由,比如将拒绝从危险区域及时撤离的公民强制带离。但是,国家对个人自由的限制必须受到比例原则的约束。具体而言:第一,限制个人自由应当以保护其生命安全为目的;第二,国家采取的限制个人自由的措施应当有助于保障其生命安全;第三,国家应当在足以保护个人生命安全的若干措施中选取对其自由限制最小的措施;第四,限制个人自由的措施在保护生命安全方面取得的收益应当大于其对个人自由造成的损害。

其次,国家应当避免包揽所有事务,以免折损公民的自主能力和过度压缩其自主空间。个人只有具备自主能力才能真正成为独立自主的个体,而自主能力只有在独立解决问题、独立应对风险和挑战的过程中才能获得。国家包揽所有事务"没有为个人留下自由与空间,损伤了现代社会个人对

[①] 参见王贵松:《论法治国家的安全观》,载《清华法学》2021年第2期,第22页。

自身及自我选择的担当,剥夺了个人自主、自助的能力"[①]。过度的"父爱主义"必然折损个人的自主能力,而自主能力的衰退不仅会阻碍个人真正成为独立自主的个体,还会导致个人越来越依赖国家,国家不得不承担很多本应由个人自主应对的事务。国家的能力始终是有限的,个人过度依赖国家最终将使国家不堪重负。与此同时,"一个人只有在他人无法妨害和干涉他的情况下才能自由地指引自己的生活"[②]。国家承担的事务越多,其对私人领域的介入就越深,个人可以自主决定的事务就越少。国家包揽生命保障的所有事务势必过度压缩个人的自主空间。人们虽然无法独立应对自然灾害的威胁,但在国家的指导和帮助下,完全可以有所作为。在依靠个人自助和社会组织帮扶足以保障生命安全时,国家应当避免进一步介入。比如,如果国家只需要发布灾害预警,人们就可以自行避险,国家就不应采取进一步的干预措施。国家应当鼓励人们在其能力和资源所及的范围内发挥自身的主观能动性,只有人们完全无法参与和应对的事务,才能完全交由国家来承担。

(二)生存保障

自然灾害不仅威胁受灾公民的生命安全,还会破坏其生存条件,使其面临生存困境。个人和社会组织具备的能力与掌握的资源是有限的,仅靠个人和社会组织不足以帮助受灾公民克服生存困境。因此,国家在保障受灾公民生命安全的同时,还需要保障其生存安全。为此需要明确两点:

一是生存保障的底线。在生存保障方面,国家的首要任务是满足受灾公民的基本生存需求,即为了维持个人的生命和健康必须得到满足的那些需求。例如,充足、健康的食物和水源,安全、可靠的居所,保暖和蔽体的衣物,治疗伤病的药物等。如果这些需求得不到满足,受灾公民就无法维持个人的生命和健康。满足受灾公民的基本生存需求虽然不如生命保障那般紧迫,但其重要性丝毫不亚于生命保障。即便受灾公民的生命安全得到了充分保障,

---

[①] 吕艳辉:《行政给付限度论》,载《当代法学》2011年第2期,第24页。
[②] [英]霍布豪斯:《自由主义》,朱曾汶译,商务印书馆1996年版,第70页。

但如果其基本生存需求得不到满足，仍然无法生存下去。满足受灾公民的基本生存需求是生存保障的底线，国家必须竭尽所能予以满足。

二是生存保障的上限。满足受灾公民的基本生存需求只能确保其健康地活下去，但是无法让其生活得既体面又有尊严。受灾公民属于社会中的弱势群体，让其分享国家经济社会发展的成果，拥有体面有尊严的生活，是实质平等的要求。在灾中阶段，保障受灾公民的生命安全是当务之急，要求国家对其提供更充分的生存保障不利于国家集中资源履行生命保障义务。而在灾后重建阶段，自然灾害的威胁已经得到有效控制，此时便具备了要求国家提供更充分的保障以帮助受灾公民活得既体面又有尊严的条件。其方式既包括提供物质帮助，即国家直接向受灾公民发放金钱和生活用品，也包括通过就业培训、发放贷款等方式给予扶持。

需要指出的是，国家为受灾公民提供的物质帮助不应超过其原有的生活水平。如果受灾者无须付出任何努力就可以轻易获得高于灾前的生活水准，必然导致其过度依赖国家，折损其自力更生的主观能动性。西方福利社会的教训表明，过多的保障很容易滋生"道德公害"（moral hazard），"本来是用来解决失业问题的福利救济，如果它们被人们利用、使之成为逃避劳动力市场的避风港的话，就会在事实上制造出失业"[1]。如果国家提供的保障过于充分，就会不可避免地出现大量不愿自食其力的"寄生群体"。另外，向受灾公民提供更充分的保障必然要耗费大量资源，而国家掌握的财政资源始终是有限的。高水平的社会保障已经使北欧各国政府财政赤字居高不下，长期的巨额预算赤字已经迫使瑞典政府不得不大量举债，其国债规模曾经超过国民生产总值的99%。[2] 过高的保障不仅无助于恢复受灾者自力更生的自治状态，还会带来巨大的财政负担。

同时，国家对受灾公民的扶持也不得违反形式平等原则。受灾公民属于社会弱势群体，实质平等原则要求国家对其予以扶持，但必须保持在合理限

---

[1] [英]安东尼·吉登斯：《第三条道路：社会民主主义的复兴》，郑戈译，北京大学出版社、三联书店2000年版，第119页。

[2] 参见张建刚、王珺：《北欧国家福利制度困境、演变趋势及其对我国实现共同富裕的启示》，载《上海经济研究》2023年第1期，第106页。

度内，否则将变成违反形式平等的不合理差别待遇，侵犯其他公民的平等权。例如，国家可以给受灾公民提供就业培训，增强其就业能力，但不能要求用人单位优先聘用受灾公民。又如，国家可以给受灾公民提供适当的产业和创业扶持，但不能影响市场公平竞争。

四、国家生命保障义务的展开

面对自然灾害，国家需要同时履行生命保障义务和生存保障义务。其中，生命保障义务可以分解为奠基义务和纠错义务。

（一）奠基义务

福利国家说主张，自然灾害应对中"个人首先要对自己承担责任；当个人无能为力时，通过个人的自愿合作来解决共同的问题；在个人合作无法解决问题时，才需要国家的公权力介入"[1]。也就是说，国家在自然灾害应对中承担的是"辅助义务"。在福利国家说看来，大多数情况下，个人自助和社会帮扶就足以保障生命安全，国家只需在人们需要其施以援手的时候施加辅助即可，这高估了个人和社会独立应对自然灾害的能力。

我国自然灾害种类多，分布地域广，发生频率高，造成损失重，且各类自然灾害的风险相互交织叠加。[2] 国家在生命保障方面承担的并非辅助义务，而是"奠基义务"，即国家是生命保障的奠基者。奠基义务的含义可以从两个方面理解。第一，国家应当为实现保障公民生命安全的目标奠定基础。制定和执行科学的防灾减灾规划，监测灾害风险并及时、准确地发布灾害预警，修建大型防灾减灾工程等能够为公民的生命安全提供重要保障的工程或措施，都需要在国家的统筹和主导下完成。国家应当承担那些个人和社会无力承担的能够为公民的生命安全提供重要保障的工程或措施，为实现保障公民

---

[1] 王丽娜：《国家辅助性原则在中国自然灾害行政给付中的实施》，载《河北学刊》2011年第5期，第163页。

[2] 参见葛懿夫等：《韧性视角下的综合防灾减灾规划研究》，载《灾害学》2022年第1期，第229页。

生命安全的目标奠定基础。第二，国家应当为个人和社会参与自然灾害应对奠定基础。自然灾害应对是个人、社会和国家的共同事业，而国家是这项事业的奠基者。这意味着，国家应当采取一些基本措施，尽可能将自然灾害的威胁控制在个人和社会能够自主应对的范围内。在此基础上，个人和社会才能发挥自身的主观能动性。正如福利国家说所提倡的那样，应对自然灾害应当尊重个人和社会的自主地位，避免因国家过度干预而折损其主观能动性，但国家的奠基是个人和社会发挥这种主观能动性的基础和前提。

（二）纠错义务

在国家奠定的基础上，人们可以在自然灾害应对中发挥自身的主观能动性，但由于知识、经验或理性的欠缺，人们仍可能作出错误的选择从而将自身置于险境。例如，在海啸、洪水来临之际，有的人会为了保护财产而拒绝撤离到安全区域。在这种情况下，国家是否有义务纠正个人的错误选择，甚至在必要时进行强制呢？这是一个极具争议性的问题。穆勒曾经指出："人们若要干涉群体中任何个体的行动自由，无论干涉出自个人还是出自集体，其唯一正当的目的乃是保障自我不受伤害。""他本人的利益，不论是身体的还是精神的，都不能成为对他施以强制的充分理由。不能因为这样做对他更好，或能让他更幸福，或依他人之见这样做更明智或更正确，就自认正当地强迫他做某事或禁止他做某事。"① 在穆勒看来，"犯错"也是公民的一项自由。不可否认，在大多数情况下，国家应当尊重公民犯错的自由。但是，尊重公民犯错的自由并不是无条件的。

尊重公民犯错的自由目的有二：第一，防止个人自由受到过度干涉，如果国家动辄以保护其本人利益为由而对他人施以强迫，那么个人自由将不复存在；第二，通常情况下，人们能够在犯错中获得经验、教训，从而历练自身、获得成长。但生命是个人享有自由和获得成长的前提，公民如果因犯错而失去生命，就彻底失去了享受自由和获得成长的资格。当犯错要以付出生命为代价时，尊重犯错的自由不仅毫无意义，而且与上述两个目的背道而驰。

---

① ［英］约翰·穆勒：《论自由》，孟凡礼译，广西师范大学出版社2011年版，第10页。

某些自由主义者只注意到纠错对个人自由的干涉，却忽视了国家纠正公民的致命错误就是保护其继续享受自由的资格。此外，只有以保护其本人利益为由对公民施以强迫成为常态才会威胁到个人自由。在绝大多数情况下，公民知晓如何保护自身生命安全，懂得如何避免危及生命的错误。只有在极其例外的情况下，公民才会因某些因素的影响而误入险境。总而言之，国家的纠错只是例外而非常态，不足以威胁个人自由。

在公民受到自然灾害的威胁时，保护其生命安全是国家的义务所在。即使公民陷入危险是其自身行为所致，国家仍应对其实施救助，不能以公民存在过错为由而拒绝。但是，救助的实施不仅要耗费公共资源，还有可能使救援人员面临危险。救援人员、救援物资等是应对自然灾害的关键资源，公共资源不足又是灾害应对的常态，尽可能减少无谓的资源消耗对于应对自然灾害具有重要意义。更重要的是，救援人员的生命安全同样应当得到保障。在条件允许的情况下，国家应当尽可能避免救援人员过度涉险。而且，和事后提供救援相比，阻止当事人涉险能够更有效地保护其生命安全。因此，从本质上来说，纠错是保护公民生命安全的重要措施，当个人的错误选择会导致其身陷险境时，国家有义务纠正其错误。当然，国家履行纠错义务时应当尽可能尊重个人自主。也就是说，国家应当优先采取说服、规劝等非强制手段纠错，采取限制人身自由的强制措施应当受到严格限制。[1] 只有在非强制手段无效和情况紧急无法先行采取非强制手段时，国家才能实施强制避险。

首先，非强制手段优先应当成为一项原则。自由的本义是"自我驾驭"，[2] 通常情况下，个人对自身事务应当享有自治权。应对自然灾害应当以尊重个人自主为原则，国家应当尽可能避免采取限制人身自由的强制避险措施。当公民将要实施或正在实施涉险行为时，国家应当优先采取规劝、说服、批评

---

[1] 参见陈越峰：《防汛与人身自由——以"强制转移权"设定的合法性分析为例》，载《行政法学研究》2010年第1期，第79—84页；王鹏：《论强制转移权及其法律限制》，载《武汉理工大学学报（社会科学版）》2016年第4期，第642—649页。

[2] 参见［英］约翰·埃默里克·爱德华·达尔伯格-阿克顿：《自由与权力》，侯健等译，译林出版社2014年版，第270页。

等不具有强制力的手段履行纠错义务。例如，当个别公民拒绝撤离危险区域时，通常情况下，国家应当通过规劝、说服的方式对其晓以利害，甚至可以进行严厉的批评教育，但不能直接采取强制转移措施。规劝、说服等措施虽然以纠正个人的涉险行为为目的，并带有强烈的"父爱主义"色彩，但并没有直接否定当事人的自由意志，仍然保持着对其自主地位的尊重。就其本质而言，国家对当事人进行规劝、说服乃至批评教育，是在引导其自愿接受更为明智的、更符合其自身利益的选择。强制避险则直接否定了当事人的自由意志，暂时性地剥夺了其自主地位，和规劝、说服、批评等非强制性手段存在本质区别。

其次，应当严格限定强制避险的适用条件。经过规劝、说服乃至批评教育之后，大部分公民会接受国家的引导和建议，但不排除仍有少数人固执己见。另外，在人们面临即刻发生的危险时，国家也可能没有时间预先采用非强制手段。在非强制手段无效和情况十分紧急时，国家有权实施强制避险。具体而言，非强制手段无效包括两种情况。一是明示的拒绝，即当事人以言辞或者行为明确拒绝听从国家的引导和安排。其中，言辞上的拒绝是指公民明确告知代表国家对其进行规劝、说服或者批评教育的工作人员，其不愿接受国家的引导和安排。行为上的拒绝是指公民虽然没有在言辞上直接表示拒绝，但仍继续实施涉险行为，如经过规劝、说服或批评教育之后，仍不顾危险试图冲入可能垮塌的房屋中抢救财产。二是推定的拒绝，即当事人虽未明确表示拒绝，但可合理推定其不愿听从国家的引导和安排。推定的拒绝只发生在当事人需要以积极的行为摆脱危险的情况下。例如，国家对不愿及时撤离危险区域的公民进行规劝、说服甚至批评教育之后，有的人虽未明确表示拒绝，但并没有在合理的时间内撤离，此时便可推定其拒绝撤离危险区域，进而采取强制避险措施。十分紧迫的危险也可能使国家没有时间优先采取非强制手段。例如，在地震发生后，某些人为了抢救个人财产不肯从房屋中撤离，而余震随时可能到来，此时显然没有足够的时间对当事人进行规劝、说服或批评教育。在危险迫在眉睫、时间紧迫之际，为了避免延误脱险时机，国家也应当直接采取强制避险措施。

五、国家生存保障义务的展开

"生存是享有一切人权的基础,是处于首要地位的权利。"[①] 自然灾害尤其是重大自然灾害往往会破坏人们的生存条件,使受灾公民在生命获得拯救之后仍然陷入生存困境。由于自然灾害往往造成大范围损害,波及区域广、人口多,仅靠个人和社会力量不足以重塑大多数受灾者的生存条件。例如,迅速恢复遭到破坏的公共设施是满足受灾公民衣、食、住、行、医等生存需求的基础,而公共设施的修复不仅需要具备通信、交通、电力等方面的专业能力,还需要雄厚的财力作为支撑,个人和社会力量能够发挥的作用有限。"生存条件不能满足,人不但会失去尊严,还可能无法正常生存。"[②] 不言而喻,国家应当保障受灾公民的基本生存。具体而言,国家的生存保障义务包括托底义务和基于实质平等的给付义务。前者旨在满足受灾公民的基本生存需求,后者则以帮助受灾公民拥有体面又有尊严的生活为目的。

(一)托底义务

通常而言,生存保障不像生命保障那么紧迫。在生命保障方面,如果国家不及时采取有效措施,受灾公民可能面临生命危险;而即便国家怠于履行生存保障义务,通常情况下也不会导致受灾公民面临即刻的生命之危。此外,如何保障自身生存是个人应当具备的生活常识。即便自然灾害造成了重重困难,人们仍可凭借自身的智慧、常识和努力获得部分生存资料。因此,在生存保障方面,个人和社会拥有更加充分的自主空间。国家应当充分尊重和发挥个人与社会的主观能动性,凡是依靠个人自助和社会帮扶能够解决的问题,国家就不应当介入。但如果个人和社会竭尽全力仍无法

[①] 仲音:《生存权和发展权是首要的基本人权》,载《人民日报》2022年7月6日,第4版。

[②] 胡玉鸿:《习近平法治思想中生存权理论研究》,载《苏州大学学报(哲学社会科学版)》2021年第2期,第29页。

保障受灾公民的基本生存需求，就应当由国家"托底"。公民的基本生存需求得到满足是生存保障的"底线"，国家应当确保受灾公民的生存状况不低于这一底线。

那么，这是否意味着托底义务是国家辅助性原则在灾害应对领域的化身呢？根据国家辅助性原则，"社会组织和个人应是灾害救助的主人翁"[①]，国家只是灾害救助的参与者和辅助者。实际上，哪怕国家不是公民生存保障的第一责任人，也是主要责任人。为了避免出现救灾物资短缺的情况，防止受灾公民陷入生存危机，国家需要在灾前就储备充足的物资。必要时，国家甚至需要统筹和安排各类救灾物资的跨区域调配。例如，2023年，为了应对每年"七下八上"（即七月下旬到八月上旬）集中出现的水旱灾害，截至当年7月25日，应急管理部就已经"在31个省（区、市）126个中央级储备库中储备有955.2万件，总价值37.3亿元的中央应急抢险救灾物资，可以随时调运支援地方做好抗洪抢险、抗旱减灾工作"[②]。即便国家准备如此充分，仍然不能避免救灾物资不足的情况出现。在重大自然灾害中，当公民被困灾区时，只有国家有能力突破重重障碍，确保及时将救援物资送达灾区。受灾公民在衣、食、住、行、医等方面的生存需求的满足离不开通信、交通、电力、医院等公共设施，只有国家及时修复遭到破坏的公共设施，灾民才能真正恢复自食其力的状态。国家在公民因自然灾害等突发事件的打击而陷入困顿时应当承担主要救助义务，以维持其相当水准的生活。[③]总之，虽然国家履行托底义务必须充分尊重和发挥个人与社会的主观能动性，但其对国家义务履行程度的要求和国家辅助性原则不可同日而语。

国家福利给付解决的是弱势群体的生存质量问题，即便国家不提供任何福利，绝大部分公民也不会因此陷入生存难以为继的困境。通常而言，在是

[①] 杨丹：《自然灾害援建中政府责任的法学分析——以社会保障为视角》，载《中国公共政策评论》2017年第2期，第117页。

[②] 应急管理部：《中央级储备库已储备900多万件救灾物资》，载光明网2023年7月25日，https://m.gmw.cn/2023-07-25/content_1303454128.htm，2024年8月6日访问。

[③] 参见林鸿潮：《论公民的社会保障权与突发事件中的国家救助》，载《行政法学研究》2008年第1期，第30页。

否提供福利以及提供何种福利方面，国家享有较大裁量权。公民也不能直接要求国家提供福利，除非该项福利已经得到了立法确认。灾害救助中的托底义务解决的则是受灾公民能否生存的问题，如果国家不履行托底义务，大量受灾者势必陷入食不果腹、病不能医的境地。从古至今，赈济灾民都是统治者义不容辞的责任。在前现代社会，能否保障灾民的生存所需关乎政权的稳定性和合法性，甚至引发王朝更迭。[1] 在当今社会，保障受灾公民的基本生存所需依然关乎社会的和谐与稳定。即便满足受灾公民的基本生存所需必然消耗大量财政资源，国家仍应竭尽所能履行托底义务。因此，不同于提供福利，在是否履行托底义务方面，国家不应享有自由裁量权。与此相对应，当受灾公民无法依靠自助和社会救助满足自身生存所需时，有权直接请求国家履行托底义务。

（二）基于实质平等的给付义务

"生存权不仅是让人活下去，并且要以'人的尊严'和'人格自由'为依归，保证人不仅活着，而且还要体面地活着。"[2] 托底义务只能保证受灾公民活下去，但无法让其活得有尊严。活下去和活得有尊严是两种截然不同的生存状态。在灾中阶段，公民的生命安全受到自然灾害迫在眉睫的威胁，保障生命安全是国家的首要任务。要求国家提供更充分的生存保障势必占用有限的救灾资源，不利于保障受灾公民的生命安全。而在灾后重建阶段，自然灾害的威胁已经得到有效控制，此时具备了要求国家提供更高水准保障的条件。

根据实质平等权的要求，全体人民应当"共同享有整个社会发展所取得的各种'成果'，既包括物质经济的财富，也包括政治、文化、精神、生态

---

[1] 参见肖杰等：《明清小冰期鼎盛期气候变化及其社会响应》，载《干旱区资源与环境》2018年第6期，第79—84页。

[2] 胡玉鸿：《习近平法治思想中生存权理论研究》，载《苏州大学学报（哲学社会科学版）》2021年第2期，第30页。

等文明成果"①。能够和他人一样共享社会发展的成果，意味着一个人"在日常生活和社会活动中，能够有面子、有身份、有尊严，而不是寒酸、屈辱、低人一等地生活和生存"②。拥有同他人共享社会发展各种成果的资格，是体面和尊严的表现。托底义务旨在满足受灾公民的基本生活需求，但无法让其生活得有面子、有身份、有尊严。在履行托底义务的同时，国家还应承担基于实质平等的给付义务，为受灾公民共享社会发展的成果、拥有体面有尊严的生活提供帮助。但不同于托底义务的是，基于实质平等的给付义务不具有强制性，国家可以根据财政状况决定是否给付和给付的水准。

国家履行基于实质平等的给付义务有两种方式：一是国家直接给受灾公民提供物质帮助，即物质帮助型给付；二是国家采取发放贷款、提供就业培训、产业扶持、鼓励创业等方式对受灾公民予以扶持，帮助受灾公民通过自身努力改善个人的生存状况，即扶持型给付。获得物质帮助型给付不需要受灾公民付出任何努力，而具有通过个人努力改善自身生存状况的意愿和实际行动则是获得扶持型给付的前提条件。物质帮助型给付容易导致受灾公民产生依赖性，折损其自力更生的意愿和能力，扶持型给付则能够调动其改变自身生存状况的积极性和主动性。因此，扶持型给付优于物质帮助型给付，国家应当优先选择前者。

基于实质平等的给付义务要求国家为受灾公民获得体面又有尊严的生活提供帮助，然而，对于何为体面又有尊严的生活，实际上并没有明确、统一的标准。随着经济社会的发展，人们的理解还会不断发生变化。此外，国家履行基于实质平等的给付义务还必须考虑现实的财政状况，给付的水准越高，财政负担就越重，给付水准需要根据国家财政能力的变化进行灵活、动态的调整。因此，不同于托底义务，基于实质平等的给付义务的给付标准应当属于立法机关的自主裁量空间。立法机关应当在生存保障的底线和上限之间，根据人们对体面又有尊严的生活的理解和国家的财政能力决定给付的标

---

① 范进学：《"共同富裕"的宪法表达：自由平等共享与法治国》，载《交大法学》2022年第6期，第51页。
② 胡玉鸿：《尊重·体面·平等：习近平法治思想中有关尊严的论述》，载《东方法学》2022年第4期，第9页。

准。受灾公民则有权依据立法机关颁布的法律，要求国家履行基于实质平等的给付义务。

六、结语

人类之于自然的渺小，注定了自然灾害应对需要由国家主导，应对自然灾害是国家必须承担的义务。保障公民的安全是国家存在的主要目的之一，自然灾害应对义务属于安全保障义务的范畴，包含生命保障和生存保障两个方面。在生命保障方面，国家应当在现有能力和资源范围内尽可能地排除自然灾害的威胁，使人们对生活环境的安全性拥有足够信心。国家在保障公民的生命安全时，应当尽可能地避免限制公民的个人自由，并鼓励人们发挥自身的主观能动性。在生存保障方面，国家应当首先满足受灾公民的基本生存需求；在灾后重建阶段还应提供更充分的保障，为受灾公民获得体面又有尊严的生活提供帮助。但是，国家为受灾公民提供的物质帮助不应超过其原有生活水平，国家对受灾公民的扶持不得违反形式平等原则。

国家的生命保障义务可细分为奠基义务和纠错义务。奠基义务，系指国家应当有效控制自然灾害风险，为实现保障公民生命安全的目标和个人、社会参与应对自然灾害奠定基础。纠错义务，系指国家有义务纠正个人的错误选择，防止个人误入险境，以保障其生命安全。国家应当优先采取说服、规劝等非强制手段进行纠错，只有在非强制手段无效或因情况紧急无法先行采取非强制手段时，才能实施强制避险。

国家的生存保障义务可细分为托底义务和基于实质平等的给付义务。公民的基本生存需求得到满足是生存保障的"底线"，国家应当确保受灾公民的生存状况不低于这条底线。虽然国家履行托底义务应当尊重人们的主观能动性，但托底义务并非国家辅助性原则的化身，国家在是否履行托底义务方面不应享有自由裁量权。基于实质平等的给付义务以帮助受灾公民拥有体面又有尊严的生活为目的，国家履行这一义务时应当优先选择扶持型给付。基于实质平等的给付义务的给付标准属于国家立法机关的自主裁量空间，受灾公民有权根据立法机关颁布的法律要求国家履行基于实质平等的给付义务。

第三章

《自然灾害防治法》的功能定位、展开逻辑和实施机制

林鸿潮　杨佩琳

摘要：自然灾害防治领域的立法分散，并存在与现行管理体制不匹配、部分必要制度缺失或严重滞后于实践、关键理论支撑不足造成一些制度设计和实践操作混乱、与其他领域法律制度"边界"不够清晰等问题，需要在《自然灾害防治法》中得到解决。该法应当被定位为以防灾减灾救灾综合性制度为主体内容，整合、更新并部分取代分灾种单行法的现行制度，"颗粒度"明显细于《突发事件应对法》的自然灾害防治领域"基本法"。该法应当兼顾按灾害事件演变阶段划分的传统体例和按灾害管理对象划分的新方法进行制度展开，形成以风险、事件和损失为对象的三类制度。为保证本法和本领域的其他法律得到有效实施，《自然灾害防治法》应当规定有关灾害防治的行政执法权由应急管理部门集中行使。

一、引言

2023年9月公布的《十四届全国人大常委会立法规划》将制定《自然灾害防治法》列入了第二类立法项目，并注明与《防震减灾法》的修改一并考虑。[①] 尽管第二类项目是"需要抓紧工作、条件成熟时提交审议的法律草案"，

---

① 参见《十四届全国人大常委会立法规划》，载中国人大网2023年9月8日，http://www.npc.gov.cn/npc/c2/c30834/202309/t20230908_431613.html，2024年8月6日访问。

从以往的惯例来看，很少在当届全国人大常委会任期内提交审议，多数要等到下一届任期期间才会"升级"为第一类项目并有望出台。但列入第二类项目仍不失为一个重要标志，这意味着各界呼吁已久的自然灾害综合防治立法终于进入了正式的国家立法日程表，其在必要性和成熟度上获得了认可，成为一个可以期待在近年实现的目标。

实际上，制定一部自然灾害防治领域综合性立法的目标早在2016年就已经正式提出。当年12月19日印发的《中共中央 国务院关于推进防灾减灾救灾体制机制改革的意见》就提出要"根据形势发展，加强综合立法研究"。2017年，当时承担综合减灾协调职能的民政部（2018年党和国家机构改革之前，国家减灾委员会的办事机构设在民政部，由其承担日常工作）就曾组织过"综合减灾法"的起草研究工作。2018年的机构改革"将……民政部的救灾职责，国土资源部的地质灾害防治、水利部的水旱灾害防治、农业部的草原防火、国家林业局的森林防火相关职责，中国地震局的震灾应急救援职责以及国家防汛抗旱总指挥部、国家减灾委员会、国务院抗震救灾指挥部、国家森林防火指挥部的职责整合，组建应急管理部，作为国务院组成部门"[1]。新组建的应急管理部很快着手推动其主管领域内相关法律法规的完善，并将制定一部自然灾害防治领域的"基本法"作为重点之一。2019年11月29日，习近平总书记在主持中央政治局第十九次集体学习时提出要"系统梳理和修订应急管理相关法律法规，抓紧研究制定应急管理、自然灾害防治、应急救援组织、国家消防救援人员、危险化学品安全等方面的法律法规"[2]。2022年7月，应急管理部公布了其起草的《自然灾害防治法（征求意见稿）》（分为7章，65条）及其立法说明。[3] 该稿经过征求专家意见和向社会公开征

---

[1]《中共中央印发〈深化党和国家机构改革方案〉》，载中国政府网2018年3月21日，https://www.gov.cn/zhengce/202203/content_3635301.htm#1，2024年8月6日访问。

[2] 参见《习近平在中央政治局第十九次集体学习时强调 充分发挥我国应急管理体系特色和优势 积极推进我国应急管理体系和能力现代化》，载新华网2019年11月30日，http://www.xinhuanet.com/politics/leaders/2019-11/30/c_1125292909.htm，2024年8月6日访问。

[3] 参见《关于向社会公开征求〈中华人民共和国自然灾害防治法（征求意见稿）〉意见的通知》，载应急管理部网站2022年7月4日，https://www.mem.gov.cn/gk/zfxxgkpt/fdzdgknr/202207/t20220704_417563.shtml，2024年8月6日访问。

求意见一个月之后，后续进展未见进一步公开报道。

从立法计划于 2016 年首次在中央文件中被公开提出，到时隔 7 年后列入全国人大常委会第二类立法项目，较为乐观的估计是有望在下一届全国人大常委会任期内出台。对立法进程的简要回顾和理性前瞻表明，《自然灾害防治法》的制定过程谈不上顺利，究其原因主要有三：第一，这部法律的"左邻右舍"太多，上有定位为整个突发事件应对领域"基本法"的《突发事件应对法》，下有分别调整各主要灾种的单行性专项法，本法想要找准自身定位并与其他法律相协调并非易事。[①] 而且，部分相关法律在这一阶段也处于修订过程中。比如，《突发事件应对法》在 2020 年启动全面修订，该法的修改需要考虑到与同时进行全面修订的《传染病防治法》和同时起草中的《突发公共卫生事件应对法》的关系，而反过来，该法修改后的内容又将对《自然灾害防治法》产生影响。这几部法律的制修订过程彼此制约、互相瞻顾，也增加了立法的复杂性。[②] 又如，本领域重要的单行法《防震减灾法》自 2008 年汶川地震后修订至今，其再次修订也被提上日程，在全国人大常委会立法规划中专门标明该法的修改要和《自然灾害防治法》的制定一并考虑。第二，本法相关制度涉及的部门间关系比较复杂，意见协调不易。组建应急管理部并未集中全部防灾减灾救灾职权，该部门在这一领域和其他多个部门都存在颇为复杂的"边界"问题，特别是自然灾害应对"防"和"救"、"统"和"分"、"综"和"专"的分工关系，至今仍未完全理顺。这些问题几乎涉及本法所有制度，反映到立法过程中，就会表现为不同部门在各种具体制度设计上的意见分歧，其协调难度可想而知。[③] 第三，如何为本法建立起有效的实施机制也是一大难题。从本领域既有的单行法和以往的实践来看，应急

[①] 参见李一行、刘兴业：《自然灾害防治综合立法研究：定位、理念与制度》，载《灾害学》2019 年第 4 期，第 173 页。

[②] 参见代海军：《我国〈突发事件应对法〉修改研究》，载《行政管理改革》2021 年第 1 期，第 63 页。

[③] 参见钟雯彬：《〈突发事件应对法〉面临的新挑战与修改着力点》，载《理论与改革》2020 年第 4 期，第 28 页；高小平、刘一弘：《应急管理部成立：背景、特点与导向》，载《行政法学研究》2018 年第 5 期，第 34 页。

情景下有各种责任机制可以保证法律实施，而日常的灾害管理却缺乏执法机制，很多法律条款长期没有得到实际执行，近年来应急管理领域的行政执法体制机制改革也没有实质性触及这一问题。如果不能借制定《自然灾害防治法》之机解决这一问题，即使将来法律出台，其中的很多条款也很可能成为具文，立法的意义将大打折扣。

令人比较遗憾的是，围绕上述这些基础性问题展开的严肃、深入的讨论还远不充分，导致许多重要争议长期没有得到澄清，直接影响了《自然灾害防治法》的顺利推进，本章将尝试回答这些问题。

二、既有法律"体系"存在的问题

将自然灾害防治领域既有的法律法规称为一个"体系"，是学者出于研究的需要，为本领域的法律制度构建出某种体系化的理想类型，将现有法律法规尽量排布其中，并将缺失的制度权且"留白"的结果而已。而这本身就是最大的问题，下文将对这一"体系"存在的问题展开分析。

（一）制度分散且与灾害管理的实际需要及现有管理体制不匹配

先有个别制度后有一般制度，先有单行性立法后有综合性立法，这是灾害法发展的一般规律，在其他灾害大国也是如此。[①] 相对于应急管理的其他板块，我国自然灾害防治方面的法制建设起步并不晚，20世纪90年代，针对地震、洪水、气象等高发频发、破坏性强的灾种，就已经制定了法律或者行政法规。在21世纪第一个10年，其他重要灾种的单行法如地质灾害、森林火灾、草原火灾等也基本补齐。个别以灾害应对某一环节工作为调整对象的跨灾种立法如《军队参加抢险救灾条例》《自然灾害救助条例》，也在这一时期陆续出台。但自此以后，本领域的法制建设基本上陷入了停滞，维持着以分灾种单行法为主体、个别针对特定工作的跨灾种立法

---

① 参见熊淑娥：《日本灾害治理的动向、特点及启示——2018年版〈防灾白皮书〉解读》，载《日本研究》2019年第2期，第49页。

为补充的现状。①

　　这一情况至少产生了两个显而易见的问题。一方面，很多自然灾害具有复合性即表现为多种灾害叠加，有的甚至存在明显的链式因果关系，但现行立法却将其按照不同灾种切割开来分别规定其应对方式。②举一个简单的例子，台风和暴雨作为最常见的气象灾害，其发生常常导致洪涝灾害，如果是山洪，还可能继续引发山体滑坡、泥石流等地质灾害，这三种灾害之间的因果链条十分清晰，其应对工作本应由一部法律法规统一规定。而实际情况是，它们被分别规定在《气象法》及其配套的《气象灾害防御条例》、《防洪法》及其配套的《防汛条例》，以及《地质灾害防治条例》中，而且由不同的部门分别负责。也正因如此，很多地方在其应急预案，以及近年一些地方在灾害防治领域探索制定的综合性、半综合性立法中，就尝试突破上位法框架，把这几种灾害合并在一起加以规定。比如，《广东省防汛防旱防风条例》就同时规定了台风和水旱灾害，并兼及地质灾害的部分内容。另一方面，分散立法制约了共通性灾害管理制度的整合，并造成行政资源的重复投入。很多灾害应对的具体工作环节在内容上具有共通性，至少是"共性"大于"个性"，本来可以建立起一些跨灾种的整体性管理机制，这既能增强不同灾害应对中的协调性，又能避免重复建设、节约行政成本。③比如，灾害风险调查和评估系统、监测和信息传递系统、应急预案体系的建设都需要统一规划、整体推进、互通兼容，救灾物资储备和应急救援力量都适合以专常兼备、主次兼顾的方式通盘考虑、统一调度以优化资源配置，而分散的单行性立法模式割裂了这些共通性制度的横向联系，结果是分灾种"小而全"地建成了多个联系松散、协同不佳的灾害管理子系统。④

---

　　① 参见周伟、刘红春：《单一到综合：防灾减灾立法范式的转变》，载《学习与实践》2015年第2期，第86页。

　　② 参见李一行、邢爱芬：《总体国家安全观视域下自然灾害综合防治立法研究》，载《北方法学》2021年第5期，第141—142页。

　　③ 参见周利敏：《灾害管理：国际前沿及理论综述》，载《云南社会科学》2018年第5期，第23页。

　　④ 参见方印、兰美海：《我国〈防灾减灾法〉的立法背景及意义》，载《贵州大学学报（社会科学版）》2011年第2期，第23页。

不可否认，造成上述问题的根本原因在于按灾种专业分工的灾害管理体制，法律上的分散只不过是这种部门分工方式在制度上的呈现方式而已。尽管 2016 年《中共中央　国务院关于推进防灾减灾救灾体制机制改革的意见》早已洞察这一点，并在"健全统筹协调体制"方面花费了许多笔墨，要求"加强各种自然灾害管理全过程的综合协调，强化资源统筹和工作协调。完善统筹协调、分工负责的自然灾害管理体制，充分发挥国家减灾委员会对防灾减灾救灾工作的统筹指导和综合协调作用，强化国家减灾委员会办公室在灾情信息管理、综合风险防范、群众生活救助、科普宣传教育、国际交流合作等方面的工作职能和能力建设"。"建立各级减灾委员会与防汛抗旱指挥部、抗震救灾指挥部、森林防火指挥部等机构之间，以及与军队、武警部队之间的工作协同制度，健全工作规程。""加强部门协调，制定应急避难场所建设、管理、维护相关技术标准和规范。"但因各灾种管理职责分散的状况没有根本改变而收效甚微，最终不得不在 2018 年通过"大部门制"改革的方式，将有关"救灾"的职能集中到新组建的应急管理部，并赋予其对其他部门继续保留的"防灾"职责进行综合协调的权力。[1]但是，机构改革并没有彻底解决这一问题，因为法律并未随之修改，造成法制与体制脱节。[2] 按照依法行政的基本原则，各部门仍然要依照现行法规定的职责分工方式实施灾害管理，应急管理部门只能依据一些效力位阶较低的文件——部门"三定规定"、国务院印发的规范性文件或者内部会议纪要——在有限范围内行使综合管理职能。[3] 在其他情况下，甚至只能通过非制度化方式，依托领导干部的职务权威进行协调，比如由一位领导干部同时兼任应急管理部门的职务和另一个

---

[1] 参见高小平、刘一弘：《应急管理部成立：背景、特点与导向》，载《行政法学研究》2018 年第 5 期，第 30 页。

[2] 参见郑功成：《应急管理部与灾害管理体制重构》，载《中国减灾》2018 年第 9 期，第 17 页。

[3] 参见杨丹：《灾害共治与政府责任：自然灾害应对的法治路向》，法律出版社 2020 年版，第 220—225 页。

需要协调的部门的职务。①

（二）部分必要制度缺失或严重滞后于实践

制度的缺失主要表现在两个方面。第一，个别灾种没有制定单行法，存在无法可依的情况。比如，作为海洋灾害的风暴潮和海岸侵蚀等就没有单独立法，目前只有《海洋观测预报管理条例》就海洋灾害警报作出了一些规定，其他环节则存在空白。不过，由于这些灾害要么发生频率不高，要么因属于缓发型灾害而应对措施特殊性不强，有关法律制度的缺失影响尚不严重。第二，更加重要的问题是，由于历史原因，很多在现在看来十分关键的灾害管理制度缺少法律规定，给实践中相关工作的推进带来了困难。比如，灾害保险已经被公认为分散巨灾风险、补偿受灾群体损失的重要市场化机制，业界也长期呼吁尽快在全国层面推行，但由于事涉强制保险，需要以法律或者行政法规作为依据，而目前这方面依据尚不完善，只能在个别地区进行有限的试点，迟迟难以全面铺开。②又如，灾害风险调查、评估及对评估结果的运用是灾前管理的重点所在，也是落实"以防为主、防抗救相结合"原则的关键措施，甚至第一次全国自然灾害综合风险普查已告完成，③但由于立法时风险管理理念尚未普及，至今未对自然灾害风险管理的具体制度作出完整规定。

此外，本领域的法律法规更新较慢，大多数制定、修订、修正于15年前，甚至更长时间之前，由于当时技术条件和认识水平的限制，一些制度的内容并不科学、完善，更多的则是因为没有与时俱进而明显与当前的现实脱

---

① 比如，应急管理部组建之后，由一位副部长兼任水利部副部长以协调防汛抗旱工作，由一位党委委员兼任国家林业和草原局党组成员、副局长以协调森林草原防灭火工作。放眼其他政府部门，这样的任职安排罕有先例。

② 参见朱雪莹、黄剑涛、林健富等：《深圳市巨灾保险落地效果抽样调查研究》，载《灾害学》2024年第1期，第206页；王增文、吴健、李晓琳：《巨灾保险参与主体行为的演化路径研究》，载《保险研究》2022年第9期，第39页；潘红艳：《巨灾保险试点问题解析及对策研究》，载《行政与法》2021年第2期，第86页。

③ 参见刘温馨：《用好普查成果 发挥普查效益》，载《人民日报》2024年5月9日，第6版。

节。这些内容有的形式上虽然有效，实际上却早已成为具文，有的甚至成为阻碍实践发展的"绊脚石"。[1] 比如，1995 年制定的《破坏性地震应急条例》是我国第一部关于地震的国家层面的立法，先于《防震减灾法》两年多出台。而在作为其上位法的《防震减灾法》于 2008 年全面修订之后，该条例却至今未作实质性修改，[2] 施行至今近 30 年，个别可能已经滞后的规定仍然有效。比如，该条例第 16 条规定："破坏性地震临震预报发布后，有关省、自治区、直辖市人民政府可以宣布预报区进入临震应急期，并指明临震应急期的起止时间。临震应急期一般为 10 日；必要时，可以延长 10 日。"第 22 条规定："破坏性地震发生后，有关的省、自治区、直辖市人民政府应当宣布灾区进入震后应急期，并指明震后应急期的起止时间。震后应急期一般为 10 日；必要时，可以延长 20 日。"而实际情况是，自该条例施行以来，我国尚未发布过临震预报，也未宣布过进入临震应急期，震后应急期也没有宣布过。科学界也已经公认临震预报是一个世界性难题，以往曾经成功的临震预报具有偶然性。至于将临震应急期规定为"10+10"天、将震后应急期规定为"10+20"天，更多的只是一种主观设想。

仍以地震灾害为例，无论是《防震减灾法》还是作为应急管理领域综合性立法的《突发事件应对法》，其规定的地震预报（及作为其上位概念的突发事件预警）都是预测性预警，即基于监测信息，结合科学认识和既往经验对将来可能发生地震（突发事件）的概率作出的判断。其特点一是具有前瞻性，即预报（预警）时地震（突发事件）尚未发生；二是具有或然性，即预报（预警）后地震（突发事件）未必实际发生。但实际情况是，2011 年以来，基于地震纵波和横波、地震波和电波传播速度差的地震速报预警已经在全国

---

[1] 参见刘云生、潘亚飞：《自然灾害统一立法中的道德、政策与法律——兼评〈中国防灾减灾基本法立法问题研究〉的目标定位及体系构建》，载《兴义民族师范学院学报》2017 年第 1 期，第 55—56 页。

[2] 该条例曾于 2011 年根据《国务院关于废止和修改部分行政法规的决定》进行过修订，但仅有两处因其他法律更名或条款变化而进行的文字性改动，一处是将"治安管理处罚条例"改为"治安管理处罚法"，另一处是因《防震减灾法》修订而相应修改其援引该法的某一条款序号，实际上没有任何实质性修改。

范围内普及。这种速报预警一是具有回溯性，其原理是快速报告几秒到几十秒前刚刚发生的地震，为震中之外的破坏区争取极为短暂的快速避灾时间；二是具有必然性，除了极小概率的错报、误报，预警发出时地震已经实际发生。① 但由于相关立法制定时，速报预警技术在国内尚未得到研发应用，根本没有被立法者纳入考虑范围，而在该技术实际应用十多年来，法律也没有修改，造成了制度和实践的严重错误。其导致的一个严重后果就是，近年来，很多省份以《防震减灾法》中规定的地震（预测性）预报统一发布制度为依据，制定了有关地震预警管理的地方性法规（或地方政府规章），要求对地震速报预警也实行统一发布。而由于这些规定明显不符合实际，使地震速报预警行为长期处于既不合法又没有被明确宣布违法的"灰色地带"。

（三）一些关键制度设计的理论支撑不足

和应对其他突发事件的法律一样，灾害法具有十分浓厚的经验法则色彩，法律上的很多内容实际上是将以往防灾减灾救灾工作中的经验教训总结提炼之后法律化的成果，而不是借助某种法律理论进行教义化演绎之后的规范表达。甚至，一些法律制度只是以往行政机关工作中惯常做法的法律化，也就是把一些比较稳定的工作制度"上升"为法律的结果，其背后谈不上有什么科学依据或者理论逻辑。实际上，学界对灾害法上的很多基础理论问题一直缺乏深入研究，而由于理论支撑不足，一些关键制度"基础不牢、地动山摇"，一经实践检验就暴露出明显缺陷，造成实践中一些灾害应对工作"有法难依"，要么因僵硬地依法办事造成明显不合理的结果，要么干脆"脱法"行政，损害了法律的严肃性和权威性。② 比如，国家的自然灾害应对义务到底来源于哪里？其内涵的边界是什么？如何处理国家救助和私人自助、社会

---

① 参见林鸿潮、王筝：《地震速报预警的法律挑战——政企关系、风险与责任》，载《行政法学研究》2016年第4期，第85页。
② 参见初建宇、苏幼坡：《构建我国综合防灾法律体系的探讨——源于汶川地震的思考》，载《防灾科技学院学报》2009年第1期，第123页。

自治之间的关系？这些灾害法上最基本、最重要的理论问题一直没有得到厘清，这就造成了一些制度设计和实践操作中的混乱。

例如，对于因自然灾害遭受损失的区域和个人，国家应当给予何种标准的帮助？是保障基本生存条件，还是维持有尊严的生活，抑或是恢复到灾前同等水平，甚至是"跨越式"地超过灾前水平？有关制度和实践在这方面从未形成稳定的认识。从以往的长期做法和《自然灾害救助条例》的有关规定来看，灾后救助的目标是保证基本生活所需，并在可能的条件下对灾区进行恢复重建，主基调是"量力而行"。但在2008年汶川地震之后，《国务院关于做好汶川地震灾后恢复重建工作的指导意见》明确提出，"力争用三年左右时间完成灾后恢复重建的主要任务，使灾区群众的基本生活生产条件达到和超过灾前水平，并为可持续发展奠定坚实基础"，主基调是"全力以赴"，而实际的恢复重建情况是部分灾区群众的生活生产条件不但远超灾前水平，还远超邻近区域非受灾地区的群众。在具体救助标准上，《自然灾害救助条例》没有直接规定标准，也没有提出标准的确定原则，实践中的操作则是，标准在多数情况下可以保持稳定或者合理提高、上浮，但不时又在一些灾害中适用畸高标准。[①]

又如，《防洪法》第7条第3款规定："各级人民政府应当对蓄滞洪区予以扶持；蓄滞洪后，应当依照国家规定予以补偿或者救助。"但补偿和救助是两种性质和标准完全不同的给付方式，前者因私人在灾害应对中作出"特别牺牲"而获得给付，原则上应当按照实际损失确定补偿标准；后者基于公民的社会保障权获得给付，原则上应当按照维持有尊严的生活所需确定救助标准。因蓄滞洪区运用而造成区内居民损失，显然应当适用补偿而不是救助。但从国务院《蓄滞洪区运用补偿暂行办法》和财政部《国家蓄滞洪区运用财政补偿资金管理规定》的规定来看，其给付方式名为"补偿"，实际标准却近乎"救助"。

[①] 参见林鸿潮：《我国非常规突发事件国家救助标准制度之完善——以美国"9·11事件"的救助经验为借鉴》，载《法商研究》2015年第2期，第24—25页。

（四）与其他领域法律制度存在较为复杂的"边界"问题

灾害防治领域的法律法规以自然灾害应对中的社会关系作为调整对象，[①] 而自然灾害孕育并发生于自然环境中，一些自然灾害又直接表现为对自然资源的破坏。因此，本领域的法律和生态环境法、自然资源法都存在千丝万缕的联系。[②] 比如，规定森林、草原防灭火工作的《森林防火条例》和《草原防火条例》分别以《森林法》和《草原法》作为立法依据，是为了实施这两部法律而制定的配套性行政法规，但这两部法律一般被认为属于自然资源法的范畴。又如，《海洋观测预报管理条例》对海洋灾害警报作出了规定，但其所指的"海洋灾害"是否包括《海洋环境保护法》所规定的"海洋生态灾害"并不明确，而《海洋环境保护法》显然属于生态环境法的范畴。

如果说上面这些"边界"问题在实践中引发的争议尚不明显，那么，另外一种情况就早已成为实践中无法回避的问题，那就是"天灾"和"人祸"的"边界"问题。现代性的一大特点就是自然风险和人为技术风险交融，这造成很多突发事件难以被简单归类为"天灾"或者"人祸"。[③] 比如，因自然灾害引发的次生事故，以及因人为原因导致的自然灾害损失扩大，如何定性，应当适用灾害防治领域的法还是安全生产领域的法？这些问题在实践中带来的困扰已经越来越多。例如，2021年发生在河南郑州的"7·20"特大暴雨灾害就造成了很多次生事故，而最后的调查报告将此次事件的定性模糊地表述为"总体是'天灾'，具体有'人祸'"，实际上回避了其中许多需要细致

[①] 也有学者直接使用"灾害法学"的概念，认为"灾害法学"就是以人类防灾减灾活动作为研究对象的法律科学。参见方印、兰美海：《我国防灾减灾法的性质与地位问题初探》，载《灾害学》2013年第1期，第139—145页；喻中、钟爱萍：《灾害法学研究刍议》，载《桂海论丛》2000年第3期，第34页。

[②] 参见王建平：《我国防灾减灾救灾综合机制的设想》，载《政法论丛》2017年第3期，第87页；方印：《灾害法学基本问题思考》，载《法治研究》2014年第1期，第92页。

[③] 参见童星、张海波：《基于中国问题的灾害管理分析框架》，载《中国社会科学》2010年第1期，第138—139页。

辨析和准确适用法律的棘手问题。① 有一些因暴雨而引发的事件已经被调查报告认定为次生事故，却没有按照《安全生产法》和《生产安全事故报告和调查处理条例》的规定追究责任，而仍以灾害应对不力追究相对较轻的责任，这显然有失公平。

三、《自然灾害防治法》的功能定位

在讨论如何通过《自然灾害防治法》解决上述问题之前，需要先行回答的是：这部法律能否解决这些问题，或者能否解决这些问题中的一部分？如果能，应当以什么样的方式解决？归结起来就是《自然灾害防治法》的功能定位问题，而这主要涉及两个方面，一是本法和《突发事件应对法》的关系，二是本法和本领域各单行法之间的关系。

（一）《自然灾害防治法》和《突发事件应对法》的关系

制定《自然灾害防治法》不同于制定其他领域的"基本法"，因为灾害防治从属于一个更大的领域，即突发事件应对领域，而这个领域早在2007年就出台了一部"基本法"——《突发事件应对法》。② 和其他领域"基本法"比起来，《突发事件应对法》显得有些另类，因为大多数领域"基本法"在名称及其调整范围上都对应着政府的一个部门及其职能，而《突发事件应对法》却并非如此。其中的原因颇为复杂，比较重要的一点就是该法在起草之初并不是一部领域"基本法"，而是名为《紧急状态法》，在性质上属于宪法

---

① 参见《河南郑州"7·20"特大暴雨灾害调查报告》，载应急管理部网站2022年1月21日，https://www.mem.gov.cn/gk/sgcc/tbzdsgdcbg/202201/P020220121639049697767.pdf，2024年8月6日访问。

② 本书力求避免使用"应急管理领域"一词，而代之以"突发事件应对领域"。原因在于，2018年机构改革之后，"应急管理"一词在不同语境下使用可能带来歧义。这一概念有时作为"突发事件应对"的近义词，继而指向包括自然灾害、事故灾难、公共卫生事件、社会安全事件在内的全部突发事件的应对活动；有时则仅指向和应急管理部门职责对应的那些活动，即主要是自然灾害防治、安全生产监管和综合应急救援。前者可以称为广义的"应急管理"，后者则是狭义的"应急管理"。为了避免产生歧义或者进行反复解释，本书尽量不使用这一概念。

性法律，后来因为种种因素变更了名称、调整范围和大部分制度内容，才演变成突发事件应对的"基本法"。①而这部法律出台至今，普遍认为其实施效果不佳，其中的重要原因之一就是其调整领域过于宽泛，各级政府及其大部分职能部门都不同程度地与该法规定的职责有关，"人人有责"但没有人承担"主责"。这也是已经有了一部《突发事件应对法》，还要按照突发事件的主要类型分别再制定《自然灾害防治法》和《突发公共卫生事件应对法》等法律的重要原因所在，而这些法律的调整范围和应急管理、卫生健康等部门的职责形成了基本对应的关系。

《突发事件应对法》的存在直接限定了《自然灾害防治法》的"颗粒度"。很多领域"基本法"的"颗粒度"是比较粗的，主要规定了一些基本原则和基本制度。其中，基本制度多是对之前的各种单行性规定进行总结概括之后作出的一般性规定，内容偏于粗略笼统，且对单行法的既有规定体现出较大程度的尊让，没有对各种单行性制度进行实质性整合。②此外，其还会规定一些促进型或者宣示性的条款。2019年出台的《基本卫生医疗与健康促进法》作为卫生健康领域的"基本法"，就具有这样的显著特点。③但是，《自然灾害防治法》却不可能按照这种方式来自我定位，原因就在于《突发事件应对法》已经扮演了这样的角色。尽管《突发事件应对法》名义上调整的是全部四大类突发事件的应对活动，但实际上对社会安全事件的具体问题基本不予涉及，事故灾难则因为已有更早出台的《安全生产法》，也非其重点调整对象，主要针对的就是公共卫生事件和自然灾害。而该法虽然是在2003年抗击"非典"疫情的推动下出台的，但由于当时自然灾害领域的法制建设基础和管理经验相较于公共卫生领域稍显成熟一些，该法在起草时主要是以自然灾害应对为参照物。如果现在仍然按照这个定位来起草《自然灾害防治法》，

---

① 参见于安：《论国家应急基本法的结构调整——以〈突发事件应对法〉的修订为起点》，载《行政法学研究》2020年第3期，第3—5页。
② 参见吴凯杰：《法典化背景下环境法基本制度的法理反思与体系建构》，载《法学研究》2024年第2期，第151页。
③ 参见王晨光、张怡：《〈基本医疗卫生与健康促进法〉的功能与主要内容》，载《中国卫生法制》2020年第2期，第2页。

就会成为对《突发事件应对法》的简单模仿和重复，等于是将"突发事件应对"替换为"自然灾害应对"，将这部法律略加改动后再命名为另外一部法律，劳而无功。尽管施行十几年来，《突发事件应对法》暴露出了很多不足，但该法于2024年的全面修订在保持定位和框架基本不变的情况下，已经对近年来出现的很多新形势、新问题、新挑战作出了统一回应，无须留待《自然灾害防治法》等法律去一一回应。这意味着，《自然灾害防治法》的定位必须明显有别于《突发事件应对法》，其"颗粒度"必须更细，必须对灾害防治领域的基本制度作出更具体、更实质性的规定。

这里还有一个问题需要作进一步讨论，那就是《自然灾害防治法》有没有必要规定自然灾害的应急处置。因为，应急处置需要法律给政府留出权宜机变的较大裁量空间，因此相关法律总是倾向于降低对紧急权力的规制密度，对政府进行相对概括、灵活的授权，这就使应急处置环节的法律条款看起来"颗粒度"较粗。[1] 由于《突发事件应对法》已经在这一环节上作出了基本规定，那么《自然灾害防治法》是否对此就无须规定了呢？近年来，一些自然灾害综合防治的地方立法就持有这种观点，直接跳过应急处置环节，甚至在法律文件的名称上就体现了这一点。例如，山东省的政府规章命名为"自然灾害风险防治办法"，贵州省、福建省的政府规章命名为"自然灾害防范与救助管理办法"，都不对应急处置环节作出规定。但这种认识是片面的，即使在应急处置环节不宜过多规定对紧急权力的规制，其仍有《突发事件应对法》未解决的重要问题需要处理。如有关应急指挥体系的规定，包括应急指挥机构的设立及其职责、现场指挥秩序的保障等，又如以增进应急处置效果和提升应急处置措施合法性的公众危机沟通等，都有必要在《自然灾害防治法》中作出规定。实际上，也有一些本领域的地方立法坚持以防灾减灾救灾全过程为调整范围，将应急处置环节包括在内，如2023年出台的《深圳经济特区自然灾害防治条例》。

---

[1] 参见江必新、黄明慧：《论紧急行政权的限度》，载《行政法学研究》2022年第5期，第113页。

（二）《自然灾害防治法》和单行法的关系

这里主要讨论《自然灾害防治法》和分灾种单行法的关系。应急管理部在 2022 年公布的关于《自然灾害防治法（征求意见稿）》的起草说明中，曾表述过其对该法和这些单行法之间关系的定位，认为"自然灾害防治综合法与单灾种专项法各有定位、互不替代、有机衔接，将共同构成完整的新时代中国特色自然灾害防治法律体系"。因为，"……单灾种专项法的立法模式……通过总结相关部门、行业的工作制度形成，反映了特定灾种应对的基本经验和该部门、行业工作的基本特点，能够有效应对单一灾种。但是在应对新的灾害情况尤其是复合型自然灾害、极端自然灾害时，存在一些法律空白"[①]。这一观点实际上就是将本法和各灾种单行法理解为一般法和特别法的关系，特别法优先，一般法兜底。这种理解有失片面，如果完全以此定位两者的关系，则如上文所述，本法的相当一部分内容就会变成对单行法的一般性总结，失去实际意义。本书认为，为了解决我国现行自然灾害防治法律"体系"存在的问题，应当按照以下三个层次处理《自然灾害防治法》和单行法之间的关系：

第一，替代单行法中的部分内容。这部分内容之所以应该被"基本法"替代，是因为单行法之所以分别规定它们，并不是因为该灾种的应对、该部门的工作有什么与众不同的特点，而仅仅是由于此前分灾种管理的体制要求其分别开展这些工作。但这些内容在不同灾种之间实际上是共通的，是可以"合并同类项"统一规定在一处的。法律合并规定的具体方式又分为两种情况，一种是由"异"变"同"，即使各灾种的该项制度变得相同，但仍由各部门分别负责，作用是避免法律冲突、降低跨部门沟通协调成本；[②] 另一种是由"多"变"一"，统一规定的这项制度直接由一个部门（主要是应急管理

[①] 《关于向社会公开征求〈中华人民共和国自然灾害防治法（征求意见稿）〉意见的通知》，载应急管理部网站 2022 年 7 月 4 日，https://www.mem.gov.cn/gk/zfxxgkpt/fdzdgknr/202207/t20220704_417563.shtml，2024 年 8 月 6 日访问。

[②] 参见杨丹：《灾害共治与政府责任：自然灾害应对的法治路向》，法律出版社 2020 年版，第 157—158 页。

部门）负责实施，从根本上解决政出多门和重复建设问题。① 以自然灾害的监测预警为例，不同灾种的监测确实各有特点，不宜统一规定；而监测获得灾害信息之后的处理工作，包括报告、报送、通报和研判会商，并不因灾而异，完全可以规定为统一的制度，但目前难以集中由一个部门负责；至于预警信息的发布，则既要统一规定，也应统一发布。又如，应急预案编制和管理的要求，应急救援队伍的建设、管理和指挥等，都应当在统一规定的基础上在各部门之间形成合理分工。② 而在《自然灾害防治法》对这些问题进行统一规定之后，原来各单行法上的规定自然就没有继续存在的必要了。

第二，更新单行法中的部分内容。有些单行法中规定的制度不合理或者明显滞后于实践，如果等到这些法律修改时再一一更新，不但迁延时日，还可能产生新的法律冲突。对此，应当利用制定《自然灾害防治法》之机统一予以更新。与前一种情况有所不同的是，这些制度在不同灾种中仍存在一些差异，不宜由《自然灾害防治法》完全替代。《自然灾害防治法》在作出规定之后，还应以恰当方式指明单行法中相关制度其他内容的效力，如明确"法律（行政法规）对……另有规定的，从其规定"，这既兼容了单行法上的个性化规定，也表明了本法已明确规定的部分在效力上具有优先性。各灾种的单行法或多或少都会规定一些应急保障措施，但受制于当时的应急保障体系建设水平，普遍规定得不够完整、不够彻底。例如，应急车辆的优先通行权、免费通行权，"天空地"一体化的应急通信网络等都没有"入法"；对应急物资保障往往只规定调集和紧急征用，而没有规定紧急征购。对于这些问题，完全可以在《自然灾害防治法》中统一作出更新性规定。但考虑到不同灾种的应急处置工作还需要根据自身特点采取一些特殊的应急保障措施，比如森林草原灭火还需要航空救援设施和空中交通保障，这些就适宜规定在单行法中，并在《自然灾害防治法》中明确"法律、行政法规对其他应急保障措施另有规定的，从其规定"。

---

① 参见朱勋克：《论综合减灾基本法的立法要义》，载《法学杂志》2002 年第 3 期，第 71 页。
② 参见方印：《中国防灾减灾基本法立法问题研究》，人民法院出版社 2016 年版，第 39—42 页。

第三，新增单行法没有规定的内容，主要是应急管理部门的综合管理职责。应急管理部在其征求意见稿的起草说明中，也强调了这将成为《自然灾害防治法》的重要内容之一，要"把自然灾害防治工作中综合协调、指挥调度、信息发布进行整合，明确'四个统一'：统一组织指导协调自然灾害防治工作、统一建设自然灾害综合监测系统及灾情报告系统、统一调度应急救援力量和抢险救灾物资、统一发布预警信息和灾害信息"[①]。姑且不论这"四个统一"的内容及其相互关系的表述是否准确，其基本思路值得肯定，本质上就是把那些"宜统不宜分"的灾害防治职责规定由各级政府（而不是其某个或某些部门）负责，同时将履行该项职能的日常工作明确由本级应急管理部门承担，改变以往专业部门职权过重而政府职权偏"虚"、政府统筹性日常职能因依托的部门分散而能力偏"弱"的局面。[②] 为此，《自然灾害防治法》必须明确一点，就是在目前已经把各级减灾委员会、抗震救灾指挥部、防汛抗洪指挥部、森林草原防灭火指挥部的日常工作职责都集中到应急管理部门的基础上，将这些协调性机构合并为一个，彻底实现灾害防治综合性职能的统一行使。

此外，对于那些已经（或将来准备）出台分环节综合性立法的制度，如灾害救助、灾害保险等，因为本来就解决了跨灾种的制度整合问题，《自然灾害防治法》的"颗粒度"就可以粗一些，只规定其核心制度即可，其余内容留待这些立法修订或制定时解决。

综上所述，《自然灾害防治法》应当被定位为一部以防灾减灾救灾综合性制度为主体，整合、更新并部分取代灾种单行法现行制度，"颗粒度"明显细于《突发事件应对法》的灾害防治领域"基本法"。

四、《自然灾害防治法》的制度展开逻辑

明确了《自然灾害防治法》的功能定位，实际上也就基本框定了其所要

---

① 《关于向社会公开征求〈中华人民共和国自然灾害防治法（征求意见稿）〉意见的通知》，载应急管理部网站 2022 年 7 月 4 日，https://www.mem.gov.cn/gk/zfxxgkpt/fdzdgknr/202207/t20220704_417563.shtml，2024 年 8 月 6 日访问。

② 参见周伟、刘红春：《单一到综合：防灾减灾立法范式的转变》，载《学习与实践》2015 年第 2 期，第 87 页。

规定的制度内容。接下来的问题是：对这些内容应当按照什么样的逻辑进行安排，从而使其更加符合灾害管理的科学规律，以更好地发挥灾害法作为"经验法则"的功能？这个问题很容易给出一个简单的回答，那就是按照自然灾害的全生命周期划分为若干环节，分别规定相应制度。这似乎已经是不言自明的道理。① 不但《突发事件应对法》和现有的各灾种单行法都是这样做的，应急管理部公布的《自然灾害防治法》采取的也是这种体例。征求意见稿除了按照立法惯例在开头安排"总则"章、在最后安排"法律责任"章和"附则"章外，作为主体内容的四章分别是"灾害风险防控""应急准备与监测预警""抢险救灾与应急处置""灾后救助与恢复重建"，显然采取了以"事件"为中心的展开逻辑，各章内容基本对应着无事、事前、临事、事中、事后几个阶段。

笔者并不完全反对以事件演变阶段划分的传统体例，而是主张兼容按照灾害管理对象划分的方法，将两者结合起来作为《自然灾害防治法》的制度展开逻辑。原因在于，将灾害管理的各种措施、制度和灾害演变发展的阶段一一对应起来，完全是人为划分的结果，② 因为灾害管理面向的对象并不完全随着灾害的演变发展阶段而变化，只是在不同阶段起主导作用的因素有所不同而已。在上一个阶段要解决的主要矛盾，到了下一个阶段并没有消失，只是退居次要位置而已，而相应的应对措施也不可能一厢情愿地"到此为止"。例如，风险管理一般被认为是灾害没有发生时的日常管理措施，但实际情况是，灾害的发生本身就意味着风险的剧变，新的风险意味着发生次生、衍生事件的可能性，灾害处置过程中对次生、衍生事件的预防其实就是风险管理；而重大灾害应急处置结束之后，由于灾害产生的破坏已经改变了风险的分布，需要重新识别评估，实际上就进入了新的风险管理过程。又如，应急

---

① 有学者认为灾害治理理论往往出现分散化、原子化与庞杂化的状况，从全生命过程角度有利于整体把握其逻辑结构。参见周利敏、谭妙萍：《中国灾害治理：组织、制度与过程研究综述》，载《理论探讨》2021年第6期，第142页。

② 参见朱正威、吴佳：《中国应急管理的理念重塑与制度变革——基于总体国家安全观与应急管理机构改革的探讨》，载《中国行政管理》2019年第6期，第132页。

准备和应急保障通常被当作两种不同的制度，前者属于"事前"环节，后者属于"事中"环节。但两者实际上指的都是以突发事件应对为目的对各种资源的运用，这些资源从事前的准备到事中的使用和临时补充，实际上是一个连续过程。① 类似地，应急预案的编制本质上是应急的预决策，就是把预警、处置环节中的一部分决策工作提前到平时进行，应急决策实际上也是一个基于预案的预决策加上临事、事发后临机调整的连续过程。因此，把应急准备和应急保障、应急预案和应急决策割裂开来，作为不同环节的制度分别规定是没有道理的。② 因此，我们建议将《自然灾害防治法》中的具体制度分为三类，分别是针对风险的制度、针对事件的制度和针对损失的制度。每一类制度以灾害管理中的一到两个环节为中心，在此基础上延伸到其他环节。下文对此展开具体论述。

（一）针对风险的制度

和其他突发事件的应对相比，自然灾害是人类最早形成风险管理理念和运用风险管理措施的领域。因为，人们很早就认识到自己认识和改造自然能力的有限性，从而对自然界心存敬畏，认识到人类不可能完全通过"预防"阻止"灾"的发生，也不可能完全阻断"灾"带来"害"，只能发挥人的积极性和主观能动性，小心翼翼地在有限的能力范围内寻求与自然灾害的相处之道。③ 从词源上看，"风险"一词来自对自然界中危险因素的认识，指的是"风"带来的危险，但人类既不可能阻止风，也不可能远离风，甚至还需要利用风。因此，对灾害的风险管理本质上是一个合比例性的决策问题，人们对特定风险采取什么样的管理措施取决于对以下两者的权衡：一是采取这些措施控制风险需要付出的成本；二是暴露在风险中可能遭受的

---

① 参见林鸿潮、陶鹏：《应急管理与应急法治十讲》，中国法制出版社2021年版，第193页。
② 参见林鸿潮、赵艺绚：《应急管理领域新一轮修法的基本思路和重点》，载《新疆师范大学学报（哲学社会科学版）》2020年第6期，第98页。
③ 参见王建平：《灾害法学基本问题研究：三个基本范畴研究报告》，光明日报出版社2020年版，第183—188页。

损失，通常可以表达为风险转化为现实危险之后可能导致的损害乘以这种转化的概率。当前者大于后者时，这些措施就应该被采取；反之，风险就只能被保留。有关风险管理的制度，实际上就是围绕着这样的决策过程展开的。

首先是识别和评估风险。作为风险管理的起点，人们首先必须尽可能发现和认识风险，因此必须对灾害风险展开调查，[①] 包括数学意义上的调查即调查灾害的历史分布及其规律，物理学意义上的调查即调查灾害的构成要素（包括致灾因子和孕灾环境），社会意义上的调查即调查承灾体的脆弱性和人的防灾减灾能力。风险识别和评估的结果直接体现为风险的类型、等级及其时空分布，可以直接应用于对风险的区划，如划定不同等级的风险区、风险期和风险点等。其次是选择风险控制措施。面对不同灾害，可供人们选择的风险控制措施至少包括：改造自然以改变孕灾环境从而直接减少灾害的发生；增加承灾体的承灾能力，这主要依靠工程措施；与风险隔离，即减少乃至取消在高风险区域的人类活动；与风险共存但进行监测，以便在风险明显升高时采取临时性措施。[②] 每一项措施的背后都对应着不同成本，而成本又和能力相关。因此，人们必须根据其既有和潜在的能力评估这些成本的可接受性，进而与风险可能带来的损害结果进行权衡，形成可负担、可持续的灾害风险防控策略。[③] 最后是风险沟通。自然灾害风险属于客观的技术性风险，因此，对风险识别和评估的正当性基本上可以诉诸科学，而对风险管控措施的选择则涉及对成本和收益的权衡，不可避免地带有一定的主观色彩，并非每一次决策的正当性都能诉诸纯粹的科学理由。而且，很多风险防控策略体现为人的行动，其实施十分依赖民众的遵从与配合。此时，共

---

① 参见汤啸天、李瑞昌：《我国应当建立"以风险为中心"的公共安全管理机制》，载《上海政法学院学报（法治论丛）》2017年第1期，第100—101页。
② 参见张俊香、黄崇福：《自然灾害区划与风险区划研究进展》，载《应用基础与工程科学学报》2004年12月增刊，第56—58页；方印：《中国防灾减灾基本法立法问题研究》，人民法院出版社2016年版，第399页。
③ 参见吕忠梅：《中国环境法的转型——从后果控制到风险预防》，载《中国环境监察》2019年第Z1期，第39页。

识的塑造对维系风险防控策略的正当性就显得十分重要，政府需要借助各种风险沟通手段——关键信息公开、深度科普、公众参与、对意见的公开回馈等——使民众相信目前采取的风险控制策略是最优的，遵从并配合这些策略符合其自身利益。而且，如果剩余风险最终实际转化为灾害并造成损害，也会归结为不可抗力，而不会归咎于防控策略的失败。此外，如上文所述，在日常风险管理的基础上，还应考虑到灾中和灾后对特殊风险的管理，即在灾害带来风险剧变或者因灾造成风险变化的情况下，增加临时性的风险管控措施，或者对原有的风险管控措施加以调整，同时辅之以新的风险沟通。

从《突发事件应对法》和现行大多数灾害单行法的规定来看，基本上仍立足于"预防"而非风险管理的理念进行制度设计。但从近年来地方层面出台的一些法规规章如《深圳经济特区自然灾害防治条例》《山东省自然灾害风险防治办法》以及应急管理部公布的《自然灾害防治法（征求意见稿）》来看，已经表现出了向风险管理的转向，但其主要内容集中在风险调查评估及其成果应用，以及各种具体的风险防控措施方面。借鉴第一次全国自然灾害综合风险普查中的技术规范，《山东省自然灾害风险防治办法》甚至对各种风险调查的具体内容和要求，以及各灾害防御工程和重点防控措施都进行了详细列举。但是，这些规定都未重视处理风险决策的正当性问题，因此忽视了对风险沟通的规定，同时囿于分阶段对应灾害管理措施的传统观念，忽视了灾中灾后的风险管理问题，应当加以补充。

（二）针对事件的制度

以灾害事件为中心的制度围绕应急措施展开——基于预警的应急措施和灾害真实发生之后的应急措施——需要解决三个方面的问题：决策、合法性和能力。

应急决策的制度逻辑包括三个环节：一是法律授权。就是将以往灾害应对中的经验教训进行总结提炼，形成一些比较固定的方法、策略，通过民主机制将其法律化，借助法律的强制力使人们遵从以确保这些"经验法则"在新的灾害发生之后得到运用。① 二是编制预案。因为法律化的"经验法则"所提供的只是一个大致框架，和可以付诸操作的具体方案之间还有很大的形成空间，这些空间需要放在具体情景下，结合特定单元的风险形势和资源禀赋进行填充，最终形成面向未来灾害情景的应急行动（预案响应和应急响应）方案，即应急预案。这也明确了，应急预案本身不是法规范，而是法规范结合各种个性化因素之后形成的实施方案。② 因此，应急预案的编制必须以充分的风险评估和资源调查作为前提，才能保证其针对性和可操作性。③ 同时明确了，应急预案没有法的拘束力，其效力只能来源于其所实施的法律。三是临机调整。基于预测性假设的应急预案未必符合灾害发生之后的真实情景，应当允许政府根据情况变化临机决断，调整甚至放弃应急预案而另行采取其认为合理的应急措施。只要新的应急方案仍然落在法律授权的区间之内，其正当性就没有问题；如果落在这个区间之外，其正当性就需要通过其他方式来解决，这是接下来要讨论的问题。

应急措施体现为国家权力对一定人、物或者空间单方性的例外支配，需要解决其合法性，即民众基于何种正当理由认可、接受、配合这些例外措施的问题。④ 其具体方式包括：第一，直接（临机决断选择法律授权的某些措施）或间接（先根据法律授权制定预案，再实施预案中的措施）来源于立法民主，这一点如前所述。第二，来源于预决策（应急预案编制）中的正当程序。作为预决策工具的应急预案实际上是把应急决策的部分工作前置到常态下完成，是对应急决策的"时空置换"，并不和真正的应急决策一样面临着时间紧迫、信息不完整、缺乏辅助手段等困难，实际上更接近于常规决策。⑤ 因

---

① 参见刘一弘：《应急管理制度：结构、运行和保障》，载《中国行政管理》2020年第3期，第131—133页。

② 参见林鸿潮：《论应急预案的性质和效力——以国家和省级预案为考察对象》，载《法学家》2009年第2期，第24页。

③ 参见张海波、童星：《中国应急预案体系的优化——基于公共政策的视角》，载《上海行政学院学报》2012年第6期，第26页。

④ 参见戚建刚：《应急措施的行政法探讨》，载《人民检察》2020年第9期，第54页。

⑤ 参见詹承豫、顾林生：《转危为安：应急预案的作用逻辑》，载《中国行政管理》2007年第5期，第89页。

此，有条件引入类似于常规行政决策的正当程序，如公众参与、专家论证等方式。而由于法律提供的应急行动框架和预案所呈现的具体行动方案之间存在巨大的形成空间，源于立法民主的法律授权并不足以完全证成预案中紧急措施的合法性，而预案编制过程中引入的正当程序作为一种"审议式民主"，恰恰可以填充这一空间的合法性。[1] 第三，来源于临机决策中的"审议式民主"。这可能出现在一些特殊情况下，即法律和预案的假设与真实发生的灾害事件之间发生了严重偏离，无法按照法律和预案采取应急行动，即将采取的（部分）应急措施超越了法律的规定。此时并不直接导致紧急权力的合法性不得不诉诸政治决断，仍有借助程序法即引入前述"审议式"民主实时生产合法性的可能。不过，这种合法性生产方式主要适用于一些事态迁延多变的突发事件，如部分传染病疫情，在自然灾害中极少出现这样的情况，但也不能完全排除，如持续整个汛期的洪水。第四，来源于紧急状态下的政治委托。在应急措施超出法律授权范围，又不具备引入"审议式民主"机制的情况下，紧急权力的合法性问题只能通过宣告紧急状态来解决。宣告紧急状态，实际上就是基于对国家的政治信任，概括性地委托其就重大公共危机的应对选择其认为必要、适宜的一切手段。考虑到概括性授权的危险性，这应该成为解决应急措施正当性的最后一种选择。[2]

如果说合法性解决的是应急措施的"软件"问题，"硬件"问题就是其所需要凭借的由各种资源形成的能力，其制度可以划分为资源投入、能力形成、能力运用和能力补充四个环节，沟通了通常所说的应急保障和应急准备两种制度。[3] 之所以需要规定资源投入，是因为几乎所有方面的应急能力在根本上都需要通过资金投入转化而成，因此必须首先规定这些资金的来源问

---

[1] "审议式民主"也可以被称为协商民主、慎议民主。审议式民主提出了四个命题：（1）强调民主过程的反思性特征，而不仅仅是参与人的利益聚合；（2）强调民主政治结论正当性在于程序而不是实体结论；（3）强调民主机制内在与本身的商谈性价值，而非外在的工具性与功能性价值；（4）强调民主决策中民众参与和精英决断的调和，而非割裂。参见雷磊：《立法的特性——从阶层构造论到原则权衡理论》，载《学术月刊》2020年第1期，第103—104页。

[2] 参见郑玉双：《紧急状态下的法治与社会正义》，载《中国法学》2021年第2期，第120页。

[3] 参见程铁军：《突发事件应急决策方法研究》，东南大学出版社2018年版，第83—85页。

题，主要是规定政府和企业的投入义务。能力形成则解决各方面应急能力在事前如何具备的问题，即应急队伍、应急设施和装备、应急知识和技能等各方面的准备，法律主要是规定底线目标和能力促进措施。能力运用则是在应急情景下对此前准备的各种资源的实际使用，包括实物储备的调用、应急队伍的动员和调集、生产能力储备合同的履行、启动平急两用场所和设施，以及为此采取的相应保障措施如应急交通、应急通信等。[①]而在灾害事件发生之后，如果发现已经准备的既有能力不足，还需要进行紧急性的能力补充，如应急征用、应急征购、发动社会捐赠和志愿服务等。

总的来看，以灾害事件应急为内容的制度主要解决的是应急决策及其实施的合法性（软件）和能力（硬件）问题，按照上述逻辑进行制度展开，无论是相对于《突发事件应对法》和现行各灾种单行法，还是相对于应急管理部的《自然灾害防治法（征求意见稿）》，都更加自洽、完整和具有体系性。当然，考虑到这一部分的制度较多，在章节安排上可以一分为二，以"抢险救灾"为一章规定应急决策及其合法性问题，以"应急保障"为一章规定与应急能力有关的问题。

（三）针对损失的制度

针对灾害损失的制度相对比较简单，现行法的主要问题是内容不够完整和存在一些理解偏差。灾害造成的损失包括两个主要方面：一是自然损失，即灾害发生之后本来就会造成的损失，这带来救助问题；二是特别牺牲，即某处本来不会因灾招致损失，但为了避免更大的损失，"两害相权取其轻"而采取的即时强制措施，牺牲了局部利益，这带来补偿问题。[②]无论是救助还是补偿，法律主要解决的都是三个问题：一是范围，即对什么样的损失给予填补，核心是论证其权利基础；二是标准，即填补到什么

[①] 参见王建平：《灾害法学基本问题研究：三个基本范畴研究报告》，光明日报出版社2020年版，第242—244页。

[②] 参见赵颖：《论公共应急行政补偿——以范围和程序为主》，载《理论与改革》2012年第1期，第138页。

程度；三是方式，即由谁通过什么方式进行填补。后两者仍然和权利基础密切相关。

对于国家、社会和私人全力应对仍无法避免的灾害损失进行填补，其法理基础包括社会保障权和发展权。社会保障权针对的是灾害对民众当下生活造成的损失，国家有义务帮助其恢复到获得有尊严生活的水平。[1]发展权针对的则是灾害对民众长远发展利益造成的负面影响，主要表现为对灾区公共基础设施和产业的破坏，国家应当在当时能力允许的范围内尽可能对其恢复重建提供帮助，但不得违背平等原则和公平原则。[2]在这里，平等指的是在没有正当理由的情况下，对遭受同等损害的地区应当给予同等帮助；公平指的是对灾区的帮助不能造成"因祸得福"的结果，从而损害非灾区民众的利益并带来道德风险。填补自然灾害损失的方式包括国家的直接给付、作为市场机制的灾害保险以及社会捐赠，较为理想的模式是"市场为主、政府托底、社会补充"。[3]我国目前的现实情况是以行政给付为主，社会捐赠在一些重大灾害中的作用也不容小觑，而灾害保险的发展则严重滞后，有必要在法律中规定更多支持和促进措施。[4]

对于灾害应对中的特别牺牲进行填补，现行法主要解决了应急征用补偿问题。有征用必有补偿的原则已经得到贯彻，目前的剩余问题主要存在于征用补偿主体不统一、补偿标准不尽合理、征用和补偿程序不够完善等方面，但对于如何解决在理论上基本已有共识。[5]更突出的问题是，现行法忽视了

---

[1] 参见林鸿潮：《论公民的社会保障权与突发事件中的国家救助》，载《行政法学研究》2008年第1期，第33页。

[2] 参见廖艳：《灾民权利保障的法理基础与实践检视》，载《政法论丛》2019年第4期，第88页。

[3] 参见皮曙初：《重构中国特色灾害损失补偿体系探讨》，载《保险研究》2013年第9期，第106—107页。

[4] 参见白维军：《我国灾害风险补偿多元化机制的制度架构——从社会保障的全景出发》，载《甘肃行政学院学报》2010年第4期，第58页。

[5] 参见金成波：《论应急征用制度的构建》，载《河南社会科学》2021年第4期，第17页。

日常风险管理中计划性承灾区域发展权的特别牺牲,[1]最典型的例子就是对蓄滞洪区经济社会发展的限制所造成的相对落后没有给予足够补偿,只有在蓄滞洪区运用后才给予补偿[2]——这样的补偿实际上也不够充分,其标准只介于补偿和救助之间。因此,对于这种作出特别牺牲的承灾区域,其全面补偿应当包括常态下基于发展权受损所获得的补偿,以及因灾启用后基于直接损失(主要是财产损失)所获得的补偿。[3]而且,这两种补偿责任在中央政府和受益地政府之间的比例划分应当有所不同,前者应当以受益地为主,后者则应当由中央政府主导。这些制度应当在《自然灾害防治法》中得到补充。

五、《自然灾害防治法》的实施机制

目前,整个灾害法"体系"存在实施上的困难,除了抢险救灾和灾后救助因"合法性承载"极高并伴有严厉的追责问责机制而履职效果良好,在日常的灾害管理中,法律的实施状况很不理想。[4]很多在灾害发生之后暴露出来的问题,如风险防控措施没有得到落实、隐患没有得到治理、防灾设施不能正常使用等,都与法律没有得到良好实施——特别是违法行为没有被发现,或者发现之后没有得到纠正——有关。这说明现行灾害法的实施机制存在某些问题,《自然灾害防治法》必须解决这些问题,否则将重蹈覆辙。

现行灾害法的实施机制是由灾害防治的体制所决定的。法律中规定的各种防灾减灾救灾职责主要由两类主体承担,一是各级政府(主要是县级以上政府),二是政府中分别负责相应灾种应对的部门。对于各级政府,法律规

---

[1] 有学者认为,区域发展权受限的利益损失便是"特定地区"公众的利益损失,从这个角度来看,区域发展权其实就是该"特定地区"的公民个人发展权的集合。参见鄢德奎:《生态补偿的制度实践与规范重塑——基于154份地方立法文本和规范性文件的实证分析》,载《法学评论》2024年第2期,第168页。

[2] 《蓄滞洪区运用补偿暂行办法》第9条第1款:"蓄滞洪区内具有常住户口的居民(以下简称区内居民),在蓄滞洪区运用后,依照本办法的规定获得补偿。"

[3] 参见刘品、杨柠、李淼:《蓄滞洪区常态化补偿机制研究》,载《水利发展研究》2022年第1期,第47页。

[4] 参见陶鹏、童星:《我国自然灾害管理中的"应急失灵"及其矫正——从2010年西南五省(市、区)旱灾谈起》,载《江苏社会科学》2011年第2期,第27页。

定的基本上都是综合性职责，要么涉及多个部门之间的协调，要么兹事体大需要由政府决策。但无论是哪一种情况，政府本身都不可能日常化地完成这些职责中的具体工作。因为，作为与部门相对概念语境下的"政府"，在组织上仅仅包括行政首长及其副职、办公机构和几个办事机构而已，对于大多数需要由政府"出面""具名""领衔"的事务，其具体工作实际上都要依靠专业部门来完成。而在机构改革之前，这些部门之间的管理分工是碎片化的，政府的权威实际上被顶着各种各样"政府牌子"——××指挥部、××委员会、××领导小组、××联席会议——的部门所分割。[①]说到底，就是政府意图借助"牌子"承载的权威因为被不断稀释而重新部门化了。[②]

一些具体的灾害防治职责则被直接赋予专业部门，但这些职责的履行涉及对外实施管理，特别是涉及行政执法时，效果普遍不够理想。原因在于，这些部门的行政执法力量十分薄弱。这些部门可以分成两种情况，一种是专司灾害管理的部门，如地震局、气象局，其性质本来就是"事业单位"，因法律授权而行使一定的行政权，主要职责是提供相关灾害防治的公共服务而非行政监管和执法，加之法律授予它们的执法权数量不多，因此不可能专门设立行政执法机构或队伍，这也就导致其很难实际履行这方面的职责。[③]另一种则是兼有其他管理职责和灾害管理职责的部门，如负责地质灾害防治的自然资源部门，以及此前负责森林火灾的林业部门、负责草原火灾的农业农村部门等。这些部门行政执法的力量较强、经验丰富、制度相对完善，但有关自然灾害防治工作并非其执法的重点所在，其主要执法资源都投入"主责职业"当中，在灾害防治方面只能略作兼顾，自然效果也不佳。[④]

对于上述第一个问题，即多个专业部门代表政府负责综合性职责中的日

---

① 参见汪玉凯：《冷静看待"大部制"改革》，载《理论视野》2008年第1期，第13—14页。

② 参见周利敏：《灾害管理：国际前沿及理论综述》，载《云南社会科学》2018年第5期，第25页。

③ 参见孙磊：《中国地震灾害管理的历史进路、变迁动力与现实挑战》，载《中国应急管理科学》2023年第11期，第56页。

④ 参见尚毓嵩：《机构改革背景下地质灾害防治的变革与重塑——以〈地质灾害防治条例〉的修改为中心》，载《中国政法大学学报》2020年第2期，第47—48页。

常工作带来的资源分散、权威不足问题，在 2018 年的机构改革组建应急管理部门，并由应急管理部门统一履行这些职责之后，在实践层面基本已经得到解决。剩下的问题只是法律和实践不能同步匹配，法制和体制"打架"的问题。对于这一点，只需要在《自然灾害防治法》中将机构改革的成果巩固下来，将原来单行法赋予各专业部门的此类职责集中到应急管理部门，基本上就可以解决。[1] 比较棘手的是第二个问题，即行政执法体制问题。2018 年机构改革之后，虽然进一步组建了应急管理综合行政执法队伍，但实际情况是此前这支队伍长期从事的是安全生产监管和执法工作，对灾害防治工作并不熟悉。[2] 而且，其行使的只是已经划归应急管理部门的灾害防治相关执法事项，实际上就是和防震减灾相关的几个事项，和安全生产领域相比比例悬殊，几乎可以忽略不计。以《应急管理综合行政执法事项指导目录（2023 年版）》为例，其列出的行政执法事项有 368 项，除了 5 项和地震相关，其余 363 项都属于安全生产领域。[3] 解决这一问题的办法是，在《自然灾害防治法》中规定，有关灾害防治的行政执法权——包括那些日常管理职权仍由其他部门行使的相应行政执法事项——由应急管理部门集中统一行使。同时要求，在应急管理综合行政执法队伍中应当配备专门从事灾害防治执法工作的人员，并应当通过培训等方式具备相应的执法能力。简言之，就是要通过集中行政执法权，并明确专门机构、配备专门人员，以保证法律的实施效果。

六、结语

《自然灾害防治法》作为自然灾害防治领域的"基本法"，有着和其他很多领域"基本法"不同的特点，这部法律的很多制度内容说到底就是由这些

---

[1] 参见廖艳：《论我国灾害治理共同体建设的法治保障》，载《湖南大学学报（社会科学版）》2023 年第 4 期，第 144—145 页。

[2] 参见王振永：《实行"局队合一"凝聚监管执法合力——应急管理综合行政执法改革探讨》，载《中国应急管理》2022 年第 1 期，第 39 页。

[3] 参见《应急管理部关于印发〈应急管理综合行政执法事项指导目录（2023 年版）〉的通知》。

特点所塑造的。

首先，本法上有更大领域的"基本法"《突发事件应对法》，下有单行法，既要"对上"又要"对下"，而其他领域"基本法"通常只需要解决"对下"的问题。这就决定了《自然灾害防治法》不可能走"粗"和"虚"的路子，必须相对"细"一些、"实"一些，并进行比较具体的制度设计，才能避免和《突发事件应对法》同质化。

其次，作为本法制定背景的机构改革不同于一般"大部门制"改革的机构、职能合并，应急管理部在灾害防治领域既是"梁"又是"柱"，既集中行使了一部分职能（救灾），又协调着一部分职能（防灾减灾）。[①] 这就决定了《自然灾害防治法》在具体制度设计上要区分情况，有的既要统一制度又要整合职能；有的只统一制度不整合职能；有的虽不强求统一制度，但要通过强化应急管理部门的综合管理职责增强制度实施的协调性。

再次，本法的制度框架展开方式受到较大约束。考虑到法律实施中上下衔接的便利，本法无法完全抛开《突发事件应对法》和各灾种单行法按事件应对环节划分的传统框架而"另起炉灶"，但又需要解决传统框架将各项制度的内在逻辑割裂、按照灾害事件线性发展过程生硬切割带来的种种问题。因此只能采取折中模式，即在兼顾传统框架的基础上，尽量以灾害管理措施的对象为标准进行制度统合。

最后，本法必须解决本领域的法律实施问题。法律一旦制定就必须得到实施，但法律通常不需要规定自己应当如何被实施，而是将其默认为行政机关的裁量空间，无须法律再行调控。但灾害防治领域法律实施效果长期不彰的现实，以及本领域机构改革遗留下来的执法权集中问题，迫切需要以本法的制定为契机加以解决。

---

① 参见钟开斌：《中国应急管理体制的演化轨迹：一个分析框架》，载《新疆师范大学学报（哲学社会科学版）》2020年第6期，第86—87页。

第二部分

重要制度

第四章
应急预案的性质和功能再探讨
——以紧急权力正当化为视角

林鸿潮　张润琪

摘要： 我国应急预案体系的完善伴随着对预案性质和功能认识的深化。在应急预案体系建设初期，"以案代法"促成预案编制模仿行政立法程序，内容则涵盖应急管理全过程，且具有准法律效力。以2013年《突发事件应急预案管理办法》的出台为转折，应急预案作为行动方案的性质得以澄清，预案建设的重心开始向提升科学性和可操作性转变，具体表现为规范预案编制流程，采取情景构建等方法完善预案内容，以及违反预案责任的相对化。从紧急权力行使的过程来看，预案作为应急预决策的重要载体还具有凝聚社会共识、为紧急权力获取社会信任的功能，能够实现传统规训道路和审议式民主的调和。为强化这一功能，应当在预案编制和管理过程中嵌入公众参与、专家审议、风险评估等正当程序。

一、引言

自然灾害应急预案是针对各种类型的自然灾害而事先制定的一套能迅速、有效、有序解决问题的行动计划或方案，制定完善的应急预案能够确保一旦发生自然灾害，相关单位即能迅捷有序地根据事前的制度安排采取有效的应对措施，切实提高防灾减灾救灾能力。事实上，作为"一案三制"中的

"一案"，应急预案早已成为我国应急管理体系的重要组成部分。2003年"非典"疫情之后，我国将应急预案作为完善应急管理体系的重要抓手，在预案体系建设上取得了显著进步，[①]成功构建了"横向到边、纵向到底"的全方位、多层次应急预案网络，并在重大风险的预防、控制和化解中发挥重要作用，保障了社会公共利益和人民的生命财产安全。但在应急预案体系建设和运行过程中，应急预案的性质问题一度困扰着理论界和实务界。学界围绕其究竟是否属于法规范意见不一，实践中部分应急预案呈现的规范创造性、准法律性等特征也增加了其性质的模糊性。对该问题认识的转变深刻影响了应急预案体系的建设进程，使不同时期应急预案的功能定位和制度设计截然不同。

应急预案是针对可能发生的重大事故（件）或灾害，为保证有效开展应急与救援行动、降低事故损失而预先制定的方案。[②]但在预案体系建设初期，由于我国应急法制建设相对滞后，为了使突发事件应对工作基本做到有章可循、有规可依，应急预案不得不暂时替代应急法律规范调整社会关系，创设或补充设置了大量权力、职责、权利和义务内容，即"以案代法"。[③]性质的异化直接影响了预案功能的发挥，导致这一阶段的应急预案中充斥着大量抽象的原则性规定，象征作用远大于操作功能。这种情况直到2013年出台的《突发事件应急预案管理办法》（以下简称《预案管理办法》）明确应急预案作为应急工作方案的性质之后，才得到明显改善。此后，应急预案内容的科学性、针对性和可操作性获得了较大程度的提升。2024年，《预案管理办法》进行了修订，对应急预案分类分级作出调整和细化，进一步规范了预案的规划、编制、备案、演练等环节的工作，并增加了应急预案数据共享共用等要求，注重运用信息化、数字化、智能化技术编制巨灾应急预案、应急工作手册，力图全面提升应急预案的规范性和科学性。修订后的《预案管理办法》

---

① 游志斌：《健全突发公共卫生事件应对预案体系》，载光明网2020年6月13日，https://m.gmw.cn/baijia/2020-06/13/33909412.html，2025年2月11日访问。

② 参见詹承豫、顾林生：《转危为安：应急预案的作用逻辑》，载《中国行政管理》2007年第5期，第89页。

③ 参见林鸿潮：《论应急预案的性质和效力——以国家和省级预案为考察对象》，载《法学家》2009年第2期，第24页。

旨在消除此前预案体系建设中的积弊，但对应急预案的性质和功能未作进一步探索，特别是应急预案作为应急预决策载体的性质仍未得到应有的重视。应急预案作为应急预决策的主要载体，其功能并不限于在应急响应阶段提供行动指南，预案编制活动本身对应急能力和紧急权力正当化水平的双重提升均有重要意义。

本章将按照如下脉络对这一问题展开讨论：首先，对迄今为止我国在应急预案性质和功能认识上的转变加以总结，梳理不同阶段的制度设计样态；其次，提出应急预案编制在紧急权力正当性证成上的特殊价值；最后，从完善程序机制的角度，为更好地发挥应急预案的紧急权力正当化功能提出建议。

二、对应急预案性质和功能的认识变迁

2003年的"非典"疫情推动了应急管理体系建设走上"快车道"，高危行业等领域安全生产的预案治理模式被广泛引入应急管理的工作部署，意图借助应急预案"以确定性应对不确定性，化应急管理为常规管理"[1]的功能，实现风险的防范和化解。2003年12月，国务院成立应急预案工作小组，随即在全国范围内开启应急预案的大规模编制工作。应急预案成为提升应急管理能力的重要发力点，与应急体制、应急机制和应急法制共同组成我国的应急管理体系，俗称"一案三制"。在此后二十多年的建设过程中，应急预案的性质和功能经历了"以案代法"向"工作方案"的回归，建设目标经历了"量多"向"质优"的转变。

（一）"以案代法"：2003年"非典"到2013年《预案管理办法》出台

在这一时期，应急预案——特别是位阶较高的国家和省级应急预案——实际上作为"法规范"肩负着构建应急管理体系、统领应急管理工作的职能。在"一案三制"应急管理体系中，应急法制本该作为基底，对应急管理的重要制度进行概括凝练，将实践中行之有效的突发事件应对方法和策略固定下

---

[1] 詹承豫、顾林生：《转危为安：应急预案的作用逻辑》，载《中国行政管理》2007年第5期，第89页。

来,以保障应急体制机制的高效稳定运行。但这一阶段的应急法制建设水平远远无法满足这种需要。一是基础较为薄弱,当时既有的法律法规呈碎片化状态,且部分内容存在冲突,缺少统领性、基础性法律,对突发事件应对活动的调整只能依靠单行法和其他法律中的一些零散规定发挥作用。[1] 同时存在大量立法空白,既有规定侧重于实体性行政处置措施,缺少对特殊行政程序、紧急权力监督机制和权利救济机制的足够重视。[2] 二是法制完善所需周期较长。为了保证立法的民主性和科学性,制定出台一部法律法规通常需要经历较长时间和复杂流程。"非典"防治过程中以超常规速度颁布施行《突发公共卫生事件应急条例》属于权宜之举,不宜多次复刻。加之我国应急管理体系建设起步较晚,诸多体制机制安排如应急指挥体系等尚处摸索阶段,需要积累充足的实践经验才能在法律上予以固定。但是,应急管理体系的建设又不能长期缺乏基本规则的指引。于是,制定周期较短、制定程序简便的应急预案便成为短时间内构建起应急管理体系框架的最好"抓手"。这个阶段的应急预案,特别是国家和省级的高位阶预案填补了大量规范空白,如规定各类应急管理机构的设立和职责、补充设定突发事件分级标准和危机预警分级标准、设定应急管理的责任与奖惩制度等,有的甚至修改了法律、法规中既有的规定。[3] 在应急法律资源较为匮乏的这一时期,应急预案异化为法律,事实上创制了许多应急管理规则,建构起了应急管理体系的"四梁八柱"。这种"以案代法"的认识根深蒂固,其影响至今仍残留于应急预案编制和管理的多个环节。在"以案代法"方针的指引下,这一时期的应急预案编制和运行呈现出如下特点:

第一,预案的编制模仿行政立法程序。早期应急预案的编制基本参考行政立法过程,缺少专门的法定化编制程序。尽管 2007 年出台的《突发事件

---

[1] 参见莫纪宏:《中国紧急状态法的立法状况及特征》,载《法学论坛》2003 年第 4 期,第 7—9 页。

[2] 参见莫于川:《公共危机管理的行政法治现实课题》,载《法学家》2003 年第 4 期,第 119 页。

[3] 参见林鸿潮、栗燕杰:《我国应急预案特点及建设方针探讨》,载《中国应急管理》2009 年第 7 期,第 19 页。

应对法》提出要"健全突发事件应急预案体系",但在预案编制的具体步骤和流程上却付之阙如。实践中,国家文件强调应急预案的编制和修订应紧紧围绕应急工作体制、运行机制和法制建设等方面进行,帮助承担建立健全指挥机构、领导责任制等体制安排,预测预警机制、信息报告机制、应急决策和协调机制、分级响应机制、应急处置程序、奖惩机制和救灾恢复体系等机制安排的任务。① 由于预案内容实际填补了规范空白,编制预案近乎"立法",各级政府及其部门普遍模仿行政立法程序编制应急预案。从总体上看,预案编制采取自上而下的途径进行。② 从国家总体预案和专项预案,再到地方层面的省、市级总体预案和专项预案,在编制过程上基本上分别比照了中央和地方行政机关制定对应层级的行政法规、部门规章、地方政府规章和其他规范性文件的程序,在确定起草机构、初步审查、征求意见、审议批准、备案等环节上与行政立法十分相似,只在编制程序的严格程度上稍逊于行政立法。除了颁布形式和文件名称外,高阶预案在内容和编制程序上已非常接近行政规范性文件,乃至预案编制完成后,个别编制主体也下意识地将其视作行政立法进行管理,如天津市政府在 2006 年制定总体应急预案时,便遵循地方政府规章的备案程序,将其作为规章向国务院报备。但是,政府编制应急预案的目的"并非创制一种具有确定约束力的制度安排,而是在既有的制度安排下尽量提高应急反应的速度"③。可见,应急预案的本质属性和法律法规并不相同,不宜直接复制后者的编制程序,而应形成适合自身功能特性的编制流程。从科学角度来看,应急预案的编制应当沿着"情景—任务—能力"的技术路线展开,并突出风险评估环节,以其作为预案编制的首要步骤或前提条件。④ 但这一阶段应急预案的基本框架通过国家编制的框架指南自

---

① 《国务院办公厅关于印发〈省(区、市)人民政府突发公共事件总体应急预案框架指南〉的函》中要求,紧紧围绕应急工作体制、运行机制和法制建设等方面制定、修订应急预案。

② 参见张红:《我国突发事件应急预案的缺陷及其完善》,载《行政法学研究》2008年第3期,第11页。

③ 林鸿潮:《论应急预案的性质和效力——以国家和省级预案为考察对象》,载《法学家》2009年第2期,第24页。

④ 参见刘铁民:《应急预案重大突发事件情景构建——基于"情景—任务—能力"应急预案编制技术研究之一》,载《中国安全生产科学技术》2012年第4期,第6—9页。

上而下贯彻落实，由于编制理念和方法的落后，尤其是欠缺风险评估等必经步骤，加剧了高阶预案向类法律普适性规范的异化。而在集中动员式的预案编制任务和科层制管理模式的推动下，下级机关在制定应急预案时也不考虑本地区、本部门的特殊性，不假思索地照搬上级提供参考的内容，最终导致各级预案"上下一般粗"、低阶预案沦为"纸面功夫"的现象十分突出。

第二，预案的内容涵盖应急管理全过程。这一阶段还要求应急预案的内容涵盖应急管理的全过程，乃至将此视作完善应急法律规范体系和法治政府建设的重要指标。① 一般认为，应急管理包括预防与准备、预警与监测、救援与处置、善后与恢复四个环节，编制预案是应急准备的重要内容，其主要任务是在常态下对突发事件中的行动安排作出提前部署。因此，应急预案所涉环节最早莫过于临事阶段的预警，重心则是事中的应急处置。通过考察这一时期应急预案普遍采用的结构会发现，大量预案不仅在时间维度上将适用环节提前至日常管理阶段，规定了大量日常预防工作，在内容上更是无所不包，力图将与应急管理相关的制度全部囊括在内，如规定应急物资储备和应急队伍建设，部署面向社会公众的日常宣传和教育，甚至设定责任和奖惩制度等。应急预案如此"大包大揽"，究其原因仍在于"以案代法"的基本方针促使其追求内容的完整、全面、体系化。尽管这确实在短时间内促使应急体制机制快速成型，具有一定的历史合理性，但其负面影响同样深远。一方面，预案在应急管理前端的作用被过度延展，"眉毛胡子一把抓"，预案的角色模糊化，应急特性被削弱。另一方面，预案因过度侵入应急法制领域而导致自身功能失衡。"以案代法"的功能异化促使预案不断追求内容覆盖的全面性，不断偏离技术性方案而倒向规范性方案，轻操作功能而重象征功能。②

---

① 时任国务院总理温家宝在第十届全国人民代表大会第三次会议上所作的《政府工作报告》中提到，"我们组织制定了国家突发公共事件总体应急预案，以及应对自然灾害、事故灾难、公共卫生和社会安全等方面105个专项和部门应急预案，各省、区、市也完成了省级总体应急预案的编制工作。建设法治政府，全面履行政府职能，取得突破性进展"。参见温家宝：《政府工作报告——2005年3月5日在第十届全国人民代表大会第三次会议上》，载中国政府网2005年3月5日，https://www.gov.cn/gongbao/content/2005/content_158717.htm，2024年8月6日访问。

② 参见陶鹏：《行动方案抑或政治符号：应急管理预案悖论及其超越》，载《南京社会科学》2013年第4期，第16页。

上下级之间、同一层级之间的应急预案显著趋同，本该应用于非常态的预案成为充斥着常态管理制度和抽象原则的象征性产物。

第三，预案的效力具有准法律性。由于这一阶段应急预案的内容已经实质性地填补了应急法律规范空白、创设了应急法律关系，接踵而来的问题便是预案是否具有法规范效力。观察这一时期应急预案的作用形态，其在很多情况下均被认可具有准法律效力。从政府采取应急行为的依据来看，形成了国家总体预案和专项预案暂时发挥法律、行政法规作用，部门预案发挥部门规章作用，省级预案发挥地方性法规、地方政府规章作用的实际格局。从司法审判实践来看，部分法院在裁判文书中也表露出以应急预案作为规范依据的态度，不按照预案行事要被追究法律责任；[①]在突发事件应对不力的政府追责环节，违反预案规定也常常被作为追责问责的重要事由。[②]但是，应急预案本质上只是一种行政应急管理手段，具有迥异于法规范的特征。首先，应急预案不具有法律的刚性和稳定性。法律需要借助国家强制力保障实施，其效力具有刚性。预案的内容则主要建立在对未来情形的预测上，若现实情况超出预测，行政机关完全可能采取预案之外的其他应对措施。如果承认应急预案的准法律效力，行政机关违反预案便要追究法律责任，这无疑会给危急情形下行政机关的灵活决策形成掣肘。而且，预案必须紧随外部环境或内部资源禀赋的变化频繁进行修订的动态管理模式也与法律的稳定性相悖。其次，应急预案也不具有唯一性。为了保障公民信赖利益和维护法律权威，根据法律适用规则，适用于同一事项的法律规范必须具有唯一性。但针对同一突发事件可供选择的预案却可能存在多个，行政机关可以在若干预案中选择

[①] 参见许某坤等诉某区人民政府行政强制拆除案，福建省高级人民法院行政判决书（2006）闽行终字第92号。该案中一审法院认定被告启动应急预案、根据应急预案采取紧急措施的行为合法，判决维持被告具体行政行为，二审法院援引《地质灾害防治条例》认定原审判决并无不当，予以维持。

[②] 该现象一直延续至今。在2021年河南郑州"7·20"特大暴雨灾害发生后，多地应急管理局的相关人员就因未按预案规定完成信息报送、未采取预案规定的如转移相关人员、开展检查巡视工作、疏导交通等具体应急措施而被问责。参见《河南郑州"7·20"特大暴雨灾害调查报告》，载应急管理部网站2022年1月21日，https://www.mem.gov.cn/gk/sgcc/tbzdsgdcbg/202201/P020220121639049697767.pdf，2024年8月6日访问。

运用。事实上，应急预案作为应急法律规范在特定单元和情景的实施方案，其效力来源于它所执行的法律，是一种间接效力。承认预案的准法律效力反而会造成应急管理体系内部结构的失衡，因为应急预案体系越"高亮"，应急法制的发展动力和发展资源就越会被削弱，发展空间就会越受挤压。①

（二）回归"行动方案"：2013 年《预案管理办法》出台至今

作为权宜之计的"以案代法"始终面临合法性困扰，又造成自身应有功能的严重缺失。随着作为应急管理基础性法律的《突发事件应对法》在 2007 年施行，加上相关单行法律法规的完善，我国的应急法制体系逐步完善，应急管理各环节工作基本实现了有法可依，应急预案不再需要继续"代位"扮演其他角色，开始回归其作为应急响应行动方案的原貌。2013 年国务院办公厅出台的《预案管理办法》第 2 条明确规定："本办法所称应急预案，是指各级人民政府及其部门、基层组织、企事业单位、社会团体等为依法、迅速、科学、有序应对突发事件，最大程度减少突发事件及其造成的损害而预先制定的工作方案。"在对预案性质正本清源的基础上，《预案管理办法》还建立了预案的规划、编制、审批、发布、备案、演练、修订、培训、宣传教育等制度，促使预案内容由类法律规范向类技术规范转变，由宏观指导的原则导向向微观操作的实用导向转变。② 预案体系建设开始以完备化、可操作化和无缝衔接为主要目标的转向，步入重视质量提升的完善期，突出表现在以下三个方面：

第一，提升预案编制流程的科学性。不同于法律规范，应急预案无须追求普适性和稳定性，其内容编制应当围绕本地区、部门、单位的风险样态、资源状况和应急需求展开。与法律规范廓清了边界的应急预案，在编制程序、编制方法上开始体现其作为事前预设应急方案的特点：（1）风险评估

---

① 参见张海波、童星：《中国应急管理结构变化及其理论概化》，载《中国社会科学》2015 年第 3 期，第 80 页。
② 参见钟开斌：《中国应急预案体系建设的四个基本问题》，载《政治学研究》2012 年第 6 期，第 88 页。

和资源调查成为预案编制的必经环节。《预案管理办法》第 15 条规定，应急预案的编制应当在开展风险评估和应急资源调查的基础上进行。鉴于每个地区、部门、单位的风险环境和应急资源各有不同，负有应急预案编制职责的主体需要借助风险分析和应急能力评估，将普适性的预案框架同个性化要素相结合，才能形成适用于本单元的应急操作方案。（2）强调预案的动态化编制。预案编制是一项动态管理活动，"既包括预案文本，又指预案动态循环的更新过程，从风险管理到灾害反应再到灾害恢复，都可视为预案制定、执行、反馈、评估、修改的过程，即预案编制过程"[①]。《预案管理办法》第 24 条将预案的定期评估上升为法定制度，极大弥补了预案内容过时、时效性不足的缺陷，通过硬性要求倒逼行政机关排查预案的潜在不足，熟悉预案内容和操作流程，提升预案的适应性和灵活性。（3）利用大数据技术等大力推进预案编制智能化、数字化。与以往停留在纸面上的预案不同，在信息技术高速发展的背景下，应急预案方案可以在连接大数据库、解构功能模块的基础上实现实时生成，转变为立体、动态、直观的可视化数字预案。2024 年修订后的《预案管理办法》进一步强调创新预案管理手段，运用信息化、数字化、智能化技术构建统一的应急预案数据库，破解数据库关联难题，推动应急预案数据管理和共享共用。

第二，强调预案内容的针对性和可操作性。首先，预案不再试图统管应急管理全过程，而是以应急响应为中心确定内容，预警阶段通常成为预案规定的起点，内容多聚焦于事中应对措施，对事后的恢复重建着墨较少，基本不再规定日常管理事项。其次，借助情景假设实现应急管理措施的预决策、预授权。通过对突发事件发生后的演化规律和可能情景进行模拟，可以事先确定应急责任主体、指挥机构的人员构成，提前进行应急物资、设备、资金准备，预先分配预防、控制和降低事故影响力与快速恢复正常生活生产秩序所需应急任务。如此，事件真实发生后无须重复决策，从而提高应急响应速度。针对非常规突发事件的情景构建也取得较大进展，多地开展巨灾场景预

[①] 童星、陶鹏：《论我国应急管理机制的创新——基于源头治理、动态管理、应急处置相结合的理念》，载《江海学刊》2013 年第 2 期，第 115 页。

设和巨灾预案编制工作,①《预案管理办法》修订后也将巨灾预案纳入。最后，预案管理开始和应急演练、安全教育勾连。受制于早期应急预案内容的空心化，很多预案不具备演练条件，有限的演练也以"表演"为主，缺乏提升应急处置能力和发现问题、改进工作的实际效果。除了暴露出单个预案存在的问题，实现其动态管理和更新迭代，演练的影响还能借由"演练—预案—法规"的传导机制扩散到整个应急体系。此外，预案演练还有助于提高公民的风险防范意识和自救能力，为预案的实施提供应急文化基础。随着预案内容科学性、可操作性水平的不断提高，预案演练的上述功能也日益得到重视，并开始收获实效。

第三，强调预案依法编制，软化违反预案的责任。不同于前一阶段预案自行创设权利义务关系，新的阶段强调预案编制要依法进行，预案规定的应急措施要于法有据。新、旧《预案管理办法》都规定了预案审核制度，审核内容分为合法性和合理性两方面，前者包括预案是否符合有关法律、法规、规章和标准等规定，是否符合上位预案要求并与有关预案有效衔接；后者则审查预案在框架结构、组织指挥体系与责任分工、应急响应级别设计、应对措施等方面的安排是否合理可行，各方面意见是否一致等。此外，违反预案的责任也被相对化，不再直接与法律后果挂钩。要追究未按照预案规定实施应急处置的法律责任，必须同时具备两个条件：一是该行为明显违反预案要求并产生危害后果；二是该行为同时违反了法律规定，例如，未按照预案规定启动应急响应影响或延误了应急处置工作。

三、一个新视角：预案作为紧急权力正当化的渠道

从最初着眼于应急预案体系的完整性，构建全地域、全领域覆盖的应急预案网络，到强调应急预案的科学性和可操作性，通过风险评估、资源调查、情景构建和应急演练等措施提质增效，应急预案和应急法律之间的界限越发

---

① 北京是率先开展巨灾情景构建工作的城市，2013年北京市突发事件应急委员会发布了《北京市巨灾情景构建总体工作方案》《北京市巨灾情景构建实施指南》，并在数十个领域开展情景构建工作。此后，四川、广东多地开展类似活动。

清晰。时至今日，已经很少有人再将应急预案视为法规范的一部分，应急预案在实践中回到了其作为预设性应急行动方案的本位。一般认为，应急预案通过预决策、预授权的方式，为未来可能发生的应急情景假定应对方案，从而提高应急行动效率，实现"化不确定性为确定性""化应急为常规"的目的。而实际上，应急预案作为应急预决策的主要载体，还蕴含着一个长期被人们忽视的功能，就是通过在编制过程中嵌入正当程序，以审议民主的方式提升紧急权力的正当化水平，进而在突发事件发生之后提高公众对紧急措施的接受、配合程度。

（一）紧急权力的正当性证成难题：传统规训立场的局限

面对突发事件，国家权力需要超越常态治理模式运行，表现为一系列直接或间接额外增加个人负担、克减公民权利的紧急措施，而此种紧急权力的集中和扩张往往以突破宪法与法律一般限制的方式呈现。[1]但是，"紧急行政权如果没有合法的权力来源，就不会具有普遍的、持久的感召力"[2]。针对这种极具支配力又充满危险性的权力，人们一直试图论证其合法性和正当性来源。起先，紧急权力对正常秩序和常态法律的"脱出"被视作理所当然，"必要性"和"特权"就是其得以行使的正当性基础。受限于当时的科学认知水平和社会治理能力，各类突发事件并不存在现成的制度化应对策略，往往只能依靠军事机关或行政机关依据经验智慧和临机反应作出决策，并采取相应的紧急措施。因此，紧急权力的行使一度被视作无关法律的事实行为，而法律作为一种建立在正常秩序之上的治理手段，无法也无须应对这种"例外状态"。[3]概言之，紧急权力的行使排斥法律规范，因为"必要性无法可循"。相反，出于挽救岌岌可危的社会秩序的大义，政府必须尽快采取强有力的紧急措施予以应对，哪怕悬置法律也在所不惜。

---

[1] 参见郭春明：《论国家紧急权力》，载《法律科学》2003年第5期，第89页。
[2] 江必新：《紧急状态与行政法治》，载《法学研究》2004年第2期，第9页。
[3] 参见梅扬：《紧急状态的概念流变与运作机理》，载《法制与社会发展》2023年第6期，第78页。

随着民主政治和人权保障理念的发展，上述将紧急权力归入"法外空间"的理论逐渐被抛弃，主张通过法治规训紧急权力，以"合法性"为其注入正当性的观念成为主流。人们开始警惕紧急状态下法律悬置造成的可预期性缺失，泛滥和专断的紧急权力有时会产生比紧急事项本身更大的危害。承认"例外状态"不仅在政治上不可控、在理论上无节制，且作为有意为之的策略，它会在规范上瓦解现行的宪法秩序。[①] 于是各类主张以宪法和法律约束紧急权力的理论开始大范围兴起，试图构造精密的规范体系以保持紧急权力在法律轨道内运行。尽管其内部长期争执不休，[②] 但规训型紧急权力理论已经成为大势所趋，多数国家均在宪法和法律中采取了不同程度的规训立场。具体措施包括：在宪法中规定紧急状态和紧急权力，制定专门的紧急状态法律，明确行使紧急权力的主体并概括性授予其行动权限等。但仅有宪法和法律的授权尚显不足，紧急权力仍可能借助概括性授权和自由裁量任意限制甚至剥夺公民权利。对此，学界进一步主张对紧急权力进行法治主义改造，要求其行使必须符合"实质法治"标准，在具体实施上设置合目的性、合比例性、基本权利不得克减等原则加以控制。我国也不例外，通过在《宪法》中规定紧急状态的决定权，以《突发事件应对法》作为基础性法律统领全类型突发事件的应对，完善《防震减灾法》《防洪法》《消防法》《安全生产法》《传染病防治法》等单行性法律，逐步构建起我国的应急法律制度。在坚持将紧急权力置于法律框架之下，并以比例原则等实质法精神对其进行约束的同时，也考虑到其特殊性而在程序上适当放松限制。[③] 负责在微观层面落实法律规定

---

① 参见[德]延斯·克斯滕：《"基本法无须例外状态"》，段沁译，载《苏州大学学报（法学版）》2021年第1期，第176页。

② 对法律和紧急权力之间紧张关系的不同认知使规训立场内部也产生了流派分野，有学者提出了绝对主义、相对主义、自由主义的三分法，调适、例外法、惯常、政治动员和权威专政模式的五分法等。参见孟涛：《紧急权力法及其理论的演变》，载《法学研究》2012年第1期，第116—119页。

③ 如《突发事件应对法》第10条的规定体现了比例原则的精神："突发事件应对措施应当与突发事件可能造成的社会危害的性质、程度和范围相适应；有多种措施可供选择的，应当选择有利于最大程度地保护公民、法人和其他组织权益，且对他人权益损害和生态环境影响较小的措施，并根据情况变化及时调整，做到科学、精准、有效。"而在程序上的宽松态度和裁量权的授予，可见《行政处罚法》第49条："发生重大传染病疫情等突发事件，为了控制、减轻和消除突发事件引起的社会危害，行政机关对违反突发事件应对措施的行为，依法快速、从重处罚。"

的应急预案，也与规范体系一同组成了对紧急权力进行约束的"制度大厦"。

规训立场的本质是以合法性构筑正当性，以制度理性对抗不确定性。在总结历史经验的基础上凝结而成的法律规范具有经验上的正当性，应急法律中规定的紧急权力行使主体、程序、期限和具体措施，都是经过历史和实践检验或吸取经验教训之后固定下来的较优甚至最佳策略。此类措施的正当性无须重复证明，历史已经证实其行之有效，只待同类突发事件发生后采取相同行动即可。而在法律化的过程中，此类措施因立法理性而进一步完成了正当化证成。得益于代议机构的审议和社会公众的参与等民主制度，紧急权力获得了权力机关的认可，具备了宪法和法律依据。经验理性与制度理性共同构成了紧急权力的正当性来源，应急法律就是法律化的应急经验法则。作为应急法律的具体实施方案，应急预案中预先规定的决策内容和行为手段也凭借作为其依据的法律的概括性授权，间接获得了正当性。

但是，以形式法治为基础、以实质法治为补充的"万能公式"真的能够驯化紧急权力吗？在规训立场的逻辑下，紧急权力的正当性证成被全部交给法律体系完成，只要保证立法的科学性和民主性，就能实现紧急权力正当性的预先存储。事实证明这只是理想状态，法律的确定性和滞后性使其在面对紧急事项时存在天然困窘。先依靠法律规则压缩紧急状态下的裁量空间，再通过法律原则填补规范漏洞，最后借助事后评价机制完成兜底的规则体系再精巧，在突发事件的冲击下仍然力不从心。一方面，非常规突发事件的紧急性和多变性轻易就能击溃这些预设的法律规则，紧急措施常常不得不突破法律甚至宪法的规定。虽然这种"超宪性"或"超法律性"被解释为宪法、法律本身就规定了在紧急状态下可以采取一定的超越其约束的特殊措施，且超越的目的在于维护人权保障的价值，[1]但这种解释只是一厢情愿。合比例性的适用也离不开对必要性的界定，"必要性的本质注定了对它的判断是全然主观的，视人们所想要达到的目标而定，诉诸必要性必然需要进行道德或者政治的评价"[2]，

---

[1] 参见郭春明：《论国家紧急权力》，载《法律科学》2003年第5期，第89页。
[2] ［意］吉奥乔·阿甘本：《例外状态：〈神圣之人〉二之一》，薛熙平译，西北大学出版社2015年版，第41页。

最终必将再度落入主观范畴。即便基本原则发挥作用，也往往限于一种底线性保护和事后保护功能，和紧急权力的良好行使之间仍有很大距离。而事后追责和评价机制在脱离具体情境的压力后，能否做到客观、科学也存在不小疑问。另一方面，常态下的紧急权力甚至也存在正当性危机。出于灵活应对危机的需要，规范往往不得不采取概括授权的方式，这就导致抽象的法律条款和具体的行为措施（包括应急预案予以细化的内容）之间尚存一步"惊险的跳跃"。应急法律所具备的民主性、正当性只适用于其所提供的基本框架，而无法直接导向具体紧急情境下作出的单个行为。对抽象条款的认可并不意味着赞同每一项具体措施，更何况后者时常借助特殊理由跳出既定规则。行政机关倘若不能保持具体行为和法律授权之间良好的对应关系，就意味着跳跃失败，正当性的接入失败。

　　有学者继续沿着传统道路"打补丁"。如彭錞等尝试对行政应急性原则作出进一步阐释，以完善应急法治的框架;[①] 宾凯从社会系统论出发，考虑到法律系统和政治系统的"结构耦合"，将紧急权的行使划分为常规突发事件下的例行空间和无法用法律规范甚至法律原则加以限制的决断空间,[②] 进而将落在决断空间的紧急权力限制问题转换为如何让"紧急决断"获取社会信任的问题，即由常态时期培育起来的国家治理能力和社会信任作为紧急决策的正当性基础。[③] 然而，这些思路要么仍在既有的规范框架之内缝补，落脚于法律原则之类的抽象约束手段上，要么投身到更为抽象缥缈、缺少制度依附的宏大概念上。"社会信任"对正当性的补足颇有见地，但如何证明社会信任的累积已经足够？围绕此类概念的争论不仅不会停止，还可能陷入新一轮的主观评价和价值判断当中。

　　[①] 参见彭錞：《再论行政应急性原则：内涵、证立与展开》，载《中国法学》2021年第6期，第61—79页；刘莘：《行政应急性原则的基础理念》，载《法学杂志》2012年第9期，第7—13页。

　　[②] 参见宾凯：《系统论观察下的紧急权：例行化与决断》，载《法学家》2021年第4期，第12页。

　　[③] 参见宾凯：《重大突发事件的系统治理与法治》，载《国家检察官学院学报》2020年第6期，第42页。

（二）作为创新路径的正当性实时生成：审议式民主的引入

规训道路面对的正当性质疑，主要来自当紧急权力不得不以一种"超法律"的方式运行时，传统的正当性输送道路中断了，此时紧急权力的正当性应当诉诸何处？审议式民主在应急场景下的引入试图回答这一问题——既然提前储存正当性的路径不再奏效，不如考虑正当性在紧急事件下的实时生成。

所谓正当性的实时生成，就是在紧急权力的行使过程中为其寻找正当性基础。一种方法是引入快速立法程序，即在突发事件发生之后，基于及时回应重大突发事件的需要，通过减少立法步骤、缩短立法流程的方式，快速出台相关领域的应对法律。然而，快速立法本身就是一种"例外"，因紧急而加速的立法过程能够供给的正当性仍然稀薄。即使避免了"无法可依"的尴尬境地，也在省略时间和步骤的过程中稀释了立法程序的民主性和正当性。而在突发事件结束后，此类立法的存废、修改亦成问题，必然会给法律体系的权威性和稳定性增添新的挑战。

另一种方法则是将审议式民主贯穿应急决策过程中，简单地说，就是"一边应急一边协商"。在传统的传送带模式只能提供有限合法性的情况下，必须辅之以新的正当化手段。审议式民主观念滥觞于古希腊，又在近代复兴，其基本理念是将公众、专家和政府置于同一商讨框架之下，在分享知识、共享信息和情报的基础上，互相交流观点、陈述理由并反思局限，使决策不仅能够保持开放性，及时得到修正和调整，还能最大程度地减少各方对决策的分歧，尽可能使之获得普遍的认可、理解甚至谅解。突发事件中审议式民主的作用对象是决定采取何种方式行使紧急权力的应急决策，它是紧急权力运行的起点，统摄整个紧急权力的行使过程，对其加以规制可以从源头保障紧急权力的正当性。但长期以来，我国法律对应急决策的特殊性持开放态度，不仅授予行政机关实体意义宽泛的自由裁量权限，还基本上放弃了程序性规制手段。[1] 应急决策的作出往往既没有公众参与，也未经科学论证，甚至无

---

[1] 目前，常态的行政决策业已形成依法决策、民主决策、科学决策的基本原则，2019年还专门出台了《重大行政决策程序暂行条例》，以规范重大行政决策的作出、执行和调整程序。但此类行政程序立法通常将应急行政决策直接排除在适用范围之外。

须履行内部行政程序。在此背景下，人们只是应急管理手段的被动承受者，对应急决策的作出逻辑一无所知，无法发自内心地认同其内容，乃至产生误解甚至抵触情绪。

将审议式民主理念引入原本封闭运转的应急决策，旨在以公众的直接参与提升应急决策的科学性和民主性，即使应急决策有越过现有法律制度的危险，也因这一协商民主过程获得了正当性。已有学者从以往突发事件的应对过程中，观察到审议式民主发挥作用的影子，并从中归纳出基本模式：决策前必要的专家论证，决策后和决策执行中的公众参与，决策措施的实时调整、纠错以及全流程的信息公开、分享。[1]这种模式对应急决策正当性的提升无疑是巨大的。首先，它破除了应急决策的封闭性。原本对公众来说无异于"决策黑箱"的匣子被打开，通过在应急决策过程中开辟协商场景，为政府、普通民众和专家团体之间搭建对话平台，促进多元主体间的意见交流和观点交换，使应急决策不仅为公众所周知，而且直接由各主体合力生成。其次，它改变了"一次性"应急决策的传统观念。在全流程信息公开的要求下，应急决策时刻面对来自公众的审视和监督，让决策者无法消极、怠惰地以最初的决策一以贯之，必须接受来自公众的批评，随时做好既定决策在未来某个时间点面临挑战的准备。最后，它塑造了社会共识。协商结果是否成功不是由所有人都同意结果的强要求来测定，而是由参与者能够令人充分信服地继续正在进行的协商这个较弱的要求来测定的。[2]因此，全体达成意见一致并不是审议式民主的目的，在协商的过程中完成说理，使所有人共同理解行为背后的逻辑才是其根本意义所在。即使协商结果同实际决策有所出入，公众也能够理解该决策的作用机理。

然而，审议式民主的缺陷显而易见。至关重要的一点是，审议式民主的效率和成本决定了其适用场景有限。一方面，它无法应用于需要快速决策的情形。无论是专家还是公众参与，都必须在具备一定的信息收集、分析和处

---

[1] 参见沈岿：《风险治理决策程序的应急模式——对防控甲型H1N1流感隔离决策的考察》，载《华东政法大学学报》2009年第5期，第18—20页。

[2] 参见［美］詹姆斯·博曼：《公共协商：多元主义、复杂性与民主》，黄相怀译，中央编译出版社2006年版，第29—30页。

理的基础上完成。当信息在各个主体间流转完毕，意见商讨完成，难保不会错过最佳决策时机。尤其是在毁灭性灾难下，审议式民主开展的可能性和必要性遭到质疑。从社会共识的角度看，由于可能对人民基本权及社会整体福祉造成不可回复之损害，"灾难性共识"其实是最为可能达成，也是比较稳定的一个社会共识。[1]与其经过商谈和审议程序，不如由紧急权力主体直接采取管制措施，避免造成决策延误。另一方面，应急决策前的审议空间稀薄。审议式民主的对话特性决定了它在危机事件中总是较后出场，决策前的审议限于时效只能请专家出场，缺少决策信息和专业知识的公众是否信任决策，最终只与专家的号召力和权威性挂钩。而有些专家走过场式的敷衍论证，更有损应急决策的正当性根基。只有在持续时间较长，例如处于"常规—应急"的混合状态时，审议式民主因常态化决策情境的出现才能获得良好收益。[2]因此，审议式民主本质上仍是一种"决策后的审议式民主或协商民主模式"[3]。如果没有配套机制保证应急决策在执行中的及时调整和修正，那么从功能上看，审议式民主和传统模式下的事后评价机制之间并无太大差异。此外，它也存在协商民主所面临的普遍性质疑，例如过度追求共识带来的可能是集体盲思，社会公众的关注重点容易向并非最重要、最紧迫但意外引爆的舆论热点上聚集；过度依赖参与程序也可能导致价值的恣意，使协商民主面临沦为利益集团工具的风险。

（三）整合思路下的正当性补足：对预案常态化编制特点的利用

上文的分析表明，紧急权力正当性的存储和实时化生成的方案都不能一劳永逸，后者只能在特殊情境下成为前者的补充。但值得注意的是，紧急权力运用的一个前提条件已经发生了重大改变：在应急预案大规模铺设，预

---

[1] 参见陈海嵩：《风险预防原则的法理重述——以风险规制为中心》，载高鸿钧、邓海峰主编：《清华法治论衡》（第24辑），清华大学出版社2015年版，第116页。

[2] 参见林鸿潮、刘文浩：《"常规—应急"混合状态对传统应急模式的挑战及其回应》，载《中南民族大学学报（人文社会科学版）》2024年1月19日中国知网网络首发，第2—3页。

[3] 沈岿：《风险治理决策程序的应急模式——对防控甲型H1N1流感隔离决策的考察》，载《华东政法大学学报》2009年第5期，第18—20页。

案编制能力借助新兴技术获得长足进步，科学性和可操作性不断提升的背景下，预案已经在编制环节实现大部分的应急决策前置。应急预案对应急决策的这种时空置换，改变了正当程序的嵌入条件，使其有机会成为串联起规训道路和审议式民主道路的桥梁。

在传统理论中，应急决策应当由行政机关独掌并排除正当程序控制的理由有三：一是紧迫情况下对决策效率的追求。突发事件显露出的巨大破坏性和不确定性，要求政府必须在极短时间内利用有限资源和信息以最快速度作出决策，以避免损失的扩大和蔓延。因此，效率被置于应急决策的价值序列之首，正当程序则因与"快速"相悖而首当其冲受到压缩，乃至压缩为零。审议式民主模式的受限也正缘于此。二是利益权衡的结果。当紧急事态出现时，人们通常认为政府采取超常规应对措施所带来的利益大于遵守正常法治秩序的利益，愿意容忍暂时的权利克减以换得生命和财产的保全。三是克服公共危机、提供安全保障被认为是国家的基本职能。当人民的生命健康和财产安全受到威胁时，国家有义务采取相应手段予以拯救。在很长一段时间里，紧急权力被视为行政机关的天然特权或习惯权力，采取紧急措施被认为是国家行为、统治行为或主权行为，不能由法律加以规定。尽管近代以降特权理论式微，但由行政机关主导紧急权的理念，凭借其专业性、机动性、经验性等被保留下来。总的来说，在这场效率与公正的持久博弈中，前者长期占据上风，法治路径名为"规训"实则处处充满妥协，承认这种特殊性也成为证成紧急权力正当性的"阿喀琉斯之踵"。

但在现代应急管理背景下，国家动用紧急权力的一个重要条件已经发生了变化，即应急预案编制技术的快速发展及其广泛应用。对紧急权力特殊性的传统认知建立在一个基本前提之上，即应急决策都是临机决策，因此具有决策时间紧迫、决策信息不完整、决策辅助条件缺失等特点。而随着应急预案编制水平的不断提高及预案体系建成之后的广泛部署，应急决策已经可以通过"预决策+临机调整"的方式来完成。而且，预案的编制水平越高，预决策在应急决策中所占的比重就越高。"制定预案，实质上是把非常态事件中的隐性的常态因素显性化，也就是对历史经验中带有规律性的做法进行总结、概括和提炼，形成有约束力的制度性条文。"[1] 也就是说，通过应急预案的编制和运行，可以实现相当一部分应急决策内容的前置。在常规应急情形下，预案为应急决策提供现成的模板，将特定的应急处置权限、处置流程如各个机构的职责安排和人财物等资源的调配，以及临事、事发、事中各阶段谁来做、怎样做、何时做的策略部署等都事先确定下来，在危机来临之际略加调整便可付诸实施。即使在更加极端、更需要临机决策的非常规应急情形中，应急预案也有作用空间。因为应急预案的编制过程提前"润滑"了各参与主体之间的关系，有助于临机决策的快速作出；而就预案的内容而言，即使其与真实的危机情景并不匹配，在临机决策形成的新方案中也可起到一定的参考作用。

依托应急预案进行的预决策将应急决策的相当一部分内容转移到了平时，实现了应急决策的"时间存储"，弱化了应急决策的紧急特性，明显削弱了应急决策不应受到法律规制的理由。首先，规范应急预案编制不会违反效率原则。以往的应急决策通常排斥公众参与等程序性保障机制，而常态下的预案编制活动无须面对临时决策的紧迫压力，能够实现充分的公众参与和意见磋商。无论是公众向决策者输入信息以提高决策科学性进而减少决策调整频次，还是通过参与提升公众对决策方案的认同度进而促进决策顺利执行，最终都是对应急行政决策综合效率的提升。[2] 其次，预案编制能够为利益衡量提供足够的判断基础。应急预案常态化编制和管理的特性使其有机会同步塑造社会共识，可以被时间存储的不仅有应急经验与智慧，还有宝贵的社会信任。利益衡量需要在掌握信息、获得信任的基础上进行，如果没有常态下的举措建立信任，危急时刻就缺少作出合理利益衡量的基本前提。最后，常态化的预案编制为多元主体共同参与提供了对话平台，让公众从单一的治理客体转变为协同治理主体，分享了部分应急决策权，按照这种模式编制完成的应急预案实际上是社会共识的结晶，而非行政机

---

[1] 高小平：《中国特色应急管理体系建设的成就和发展》，载《中国行政管理》2008年第11期，第20页。

[2] 参见夏金莱：《应急行政决策中公众参与机制的构建——以突发公共卫生事件应对为例》，载《法商研究》2021年第6期，第20页。

关单方意志的产物。

这样的时空转换使在平时状态下完成的应急预案编制——应急预决策——过程有机会嵌入审议式民主，引入正当程序。而正当程序的引入恰恰可以使预案编制变成为未来的应急行动凝聚社会共识、塑造社会信任的过程，成为为紧急权力注入正当性的重要渠道。现在，我们可以重新梳理紧急权力的正当性构造：在常规突发事件中，法律基于历史经验和间接民主提前储备的正当性发挥主要作用，预案作为具有法律依据的行动方案，也从法律中承继了正当性，处在预案决策射程范围内的应急措施，在应急法制逐步完善的背景下因法律授权而提前获取了合法性。而在非常规突发事件或者现实情况背离预测不得不采取超"法律—预案"行动的情况下，由在预案的常态化编制环节展开的审议式民主为紧急权力输送正当性。预案编制环节的民主参与使公众真实参与应急预决策过程，提前了解决策内容及其背后的行动逻辑。即使是在非常规情境下作出的应急决策，也可能有部分内容脱胎于预案从而凝聚了部分公共信任和社会共识。退一步讲，即使最终的应急决策完全脱离了应急预案的预设框架，此前的民主参与仍有助于增进公众和政府在决定应急新方案时的互信，特别是能够使公众了解到政府在应急决策中的善意和审慎态度，仍在一定程度上提高了紧急措施的合法性。

四、预案编制中的正当程序嵌入

上述分析表明，应急预案实际上具有三个层次的性质和功能：（1）作为细化应急法律规范的具体方案，预案从针对性、可操作性和细节化角度明确了突发事件应对的措施及其资源配置；（2）作为应急响应的工作方案，应急预案的编制和完善过程牵引着应急准备，有助于应急能力的提升；（3）作为应急预决策载体，通过在预案的编制和更新中嵌入正当程序，证成紧急权力的正当性。当前对应急预案性质的理解和功能的运用主要还停留在第一层面，部分触及第二层面，而完全忽视了第三层次。为了充分发挥应急预案的紧急权力正当化功能，应当推动将正当程序装置嵌入应急预案的编制和更新过程，下文将展开描述其具体方式。

（一）明确预案编制的公众参与

公众参与的根本价值在于增强行政决策过程的民主性品格。① 在应急预案的常态化编制环节组织公众参与，能够让应急预决策的形成体现包含利害相关人在内的更广泛公众的主张。行政决策中完全、有效的公众参与应当包含四个方面：决策信息知情权、参与资格享有权、意见表达权以及获得处理反馈权。② 目前，我国应急预案编制中的公众参与尚处于较低水平，甚至作为参与前提的知情权也尚未获得法律保障。虽然 2024 年修订后的《突发事件应对法》第 28 条第 2 款规定，"应急预案制定机关应当广泛听取有关部门、单位、专家和社会各方面意见"，但其目的并不在于增强预案所规定紧急措施的正当性和可接受性，而是"增强应急预案的针对性和可操作性"。而且，无论是《突发事件应对法》还是《预案管理办法》，都缺少对参与主体、参与方式、参与效力等问题的具体规范，往往使参与流于形式。这种情况下的公众参与实际上就成了行政机关的自我控权、自我约束问题，其所能发挥的作用自然有限。③

在应急预案编制环节实现有效的公众参与，首先需要建立公开评议机制。具体措施包括：（1）将拟定的应急预案草案向社会公布，并对各部分内容的理由、依据进行说明。除需要保密的特定情形，如公开预案编制过程和内容将危害国家安全、社会公共利益的情况外，预案草案均应向社会公布。（2）形式上以公众评议为主、代表评议为辅。无须拘泥于听证会、座谈会、论证会等较为正式而烦琐的手段，公开评议可直接以发布调查问卷、在政府门户网站开放意见填写栏目、开放电子信箱等高效便民、灵活便捷的方式参

---

① 参见沈岿：《风险治理决策程序的应急模式——对防控甲型 H1N1 流感隔离决策的考察》，载《华东政法大学学报》2009 年第 5 期，第 13 页。
② 参见章楚加：《重大环境行政决策中的公众参与权利实现路径——基于权能分析视角》，载《理论月刊》2021 年第 5 期，第 85—86 页。
③ 参见熊樟林：《重大行政决策概念证伪及其补正》，载《中国法学》2015 年第 3 期，第 293 页。

与,[①] 还可利用信息化技术手段，优化公众参与体验和提升公众意见整合的效率。对于制定时间充裕、涉及面广、牵涉权利义务主体众多的预案，还可以邀请特定代表如一线工作人员、有关专家和群众代表等组成评议小组和预案编制小组共商共议。（3）建立针对评议意见的反馈机制并及时公布意见采纳情况。对于在公开评议中意见较为集中的问题，编制机关应当及时对预案草案内容作出合理调整，对于暂时不具备采纳条件的意见，也应及时向公众说明理由。

完善公众参与的制度基础，拓展预案编制和更新环节公众参与的广度与深度，除了有助于补强预案所确定应急行动方案的正当性，还能够在参与过程中潜移默化地提升个人应急能力，形成公众应急准备文化，助益应急准备环节质量的提高。

（二）完善预案编制的专家参与

专家参与的目的是借助专家理性增强应急决策的科学性，通过发挥特定主体在具体领域的专长，帮助行政机关填补认识盲区和扭转偏见。面对不断出现的新风险以及各类风险的耦合叠加，应急预案编制方向持续向精细化发展，在自然灾害、安全生产、环境保护、公共卫生等传统领域分类下，出现了越来越多需要依靠特定专业知识来判断突发事件发生、演变和提出应对措施的新兴子领域，仅凭单一的应急预案编制主体无法保障预案内容的专业化和科学化。在应急预案编制环节强化专家参与，可以实现应急决策正当性危机和舆论压力的提前化解，其作用机制主要有三个方面：一是发挥专业优势确保预决策内容的科学性，让"科学"成为预决策的合理性背书和正当性来源；二是通过引入独立于行政机关的专家团体监督紧急权力的行使，防止其超越合理的范围和限度；三是借助专家论证塑造社会共识，作为公共利益的代表，专家对预案的论证、阐释能促进公众对应急决策的理解，帮助达成社会共识，增强危机应对的社会信心。

---

① 参见王万华:《重大行政决策中的公众参与制度构建》，载《中共浙江省委党校学报》2014年第5期，第11页。

目前的专家参与多数集中在应急管理的中后端,如阐释既定政策以弥补其正当性的不足,优化临机决策方案以提升科学性,以及在事故发生后引导、缓释舆论压力并进行宣传动员。[1]而包括预案编制在内的应急管理前端则专家参与不足,表现为在预案类型上多应用于企业预案编制,政府及其部门预案编制中的专家参与仅限于专家论证,参与过程也缺乏透明性和公开性。未经过合理建构的专家参与制度不仅难以发挥原有功效,甚至可能产生负面效果。一方面,专家参与易被行政俘获而丧失中立性和独立性。我国目前的专家参与多以官方或半官方的专家库形式开展,决策实际在行政机关和专家参与共同构成的封闭式的管理主义模式下产生。[2]专家与政府之间关系密切,甚至存在深度的利益捆绑。[3]专家参与往往只是为预案中已经形成的行政决策提供正当性背书,更遑论提出科学意见和实现第三方监督。另一方面,专家意见本身具有局限性。不管是作为独立个体,还是作为学科领域的代言人参与政治决策,专家都已经脱离了纯粹的科学立场,而不可避免地带有主观色彩和立场偏向,表达意见的过程中也时常出现专家越位的情形,这使专家意见并非绝对"科学",甚至偶有脱离现实、脱离群众的意见表达。

修订后的《突发事件应对法》要求应急预案制定机关听取专家意见。《预案管理办法》规定,应急预案编制工作小组应当吸纳有关专家参加,编制过程应当组织专家论证。这意味着应急预案必须经过专家评议已经上升为法律制度层面的要求,未来应在此基础上进一步细化专家参与的具体规则。一是设置公开、透明的专家遴选标准,保证专家参与的公开性、中立性和独立性。专家参与不能只在行政机关支持下的官方专家库中封闭运行,还应鼓励"体制外"专家的自主参与,持续吸纳具有相应领域专业知识的人员。对此,可以考虑设置常任专家席位和轮换专家席位,既保证专家参与的人员稳定性

---

[1] 参见文宏、杜菲菲:《专家参与危机决策何以可能:基于能力落差框架的分析》,载《暨南学报(哲学社会科学版)》2023年第5期,第95—96页。

[2] 参见王锡锌、章永乐:《我国行政决策模式之转型——从管理主义模式到参与式治理模式》,载《法商研究》2010年第5期,第5页。

[3] 参见徐文新:《专家、利益集团与公共参与》,载《法律科学(西北政法大学学报)》2012年第3期,第52页。

和预案编制的连贯性，又可借力社会监督保证参与专家的质量。二是优化专家参与结构以消除系统性偏见。既要明确预案编制小组中专家人员的总体比例，同时在内部合理配置不同领域专家参与的名额，保证预案编制所需的知识结构均衡。三是丰富专家参与的具体形式，除一般性专家论证外，还可通过建立专家咨询委员会、区域专家智库联合体、召开普通公众共同参与的听证会等方式，扩大专家参与途径。四是专家参与过程和专家意见内容向社会公开，以获得取信于民的附加效果。五是明确专家意见的效力。专家意见应当主要围绕应急预案中的事实判断部分展开，如预案的启动节点、具体情境下应急处置措施的选择等技术性问题，行政机关应当在参考专家意见的基础上确定决策内容，且无论是否采纳，均应对专家意见进行如实记录。

（三）开展社会稳定风险评估

重大行政决策中的社会稳定风险评估制度（以下简称"稳评"）是我国在社会转型期探索出的具有中国特色的风险治理工具，是指政府作出重大决策前，对决策事项存在的社会风险因素进行调查、识别、分析、研判和预防的行为，且评估结果通常是决策的重要依据。[①] "稳评"旨在通过倾听利益相关群体的意见，实现社会稳定风险的提前化解，预防决策后群体性事件或公共舆论危机的出现，其本质是行政自制或者行政审慎的产物。过去应急决策通常因决策时间紧迫而被排除在"稳评"的适用范围之外，但从经验和逻辑来看，突发事件发生后社会面临的不确定因素陡增，人们对克减权利、扩张权力的应急措施更易产生应激反应和抵触心理，应急决策对稳定性的需求反而增大。应急预案通过前置部分应急决策，也为"稳评"的运用创造了条件。通过在预案编制环节嵌入该程序性机制，可以对应急决策可能存在的社会稳定风险因素进行识别、分析，判断其中是否存在不合法、不合理、不安全、不可行等情形，以及决策后产生的风险是否可控等，保障决策者对预决策的内容尽到基本注意义务，筛查重大纰漏，避免引发严重社

[①] 参见李开孟：《风险社会与社会稳定风险评估（一）》，载《中国工程咨询》2013年第2期，第70页。

会风险的决策方案出现。

"稳评"的本质是社会稳定风险的参与式建构,[①]其核心目的不是达成一个科学的决策方案,而是保证决策前的充分参与,以消解误会、弥合信息差距,进而达成基本的决策共识。考虑到对相关主体利益保护的要求,落实预案编制中的"稳评",并维持成本和收益的基本平衡是问题的关键所在。对此,具体完善路径有:首先,明确"稳评"的开展范围。对于市级以上政府及其有关部门制定的,针对敏感事项、涉及群体众多的预案,必须开展"稳评",如自然灾害救助应急预案、重要生活必需品供给应急预案等;对于其他可以不进行"稳评"的预案,则必须保证公众评议制度的有效运行。其次,由预案编制机关作为"稳评"的责任主体,具体操作则委托给独立于利益相关者、评估主体和预案编制机关的第三方机构。[②]为减少紧急权力行使者和其他利益团体对评估的干预,尽可能保证"稳评"结果的公正性,应当区分评估责任主体和实施主体,由前者承担"稳评"工作开展和推进的职责,后者独立完成评估的具体内容。最后,"稳评"的开展应当真正吸纳多元利益主体的意见,避免沦为政府绝对主导下的"走过场"。一是保证参与主体结构的科学性,根据预案的适用范围适当调配专家、公众参与的比例,构建科学性和民主性兼具的评估模式;[③]二是要在利益相关群体之间构建动态、多轮的磋商模式,不能停留于轮流发言、结束讨论的形式主义,而应以逐步扩大共识为目的,在原有对话的基础上持续性、前进性地推动。

需要注意的是,应当把握好应急预案原本的风险评估体系与"稳评"之间的区别和联系。预案风险评估是预案编制前的准备工作,旨在对风险状况进行摸底排查,在评估方法上更侧重于技术性评估;"稳评"则是对预案内容可能造成的社会影响进行分析、预判,本质上是以社会性评估为主的综合性

---

① 参见顾严、张本波:《重大决策社会稳定风险评估研究》,人民出版社2018年版,第52页。

② 参见林鸿潮:《重大行政决策社会稳评体制的批判与重构》,载《行政法学研究》2018年第3期,第84页。

③ 参见成协中:《风险社会中的决策科学与民主——以重大决策社会稳定风险评估为例的分析》,载《法学论坛》2013年第1期,第50—52页。

风险评价。此外，鉴于应急预案特殊的动态编制属性，其本身还存在一个持续的、不断更新的后续评估任务，包括应急演练的评估和应急预案的定期评估，评估结果在一定程度上会反映到预案文本中。在预案编制前期嵌入"稳评"，能够实现对预案内容的初步把控，而在后期的动态更新中，还可以在演练评估和定期评估中插入社会稳定风险跟踪评估指标，推动预案的后续完善。

五、结语

应对突发事件的紧急情势既要充分发挥行政机关快速决策、能力整合的优势，又要防止其滥用紧急权力，还要避免规制太多使其处处受限，丧失灵活性。三个要求从不同方向给突发事件的应对过程施加压力，使紧急权力的行使每每顾此失彼。法律的稳定性要求使其难以适应突发事件的瞬息万变，而应急预案作为法律的实施方案既处于应急法制的管辖之下，又具备在微观层面延展法律的灵活性，能够较好地发挥缓释压力的作用。位于应急管理前端的预案编制在危机应对上具备天然的时间优势，为了尽可能发挥其常态化编制的特性，未来应当努力把应急预案打造成为一个多功能平台，不仅利用其编制和管理实现应急准备，还可以借此塑造社会共识，获取公众信任，为紧急权力在将来的行使提供正当性。在修订后的《预案管理办法》重新对应急预案的分类分级进行调整和细化之后，如何协调法律和预案的关系，实现两者的衔接，以及如何在法律中明确重大事项处置的决策授权和免责条款，还有待进一步讨论。

第五章
区域联合应急预案的双重属性和制度优化

林鸿潮　赵艺绚　王进威

摘要： 频发的跨区域突发事件特别是区域性、流域性重大自然灾害，催生了区域联合应急预案，发挥着促进区域应急协作整合、提效、增信的三重作用。区域联合预案具有双重属性：一是作为面向跨区域突发事件的应急行动方案，二是作为约定地方政府间应急协作事宜的横向府际协议。在双重属性之下，区域联合应急预案作为应急行动方案所需要具备的灵活性和作为府际协议内蕴的合意性之间存在紧张的关系。对此，需要从区分预案不同内容、健全协作沟通机制、强化预案体系更新衔接三个方面进行调适，以完善跨区域突发事件的治理机制。

一、引言

当前，突发事件的耦合性、连锁性和跨域性不断凸显，传统以行政区划为界限的应急管理单元面临着跨区域突发事件的严峻挑战。在此背景下，党和国家高度重视区域应急协作，将其纳入《"十四五"国家应急体系规划》中，提出了区域联合应急预案、区域联合风险隐患普查等一系列新型的应急治理工具。[①]2022年由应急管理部起草的《自然灾害防治法（征求意见稿）》

[①] 参见《国务院关于印发"十四五"国家应急体系规划的通知》，载中国政府网2022年2月14日，https://www.gov.cn/zhengce/zhengceku/2022-02/14/content_5673424.htm，2024年8月6日访问。

第 27 条规定，相邻、相近的地方政府及部门可以根据需要制定自然灾害的联合应急预案。①2024 年修订的《预案管理办法》进一步明确："相邻或相关地方人民政府及其有关部门可以联合制定应对区域性、流域性突发事件的联合应急预案，侧重明确地方人民政府及其部门间信息通报、组织指挥体系对接、处置措施衔接、应急资源保障等内容。"可以预见，在未来一段时间内，区域联合应急预案将成为推动区域应急合作的工作重点。目前，学界在区域应急协同的整体制度上着墨颇多，其中也不乏将区域联合应急预案作为具体措施提及的。②但是，学界对该制度的本体仍缺乏深入的讨论，留有若干问题需要回答：区域联合应急预案的性质是什么？其效力如何？如何把握其与府际应急合作协议的关系？对此，有必要探究区域联合应急预案的生成逻辑和制度功能，厘清其本质属性和内在矛盾，在此基础上对区域联合应急预案制度进行完善，推动区域联合应急治理朝着更高质量、更高效率、更具可操作性的方向迈进。

二、区域联合应急预案的生成逻辑和制度功能

（一）区域联合应急预案的生成逻辑

跨区域突发事件是指跨越两个或两个以上不相隶属的行政区域或地域的突发性事件，强调突发事件发生或直接影响在地理意义上的动态扩展性。③

---

① 《自然灾害防治法（征求意见稿）》第 7 条规定："自然灾害防治工作涉及两个以上行政区域的，有关地方应当建立区域间联防协作机制，根据需要在地方性法规和地方政府规章制定、规划编制、风险普查、监督执法、预案编制、综合演练、监测预警、联合调度、协同防控等方面加强协作，协同开展自然灾害防治工作。"第 27 条规定："相邻、相近的地方人民政府及其有关主管部门、机构根据自然灾害防治工作需要，协作制定应对区域性、流域性自然灾害的联合应急预案，明确相互间信息通报、处置措施衔接、应急资源共享等内容。"参见《关于〈中华人民共和国自然灾害防治法（征求意见稿）〉的起草说明》，载应急管理部网站 2022 年 7 月 4 日，https://www.mem.gov.cn/gk/zfxxgkpt/fdzdgknr/202207/t20220704_417563.shtml，2024 年 8 月 6 日访问。

② 参见陶振：《跨域公共危机治理中的府际联动：结构、类型与优化》，载《广西社会科学》2020 年第 7 期，第 60—68 页。

③ 参见胡建华：《跨区域公共危机的治理逻辑与合作机制构建》，载《社会科学辑刊》2022 年第 2 期，第 51—53 页。

例如，2008年的南方雪灾波及十多个省份，就展现了跨区域自然灾害的严峻性和复杂性。又如，2021年河南"7·20"特大暴雨灾害波及该省内多个地市，造成严重经济损失和人员伤亡。[1]事实证明，常态的行政区划及其职责设置和突发事件在地理上的"不确定性"之间存在突出矛盾。一方面，在强调标准化、专业化和正式化的政府治理格局中，政府部门的地方本位主义、信息阻塞和职能"碎片化"使其缺乏足够的组织弹性以适应跨区域突发事件情境；[2]另一方面，我国历来强调"全国一盘棋"的突发事件应对思路，长期倚重上级政府介入的纵向协同而相对轻视横向协同。[3][4]事实多次证明，一旦发生大规模跨区域突发事件，倚重上级政府介入的纵向协同模式将难以为继。原因在于，突发事件所涉及的区域越多，共同上级政府的级别就越高，最终可能出现政府层级与事件等级明显不匹配的情况，且因科层链条过长难免导致效率低下，这不仅有悖应急管理的基本理念，也有悖属地管理的基本原则。在此背景下，横向协同成为纾解跨区域突发事件和科层碎片之间紧张关系的新思路。有别于以共同上级政府的临时介入为基础的纵向协同，该模式得以运行的基础是不存在上下级关系的地方政府之间自愿、自主、自发的合作意愿。[5]实践中，一些地方政府自主探索了诸多横向协同的具体方式，如召开跨区域应急联席会议、制定共同应急标准、开展联合应急演练等，本章所研究的区域联合应急预案也是其中一种。需要特别说明的是，区域联合应急预案既可能由级别相同、互不隶属的地方政府或部门共同编制，也可能由级别

---

[1] 参见《应急管理部发布2021年全国十大自然灾害》，载应急管理部网站2022年1月23日，https://www.mem.gov.cn/xw/yjglbgzdt/202201/t20220123_407199.shtml，2024年8月6日访问。

[2] 参见张桂蓉、雷雨、赵维：《自然灾害跨省域应急协同的生成逻辑》，载《中国行政管理》2022年第3期，第126—127页。

[3] 《突发事件应对法》第18条规定："突发事件涉及两个以上行政区域的，其应对管理工作由有关行政区域共同的上一级人民政府负责，或者由各有关行政区域的上一级人民政府共同负责。共同负责的人民政府应当按照国家有关规定，建立信息共享和协调配合机制。根据共同应对突发事件的需要，地方人民政府之间可以建立协同应对机制。"

[4] 参见张海波：《应急管理中的跨区域协同》，载《南京大学学报（哲学·人文科学·社会科学）》2021年第1期，第102—110页。

[5] 参见钟开斌：《从强制到自主：中国应急协调机制的发展与演变》，载《中国行政管理》2014年第8期，第118页。

不同、互不隶属的地方政府或部门共同编制，但就实践而言，前者是目前的主流样态。从理论上分析，应急预案是人类社会应对风险挑战和危机事件的适应性行动，其核心在于借助知识与经验对风险、灾害和危机的普遍性及地域性特征进行深入分析与预测。① 而区域联合应急预案的生成逻辑在于它超越了单一的行政区划维度，将智识和经验提升至合作者间的基本共识之上。这种共识不仅体现在合作主体对风险、危机认知的统一，更在于不同主体间通过博弈和磋商来实现各方权利义务的协调配置。这种配置进一步细化为共同应急行动的时间、方式和责任分配等，最终形成了一份具有操作性的合作意愿表达文本。

（二）区域联合应急预案的制度功能

第一，实现跨区域应急信息和应急资源整合。应急预案的编制开始于对"不可消除危险"的识别，其针对性取决于对风险识别的准确度和精确度。② 区域联合应急预案的编制也不例外，其肇始于跨区域风险评估。在这一过程中，各地方政府必须跳出自身行政管辖区域的狭隘视角，共同对本区域不同类型风险的分布、形态、转化路径以及承灾体的脆弱性等进行综合分析，从而有效消除信息壁垒和盲区。除了风险信息的整合，区域联合应急预案的编制过程还必须进行应急资源调查。为了实现区域内应急资源的互通性和互补性，各地方政府需要在充分调查本行政区域内应急资源的基础上进行资源整合，在物资分类储备、专业人才培养等层面开展深度分工合作，实现应急资源的整体调配，并降低整体支出成本。

第二，提高区域应急协作的效能。在以结果责任为导向的官员考核机制驱动下，地方政府在区域应急协作中会不可避免地谋求本行政区域利益的最大化。在没有常态合作机制的情况下，跨区域突发事件一旦发生，各地方政

---

① 参见陶鹏：《论应急预案编制与管理的政策过程面向》，载《西南民族大学学报（人文社会科学版）》2021年第2期，第26页。
② 参见张海波、童星：《中国应急预案体系的优化——基于公共政策的视角》，载《上海行政学院学报》2012年第6期，第26—33页。

府往往各行其是，沟通洽谈、共同决策的成本极高，通常只能通过共同上一级政府的介入方能达成一致。联合应急预案作为一种预先决策机制，不仅可以将地方政府之间共同决策的程序前移，还可以作为沟通协商平台使各地方政府进行充分的利益协调，提高应急效能。此外，联合应急预案可以根据各方利益协调的结果，建立区域应急指挥机构并授予相应的应急决策权、处置权等，从而推动跨区域突发事件应对流程的高效化。

第三，培植区域应急协作的信任基础。公共领域合作系统存在的前提是各治理主体之间的相互信任，组织共同体的信任水平和合作可能性具有正向关联。[1] 区域联合应急预案编制于常态秩序之下，不同地方政府之间在这种自愿、自主、自发常态合作中不断加强风险沟通，弥合认知差距，打破地方壁垒，有利于形成良好的信任基础。以区域联合应急预案的编制为契机，地方政府之间可以逐步实现信息互通、预案对接、技术互联、联演联训、资源共享、处置协调等，最终形成"一方有难，多方协同"的区域间互助模式。

三、作为应急行动方案的区域联合应急预案

（一）区域联合应急预案的性质澄清

应急预案是针对未来可能发生的重大事故或灾害，为了保证迅速、有序、有效地开展应急救援工作、降低事故损失而预先制定的有关计划或方案，其在性质上与法律规范存在根本差别。[2] 2013年与2024年两个版本的《预案管理办法》在性质上分别将应急预案以"工作方案"或"方案"进行定义。[3]

---

[1] 参见胡建华：《跨区域公共危机的治理逻辑与合作机制构建》，载《社会科学辑刊》2022年第2期，第53页。

[2] 参见林鸿潮：《论应急预案的性质和效力——以国家和省级预案为考察对象》，载《法学家》2009年第2期，第22—24页。

[3] 《预案管理办法》（2013年）第2条规定："本办法所称应急预案，是指各级人民政府及其部门、基层组织、企事业单位、社会团体等为依法、迅速、科学、有序应对突发事件，最大程度减少突发事件及其造成的损害而预先制定的工作方案。"《预案管理办法》（2024年）第2条规定："本办法所称应急预案，是指各级人民政府及其部门、基层组织、企事业单位和社会组织等为依法、迅速、科学、有序应对突发事件，最大程度减少突发事件及其造成的损害而预先制定的方案。"

可见，应急预案在本质上是应急法律规范的实施方案，而不是应急法律规范本身，区域联合应急预案作为应急预案的一种，也应当向应急行动方案的本来属性回归。具体而言，编制区域联合应急预案不是要使其异化为区域间的联合立法，而是为区域间的应急合作建构具有针对性、可操作性的实施方案，包括但不限于区域间应急措施的衔接、措施的执行主体及其相应的职责，以及实现区域应急协作的各类科学辅助方法。值得注意的是，在我国应急预案体系的发展历程中，由于早期应急管理领域法律体系不够完善，很多重要法律法规阶段性缺失，又亟须建立相关制度对应急管理活动加以规范和指引，"以案代法"的情况时有发生，很多应急预案实际上发挥着应急管理领域法规范的作用，没有真正作为应急行动方案进行编制，产生了高阶预案内容笼统、低阶预案适应性不强等一系列问题。[①] 面对目前同样暂付阙如的区域应急合作法律规范，区域联合应急预案也难免出现类似问题，其部分内容如区域联合应急指挥机构的建立等也可能暂时发挥法律规范的效力。但随着区域协同立法的发展，区域应急协同制度将逐步完善，与其在日后面对区域联合应急预案的合法性问题时再"拨乱反正"，不如一开始就坚持明确其作为应急行动方案的制度定位：一方面，区域联合应急预案在已经制定了相关法律的领域应当规定得更加明确、具体，具有可操作性，让这些法律规定能够快速实施以满足区域应急实践的需要，发挥应急预案的针对性、可操作性优势；另一方面，应当通过定期评估、及时修订等方式确保区域联合应急预案和区域协同立法的进展保持一致，避免其内容和法律法规发生冲突。

（二）区域联合应急预案的实践考察：以泛珠三角、京津冀地区为例

从层级上来看，区域联合应急预案可以分为省际、市际、县际三种类型，其中以省际区域联合应急预案最具代表性。一则，省际之间对联合应急预案的需求度更高。这是因为在纵向协同的思路下，省际政府的共同上级是国务院，虽然国务院可以介入协调跨省大规模非常规突发事件的应对，但这毕竟

---

① 参见林鸿潮、陶鹏：《应急管理与应急法治十讲》，中国法制出版社2021年版，第39—43页。

属于少数情况，对于跨省域但规模较小、等级较低、发生频率较高的一般突发事件，国务院的介入既无必要也无现实可行性。二则，省际区域的应急协作进程较早，部分地区已经成为区域应急合作的典型代表，如泛珠三角、京津冀等地区。通过考察上述两个地区的省际联合应急预案实践，可以发现区域联合应急预案目前还存在下列问题：

第一，省际联合应急指挥体系欠缺合法性。在应急体制方面，泛珠三角地区联合应急预案的主要思路是设立联席（联防）会议秘书处作为常设性的议事协调机构，负责日常总协调工作，一旦发生突发事件，受到波及的省（区）可以主动与相关省（区）共同召开片区联席会议，也可以由联席（联防）会议秘书处协调召开联席会议。京津冀地区的思路则是在常态情况下建立由各省轮值的组织联席会议，在突发事件发生后启动现场救援指挥官制度，由事发地省级协同应急分中心协调，由现场应急指挥官统一调度区域内应急队伍。尽管上述跨区域的应急指挥体系在实践中确实发挥了相应作用，但目前均无地方性法规进行授权，其职权来源、权力运行规则、责任承担机制等均有待立法进一步确认。

第二，不同类型的应急预案缺乏统一和衔接。以突发事件信息通报机制为例，《泛珠三角区域内地9省（区）跨省（区）突发事件预警信息发布联动机制》要求将突发事件预警信息向可能受影响的省（区）政府应急办通报，并向联席会议秘书处报备，《泛珠三角区域内地9省（区）特别重大、重大地震应急预案》中也有类似规定。但《泛珠三角区域内跨省（区）特别重大、重大矿山事故救援应急预案》在信息通报部分仅规定重特大矿山事故发生后，事故发生地的省（区）安全监管部门和省（区）政府应急办将事故预警信息通报合作区域省（区）应急办，未规定向联席会议秘书处报备，这与其他区域联合应急预案明显不一致。

第三，对关键制度的规定比较笼统。突发事件应急处置环节在整个突发事件应对链条中居于核心地位，能否快速实现联动响应、调动应急救援力量、采取有效应急处置措施，这是应急成败之关键。因此，在理论上作为应急行动方案的应急预案应当规定得更加明确、具体，减少应急处置环节的决策时间。然而，上述两地区的联合应急预案对应急处置环节的规定存在若干不足。

例如，在应急响应方面，泛珠三角区域联合应急预案大多继续沿用国家级应急预案的分级标准，且以特别重大、重大作为跨区域响应的前提，人为地拔高了跨区域联动响应的"门槛"，背离了横向协同的初衷。又如，在跨区域应急救援方面，虽然上述两地区的联合应急预案都规定由事发地应急指挥机构提出跨区域应急救援申请，但对于救援申请的答复时间、步骤、是否强制回应等仅有极个别专项预案提及。此外，两地区的联合应急预案对应急处置措施的规定都偏向宏观层面，缺少对可采取应急措施的具体列举。

总的来看，区域联合应急预案存在的上述问题，除了因其跨域性而产生的一些特殊问题外，大多数均非其独有，而是当前一般应急预案共有的问题。这意味着，联合制定这些预案的地方政府，至少期待其能够产生当前一般应急预案所能达到的同等功效，在跨区域突发事件应对中发挥"补短板"的作用。

四、作为府际协议的区域联合应急预案

（一）跨区域突发事件应对中的府际协议

府际协议是指行政机关相互间为履行职责而签署的合作协议，通常有"省际协议、区际协议、府际合作协议"等表现形式。[1] 不同地区政府间通过签订府际协议的方式共同应对跨区域突发事件的做法，在国外已经相当普遍和成熟，如美国认可"州际协议"兼具州法与合同的双重效力。[2] 相较之下，我国的府际协议主要依靠国家政策层面的规划和指导，旨在推动要素流通紧密的地区之间的合作，如《珠江三角洲地区改革发展规划纲要（2008—2020）》《长江三角洲区域一体化发展规划纲要》《京津冀协同发展规划纲要》等。跨区域突发事件应对是府际协议的重要内容，其在横向府际协议中大致有两种呈现方式：其一，作为综合型协议的组成部分。综合型协议主要是对政府共同合作意向的原则化、纲领化呈现，部分内容涉及跨区域应急合作，

---

[1] 参见叶必丰：《区域合作协议的法律效力》，载《法学家》2014年第6期，第1页。
[2] 参见季晨溦：《论区域行政协议的法律效力及强化对策》，载《江苏大学学报（社会科学版）》2022年第2期，第114—116页。

如《泛珠三角区域合作框架协议》《粤澳合作框架协议》等。其二，作为专项府际协议。该类型协议直接指向公共危机的协同治理，如《粤港澳应急管理合作暨大湾区应急救援行动合作框架协议》《北京市、天津市、河北省应急管理工作合作协议》等。

尽管地方政府早已作出积极探索，但由于府际协议既不是日常意义上的"合同"，又不具有法律规范的"牙齿"，常常难以取得预期的执行效果。实践中，府际协议频频出现权责界限模糊、违约责任缺失以及救济途径有限等诸多问题。[1] 为此，学界尝试从多个维度证成府际协议的法律效力。但无论是将其类推为行政法上的行政协议，还是将其归属为地方性立法规范，这些做法均在法理层面上遭到质疑。[2] 其实，从应然视角出发，经协商一致的双方意志就足以构成府际协议享有法律拘束力的理由，这种约束力的正当性基础就是诚实信用原则。正如德国公法学者拉邦德所言："诚实信用原则得支配公法领域，一如其于私法领域，苟无诚实信用原则，则立宪制度将不能实行。诚实信用为行使一切行政权力的原则，亦其限制。"[3] 诚实信用原则是超越民事原则且普适于社会主体参与各种社会关系的基本原则，政府之间的协议行为也不例外，而法规范体系对于政府诚信的内在要求也为此提供了实定法基础。[4]

府际协议基于诚信原则享有应然的法律拘束力，但并不等于其事实上已经具备了强制力和执行力。目前，我国尚未明确规定政府违反府际协议的责任机制，这导致府际协议无法强制拘束各缔约地方政府。在应急管理领域，将应急府际协议的相关内容编入区域联合应急预案以增强其实效性，成为解决其效力问题的一个有效途径。首先，区域联合应急预案具有一定的法律效力，能够间接增强府际协议的约束力。根据《突发事件应对法》第95条的规定，未按照规定及时采取措施预防、处置突发事件或者处置不当，造成后

---

[1] 参见孟磊：《区域合作协议的"立法同意"研究》，载《哈尔滨工业大学学报（社会科学版）》2024年第2期，第51—52页。

[2] 参见王春业、徐珮程：《论粤港澳大湾区合作中政府间协议及其法律效力》，载《港澳研究》2022年第1期，第29—30页。

[3] 城仲模：《行政法之一般法律原则（二）》，三民书局1997年版，第193页。

[4] 参见叶必丰：《区域合作协议的法律效力》，载《法学家》2014年第6期，第2—7页。

果的，需要承担相应的法律责任。区域联合应急预案是《预案管理办法》规定的应急措施，如果地方政府不及时启动联合预案从而导致产生消极后果，则需承担相应的法律责任。其次，应急预案的公开制度可以增加政府违约的社会压力。《预案管理办法》第 28 条规定，"政府及其部门应急预案应当在正式印发后 20 个工作日内向社会公开"。将府际协议相关内容编入区域联合应急预案并将其公开，可以降低府际协议的不透明程度、增加政府违约的社会压力。最后，政府之间共同区域编制联合应急预案的过程能够带动跨区域风险评估、信息共享、应急演练等其他环节的展开，推动府际协议内容的常态化落实。

（二）作为府际协议的区域联合应急预案

应急府际协议相关内容在区域联合应急预案的编入，使区域联合应急预案在充当应急行动方案之余，同时具备了府际协议的属性。区域联合应急预案与府际协议的一致性在于：

第一，两者的制定（签订）主体高度一致。就实践而言，区域联合应急预案的编制主体通常为应急府际协议的签署方。以泛珠三角区域联合预案为例，虽然预案的起草机关由某一省政府担任，但共同编制的主体依旧是签署《泛珠三角区域内地 9 省（区）应急管理合作协议》的各省政府。又如长三角地区，各省、直辖市的应急管理厅在签订一系列府际协议的同时，将继续共同负责长三角联合预案的编制。[①]

第二，两者在内容上高度一致。在区域联合应急预案和府际协议分别签署的情况下，府际协议中关于应急的主要内容需要作为总则或原则融入区域联合应急预案，为具体应急措施的设计与实施提供宏观的价值指引。当然，区域联合应急预案的编制并非简单复制府际协议，而是结合实际情况，在保留协议精神的基础上制定更具可操作性的实施方案，以确保其可行性和实效性。

---

① 参见张晓鸣：《加强"四个协同"，努力实现"四个提升"，长三角一体化应急管理协同发展取得新成效》，载文汇网 2024 年 4 月 9 日，https://www.whb.cn/commonDetail/926575，2024 年 12 月 6 日访问。

第三，两者均以区域政府间的合意为基础。相较于其他应急预案，区域联合应急预案在内容和审批程序等方面表现出鲜明的协商性特点。《预案管理办法》第10条规定，当涉及相邻或相关地方政府、部门、单位的任务时，需要各方沟通一致后予以明确。第25条进一步规定，政府可以通过协商确定区域联合应急预案的审批方式。与之类似，府际协议的签署一般通过联席会议达成合意，各方主体通过共同参与、自由讨论、平等协商的方式缔结约定。两者均为区域内各成员之间主动、平等、自愿开展合作的治理工具，其意思自治在主体层面表现为各区域政府在预案编制过程中的地位平等和自由，在内容层面则更多表现为权利义务的对等和平衡。[1]

五、区域联合应急预案双重属性的内在张力

（一）应急预案的双重特征

应急预案的编制过程是将非常态事件中隐性的常态因素予以显性化的过程，实质上是从历史经验中挖掘规律性，并对其加以总结、概括和提炼，最终形成具有一定约束力的制度性条文。[2] 需要明确的是，应急预案编制的目的不在于产生制度约束的结果，而是在既有制度框架下提高应急反应的速度。因此，应急预案理论上具有确定性与灵活性的双重特征。确定性要求以一整套预先制定的确定计划或方案去应对突发事件的共性情况，尽可能将不可控的非常规事件转化为可控的常规事件。但是，仅有确定性还无法应对形态各异、变化万千的各类突发事件，应急预案还需要具备灵活性。预案具有灵活性的根本原因是人类主观意志有限，无法完全把握客观规律的变化。换言之，无论以应急预案对事件本身进行何种详细的梳理，依旧无法穷尽突发事件发生的各种可能性。[3] 正因为应急预案具备独有的灵活性特征，所以其

---

[1] 参见汪建昌：《区域行政协议：概念、类型及其性质定位》，载《华东经济管理》2012年第6期，第128页。

[2] 参见高小平：《中国特色应急管理体系建设的成就和发展》，载《中国行政管理》2008年第11期，第20页。

[3] 参见莫于川主编：《应急预案法治论——突发事件应急预案的法治理论与制度建构》，法律出版社2020年版，第40—41页。

并不与刚性的法律规范一样产生必须遵守和执行的效力。具体而言，一方面，应急预案建立在预测、推理之上，仅是对未来情形加以假设的非"唯一性"方案，无法排除其在危机来临时被其他更佳方案取代的可能。另一方面，突发事件的客观情况千变万化，人类无法对其风险进行完全准确的预测，忽视客观情况的变化、坚持执行预案不符合应急活动的现实逻辑。[1]因此，在启动某项应急预案后，出于情势变化或者负有突发事件处置职责的主体因自身能力有限，或因先前判断存在偏差，均可在实施过程中对预案进行调整、变更。

（二）预案灵活性与协议合意性之间的紧张关系

应急预案内在的灵活性意味着制定主体可以凭借其单方意志，基于突发事件的客观情况，突破应急预案的既有规定对其加以更改、替换甚至废弃。对一般性应急预案而言，预案的编制与变更的主体通常保持一致，不会涉及其他区域的利益协调，也无须考虑责任追究的复杂性。但区域联合应急预案兼具应急行动方案和府际协议的双重属性，其体现的是缔约主体的多方意志，根据行政法上的信赖保护原则，行政机关之间缔结的协议不得被随意变更、撤销、废止。因此，参与的某方政府在不存在法定或约定事由的情况下单方变更或者放弃区域联合应急预案规定的措施，违反了应急府际协议，需承担一定的失信风险和政治压力。在当前立法存在空白的情况下，即便区域联合应急预案中约定了单方解除事项，但由于地方政府单方变更联合预案的前提是发生了事先无法列举的未知因素，再加上各编制主体约定的单方解除事由本身也可以成为预案灵活性所突破的对象，因此难以消解预案灵活性和协议合意性之间的紧张关系。此外，虽然应急府际协议存在的违法后果缺失、权威性不足等问题在其相关内容编入区域联合应急预案之后得到一定程度的缓解，但在承认预案具有灵活性特征的前提下，地方政府可能以此为由实施逃避合作、投机选择的行为。一旦某方政府以应急预案的灵活性为借口，擅自变更联合预案的内容，就极有可能引发其他缔约政府间应急措施的衔接失

---

[1] 参见刘志欣：《政府应急预案的效力定位研究》，载《灾害学》2014年第2期，第156页。

序，进而造成难以估量的损失。面对这样的损失，如何精准界定各方责任并进行追究又将是一大难题。更严重的是，此类违约行为可能引发连锁反应，导致其他缔约政府出于自身利益的考虑，同样放弃实施区域联合应急预案，转而执行各自的应急预案或者临机决策的其他应急行动方案，这种"涟漪效应"最终可能导致区域联合应急预案被实质性废弃。

因此，如何妥善解决应急预案灵活性和府际协议合意性之间的矛盾，成为编制区域联合应急预案亟待回答的关键问题。

六、双重属性之下区域联合应急预案的制度调适

（一）区分区域联合应急预案中的刚性和弹性内容

要回答区域联合应急预案中的内容是否可以在特殊情况下被单方突破的问题，首先应当按照一定层次对预案的内容进行类型化划分。

第一个层次，区分原则性内容和可操作性内容。完整的应急预案包括总则、应急体制、应急机制、应急保障、宣传培训演习、附则等部分。其中，总则和附则的可操作性相对较弱。区域联合应急预案的总则主要来自府际协议的有关部分，发挥着原则指引和漏洞填补等功能，在表述上允许一定程度的概括与抽象。这些原则性内容是各方对区域应急合作达成的最基本共识，如果一方未经过参与者同意而予以违反，则无疑是对联合应急预案的"根本违约"。以泛珠三角区域的联合预案为例，其在总则部分基本承袭了《泛珠三角区域内地9省（区）应急管理合作协议》的内容，包括编制目的、适用范围、区域联动原则等。除总则之外，联合预案在其他部分也可能存在原则性规定，如《京津冀地震部门地震应急响应专项预案》以4级到6级的震级区间为划分标准，设定了不同的联动应急响应原则，填补了关于区域应急响应的空白。与原则性内容相对应，区域联合应急预案的可操作性内容是指针对跨区域突发事件的事前、事中、事后三个阶段，具体解决"谁来做、怎样做、做什么、何时做、用什么资源"的问题。[①] 可操作性需要应急预案职责

[①] 参见闪淳昌：《建设现代化应急管理体系的思考》，载《社会治理》2015年第1期，第109—114页。

明确和措施具体，对各相关单位、部门的职责定位应尽可能明确，需要告知相关人员具体的应急任务、行动步骤等，使其能有效展开应急工作。但是，区域联合应急预案由多方合意形成且涉及其他区域利益关系，并非所有可操作性内容均可以灵活地进行单方变动，因此还需要以第二层次标准继续进行划分。

第二个层次，区分常态化内容和例外化内容。传统应急管理模式以常态为原则、以应急为例外，在时间和空间的二重维度上区隔常态和应急两种情景。按照该原则，应急预案也在内容上进行了相应安排。常态化内容指的是预案所规定的突发事件开始前与结束后，或者贯穿应急管理全流程的日常化、长期化、稳定化的内容，而例外化内容一般是指常规情境之外，在突发事件情势发生客观变化时具有变动和调整可能性的内容。按照上述标准，可以进一步对联合预案的可操作性内容做以下分析：第一，在联合应急体制方面。联合应急体制是不同区域的政府在事前形成的较为稳定且符合各方利益要求的组织框架。组织指挥机构的设立具有长期性、稳定性、常态性，即便在突发事件中出现新态势，也极少在应急体制层面进行大幅度的变动，因为体制变动极易造成应急管理的失序与混乱，有违灵活应对的初衷。因此，在联合应急体制方面不应有太多容许例外化处理的空间。第二，在应急保障方面。广义的应急保障包括事前、事中、事后三个阶段。事前、事后应急保障是在社会秩序正处于或者已恢复正常时对危机预防或恢复重建活动的保障，属于常态化内容。而事中应急保障则是对突发事件发生时，为修复已遭受破坏的社会秩序而对危机处置行为的保障，存在例外化的可能性。[①] 第三，在联合宣传、培训、演练等方面，这部分属于典型的常态化内容，不宜进行例外化变通。第四，在应急处置措施方面。应当在此方面重点突出应急预案的灵活性特征，在特殊情况下容许较多的例外性突破。具体而言，为了增强应急处置措施的可操作性、减少应急临机决策的时间，在编制预案时要尽量对应急处置措施进行精细化、具体化规定，但过于精细、具体的规定意味着其

[①] 参见莫于川主编：《应急预案法治论——突发事件应急预案的法治理论与制度建构》，法律出版社2020年版，第125页。

弹性空间的缩小，因此又必须保持应急处置措施的适当弹性，允许单方主体根据客观情势的变化进行必要变动。

（二）健全区域应急协作的沟通机制

联络沟通在区域应急协作中起到了至关重要的作用，良好的联络沟通机制能够促使多方主体在权责配置、集体行动、纠纷解决等方面形成一致意见。在区域联合预案实施过程中建立一系列制度化的沟通机制是推动各危机治理主体在集体行动过程中的开诚布公、诚信相待，最大限度地塑造以信任为基础的跨区域应急协同治理文化之关键。[1] 从类型上划分，沟通协作制度可以分为刚性通报制度和紧急协商制度。

第一，建立刚性通报制度。所谓的刚性通报制度，是指地方政府必须将突发事件信息及时、准确地在系统内部传输，不得迟报、谎报、瞒报，否则将承担法律责任。在区域联合应急预案中，其府际协议的属性决定了信息通报对象在范围上需要较为广泛的覆盖，既包括联合应急组织指挥机构，又包括联合制定预案的各地政府，而不能限缩在突发事件可能波及的地区；信息通报内容不仅有传统意义上的寻求他方协助或者通知毗邻地区加强防范，还应包括突发事件应对过程中所出现的新情况以及基于新情况对联合预案加以变动的信息。这既是为了体现对其他联合应急主体的尊重，也为了避免任何一方在通报对象和通报内容上的主观性与恣意性。目前，有的区域联合应急预案已经对通报机制给予了一定重视。例如，泛珠三角区域在联合预案中规定，事发地指挥机构发布特定的突发事件预警信息，应当及时向本省、合作区域相关省级相关部门以及联席会议秘书处通报，并专门制定文件对通报的发布原则、主体职责、传输方式进行规定。[2] 不过，其在通报的具体内容以及未能通报的责任方面仍有所疏漏。

第二，建立紧急协商制度。紧急协商建立在原有的区域联合应急体制之

---

[1] 参见胡建华、钟刚华：《跨区域公共危机协同治理的实践考察与创新模式研究》，载《地方治理研究》2022年第1期，第15—32页。

[2] 参见《泛珠三角区域内地9省（区）跨省（区）突发事件预警信息发布联动机制》。

上，是针对应急协作中的突发性、适应性问题进行集中研判、分析并作出决策的过程。由于紧急协商的启动通常基于非常规突发事件的发生，紧急协商的时间、信息、资源等条件都十分有限，为避免错失良机，需要省去一般应急决策过程中的"繁文缛节"，以最高效的沟通方式尽快寻求最合理的危机解决方案。但紧急协商并不意味着完全没有程序限制，至少其启动应当具有刚性要求，即当需要对联合预案具备灵活性的内容进行变动时，应当由具有变动需求的一方发起紧急协商的申请，而其他区域则需在预案约定的时间内，按照规定的方式参与紧急协商，以便对预案内容的调整作出集体决策。

（三）加强联合应急预案体系的更新和衔接

作为一种实施方案，应急预案应当根据客观条件的变化进行有针对性的修订，积极吸收突发事件应对过程中的成功经验并将其制度化，适时摒弃现行规定中不恰当、不高效的做法，从而保证预案的科学性、可操作性和可适应性。目前，世界上许多国家都建立了应急预案定期更新机制，例如德国规定每次应急演练后都应邀请专家对应急预案进行评估和修改。而美国选择定期制定《国家安全战略报告》，建立各类突发事件的案例库，并及时推动应急预案的更新。[1] 除增强可操作性和适应性外，定期更新机制还有利于巩固区域联合预案作为协议的合意效力。在实践中，当地方政府负责人发生变动时，新上任的负责人有可能选择不履行前任签署的区域应急协议，且单方面毁约的行为往往不会提前通知其他缔约政府，而是在公共危机突发时临时更改原有计划，这使其他地方政府措手不及。[2] 因此，区域联合应急预案的定期更新可以视为新上任的负责人对区域联合应急预案内容重新达成合意的过程，通过预案修订与风险评估、资源存量变化、机构改革等环节建立联动机制，以补强区域联合应急预案的效力。

---

[1] 参见张海波、童星：《中国应急预案体系的优化——基于公共政策的视角》，载《上海行政学院学报》2012年第6期，第26—33页。

[2] 参见林鸿潮：《公共应急管理中的横向府际关系探析》，载《中国行政管理》2015年第1期，第41页。

在区域联合应急预案的编制中，可以考虑在附则中加入预案修订的启动时间和修订周期等内容，为联合预案确定最低的更新频率。具体包括：（1）评估时间。《预案管理办法》规定了应急预案定期评估制度，原则上3年评估一次，并对应当修订的特定情形进行列举。考虑到区域联合应急预案涉及多方利益，时间上可以采取与地方政府负责人换届时间保持一致的方式，每5年强制评估一次，这既考虑到了区域联合应急预案的评估难度，又为新一届地方政府重新进行"意思表示"预留机会。（2）修订组织。应急预案的修订应当由最初的预案制定主体负责，考虑到区域联合应急预案的修订需求通常由跨区域突发事件或应急演练中遇到的新情况所引发，可以由能够提供全面第一手信息和资料的事发地政府负责组织，而其他主体则需要在各自的能力范围内提供必要协助。（3）评估和修订程序。区域联合应急预案的评估和修订既要遵守《预案管理办法》所规定的一般程序，又要考虑到其府际协议的特殊属性，遵守府际协议的签署程序。因此，要充分发挥常态化区域联合应急组织的作用，协调区域联合应急预案涉及的各方，保质、保时完成预案的更新。

此外，区域联合应急预案还需保持与现有应急预案体系的统一，做好与国家总体预案、各地区总体预案等上位预案以及各部门专项预案的衔接工作。区域联合应急预案的衔接工作可以由各地区自行进行，保障联合预案与本地区预案体系不相冲突是其最低限度的要求。目前，联合预案的编制主要聚焦于专项应急预案，围绕某一类突发事件或某几类性质相近的突发事件进行，较少涉及总体预案和部门预案，但当不同类型的区域联合应急预案之间的共性部分达到一定程度时，便可以考虑制定区域联合总体应急预案。在这种情况下，不同类型的专项联合应急预案在保持其特殊性的同时，还应当与区域联合总体应急预案衔接，形成区域联合应急预案体系。

七、结语

跨区域突发事件的有效应对正逐步成为公共危机治理体系和治理能力现代化的重要组成部分。作为贯穿应急管理体制、机制和法制的"一案"，区域联合应急预案是打破行政区域界限、均衡地区间应急能力差异、寻求应急资源有效配置的最优解,也是区域应急协同得以实现的重要"抓手"。这项制度的推进既需要大量的基层自主实践,也需要中央政府的顶层设计。换言之,尽管区域联合应急预案源于地方政府横向协同的自主需求,无须中央或上级政府层层压实,但其发展完善仍然离不开中央或上级政府的指导和推动。在这一意义上,区域联合应急预案并非完全摒弃跨区域危机应对的纵向协同思路,而是要因时、因地制宜,综合发挥两种跨区域协同方式的优势,将上级的权威作用移至事前环节,促进合作主体之间构成"邻居式共同体",共同以高水平安全保障本区域的高质量发展。

第六章
"灾害韧性"视角下城市应急救援力量的制度化建设导向及其路径

林鸿潮　吕之滨

摘要："灾害韧性"理念的提出和实践推动了城市灾害应对策略的演进与更新。基于"灾害韧性"的城市灾害应对策略，既承认"刚性"措施的重要性，也承认灾害的不确定性，并寻求构建动态、兼容的灾害认知模式，传统"强对抗"策略存在的诸多问题由此得到纾解。由于应急救援力量建设对于城市"灾害韧性"的提升发挥着多方面的重要作用，应急救援力量的建设理念也应当进行"韧性"更新，并借助制度化手段推动其实现。应急救援力量的"韧性"建设导向体现为对鲁棒性、冗余性和易恢复性的追求。具体的制度化建设路径包括：加强应急救援力量的规划建设，尤其是明确多种应急救援力量的分工机制；畅通应急救援力量之间的自主性合作渠道和义务性互补机制；加强应急救援力量建设的效能评估机制。

一、引言

截至2023年，我国城镇常住人口达到9.3亿，城镇化率已突破66%。[①]城市是人口与经济的高度富集载体，其规模的扩张无疑将带来城市防灾减灾

[①] 参见《中华人民共和国2023年国民经济和社会发展统计公报》，载中国政府网2024年2月29日，https://www.gov.cn/lianbo/bumen/202402/content_6934935.htm，2024年10月14日访问。

压力的增大。《"十四五"国家应急体系规划》也指出："随着工业化、城镇化持续推进，我国中心城市、城市群迅猛发展，人口、生产要素更加集聚，产业链、供应链、价值链日趋复杂，生产生活空间高度关联，各类承灾体暴露度、集中度、脆弱性大幅增加。"在日趋严峻的城市防灾减灾形势的挑战下，城市的灾害应对策略亟须转变，以增强气候适应性和应灾韧性为核心的"灾害韧性"概念被引入。不同于传统上以防御和对抗为主的灾害应对理念，"灾害韧性"在本质上是一种主动适应策略，其强调城市在面临灾害时对削减、承压和"回弹"等策略的综合运用，即在通过各种传统的工程设施和技术手段尽可能吸收抵御灾害冲击的前提下，当不能削减的剩余影响较小时，以可以接受的代价承受适应，而当其造成难以承受的冲击时，又能够从损失中快速恢复过来并进行提升完善。

相较而言，"灾害韧性"是一种"特指韧性"（Specified resilience），属于"城市韧性"这一"一般韧性"（General resilience）概念的组成部分。[①]因此，"灾害韧性"的建设往往寓于"城市韧性"的建设之中。由于"灾害"的概念本就因自然界对人类社会的冲击而产生，而城市又是人类社会的集中载体，"灾害韧性"的塑造就势必以城市作为主要场景。近年来，"韧性城市"建设在实践层面得到了快速推进，而提升城市的"灾害韧性"是其重要方面。2021年3月公布的《国民经济和社会发展第十四个五年规划和2035年远景目标纲要》将"韧性城市"作为推进新型城市建设目标之一，并重点强调"建设源头减排、蓄排结合、排涝除险、超标应急的城市防洪排涝体系，推动城市内涝治理取得明显成效。增强公共设施应对风暴、干旱和地质灾害的能力，完善公共设施和建筑应急避难功能"。2024年3月，《北京市韧性城市空间专项规划（2022年—2035年）》发布，将"城市韧性"治理的目标概括为"优运行，自适应""强防御，快恢复""保基本，重维持"三个方面，提出到2050年建成"具备灾时维持力、灾后恢复力、未来转型力的韧性城市典范"。其他省市近期的很多立法或政策文件也涌现了大量有关"韧性城市"的制度

---

① 参见杨敏行、黄波、崔翀、肖作鹏：《基于韧性城市理论的灾害防治研究回顾与展望》，载《城市规划学刊》2016年第1期，第48—55页。

和措施，如公共基础设施建设的"平急两用"等。但总的来看，当前有关城市"灾害韧性"的理论研究和实践推进重视"物"的因素，主要是城市空间布局和基础设施建设，而忽视"人"的因素。特别是对于保证城市灾时维持力即作为"灾害韧性"核心因素的应灾承压适应能力至关重要的应急救援力量，很少在"韧性城市"的语境下得到讨论。"灾害韧性"的理念至少将在两个维度上重塑城市应急救援力量建设的方向。一方面，应急救援力量建设必须面向"韧性"目标，通过提升救援的可及性和及时性以增强城市居民与基础设施在一般灾害冲击下的承受及适应能力，即增强城市的灾时维持力，以及在重大灾害冲击下快速转移人员和保卫重要生命线的能力，以保存城市在灾后快速恢复的基础性资源。另一方面，应急救援力量建设本身需要遵循"韧性"逻辑，其体系必须具备鲁棒性、冗余性和易恢复性等特征，换言之，服务于"灾害韧性"目标的城市应急救援力量体系首先必须增强自身的"韧性"。

应急救援组织的能力本质上由资源供给力和组织力构成，前者解决的是人们提供多少资源用于形成应急救援组织的能力，以及以何种结构和方式提供这些资源的问题；后者解决的是在给定的资源条件下，通过什么样的组织结构整合资源、协调关系以达成应急救援目标的问题。无论在哪一个层面上，其能力的生成都不是单纯的技术问题——比如改善装备、优化指挥方式、提升个体技战术水平等——而是涉及一系列复杂的制度安排。在"灾害韧性"理念下反思城市应急救援力量建设的方向和路径，最终必须通过相关制度的完善和更新方能"落地"。本章在"灾害韧性"视角下探讨城市应急救援力量建设的制度保障，将按照如下三个步骤展开：在明确"灾害韧性"对城市应急救援力量建设的目标牵引作用的基础上，分析应急救援力量的"韧性"建设导向，最终提出完善相关制度化路径的具体建议。

二、"灾害韧性"视野下的城市应急救援力量建设理念更新

"灾害韧性"理念的生成和应用推动了城市灾害应对策略的"韧性"转变，鉴于应急救援力量建设与城市"灾害韧性"水平之间存在的复杂关联关系，应急救援力量建设的理念也需要随之更新。

（一）城市灾害应对策略的"韧性"转变

当前的城市灾害应对策略呈现出传统与变革交织的特征：一方面，"抢大险，救大灾"的灾害应对模式仍被广泛运用，这与我国"一方有难，八方支援""集中力量办大事"的社会动员传统高度相关，在很多大规模、高强度的救灾抢险中继续发挥着突出作用；另一方面，城市灾害应对策略的"韧性"变革已经开始，很多广场、公园被划定为应急避难场所，一些基层群众组织长期承担着灾害预防和早期预警响应职责，"平急两用""韧性组织"等"韧性城市"的建设实践在其政策化之前便已存在。因此，从"刚性"到"韧性"的城市灾害应对策略转变，既可以被认为是当前城市风险治理的概念内涵[1]，也可以被视为一种未来的发展方向[2]。换言之，城市灾害应对策略的"韧性"转变目前处于部分完成的中间状态，有待进一步推进和完善。

基于"韧性"理念构建的城市灾害应对策略本质上反映了对灾害本身及其应对过程认知的加深，这首先表现为承认灾害的不确定性，并试图解决由此带来的灾害应对失灵的可能性。现代社会的风险认知具有"知识依赖"的特征，[3] 即对风险的感知不再简单依靠目之所及、耳之所闻乃至既往经验而被构建，而是呈现出脱离人的直接感知能力的倾向。尽管自然灾害本身并不是一类新兴风险，但城市化进程所带来的社会的复杂化演进与灾害冲击的不确定性相结合，不可避免地提高了灾害带来超预期损害的可能性。退一步讲，即便认为城市领域的灾害应对只是防灾减灾实践的一般分支样态，而不具备显著的特殊性致使既有的经验认知失灵，进而引起灾害应对的失败结果，也只是陷入了另一个风险认知的绝对可知性陷阱——基于已知风险的出现频次区分常规与非常规的风险概念。[4] 无论如何，对风险的分析因受限于人类对

---

[1] 参见王鹭、肖文涛：《刚性管制—弹性管理—韧性治理：城市风险防控的逻辑转向及启示》，载《福建论坛（人文社会科学版）》2021年第5期，第167—175页。

[2] 参见王刚、吴嘉莉：《城市韧性：理论渊源、定位张力与逻辑转变》，载《南京社会科学》2024年第2期，第56—64页。

[3] 参见［德］乌尔里希·贝克：《风险社会：新的现代性之路》，张文杰、何博闻译，译林出版社2018年版，第14—15页。

[4] 参见刘霞、严晓、刘世宏：《非常规突发事件的性质和特征探析》，载《北京航空航天大学学报（社会科学版）》2011年第3期，第13—17页。

世界的认知程度而无法被穷尽。因此，作为对风险分析的补充，韧性的理念得以被提出并受到越来越多的重视。[1]应当注意的是，韧性理念在灾害应对策略中的应用并不是为了利用风险的"知识依赖"特性来更好地识别和预防风险，而是要打破传统灾害应对策略对确定性的路径依赖，避免误入"确定不确定性"（Known-Unknown）的歧途，正视灾害风险的"不确定的不确定性"（Unknown-Unknown）特征。[2]相较于传统的"强对抗"灾害应对策略，"韧性"的城市灾害应对策略要求理性看待风险分析和预测的有效性，为超预期乃至超认知的风险预留承受灾害冲击的空间，预备超额的灾害应对力量，从而构建超越"冲击—反应"模式的应对机制。

其次，基于"韧性"的城市灾害应对策略不再机械、静态地看待灾害应对的整个过程，而是寻求构建一种动态、兼容的认知模式。"灾害韧性"理念要求实现对灾害冲击的"弹性承压式"适应，一方面，这需要提升城市承灾体对灾害冲击的容忍度，容许一定程度的灾害冲击乃至损害发生；另一方面，作为对前者的底线性保障，需要构建高强度的承灾体系，并实现灾害场景下的高效响应。要实现这一目标，必须认识到灾前的防灾、灾中的抗灾与减灾及灾后的救灾只是对灾害应对阶段的目的取向划分，而非遵循线性的时间顺序客观展开。换言之，灾害冲击与应对的阶段转变不是在一瞬间整体完成的，防灾抗灾减灾救灾可以在同一时空下杂糅展开，承灾区域中的不同细分空间所面临的灾害冲击和应对任务可能并不相同。有学者将应急与非应急的杂糅和往复转换现象称为"转换态"[3]或"'常规—应急'混合状态"[4]，并指出应当采取敏捷治理手段提升风险应对的精准性和灵活性。实际上，这种杂

---

[1] See Terje Aven. *The Call for a Shift from Risk to Resilience: What Does it Mean*?, Risk Analysis, 2019(6), pp. 1196-1203.

[2] 参见文军、胡秋爽：《城市韧性治理的不确定性困境及其应对》，载《福建论坛（人文社会科学版）》2024年第2期，第118—132页。

[3] 参见刘一弘、高小平：《风险社会的第三种治理形态——"转换态"的存在方式与政府应对》，载《政治学研究》2021年第4期，第122—133页、第159页。

[4] 参见林鸿潮、刘文浩：《"常规—应急"混合状态对传统应急模式的挑战及其回应》，载《中南民族大学学报（人文社会科学版）》，2024年1月19日中国知网网络首发，第2—3页。

糅和往复转换不仅存在于应急和常态之间，还可以进一步扩展至应急状态下的不同阶段之间，并与常态一同构成更为复杂的变动形势。例如，持续性强降雨中的城市灾害应对过程就可能呈现出预测、防涝、排水、救援等多种措施同时开展的情形。面对复杂的灾害应对情势，传统的"强对抗"策略简单地将灾害应对的各阶段视为依逻辑和时间顺序逐次出现，难免造成在防灾抗灾的努力失败之后，灾害应对的重心直接跌落至救灾。抗灾和减灾措施的过早撤出会加剧灾害冲击造成的损害，导致本可以避免的损害未能挽回，加之传统灾害应对策略对超预期风险的认知不足，最终会造成更加严重的总体后果。而敏捷治理对于提升灾害适应性具有促进作用[1]，尤其是对于超预期的真正非常规灾害挑战具备一定纾解功能[2]。基于"韧性"的城市灾害应对策略必须追求对局部灾害冲击程度识别、感知和应对模式切换的效率提升，适应渐进往复而复杂多变的灾害演化过程。

最后，需要着重澄清的是，基于"韧性"的城市灾害应对策略并不完全排斥"刚性"措施，而是前者吸收后者。城市灾害应对策略的"韧性"转变不可能彻底放弃对灾害的防御和抵抗，以至于滑向单一的减灾导向。意图实现对灾害冲击的吸收和适应，就既要尊重风险的不确定性，并承认既有防灾手段难免存在种种不完善之处，也要在方式合理和成本经济的前提下充分发挥灾害防御与抵抗的应有价值，而不能陷入对灾害冲击"不战而降"的消极避让。主要原因有二：一是"刚性"的灾害应对策略并非完全无效。在"强对抗"语境下，要解决前述防灾抗灾失败后抗灾减灾措施乏力导致的损害扩大问题，只能依赖于对防灾抗灾措施的进一步强化，并可能因此产生防灾抗灾措施的"刚性"冗余，即防灾抗灾措施的强度不仅足以应对灾害冲击，还超出了应对灾害冲击所需要的强度。尽管这种情况并非必然发生，且这种"刚性"冗余仍然受到对非常规灾害认知不足的限制，从而仍有在未来被超预期的非常规灾害冲击突破的可能。但必须承认，对防灾抗灾措施的"刚性"

---

[1] 参见李欣欣、滕五晓：《敏捷治理：发展脉络及其在应急管理领域中的研究展望》，载《城市问题》2023年第2期，第38—48页。

[2] 参见赵一诺、黄思齐、李尧远：《非常规灾害防治时空挑战纾解的敏捷路径》，载《灾害学》2022年第2期，第224—228页。

强化无疑有助于提升城市的灾害应对能力。二是基于"韧性"的灾害应对策略得以实施并发挥预期效用，需要有一定程度的"刚性"作为必备基础。灾害应对的"韧性"转变在很大程度上是一种不得已的策略选择，尤其是对一些长期面临着较高强度和频次灾害冲击风险的城市而言，受限于成本与历史、人文等因素，整体迁移的防灾方案并不现实，"刚性"的灾害应对策略显然将经受更为严峻的挑战，并存在更高的失灵风险，这就更加需要"韧性"的策略转变来提升其灾害应对能力。而"刚性"应对策略的缺憾所引起的"韧性"转变，反过来又会激发对构建一定"刚性"的需求。因为"韧性"策略强调对灾害冲击适应性的构建，而这不仅需要容许一定时空内的受灾状态存在，还需要确保该状态的严重程度处于可接受范围之内，这必然需要相当强度的抗灾能力作为基础，从而避免灾害冲击突破容灾边界造成超预期损害。

（二）城市应急救援力量建设的理念更新

对韧性概念的研究经历了从早期注重结果导向到更加关注过程导向的变化，这是因为后来的研究者意识到，过于关注作为结果的韧性不仅可能导致灾中的适应和减缓工作受到忽视，还会对僵化的以灾前预防和灾后救援为主的传统模式形成逆向加强。[①]但毕竟完全预防和避免灾害损失只是一种美好的愿望，面对客观上总是避无可避的灾害冲击，应急救援无论如何都属于构建具备"灾害韧性"的城市的重要手段。同时应当指出，通常被视为一种灾后应对手段的应急救援，在灾中就可以发挥防范风险扩大的作用，从而也可以被视为一种灾中减缓措施，具备提升非恢复意义上的韧性的功能。

应急救援在"灾害韧性"的建设中发挥着多个层次的作用。首先，较高的应急救援水平是提升城市灾害适应性的必然需求。提升对灾害的适应性不仅需要容许和承受灾害冲击所产生的结果，或预留相应的容灾空间用于承纳与缓和冲击，还需要在灾害冲击到来前和到来时尽可能迅速地撤出容灾空间中的人员和重要财产。大部分预设的容灾空间都是平急两用的，比如根据

[①] 参见［英］西亚姆巴巴拉·伯纳德·曼耶纳：《韧性概念的重新审视》，张益章、刘海龙译，载《国际城市规划》2015年第2期，第13—21页。

《防洪法》第 32 条、第 33 条的规定，一些蓄滞洪区平时被允许用于一般生产生活。根据灾情需要紧急启用其作为容灾空间时，动用应急救援力量保障人员和财产转移的行动就展现出双重属性，即基于既有灾害损害或风险的救灾，以及避免灾害损害或风险进一步扩大的减灾。其次，应急救援能力是实现灾害适应的安全保障。在适应灾害的语境下，对灾害的应对处于既在一定程度上容纳灾害，又尽力控制其损害程度的"温和对抗"状态。由于灾害风险的多变性，要保障这一脆弱平衡在灾害冲击自然减退之前不被打破，就需要应急救援发挥"稳定剂"的作用，及时弥补灾害冲击不稳定状态下的"漏洞"，并为遭受冲击的人员和组织提供帮助。最后，应急救援是城市承受灾害冲击之后迅速恢复的促进性要素。因为应急救援本身就是一种恢复性手段，其对人员、财产的救助既直接减少了灾害造成的损失，又尽可能保存了自救互救能力，为灾后的恢复重建奠定重要基础。

可见，应急救援能力是城市"灾害韧性"的重要组成部分，提升"灾害韧性"需要推进应急救援力量建设，应急救援力量建设也必须匹配"灾害韧性"提升的目标面向。同时，城市的韧性是不同系统韧性的组合，[①]城市的"灾害韧性"也承继了这一特征，应急救援力量的韧性程度便也成为衡量城市"灾害韧性"的重要指标。因此，"灾害韧性"对于城市应急救援力量建设的方向性指引就不仅应当外化为后者的目的，还应当内化于其自身，即提升应急救援力量的自身韧性。具体而言，"韧性"构成了城市应急救援力量建设的路径约束，要求有针对性地提升应急救援力量体系的韧性水平。"韧性"这一概念的发展经历了从自然科学向社会科学逐步扩展的过程，有关韧性的内涵及其评估要素的阐释也历经了多样化的发展过程[②]。但总的来说，在"灾害韧性"的语境下，"韧性"可以被理解为"灾害发生时抵御灾害、吸收

[①] 参见周利敏、原伟麒：《迈向韧性城市的灾害治理——基于多案例研究》，载《经济社会体制比较》2017 年第 5 期，第 22—33 页。

[②] 参见周利敏：《韧性城市：风险治理及指标建构——兼论国际案例》，载《北京行政学院学报》2016 年第 2 期，第 13—20 页。

损失并及时恢复至正常运行状态的能力"[1]。尽管应急救援力量并不属于城市基础设施，其韧性更多表现为一种组织韧性，但二者的特征仍具有相通性，均可以被归纳为鲁棒性（Robustness）、冗余性（Redundancy）和易恢复性（Rapid-recoverability）三个方面。不过，应急救援力量的概念是基于组织的某种功能特征而形成的，其既受到相关组织建设实践的影响（确实具备应急救援能力的组织才可能被纳入其中），也受到有关制度的调整（一些组织被赋予了应急救援职责）。因此其外延较为复杂，各类应急救援组织的能力水平、在不同区域内的分布密度，以及相互间的联系紧密程度不一，这就使得其韧性建设不仅要遵循通常的组织韧性提升思路，即加强人员素质等"软实力"建设和组织内部治理架构等"硬实力"建设，[2] 还要解决应急救援力量的空间分布不均、组织间协调配合机制不明等问题。因此，对应急救援力量鲁棒性的提升不仅要从提升技战术水平着手，还要寻求参与力量的扩展；对冗余性的追求也不应局限于组织内部装备、人员的重复配置，还要提升各类应急救援组织之间的相互可替代性；对易恢复性的提升则有赖于应急救援设施设备的"韧性"配置和应急救援队伍跨区域调配机制的完善。

然而，需要特别指出的是，应急救援力量建设是面向"人"的韧性建设，而非工程措施，其实现对制度建设有着突出且更为多样化的需求。应急领域的制度化和法治化，具有保障应急行动高效运转和防范应急情况下行政权力失控的双重功能。[3] 对应急救援力量建设而言，一方面，与应急救援密切相关的《突发事件应对法》《消防法》和各种单行性法律都将政府规定为应急救援的首要负责者，应急救援活动由国家行政力量主导。在实践层面，政府也确实主导着应急救援活动，主要的应急救援力量由政府组建并发挥核心作用。因此，以行政活动为突出特征的应急救援自然应当受到依法行政原则的约束。要使应急救援力量建设完成合乎"韧性"理念的目标转向，就需要完

---

[1] 李亚、翟国方、顾福妹：《城市基础设施韧性的定量评估方法研究综述》，载《城市发展研究》2016年第6期，第113—122页。

[2] 参见李平、竺家哲：《组织韧性：最新文献评述》，载《外国经济与管理》2021年第3期，第25—41页。

[3] 参见林鸿潮：《应急法概论》，应急管理出版社2020年版，第13—16页。

善应急救援力量建设的有关制度。另一方面,"韧性"理念指导下的应急救援能力建设扩展了政府的社会动员能力,一些社会主体被科以应急救援及相关场景下的作为义务,以作为政府主导的应急救援的有益补充,而这必然需要增加政府面向社会应急救援力量的管理权能。那么,为了避免政府的管理或指挥不当,损害社会应急救援力量的权益,就必须通过完善相关制度加以规范。同时,城市韧性和应急救援力量的自身韧性建设目标对加强制度供给也有着特殊需求。城市的韧性水平受到应急救援力量灾害应对能力的强弱的影响,而能够投入应急救援的资源量决定了这种能力的强弱,其具体包括两个方面:一是资源供给力,即为应急救援提供物质保障的能力。其不仅要求为应急救援活动提供总量上充足的物质保障,还要求为此构建高效而稳定的物质保障供给体系,以实现及时且有效的资源供给;此外,也要重视资源之间的相互"撬动"作用,通过对多种资源的合理配置,最终实现对应急救援力量"韧性"建设所需资源的供给保障。二是组织力,即组织调配应急救援力量的能力。在"韧性城市"理念的指引下,行政性越来越不再是应急救援的唯一底色,而是要求动员和引入更多社会主体参与。其结果之一就是应急救援队伍种类变得十分复杂,这对应急救援活动中的组织能力提出了更高的要求,需要依据应急救援队伍的具体情况分配与其相适应的工作任务,同时明确不同队伍之间的指挥协调关系,促使其有序配合,以实现从规模"量变"到效果"质变"的应急救援能力提升。要使这一系列目标切实"落地",就应当对相关制度加以完善,使其适应应急救援力量"韧性"建设的现实需要。由于"韧性"提升的实现方式不仅涉及对政府应急救援职责体系的优化,还涉及对社会应急救援力量权利义务的调整,其本质上是多种社会资源分配和组织形式的变动,而制度化、法治化手段有助于为种种相关措施的实施提供合法性和合理性依据。

三、城市应急救援力量的"灾害韧性"建设导向

城市应急救援力量的"灾害韧性"建设目标导向主要体现为对其鲁棒性、冗余性和易恢复性的构建与提升。其中,鲁棒性是应急救援力量的可靠性基础,有助于提升对灾害冲击的承载、吸收和抵抗能力;冗余性通过应急救援

力量之间相互可替代关系的实现，是对鲁棒性的补充与额外保障；易恢复性则强调借助对资源的预先准备和临时高效调度，辅助应急救援力量完成在承受冲击受损后的再组织和迅速恢复。

（一）鲁棒性：应急救援力量的可靠性基础

鲁棒性被广泛应用于多种学科、领域，对其概念内涵的解释也具有多样性。简单来说，鲁棒性可以被认为是一种超越了一般稳定性的系统持久性，其强调系统在面对外界环境变化时的长期有效。[1]"城市是复杂而相互依赖的系统，在自然灾害和恐怖主义面前极度脆弱。"[2]城市系统的复杂性无疑加大了其在应对突发事件或紧急情况时的困难程度，但庞大的城市规模也意味着资源高度富集，其也可以因此成为构建风险防范与抵御体系的客观基础。应急救援力量的鲁棒性建设就需要立足于对城市丰富资源的充分利用之上，通过对应急救援力量规模和强度的提升，确保其在面对灾害冲击时坚实可靠。具体要从以下两个方面入手：

一方面，要确保应急救援力量自身的足额、达标建设，以巩固城市的"灾害韧性"基础。首先要解决"应急救援力量不足特别是国家综合性消防救援队伍力量短缺"[3]的突出问题，不仅要保障应对灾害的核心应急救援力量充足，还要推进非政府组建的社会应急救援力量建设，吸纳各类社会应急救援力量作为专业化应急救援力量的有益补充。其次，要落实充足的物质保障，配齐配强应急救援设施设备，并引入"平急两用"治理模式，扩展应急救援活动的物质保障来源。最后，应当积极推进应急救援人员的待遇改善工作，保障和提升应急救援人员的在岗待遇，为志愿参与基层应急救援队伍的人员

---

[1] 参见接婧：《国际学术界对鲁棒性的研究》，载《系统工程学报》2005年第2期，第153—159页。

[2] [美]戴维·R.戈德沙尔克：《城市减灾：创建韧性城市》，许婵译，载《国际城市规划》2015年第2期，第22页。

[3] 参见《国务院关于印发"十四五"国家应急体系规划的通知》，载中国政府网2021年12月30日，https://www.gov.cn/gongbao/content/2022/content_5675949.htm，2024年10月14日访问。

提供一定的政策优待，并妥善处理因从事应急救援活动致伤残、死亡人员的抚恤工作，解决应急救援人员的后顾之忧。

另一方面，要提升应急救援力量的自身韧性。确保应急救援力量具备较强的抗灾害冲击能力，是应急救援的可靠性基础。这就需要预先明确保障应急救援力量灾时可靠的关键性要素，如通信、能源等城市运行"生命线"工程，查明其薄弱之处并予以加强，从而保证应急救援力量能够抵御一定的灾害冲击，即便受到灾害冲击的影响后仍然保有相当的应急救援能力。例如，在河南郑州"7·20"特大暴雨灾害中就出现了大面积区域通信中断[1]，以及接警坐席不足导致救援电话无法拨入的情况[2]。可见，通信的畅通就是应急救援力量发挥应有作用的必要保障之一，提升其在灾害场景下的抗冲击能力，就是增强了应急救援力量的自身韧性，进而有助于提升城市的"灾害韧性"水平。此外，还要重视对应急救援人员技战术水平的提升，使其在灾害冲击下仍然具备一定应急救援能力，以保障其正常参与应急救援活动。

（二）冗余性：立足救援效率的可替代性建构

"一般地说，鲁棒性与脆弱性是并存的，在某一方面具有鲁棒性的事物在另一方面则可能同时具有脆弱性，或者在某一层次上具有鲁棒性而在另一层次上则具有脆弱性。"[3] 鉴于风险认知的"知识依赖"特征，基于风险认知而构建的风险应对机制难免存在缺憾，作为被韧性的基础和核心目标所构建的鲁棒性，就变得并非必然或者按预期有效。为此，需要确立冗余性作为应急救援力量配置的逻辑目标，对冲无法完全可知的灾害冲击风险给应急救援实际效果带来的不确定性挑战，补足鲁棒性建设可能存在的局限性，实现有效且高效的应急救援。

---

[1] 参见《中国发布丨河南郑州暴雨致市内通信基站大面积退服 抢修恢复紧张进行中》，载中国网2021年7月21日，http://news.china.com.cn/txt/2021-07/21/content_77642461.htm，2024年10月14日访问。

[2] 参见林鸿潮：《履行行政职责的作为可能性》，载《法学研究》2022年第6期，第39—55页。

[3] 接婧：《国际学术界对鲁棒性的研究》，载《系统工程学报》2005年第2期，第155页。

首先,冗余性可以发挥风险预测层面的弥补作用。有学者指出,对应急救援的责任主体而言,"超过其既有的风险认知范围和常规手段下的可控程度"的"非常规突发事件"具有难预测性、不确定性和严重的社会危害性等特征,因此需要针对此类事件下的应急处置预留适当的权力空间。[①] 但这并不能解决一切问题:一方面,非常规突发事件下的权力控制非常规放松并非绝对的,行政力量超越一般法律规定行使仍然需要在既有法律特别准许的情况下进行,因此无法排除即便行使了非常规的权力仍无法妥善处置的应急场景的存在;另一方面,任何预设的应急救援机制,乃至任何一种制度都无法从根本上避免渎职、过失、意外等种种原因导致的失灵问题,而应急救援本身具有显著的作为紧迫性特征,并且对救援差错的容忍度极低,这种浓厚的结果主义取向融贯于应急救援从行为目的到效果评价的全过程。所以,在短期内无法实现人类的风险认知能力跨越式提升的前提下,为了尽可能提高对未知风险的抵御能力或可能性,无疑需要修正这种仅针对已知风险的过于精准的应急救援力量配置理念,而应急救援力量的冗余配置就有助于防范单一应急救援主体能力不足,以及可能出现的错误或无效处置造成损害扩大等情况。

其次,冗余性的构建有助于提高应急救援的效率。应急救援力量不应扁平化均质分布,而要展现出层级性、类型化的配置特征。具体来说,应急救援力量的配置呈现出层叠交叉的特征:出于职责清晰、避免"'多头管'就是'都不管'"的考量,应急救援力量管辖范围的边界仅应存在于同一层级、同一种类的应急救援队伍之间,如相邻区县人民政府组建的专职消防队一般只负责所在行政区域内的应急救援工作,村居两委组建的志愿消防队一般也仅负责本区域内的应急救援工作,较少出现应急救援任务的外溢执行现象;但不同层级、不同种类的消防救援力量的管辖范围则往往相互重叠,在面临应急救援任务时,其所在区域由多支应急救援队伍管辖,各支队伍接到出警信息后,均有义务立即赶赴现场,而无须基于对应急救援事项的性质和到任务地点的距离等因素加以复杂判断,从而有助于保障应急救援的及时性。此外,

---

[①] 参见林鸿潮、詹承豫:《非常规突发事件应对与应急法的重构》,载《中国行政管理》2009年第7期,第61—65页。

上级应急救援力量还应当有权视具体情况调动周边的下级应急救援力量参与应急救援任务，从而实现同级应急救援力量之间的交叉配置。以上这种"饱和式救援"的应急救援力量配置也有助于一次性投入足量甚至超额的应急救援力量，尽可能避免先期到达的应急救援力量与实际险情不相匹配，需要另行调配其他应急救援力量参与，进而造成错失救援窗口期等弊端。

最后，冗余性的配置思路有助于进一步提升应急救援的可靠性。一方面，预先配置的应急救援力量难免出现无法发挥出既定作用的情况，因而需要借助冗余配置的方式缓解应急救援力量的失效状态。另一方面，不同层级应急救援力量配置的客观要求不尽相同，除国家综合性消防救援队能够实现普遍配置外，《消防法》对于专职消防队和志愿消防队配置的要求均为"根据当地经济发展和消防工作的需要"。因此，在一些较低层级的应急救援力量中，难免存在配置真空，此时其他层级应急救援力量的配置也就具备了相互之间的可靠性保障功能。

（三）易恢复性：应急救援力量的再组织保障

基于鲁棒性和冗余性目标建设的应急救援力量也可能在面对未知风险时失效，现实中难免出现灾害强度超出应急救援能力的预设承载范围的情况，此时，应急救援力量的受损在所难免，因此需要应急救援能力具备一定的易恢复性，即要求应急救援力量在受损后能够迅速恢复至一般状态或部分恢复其核心功能，从而保障其不至于在经受灾害的冲击而受损后一蹶不振、彻底崩溃，乃至造成更为严重的损害后果。

一般而言，易恢复性主要体现在应急救援设施设备的建设和配置等物质保障方面。首先是应急救援设施、设备的设计本身应当具备易恢复的可能性，相关设施建设和设备制造应当优先使用易获取与替换的材料及配件，并在实际施工时预留空间，便于受损后的修复工作。其次是应当预先储备用于修复应急救援设施设备的材料和工具，常态化保有和培训具备应急救援设施设备修复技能的人才队伍。最后是通过分散配置、前置配置和冗余配置等方式，保障预先配置的修复物资受损且相关人员无法正常工作时，其仍然具备一定的易恢复性。其中，分散配置是指用于修复应急救援设施设备的物资和人员储备不宜过度集中，应当尽可能分散配置，以降低迅速恢复设施设备的可及性成本，提高不同物资和人员集散点的相互可替代性；前置配置是指用于修复设施设备的物资和人员应当相对于灾害冲击一线靠前配置，特别是要贴近高发风险点，以便于设施设备受损后尽快获取恢复资料；冗余配置是指用于修复设施设备的物资和人员储备应当尽可能丰富，尤其是物资储备不应仅限于应对低烈度的单次灾害的冲击。

城市"灾害韧性"的构建路径既包括工程措施，也包括非工程措施，且后者在"韧性城市"的建设中能够发挥更为重要的作用。[1] 应急救援力量的"韧性"建设本身就属于典型的非工程措施。尽管应急救援不同于战争，一般极少出现队伍和人员大规模受损的情形，但其也可能受限于自身规模、能力等因素而无法胜任应急救援任务，此时就需要构建针对应急救援队伍的易恢复性机制，以实现应急救援队伍之间的迅速响应。通常来说，层级越低、规模越小的应急救援队伍分布越密集，这既有助于在突发事件发生后迅速到场响应，开展应急救援活动，也有助于在队伍自身应急救援能力无法承载其应对的突发事件强度或规模时，调动和吸纳周边队伍参与应急救援；而在穷尽辖区内各层级、各类型的应急救援力量仍无法妥善处置相关事件时，则可以进一步开展应急救援队伍的跨区域调配，通过完善各层级的跨区域调配机制来实现易恢复性建设的目标。

四、"灾害韧性"目标下的城市应急救援力量建设路径

在具体制度规范层面，尽管《消防法》在 2019 年和 2021 年两度修改，以顺应党和国家机构改革，但有关应急救援队伍的专门性立法进展始终不畅。《国家综合性消防救援队伍和人员法》曾在 2022 年和 2023 年两度被列为全国人大常委会预备审议项目，2024 年以《国家消防救援人员法》的名义再次列入全国人大常委会预备审议项目。而立法进程的相对迟滞也给进一步优化应急救援力量相关制度的"灾害韧性"保留了空间，具体包含以下三个方面。

---

[1] 参见王峤、曾坚、臧鑫宇：《城市综合防灾中的韧性思维与非工程防灾策略》，载《天津大学学报（社会科学版）》2018 年第 6 期，第 532—538 页。

（一）明确多种应急救援力量的分工机制

应急救援力量的"韧性"建设是一项系统性工程，其实现必然需要系统性谋划，2024年新修订的《突发事件应对法》第29条也明确要求加强应急规划建设。现有的应急救援相关规划较为注重从工程领域提升城市的应急救援能力，而工程措施只是应急救援力量建设的辅助性要素，对应急救援队伍的建设也应纳入应急救援规划之中。因此，应当首先推进应急救援力量的规划建设，其关键就是明确多种应急救援力量的分工机制。

我国目前的应急救援力量构成颇为复杂。《消防法》第37条规定："国家综合性消防救援队、专职消防队按照国家规定承担重大灾害事故和其他以抢救人员生命为主的应急救援工作。"消防救援队伍实际上承担了绝大多数应急救援任务，在应急救援力量的配置上，形成了由国家综合性消防救援队、专职消防队、志愿消防队共同组成的应急救援队伍体系。国家综合性消防救援队系2018年党和国家机构改革将原公安消防队及武警森林部队转制整合而成；根据《消防法》第36条、第38条的规定，专职消防队又分为由县级以上地方人民政府建立和部分单位建立两种；志愿消防队实际上也包含一些基层政府敦促和协助建设的志愿消防队或微型消防站，以及诸如"蓝天救援"等民间公益救援组织和一些商业应急救援组织等。《中共中央办公厅 国务院办公厅关于进一步提升基层应急管理能力的意见》提出了"依规配齐配强应急救援力量，优化队伍布局，构建'综合＋专业＋社会'基层应急救援力量体系"的应急救援力量体系建设目标。多元化的应急救援力量构成虽然是增强其鲁棒性的手段和目的，但也给应急救援队伍建设造成了一定阻碍，使不同应急救援队伍的建设与相关关系极易混淆，进而引起应急救援力量建设水平不均、协调机制混乱等问题。以国家综合性消防救援队伍为例，目前的应急救援队伍建设至少存在身份地位不明确、消防力量不充足、指挥调度不顺畅、权益保障不到位等问题。[1]总之，要加强应急救援力量的"韧性"建设，

---

[1] 参见林鸿潮、刘文浩：《在法治轨道上推进国家综合性消防救援队伍专业化职业化建设》，载《中国应急管理》2023年第11期，第26—29页。

就必须明确各类应急救援队伍的角色和分工，以确保多种应急救援力量在不同应急救援场景中各司其职。

具体来说，国家综合性应急救援队伍作为综合性常备应急骨干力量，应当承担防范化解重大安全风险、应对各类灾害冲击的职责，是应急救援的主力军和国家队。地方综合性应急救援队伍即专职消防队，由县级以上地方人民政府根据需要建立，并承担本行政区域内的应急救援任务；也可以由部分企业按照《消防法》第39条、第40条的要求设置，承担企业自身的应急救援任务。乡镇人民政府、街道办事处可根据实际需要单独建立或与其他单位联合建立志愿性质的基层应急救援队伍，承担突发事件信息报告、风险隐患巡检巡查、预警叫应、先期处置、自救互救、转移避险等任务。同时，应当鼓励其他社会力量自行组建志愿应急救援队伍，并允许组建商业应急救援队伍，提供市场化的应急救援服务。

在应急救援队伍的建设责任分配方面，应当遵循"谁主管，谁建设；谁建设，谁管理"的原则，保障多种应急救援队伍建设共同推进。国家综合性应急救援队伍的建设由国家财政提供资金支持，国家消防救援机构负责技战术水平、设施设备配备等方面的标准化指导，由地方政府负责具体建设和提供政策保障。地方综合性应急救援队伍的建设由地方人民政府负责，具体建设情况视当地实际能力和现实需要，并参照国家综合性应急救援队伍标准而定。乡镇人民政府和街道办事处应当在基层应急救援队伍建设中发挥积极作用，敦促并指导村居两委组建志愿消防队。对于其他社会应急救援力量的建设，各级人民政府则应当为其扫除政策障碍和提供必要的政策支持，鼓励和支持多种应急救援力量共同发展。

在应急救援队伍的建设目标方面，除了提升各级各类应急救援队伍的建设质量、确保技战术水平和设施设备配置达标，还要实现应急救援队伍的梯度设置。为此，一方面，法律应当明确不同层级应急救援队伍的职责分工，从志愿性的基层应急救援队伍到专职的应急救援队伍，根据队伍级别的提升从易到难地分配应急救援任务；另一方面，要提高同级应急救援队伍的任务辖区覆盖率，同一区域内至少要保证有某一级别的应急救援队伍承担应急救援职责，并努力实现各级应急救援队伍对同一区域同时负责，从而形成多层应急救援队伍责任结构，提高应急救援的及时性和空间上的可及性，实现对灾害冲击的高效救援。

此外，还应当推进各级各类应急救援队伍的差异化建设。由于韧性概念系由自然科学领域引入社会科学领域，尤其是在早期有关工程韧性和生态韧性的研究中倾向于追求一种去人为干预的"适应性循环"，在构建"韧性"的制度保障时则应当注意避免陷入社会达尔文主义的窠臼。[1]不同层级、不同种类的应急救援力量所具备的应急救援能力存在差异，其既包括专职消防队相较于志愿消防队总体上更为专业和可靠这类可比较的差异，也包括综合性消防救援队与企业建立的单位专职消防队之间，在不同业务领域、专业性上不可比较的差异。因此，针对不同应急救援队伍的建设应当立足其具体情况开展，采取科学的"厚此薄彼"的策略，反对平均主义。鉴于不同应急救援队伍之间的类型、性质差异，既不应要求其均承担同样的应急救援任务和责任，也不应不加区分地提供队伍建设的指导与保障，但不能因应急救援力量之间的能力差异而放弃对相对较弱的应急救援力量的培育和支持。这既是尽可能充实和壮大应急救援力量、提升应急救援能力鲁棒性的要求，也是保障应急救援力量层叠交叉配置、提升应急救援能力冗余性的必要手段，同时有助于实现应急救援力量之间相互协调、配合的易恢复性目标。

（二）畅通应急救援的力量互补机制

"灾害韧性"要求扩充应急救援力量规模，以提升灾害应对的鲁棒性和冗余性，《中共中央办公厅 国务院办公厅关于进一步提升基层应急管理能力的意见》也明确要求"鼓励支持社会应急力量发展"。对此，一项重要举措就是吸纳更多力量参与到应急救援活动中，其主要由以自助互助为目的组建的基层应急救援队伍和其他社会力量组建的社会应急救援队伍组成。这两类具有私主体性质的应急救援力量均是对政府应急救援力量的有益补充，但由

---

[1] 参见［英］西明·达武迪：《韧性规划：纽带概念抑或末路穷途》，曹康、王金金、陶舒晨译，载《国际城市规划》2015年第2期，第8—12页。

于前两者之间不仅在资金、人员、设备来源，以及组建目的等方面存在差异，相关建设方向也有所不同。

对社会力量志愿组建的社会应急救援队伍而言，需要畅通非公共应急救援力量的自主性合作渠道。这类志愿组成的社会应急救援队伍参与过相当数量的灾害应急救援行动，并发挥了一定作用。重视和支持志愿应急救援队伍符合应急救援能力建设对鲁棒性、冗余性和易恢复性的要求，尤其在一些大规模、持久性的自然灾害救援中，志愿应急救援队伍可以发挥显著的补充作用，从而提高整体应急救援效率。但这类社会力量参与应急救援也面临资格管理混乱、统一协调不力等重重困难，[①]亟须完善相关管理体制，保障各类应急救援力量健康发展和正常发挥其应有作用。

首先是畅通社会力量参与应急救援活动的通道，灾害发生后，当地政府应当做好对其参与应急救援活动的引导工作，既要积极接纳，又要开展总量控制，避免志愿力量在灾区内出现过饱和的问题，反而影响专职队伍的工作开展。其次是在不影响以生命安全为目的的核心应急救援活动的前提下，允许市场化的应急救援力量开展其他类型的应急救援服务业务，满足多样化、个性化的应急救援需求。最后是有必要实施非强制性的志愿应急救援队伍分级分类管理，对于事先纳入登记备案范围且资质等级较高的志愿应急救援队伍，在应急救援行动中支持并优先允许其参与，这在保障应急救援行动效果的同时，也有助于避免志愿应急救援队伍自身能力不足引起新的险情，影响正常的应急救援行动的开展，或因志愿应急救援队伍质量参差不齐而引发不规范救援的相关损害或纠纷。

而对以自助互助为目的组建的基层应急救援队伍来说，由于其在一定程度上受到政府在财政、政策等方面的扶持，在性质上处于公私混同状态，因此需要明确其对其他应急救援力量的义务性互补机制。各级各类应急救援队伍均具有无差别及时启动应急救援的职责，且其尽管在功能设计、实际能力

---

① 参见王增文、陈馨旖、李耕：《有机团结视角下社会应急力量参与救援的现实困境与优化办法——以涿州水灾"邀请函乌龙事件"为例》，载《中国应急管理科学》2024年第5期，第1—13页。

等方面存在差异，但当其面临突发险情时均应承担即时开展应急救援的基础职责。该职责不应因应急救援队伍的专职抑或兼职的性质以及是否具有志愿性质而产生差异。也有学者指出，为了完成某些公共任务，政府可以向私人课予公役[①]，或赋予"第三方义务"[②]。无论如何，应急救援都是一项整体性工作，尤其是在"灾害韧性"视角下的应急救援，其要求所有作为组成部分的应急救援力量各司其职、相互补充，发挥其应有作用。其中，志愿消防队和微型消防站等基层应急救援队伍就应当做好对灾害事态的及时报告和先期处理工作，对超出自身救援能力的灾害事态做好规模和影响控制，待专职应急救援队伍抵达现场后做好交接工作，并视情况配合专职应急救援队伍参与应急救援活动。

然而，现行《消防法》第42条只规定了"消防救援机构应当对专职消防队、志愿消防队等消防组织进行业务指导；根据扑救火灾的需要，可以调动指挥专职消防队参加火灾扑救工作"。这意味着消防救援机构无权根据实际需要调动志愿消防队等基层应急救援力量，而这就与后者的建设初衷不相吻合。基层志愿消防队是在乡镇人民政府和街道办事处的指导与支持下设置的，其主要功能在于开展应急情况下的自救互救，其志愿性应当体现为参与者的志愿参与，而非面对险情的救援，志愿消防队在险情处置中同样具有开展符合自身能力的应急救援活动的职责。为了更好地展现应急救援力量配置的冗余性价值，应当赋予国家和地方综合性应急救援队伍在必要情况下指挥、调度其他社会应急救援力量的权限，以充实应急救援力量。而为了提升社会应急救援力量的参与积极性，不仅要做好对相关人员在应急救援任务中受到的损害救济工作，还要从事前发力，通过经济补助、政策倾斜等多种方式提升其参与应急救援活动的意愿，借助制度工具对社会资源的有效调配，实现对应急救援力量"韧性"水平的提升。

[①] 参见张航：《行政法课予私人公役何以可能》，载《法学评论》2024年第4期，第39—53页。

[②] 参见高秦伟：《论行政法上的第三方义务》，载《华东政法大学学报》2014年第1期，第38—56页。

（三）加强应急救援力量建设的效能评估机制

"灾害韧性"理念下的应急救援力量建设的复杂性决定了应急救援能力建设不可能一蹴而就，需要结合当地实际情况制定阶段性的应急救援队伍建设任务目标，明确各方主体的参与和协作职责。因此，应急救援力量建设无疑是一项以"韧性"目标为指导的长期性工程，前述种种机制的实现程度将呈现出地区化、阶段化的特征，为了检验和保障相关建设质量及进度按期落实，加强应急救援力量建设的效能评估机制势在必行。

对政策目标的达成性检验不仅有助于实现对应急救援力量建设目标的动态监测和问题发现，还能够敦促地方政府创新工作方法，推动既定政策目标有效落实，尤其是"治理锦标赛"性质的考核机制在该方面有着显著作用。[1]因此，构建应急救援力量建设的成效评估体系就显得十分必要。一方面，这有助于实现对应急救援力量建设情况的精准把握，查明应急救援力量建设的薄弱环节，从而可以为查漏补缺地推进应急救援力量建设提供依据，从整体上推动应急救援力量建设；另一方面，其有助于实现对应急救援力量建设支持力度的动态调整，应急救援力量建设要求广泛吸纳社会力量参与其中，而社会应急救援力量具有较为突出的志愿性和自发性特征，其能力容易受到自身人力、物力、财力等因素的影响而导致稳定性不足，因而对其支持也应当视具体情况动态调整，以避免公共财政等资源的错配和浪费。

应急救援力量建设的成效评估指标体系建设同样应当围绕工程和非工程两大领域展开，前者主要用于应急救援活动的基础设施、救援设备的建设和配备情况，后者则主要考察应急救援队伍的建设情况。而在评估指标的设置维度上，首先，要体现应急救援能力建设对于鲁棒性、冗余性和易恢复性的追求，着重从这三方面考察区域范围内应急救援力量建设的实际情况。其次，评估指标的设置还应当兼顾对既有建设要求的核查和对未来建设方向的展望，既要能够发现当前建设中存在的问题，推进基础建设要求的普遍达成，

---

[1] 参见丁辉侠、夏梦寅：《治理锦标赛何以影响地方政策创新扩散？——以全国社区治理和服务创新实验区为例》，载《学习论坛》2024年第3期，第42—51页。

也要能够阐明下一阶段的建设目标取向，引导建设水平向高质量发展。最后，应急救援力量建设成效评估的指标体系还应当随着社会发展水平和阶段、灾害风险形势等关联因素的变动而保持动态更新，尤其是要重视对新兴技术的接纳和利用，从而实现对应急救援力量建设水平的持续有效评价。

应急救援力量建设成效评估的实施应当包含地方政府的自我评估和上级政府对下级政府相关工作的评估，还要鼓励和支持高校、科研机构开展独立的第三方评估，形成多元的评估参与主体结构。相关评估结果既可以作为检验区域内应急救援能力建设的重要参考依据，也有助于地方政府对照应急救援力量建设规划自查自省，查漏补缺地推进应急救援力量建设进一步深化。此外，由于应急救援力量建设关乎公共安全保障，以及灾害场景下的人民群众生命财产安全，相关的应急救援能力建设评估结果还应当面向社会公开，接受公众监督。

五、结语

从传统的"强对抗"模式到"灾害韧性"的理论指引，城市灾害应对策略的"韧性"变革反映了防灾减灾实践从被动向主动的演进过程，应急救援力量作为城市"灾害韧性"的重要组成要素，其建设理念自然因受到"韧性"的重塑而更新。应急救援力量的"韧性"建设应当以提升其鲁棒性、冗余性和易恢复性为导向，而这需要借助制度化手段予以落实。在城市化进程不断加深、城市防灾减灾形势日趋严峻的背景下，应当加快推进相关制度化进程，通过完善应急救援力量建设规划，明确多种应急救援力量的职责分工，畅通各级各类应急救援力量之间的互补机制，以及加强效能评估等方式实现应急救援力量"韧性"水平的提升，从而提升城市的"灾害韧性"。

第七章
灾害救助立法安定性与变动性的宪法调和

周　俊

摘要：灾害救助以保障符合人性尊严的生存基础为目的，在以预防、补偿、促进、救助为目的建构的社会保障体系中属于兜底性保障。受灾者依赖于救助回归自我负责的生活状态，期望立法保持安定性，并通过立法实现最低生存保障的安定性。但囿于经济环境和财政状况的不确定性，灾害救助立法存在变动性的现实需要。因此，合宪性审查机构对安定性的保障与立法变动的现实需要存在紧张关系。认为包括灾害救助在内的社会救助权不具有主观权利属性乃至不具有规范效力的观点，误把必须完全实现当成承认权利属性的必要条件。灾害救助立法安定性的保障与对立法变动形成空间的尊重可通过以下方式调和：首先，为尊重立法变动的形成空间，应设置严格的审查灾害救助作为可能性的前提要件；其次，结合可能性保留和辅助性原则，可以从实质上权衡灾害救助的上限和下限，从而厘清立法是否处于充分作为区间的尺度内；再次，为避免直面过度介入立法形成空间的困境，可将形式审查作为切入点，一方面通过救助标准及其形成过程的明确性要求增加安定性，另一方面为审查救助是否充分打开空间；最后，由立法者对是否满足实质要求进行举证说理，补强审查者保持谦抑带来的矫正效果不足的缺陷。

一、引言

2014年国务院颁布施行的《社会救助暂行办法》专章规定了受灾人员救助，要求"国家建立健全灾害救助制度，对基本生活受到灾害严重影响的人员，提供生活救助"[①]。2020年，民政部、财政部公布的《社会救助法（草案征求意见稿）》（以下简称《救助法草案》）在总结《社会救助暂行办法》实施经验的基础上，进一步完善了受灾人员救助制度。[②]2023年，十四届全国人大常委会将社会救助法列入立法规划第一类项目，即条件比较成熟、任期内拟提请审议的法律草案。《救助法草案》总则第2条明确规定，我国公民"依照本法享有申请和获得社会救助的权利"。但是，灾害救助是国家向因受灾而无法维持基本生活的群体提供的单向给付，传统观点并不承认救助的权利属性，而是将其视为一种单方的救济，或是一种缓解社会问题的手段。作为一种"反射利益"，受益者对此并不享有主观请求权。[③]至于立法者对资格范围、给付水平的规定，更无救助对象置喙的空间。救助的权利属性未能及早确立和宪法层面规范建构的迟滞不无关系，只有首先明晰宪法社会救助权如何解释、适用，才能厘清立法者享有的形成空间，从而为救助对象提供完整的权利救济。

合宪性审查机构对灾害救助权益的保障和立法形成空间之间存在紧张关系。如果救助对象认为法定的救助资格范围或给付水平无法满足基本生活需求，是否可以诉诸合宪性审查程序？通过合宪性审查程序满足救助对象的请求又是否会过度限制预算审批机关的决定权？灾害救助实践亟须探究缓解两者张力的理论建构。例如，2023年7月底，京津冀地区发生了特大暴雨洪涝灾害，此次洪灾一方面产生了广泛的灾害救助需求，另一方面使原本的救助对象如最

[①]《社会救助暂行办法》第20条。

[②] 参见《民政部 财政部关于〈中华人民共和国社会救助法（草案征求意见稿）〉公开征求意见的通知》，载中国政府网2020年9月8日，https://www.gov.cn/xinwen/2020-09/08/content_5541376.htm，2024年8月6日访问。

[③] 参见凌维慈：《比较法视野中的八二宪法社会权条款》，载《华东政法大学学报》2012年第6期，第99—100页。

低生活保障家庭、特困人员、支出型贫困家庭等产生了叠加的救助需求。灾害救助事关最低生存保障，救助对象希望法律能够提供合理的变动预期，且每次变动都能够处于充分作为的区间内。而财政状况和突发自然灾害等客观环境的变化，却产生了救助给付水平和申领资格范围动态变化的现实需要。而且，当经济波动、突发自然灾害等导致财政承压越大时，救助需求也越大，可能出现救助尽可能覆盖所有符合条件的群体但给付水平严重不足，或者在保证给付水平的情况下设置更加严苛的申领条件等情况。对此，救助对象是否拥有获得救济的途径？立法者享有的形成空间又应当在多大范围内受到尊重？在规范层面虽然可以解释出灾害救助权的核心保障范围，并以之作为厘清立法形成空间的依据，却无法直接和事实层面的具体给付数值挂钩。对此，本章将探索宪法调和灾害救助立法安定性和变动性紧张关系的替代路径。

二、灾害救助立法的宪法依据

我国《宪法》虽规定了诸多社会权和社会国策条款，但并未授予立法者完全的灾害救助立法形成空间。宪法为立法者以"禁止"或"要求"为义务模态设定了框架秩序，框架之内是立法者享有的形成空间；认知框架的能力限度又构成了立法者的认知性形成空间，认知能力的限制源自经验或规范的不确定性。[1] 社会国策课以立法者积极实现的目标任务，社会保障的具体内容有赖于立法的中介与形成，社会救助权的保障也高度依赖立法者的积极作为。这两类规范都是灾害救助立法的依据，也是对其进行合宪性控制的依据。

（一）社会国策对灾害救助立法的规范指引

1. 社会国策课以立法的社会保障目标

国策被视为基本权利和国家机构之外的第三种宪法结构，其作为国家目标可向立法者施加立法委托等义务。我国《宪法》第14条第4款规定："国

---

[1] See Robert Alexy. *A Theory of Constitutional Rights*. Translated by Julian Rivers, Oxford University Press, 2002, p.393.

家建立健全同经济发展水平相适应的社会保障制度。"为实现这一目标,立法者负有积极建构社会保障制度的义务。对于如何设定"社会保障"的立法目标和基本原则等,《宪法》第1条第2款规定的社会主义原则提供了制度建构的指引。"社会主义"蕴含了维护社会公正、保护弱势群体、强调社会个体之间的团结互助等方面的目标。[①] 宪法规定社会衡平的价值导向,意在寻求打破私法完全自足的体系,以社会安全与社会公平的理念辐射法秩序,在经济活动中抑制强者对弱者的支配。因此,社会保障制度有两方面的任务,即为实质自由的实现创造条件、尊重和保障每个人平等参与社会的机会。[②] 灾害救助属于社会保障项下的子任务,旨在保障符合人性尊严的生存基础。至于保障程度,宪法给予了较为宽松的"同经济发展水平相适应"的要求。结合《宪法》第14条第3款的规定,国家在发展生产的基础上,不仅负有提供并逐步改善基本物质生活的义务,还应当将重新融入社会、参与文化生活作为生存保障的目标。

2. 社会国策的规范效力

社会国策科以立法的目标任务在多大程度上能够发挥合宪性控制的作用,取决于它的规范效力及其与其他国策之间的效力位阶。社会国策是具有约束力的客观法规范,与其他国策之间不存在效力位阶。一方面,《宪法》序言最后一个自然段明确宪法以法律的形式规定了国家的根本任务等内容,是国家的根本法,具有最高法律效力,国策条款亦不例外。鉴于社会国策的公共利益指向,特定的公民据此无法享有主观请求权,其仅在客观法意义上要求立法者积极完善社会保障制度的建构。而且,由于规定的概括性,立法者对于何时建立社会保障制度、建立哪些制度,以及如何同经济发展水平相适应等方面享有较大的形成空间。另一方面,社会国策与其他国策之间不免存在冲突,至少在财政分配上可能存在此消彼长的关系,但是相互间没有效力位阶。国策作为原则规范,是在事实和法律可能性范围内最优化实现的命

---

① 参见陈征:《征收补偿制度与财产权社会义务调和制度》,载《浙江社会科学》2019年第11期,第24页。

② 参见[英]鲍勃·赫普尔:《平等法》,李满奎译,法律出版社2020年版,第31页。

令，其在权衡适用产生具体规则之前都仅具有初显的优先性。[1] 我国《宪法》对国策的规定也没有使用区分重要性梯度的术语，序言中规定了"根本任务"，但是相较于总纲中的目标属于更加综合的目标，且要求应当协调发展。所以，当社保制度的建构与其他目标发生冲突时，不应在权衡之前就设定目标的优先级。

（二）物质帮助权作为灾害救助的规范依据

1. 物质帮助权的规范解释

要定位灾害救助的宪法依据，需要厘清灾害救助权利需求的基本内涵。我国参与起草的《世界人权宣言》第25条第1款规定，人人有权"在遭到失业、疾病、残废、守寡、衰老或在其他不能控制的情况下丧失谋生能力时"享受保障。《救助法草案》第1条将社会救助的目的描述为："为了保障公民的基本生活，使公民共享改革发展成果，促进社会公平正义，维护社会和谐稳定，根据宪法，制定本法。"两种规定方式都是对社会情境中的同一种权利需求进行描述，即公民有权在由不可控的因素导致的丧失谋生能力的情况下，获得符合人性尊严的最低生存保障。据此，可初步将灾害救助的宪法依据定位为《宪法》第45条，其直接规定了特定群体的获得物质帮助权，以及要求国家发展公民享受这些权利的社会救济等事业。

不过，进一步比较《宪法》第45条的保护范围及其在体系结构中的意涵可以得知，不能直接将获得物质帮助权与社会救助权画等号。首先，第45条有限列举了获得物质帮助权的情况，年老、疾病、丧失劳动力并不必然与无法维持基本生存对应。可能存在出现了列举的情形但依然能维持基本生存，以及原因不在列举之列却导致无法维持基本生存的情况。灾害导致的公民丧失自主维持基本生存能力的情形便是如此。其次，有学者提出"帮助"的力度要小于"保障"，这与社会救助权要求的最低生存保障仍然有差距。[2]

---

[1] 参见[德]罗伯特·阿列克西：《法 理性 商谈：法哲学研究》，朱光、雷磊译，中国法制出版社2011年版，第195—196页。

[2] 参见谢立斌：《宪法社会权的体系性保障——以中德比较为视角》，载《浙江社会科学》2014年第5期，第64页。

最后，虽然物质帮助是社会救助最主要的需求，但是为维持符合人性尊严的生存基础仅有物质帮助是否足够值得探讨。①

通过对《宪法》第 45 条的进一步解释可以有效回应上述质疑。首先，从谱系解释观察，1954 年《宪法》在规定基本权利主体时区分了"公民"和"劳动者"，享有物质帮助权的是后者，而 1982 年《宪法》则将主体修改为"公民"。1954 年《宪法》将权利主体限定为劳动者，与按劳分配制度以及与之对应的强调劳动既是权利也是义务有关。劳动是获得分配进而维持生计的基本条件，如第 45 条第 1 款规定的年老、疾病和丧失劳动能力的情形即导致公民获得分配的能力减弱乃至丧失，进而无法维持生计。所以，第 45 条虽然有限列举了获得物质帮助权的条件，但是其客观目的应是帮助公民维持生计。将主体由"劳动者"改为"公民"更加适应了这一目的，加之在 1982 年之后的几次修宪中确立了按劳分配为主体、多种分配方式并存的制度，获得物质帮助权的主体更不应限于劳动者和列举的几种情形。结合宪法对各尽所能、按劳分配的强调以及第 45 条维持基本生计的客观目的解释，可以将其规范意涵解释为公民在竭尽所能却因无法控制的因素导致丧失谋生能力时，有权从国家和社会获得物质帮助。

其次，对于"帮助"的力度小于"保障"的担忧其实并无必要。"帮助"意在表明国家对恢复谋生能力维持基本生计负有协助义务，权利主体主观上不寻求自我负责，却仍然能获得"保障"并不符合劳动亦是义务的本旨。两者的区别其实不在于力度，"帮助"侧重于规定恢复谋生能力的方式，而"保障"侧重于规定维持基本生计的结果。此外，《宪法》第 14 条第 4 款规定的社会保障国策对第 45 条第 1 款中的"社会保险""社会救济"等的解释具有规范填充作用，②"保障"是发展这些事业的要求。

最后，仅提供物质帮助并不会导致受益单一。即使考虑社会救助对象的文化生活，仍然需要由某种物质给付予以提供，关键在于帮助的目的是仅限

---

① 参见原新利、龚向和：《我国公民物质帮助权的基本权利功能分析》，载《山东社会科学》2020 年第 2 期，第 158 页。

② 参见林明昕：《基本国策之规范效力及其对社会正义之影响》，载《台大法学论丛》2016 年第 45 卷特刊，第 1332 页。

于协助恢复物质生活还是包括文化生活。

综上所述,《宪法》社会国策可以为灾害救助立法提供规范指引,第45条可以作为保障受灾者获得救助权的宪法依据,其旨在保障公民在竭尽所能却因客观原因无法维持生计时所需的基本生存条件。

2. 灾害救助权主观权利属性的证立

灾害救助权立基于符合人性尊严的生存基础应当得到保障,国家负有提供最低生存保障的义务。国家的保障义务源自两个命题:如果行使法律自由的实现条件没有满足,那么规定法律自由也是无意义的;在现代工业社会条件下,许多公民实现实质自由的物质条件并不处于个人所能掌控的领域,而必须依赖于国家的积极作为。[①]以"所有权神圣、契约自由与严格的过错责任制"为私法原则保护下的法律自由,[②]实际加剧了贫富分化、掩盖了实质的不自由。[③]保障灾害救助权既是社会主义原则对保护弱势群体的必然要求,也是行使所有基本权利的必要条件。然而,促进权利实现意味着分配资源,[④]立法者对资源分配保有民主正当性。那么,救助对象是否可以提起主观请求权主张给付或调整资格范围、给付水平?

包括灾害救助权在内的社会权应当受到保障渐成共识,[⑤]但是对于如何保障,尤其是应否承认其主观权利属性尚存分歧。证立主观权利属性需回答请

[①] See Robert Alexy. *A Theory of Constitutional Rights*. Translated by Julian Rivers, Oxford University Press, 2002, pp.337-338.

[②] 由于没有受到民主宪法秩序的构成性影响,整个19世纪,德国私法都具有一个独立的、自足的法律领域所具有的那种封闭性。直到《魏玛宪法》颁布,私法所具有的自足性基础才归于消失。参见[德]尤尔根·哈贝马斯:《在事实与规范之间》,童世骏译,生活·读书·新知三联书店2014年版,第491页。

[③] 例如1905年洛克纳案,美国联邦最高法院以保护契约自由为名宣告国会限制最高工时的立法违宪。See Lochner v. New York, 198 U.S. 45(1905).

[④] 参见[美]史蒂芬·霍尔姆斯、凯斯·桑斯坦:《权利的成本——为什么自由依赖于税》,毕竞悦译,北京大学出版社2011年版,第81页。

[⑤] 虽然《经济、社会、文化权利国际公约》是《公民权利和政治权利国际公约》的姊妹篇,但是前者长期被有意无意地当作"次一等"的人权,以至于1993年《维也纳宣言和行动纲领》声明强调,一切人权均为普遍、不可分割、相互依存、相互联系。参见孙世彦:《〈经济、社会、文化权利国际公约〉研究述评》,载《国际法研究》2014年第4期,第112页。

求权的客体是什么；是否必须通过主观权利得以实现；一旦承认主观权利属性会带来哪些问题，以及如何解决这些问题。

社会权与自由权对应的请求权客体都是特定行为，包括作为或不作为，但是两者仍然有区别。自由权得以实现的形态是某种行为自由免受公权力的干预，请求的是排除过度干预。而社会权的实现形态是国家保障公民能为特定行为，请求的是保障充分实现。① 两种实现形态在资源的耗费上不必然具有高低之分，前者也可能产生资源负担的效果。例如，为保护财产权和经营自由等防御征税权的过度限制，虽然不是消耗财政资源，但影响了财政的汲取。可见，资源有限并不能直接作为否定社会救助权主观权利属性的理由，其与自由权的本质区别实际在于资源配置的权限和方式。如果立法者已然履行灾害救助资源分配的义务，则是否还有必要主张灾害救助权？

要回答是否有必要通过合宪性审查机构主张灾害救助权的问题，需讨论其侵害模式。基于社会救助请求权的客体，其侵害模式可以归结为以下命题：国家在资源可及范围内应当保障社会救助权充分实现而没有保障。该命题的成立需补充以下条件：可以判断是否尽资源之所能；国家负有保障义务；如果未尽，则合宪性审查者有权予以调整。由于配置资源的权力属于立法机构，第一个条件的论证负担应归于立法者。保障义务源自前述公民实质自由实现的条件并不完全由其自身掌握，国家负责分配这些条件和部分实质不自由形成的原因。面对立法保障遗漏、不充分以及一些紧迫性的问题，救助对象应当享有限制给付水平过低、给付范围过窄等立法不合理变动的请求权。

如果承认灾害救助权的主观权利属性，则随之而来的问题也需要厘清。首先，由于资源的稀缺性，在普遍意义上保障实质自由是国家财政不可承受之重。财政国家的收入主要源自税收，以税收为再分配手段保障社会权主体可能过度限制纳税主体的财产权。其次，社会救助权规定的模糊性没有给立法者准确的规范指引，在何种范围和水平提供社会给付才能达到保障的要求？最后，释宪机关如何以模糊的规定审查立法者对资源的分配？如果满足

---

① 两者分别对应了消极自由和积极自由。参见［英］以赛亚·柏林：《自由论》，胡传胜译，译林出版社 2011 年版，第 170 页、第 179 页。

少数公民的主观请求权势必干预国家立法和预算,则有违民主原则。①

认为灾害救助不具有主观权利属性乃至不具有规范效力的观点,误把必须完全实现当成承认权利属性的必要条件。实际上,权利属性与保护范围及其实现程度是不同层次的问题,宪法亦未要求社会权必须在任何条件下完全实现。《宪法》无论是对自由权的规定还是对社会权的规定都不是以假定条件、行为模式和法律后果为特征的法律规则结构,而是结果导向式的法律原则结构。作为原则的基本权利,具有最优化命令的特征。它要求指引的价值、目标或状态能够最大程度地得以实现。②"最大程度"是一个弹性的概念,是否实现取决于事实和法律的可能性。基于其结构,原则通常并不能直接在个案中涵摄适用,而需要在对立原则的权衡中形成一个规则结构式的确定命令。③也就是说,考虑到对立原则的实现程度和事实上的"不可能",灾害救助权没有完全实现并不必然违反宪法的规定。立法与财政预算的民主性、财政可能性是与社会权对立的原则,双方的实现程度都需要在个案中权衡确定。④既然实现程度需要在个案中权衡决定,自然不能成为否定灾害救助权主观权利属性的理由。

三、灾害救助立法安定性的诉求

审查灾害救助立法的安定性可以作为合宪性审查机构保障灾害救助权的切入点。救助对象是否通过立法达成最低生存保障的安定性,不仅涉及保障的稳定性,还涉及每次立法变动是否处于充分作为区间的评价。灾害救助在整个社会保障体系中居于兜底性地位,对实现程度和立法安定性都持有更高强度的偏好。这种偏好的强度与灾害救助权的核心保障范围有关。立法对其

---

① See Michel Rosenfeld, András Sajó. *The Oxford Handbook of Comparative Constitutional Law*. Oxford University Press, 2012, p.1023.

② See Robert Alexy. *A Theory of Constitutional Rights*. Translated by Julian Rivers, Oxford University Press, 2002, pp.44-69.

③ 参见[德]罗伯特·阿列克西:《法 理性 商谈:法哲学研究》,朱光、雷磊译,中国法制出版社 2011 年版,第 208 页。

④ 参见陈征:《宪法基本权利的中国特色》,载《荆楚法学》2023 年第 3 期,第 97 页。

保护范围不仅是一种形成，也可能是一种限制。从规范层面可以总结出灾害救助权必须实现的核心保障范围，但是如何与事实层面形成诠释循环尚需进一步解释。

（一）灾害救助保障程度与立法安定性的关系

1. 灾害救助权在社会保障体系中实现的需求强度

建构社会保障制度的目标源自对贫困问题和劳工问题的反思，普适性的目标可以概括为：保障符合人性尊严的生存基础；消除不平等；抵抗突发生活变故的风险；全体社会成员生活物品的增加和分配的普遍参与；等等。[1]这些目标实现的先后顺序、实现程度以及实现方式等并不清晰。察赫按先期预防、先期责任和生存状况将保障体系分为三类：预防、补偿和状况相关的制度。[2]艾亨霍夫在以察赫为代表的三分法基础上进一步综合了给付原因、给付内容和主体标准提出了目前主流的四分法，即社会预防、社会补偿、社会促进和社会救助。[3]

灾害救助是一种补充性或兜底性的保障措施，因而有完全实现的需求强度。社会预防体系针对的是社会风险，旨在应对未来的威胁。[4]预防与保险理念相互交织，以缴费为给付的先决条件，国家只承担相对义务。考虑到风险预防的社会连带性与弱势群体可能因无力预先给付而被排除到社会保险体系之外，财政也会提供衡平资金，但仅对最低生存保障起到附带作用。社会补偿旨在弥补出于国家之促成、不作为或是为了促进公共利益所做的特别付出。[5]公共

---

[1] 参见［德］汉斯·察赫：《福利社会的欧洲设计》，刘冬梅等译，北京大学出版社2014年版，第98页。

[2] 参见［德］汉斯·察赫：《福利社会的欧洲设计》，刘冬梅等译，北京大学出版社2014年版，第107—112页。

[3] 参见［德］艾伯哈特·艾亨霍夫：《德国社会法》，李玉君等译，新学林出版股份有限公司2019年版，第14页。

[4] 参见［德］艾伯哈特·艾亨霍夫：《德国社会法》，李玉君等译，新学林出版股份有限公司2019年版，第193—194页。

[5] 参见［德］艾伯哈特·艾亨霍夫：《德国社会法》，李玉君等译，新学林出版股份有限公司2019年版，第309页。

利益对应着共同体责任，个人因应由共同体负责或法定应由共同体承担责任而受到损害时，即满足获得补偿的要件。由于损害可能达到威胁基本生存的程度，所以客观上社会补偿可能起到救助的效果，但其给付目标并不在于此。社会促进服务于促进人格自由发展的可能性与参与社会的机会平等，与社会救助联系紧密。[1]为儿童、老人、残障等特殊群体提供社会促进的给付既可能是保障基本的生存条件，也可能是促进生活条件改善、提供更多发展机会。但是社会促进的目标在于促进实质平等而不在于实质自由，后文将对两者的差异展开讨论。可见，其他三种社会保障措施都与救助的目标存在交叉重叠，而救助是在重叠的安全体系之外提供的最后一道防线，也是保障符合人性尊严生存基础的底线。对于突发自然灾害引发的紧急救助需求，其他措施无法提供保障。例如，由突发自然灾害引发的应急救助、过渡期生活救助、旱灾临时生活困难救助、冬春临时生活困难救助、因灾倒损民房恢复重建等救助需求，都直接指向最低生存条件的满足。所以，灾害救助权的实现程度要求比其他社会权的要求更高。

2. 灾害救助权的实现与立法安定性的共同指向

法的安定性原则有两个层面的意涵。一方面是法律本身的安定性，即法律的语义清晰、规则明确，在认知、操作和实践的可能性上保持稳定；另一方面是通过法律达成安定性，即实现稳定形塑社会秩序的效果。[2]社会救助权有着极高的实现程度需求，对立法安定性的诉求也更高。灾害救助事关缺乏最低生存保障的公民如何有序地回归自我负责的共同体生活，救助对象对于立法安定性的期待有两个维度，即稳定的给付以维持生活预期，以及每次变动都处于充分作为的区间。对于前一个维度，救助对象可否主张信赖利益保护？拥有信赖利益的论证同国家负有救助义务的论证是一体两面的关系，难点在于如何保护。信赖利益保护原则要求国家行为改变原有信赖关系时，不能将公民置于无法通过自身力量克服不利状态的困境。救助对象本身处于

---

[1] 参见[德]汉斯·察赫：《福利社会的欧洲设计》，刘冬梅等译，北京大学出版社2014年版，第111页。

[2] 参见[德]阿图尔·考夫曼：《法律哲学》，刘幸义等译，法律出版社2011年版，第208页。

无法通过自助维持生活的状态，是否意味着其可以主张信赖利益保护要求国家不得变动给付？这进而触发了第二个维度的问题，如何判断救助给付是否保障了救助对象基本的生存需求？是否存在一个规范层面的最低生存保障标准，只要救助水平在此标准之上就符合安定性的要求？

灾害救助权主体从自身需求出发总是倾向于认为权利的核心保障范围受到侵害，而立法者则一直困惑于核心保障范围究竟有多大。[①]下文将尝试解释立法是对灾害救助权保障范围的形成还是限制，以及是否拥有一个核心保障范围可以作为生存保障标准。

（二）立法对灾害救助保障范围的形成与限制

1. 灾害救助权的保障范围依赖于立法的形成

要评价灾害救助权的实现程度，就必须往前追溯宪法设定的保障要求是什么、保障范围是如何确定的、是否完全将变动形成空间授予立法者。可将这些问题与前述灾害救助权的规范效力相连，如果无法评价立法者是否满足宪法要求的目标，则实际又回到了灾害救助权只是宣示条款的原点。[②]基本权利的保护范围分为事实上和法律上形成的范围，前者不依赖于立法而只能通过解释发现，后者需要立法的确认，否则就无法有效地行使。基本权利除了可以形成外，还可以限制法律上形成的范围，如果仅涉及保护范围的界定，无关其他基本权利或法益便是形成，如果是出于公共利益或他人基本权利的考量在权衡中厘定相互的边界便是限制。[③]厘定灾害救助的立法目的与目标，是立法者确定权利核心的过程。同时，社会救助由国家财政负担，如何分配有限的资源，设定救助的资格范围、给付水平、救助程序等，都需要具体的规则。这些规则一方面依赖于立法者的制定，另一方面可能因救助资

[①] See Xenophon Contiades, Alkmene Fotiadou. Social Rights in the Age of Proportionality: Global Economic Crisis and Constitutional Litigation. *International Journal of Constitutional Law*, 2012, 10（3）: 668.

[②] 参见［德］英格沃·埃布森：《德国〈基本法〉中的社会国家原则》，喻文光译，载《法学家》2012年第1期，第170页。

[③] 参见王锴：《基本权利保护范围的界定》，载《法学研究》2020年第5期，第114页。

格设置过于严苛、范围过于狭窄等而无法达到宪法要求的目的，从而产生限制或保障不足的效果。

至于救助规则是否必须由立法者制定，亦即给付行政是否遵循法律保留原则曾存疑义。有观点认为，灾害救助领域无法完全适用法律保留原则，诸如自然灾害引发的应急救助需要行政机关依职权及时启动，否则可能降低救助效果。[1] 不过随着"重要性理论"的提出，[2] 该疑义已经由是否属于法律保留原则的适用范围推进至适用密度的讨论。[3] 依据重要性梯度，即对灾害救助权的实现程度影响越高，法律保留要求的规范密度就越高。当然，由于地区和救助对象等差异，立法者也不可能事无巨细地规定，当将细节性或技术性的规范授权给行政立法时，应当对授权的目的、内容和范围加以限定。

2. 灾害救助规范与事实之间诠释循环的中断

灾害救助权是否存在一个核心保障范围，立法者不得限制，且可直接以之作为判断立法是否充分作为的标准？灾害救助权以保障符合人性尊严的最低生存基础为目的，欲廓清核心保障范围，需对何谓"符合人性尊严"以及"最低"的要求是什么进行规范解释。人性尊严意指人之为人所享有的自我价值，当论证为什么应尊重他人时，尊严作为人固有的价值被视为先验于用于陈述何为正当的原则，这种价值具有高于其他价值且不得减损的特征。[4] 因此，人性尊严始终不能与其他规范目标进行权衡。[5] 进一步精准界定人性尊严的实体保护范围极其困难，实践中，德国联邦宪法法院多以客体公式为

---

[1] 参见林鸿潮：《论公民的社会保障权与突发事件中的国家救助》，载《行政法学研究》2008年第1期，第35页。

[2] 参见赵宏：《性教育课程案》，载张翔主编：《德国宪法案例选释（第一辑）》，法律出版社2012年版，230页。

[3] 参见［德］哈特穆特·毛雷尔：《行政法学总论》，高家伟译，法律出版社2000年版，第109页。

[4] 参见［德］奥利弗·森森：《康德论人类尊严》，李科政、王福玲译，商务印书馆2022年版，第220—223页。

[5] 参见陈征：《德国〈基本法〉与"废除死刑"》，载《国家检察官学院学报》2014年第5期，第22页。

准，即个人的主体性特征不应被质疑，以至于沦为国家行为的客体。① 我国宪法直接规定了"人格尊严不受侵犯"，不过鉴于人的主体性、尊严的固有性等特征，"尊严"应立基于人本身而非社会建构的人格。② 人权条款承载了人性尊严的规范意涵，作为基本权利价值基础和解释原则的人权，以尊严为本体论建构的先行条件。

以客体公式评价是否达到社会救助的"最低"保障要求存在困难，因为其要求国家行为只能将人视为目的，而不能降格为手段。这种消极的界定方式只是排除了侵害行为，无法对积极作为实现的保障程度进行评价。③ 不过，前述社会国策对人性尊严可以起到规范填充的作用。尊严的生存不仅包含基本的物质需求，还包含重新融入社会的文化生活需求。"最低"是一个"极限"的表述，在规范层面划定了保障范围的底线。虽然底线之内就是灾害救助权必须完全实现的核心保障范围，只要保障水平在此之上，安定性的诉求就相对下降，但是，纵使是"极限"的规定也无法穿透规范和事实的藩篱直接与具体给付数值挂钩，后者离不开民主政治过程的形成。所以，即使规范层面确实存在最低限度保障的要求，但仍然无法直接以其作为审查是否充分作为的标准，也无法据此得出只要在此标准之上，救助的安定性就能得到保障的结论。

四、灾害救助立法安定性与变动性的紧张关系

灾害救助立法的安定性要求法律应给予救助对象合理预期，其本质不在于不能变动，而在于每次变动都处于立法充分作为的区间。由于无法依据社会救助权的核心保障范围确定一个具体的救助底线，只能转而评价立法者是否在作为可能性范围内充分作为。然而，囿于财政状况和社会环境存在

---

① 参见[德]福尔克尔·埃平、塞巴斯蒂安·伦茨、菲利普·莱德克：《基本权利》，张冬阳译，北京大学出版社 2023 年版，第 295 页。
② 参见王锴：《论宪法上的一般人格权及其对民法的影响》，载《中国法学》2017 年第 3 期，第 105—106 页。
③ 参见陈征：《宪法中的禁止保护不足原则——兼与比例原则对比论证》，载《法学研究》2021 年第 4 期，第 71 页。

不确定性，灾害救助水平和范围的变动属于现实需要，立法变动性与安定性的紧张关系在救济程序中表现为灾害救助权的规范效力和立法形成空间的冲突。

（一）灾害救助立法变动性的现实需要

根据《社会救助暂行办法》的规定，基本生活受到自然灾害严重影响的人员可以申领灾害救助。灾害发生后，县级以上人民政府或者人民政府的自然灾害救助应急综合协调机构应及时提供应急救助；灾害危险消除后，受灾地区人民政府应急管理等部门应当及时核实本行政区域内居民住房恢复重建补助对象，给予资金、物资等救助，并为因越冬或春荒而导致基本生活困难的人提供基本生活救助。救助资金由财政提供，资金和工作经费纳入财政预算。如果实践中主管部门以财政资金缺乏为由降低救助水平，则救助对象是否可以主张救济？问题的实质是立法者可否恣意地变动灾害救助的给付水平和范围，是否存在规范立法形成空间的矫正机制？

根据《预算法》第 6 条的规定，用于保障和改善民生的收支应列入以税收为财源的一般公共预算，同推动经济社会发展、维护国家安全、维持国家机构正常运转等方面的收支预算并列，预算审批机构享有如何在并列的国家任务之间分配财政资金的预算决定权。预算分配的变动性对应了现实需要，因为财政状况和客观经济环境一直处于动态变化中。一方面，灾害救助是国家财政向救助对象提供的单向给付，地方政府年度财政收入状况并不稳定，不可预测的灾害发生频次对财政资金的需求也不尽相同，极难确定一个恒定的灾害救助支出数值或比例。另一方面，往年确定的救助范围和给付水平可能因突发自然灾害的规模、破坏性的不同而变得过窄或过低，因此，立法者当时所欲达成的保障程度可能相对下降。如果在财政状况允许的情况下，立法者还是想要达成之前的保障目标，那么也会产生变动性的需要。当然，此时灾害救助对象对立法变动性的需求也极高，不过目的是维持先前给付的购买力所能保障的生活预期，本质的诉求依然是先前给付的安定性，即保障生活水平的稳定，而不是维持特定的给付数值。

（二）灾害救助权的规范效力与立法形成空间的张力

1. 立法者保有较大的灾害救助立法形成空间

灾害救助权的保障范围有赖于立法形成，加之变动性的现实需要，立法者保有较大的形成空间，救助对象对立法安定性的诉求暂无普通法律层面的请求权基础。社会给付的成因不同，所形成的给付形态、财务结构、关联权利亦不相同，立法者相应的形成空间也有所不同。目前，我国的灾害救助体系主要由《自然灾害救助条例》《突发事件应对法》《社会救助暂行办法》等构成。如前所述，行政机关对于灾害救助的范围、水平的调整享有巨大的裁量权，诸如自然灾害救助等也需行政机关依职权及时作出响应。从财源上看，预算上单独编列的社会保险以投保人缴纳的保费为主要财源，属于相对给付；而灾害救助金由财政支付，预算编列于一般公共预算，属于单向给付，这无疑又巩固了裁量行为的正当性。根据《社会救助暂行办法》第65条的规定，救助对象只能对救助管理部门的具体行政行为提起行政复议或行政诉讼，《救助法草案》第70条也采取了同样的规定。

然而，这只是将申领灾害救助默认为国家履行客观法义务而获得反射利益的结果，过去行政立法并没有将社会救助权视为法定权利。[1] 实现"保障公民基本生活、促进社会公平与维护社会和谐稳定"的目的，客观上有利于特定的个人，但并无扩大权利领域的意图，救助对象仅是公权力积极作为的客体，其获取的只是反射利益。但该观点无法解释的是，为何这种所谓的反射利益有如此个人化的特征，以至于只有特定的人才享有请求权？为什么只有请求权被损害的人才有权提起行政诉讼，而第三人不被允许？提起行政诉讼是为了维护自身利益还是公共利益？[2]《救助法草案》第2条已明确规定社会救助权属于法定权利，尽管请求范围仅限于具体行政行为。

---

[1] 参见杨思斌：《社会救助立法：国际比较视野与本土构建思路》，载《社会保障评论》2019年第3期，第128页。

[2] 参见［德］格奥尔格·耶里内克：《主观公法权利体系》，曾韬、赵天书译，商务印书馆2022年版，第83页。

2. 灾害救助权的规范效力限缩立法形成空间的困境

灾害救助权不仅是法定权利，也是受宪法保障的基本权利。不同于自由权对立法形成空间的限缩，灾害救助权的规范效力面临更复杂的"反多数难题"。[①] 在拉德布鲁赫看来，法的安定性以正义与合目的性两项要素为基础。[②] 这两者属于法的正确性要素，在立法过程中可表现为对宪法客观价值秩序的尊重。正确性预设了可证立性，但实证法无法实现证立结果的排他性，因为应然层面的正确性将会因此被排除。所以，阿列克西进一步提出了法的二阶正确性命题，将法的正确性视为安定性与实质正确性合比例权衡的结果。[③] 也就是说，权衡不仅在法律实践中，在法律本质要素之间也发挥着作用。二阶正确性的提出是向无法完全洞察规范正确性与现实情境复杂性的妥协，在法律的变与不变之间尊重立法者保有的形成空间。鉴于超验目的的相对性，例如灾害救助涉及的分配正义，正确法无法被确认而只能通过权力确证。[④] 分配结果在价值判断存在相对性的情况下，由民主程序补强正当性。为避免政治判断侵蚀宪法判断，分类评价立法者的决策内容有助于厘清两者的界限。立法者形成空间边界的一端是将民主多数决等同于正确性，另一端则是将宪法视为基本价值秩序完全不放任立法者自主决定，实际上，宪法通过"要求"或"禁止"的规定形成的是一个在两端之间的框架秩序。立法者在框架之内，包括对框架本身的认识都保有形成空间。[⑤] 具体到某项立法决

[①] 参见［美］亚历山大·M.比克尔：《最小危险的部门》，姚中秋译，北京大学出版社2007年版，第17页。

[②] 参见［德］古斯塔夫·拉德布鲁赫：《法哲学》，王朴译，法律出版社2013年版，第82页。

[③] 参见［德］罗伯特·阿列克西：《法的安定性与正确性》，宋旭光译、雷磊校，载《东方法学》2017年第3期，第136页。

[④] 参见［德］古斯塔夫·拉德布鲁赫：《法哲学导引》，雷磊译，商务印书馆2021年版，第34—35页。

[⑤] 参见［德］罗伯特·阿列克西：《宪法性法律与一般性法律——宪法诉讼与专业法院诉讼》，杨贺译、张冀校，载宋晓主编：《中德法学论坛》（第17辑上卷），南京大学出版社2020年版，第214页。

策,决策内容可以分为事实认定、预测决定和价值判断。[①] 价值判断属于二阶正确性中对于规范应然目的的选择,应尽可能地尊重民主程序的决定。这两者都存在可审查的空间,灾害救助权的规范效力和立法形成空间的冲突也在此集中。

社会国策对立法形成空间的限缩力度较小。宪法规定国家目标这类纲领性条款,是法的安定性适应现代社会高度复杂性的必然结果。[②] 制宪者在动态社会关系中抽象出共识性目标,其所依赖的事实条件和价值判断一直处于流变之中,所以仅以概括性的规定提醒立法者列举目标相较于其他目标的优先性。那么,判断是否达到目标的前提是解释目标是什么。由于目标依赖于立法形成,难以解释出一个要求立法者必须实现的核心领域。以社会保障制度的建构为例,目标的实现以诸多财政单向给付为支撑,"必须实现"意味着财政的必然汲取和审查者对财政分配的必然干预。前者可能导致因为国策目标必须实现所以限制基本权利的手段无须论证;后者则可能引发与民主原则相违的争议。同理,社会国策也不必然禁止实现程度的倒退,因为要求大于等于特定的实现程度与划定核心领域的效果无异。

灾害救助权的主观权利属性与立法形成空间存在较大张力。宪法并未详细界定灾害救助权的规范内涵,前文也论述了其保护范围外延的模糊性,如果据此提起主观请求权,则不免引发释宪机关可以在较大范围内压缩立法形成空间的担忧。如果救助对象基于安定性的诉求频繁提起给付请求,则立法者将无法从整体上维持给付变动性。救助对象本身有要求更多给付的倾向,释宪机关若予以支持则将干预立法者对财政预算的分配。为了避免冲突,立法者会更倾向于预留作为的空间,从而导致存在作为可能性而不充分作为,否则可能因财政压力的不断叠加而不堪重负。对此,下文将探讨避免非此即彼的调和路径、寻求兼顾保障救助对象安定性诉求和尊重立法变动性现实需求的方法。

---

① 参见陈征:《论比例原则对立法权的约束及其界限》,载《中国法学》2020年第3期,第154页。
② 参见王锴、刘犇昊:《宪法总纲条款的性质与效力》,载《法学论坛》2018年第3期,第34页。

五、对降低灾害救助立法安定性的合宪性控制

鉴于财政状况的不确定性,立法者倾向于采取灵活的救助措施;相反,救助对象对立法安定性有着极高的诉求,因为灾害救助权的保障关乎生存基础。为避免救助措施变动过程中过度忽视灾害救助权的保障,应当对降低灾害救助立法安定性的措施进行合宪性控制。安定性保障的本质不在于不能变,而在于每次变动都处于充分作为的区间。评价立法者是否充分作为不能沿用审查自由权的框架,因为一旦划定自由权的保护范围,任何侵入此范围的行为都可被视为干预,而要求积极作为实现权利保障的目标却有多种行为方式。通过目的与手段的合比例性检验,可以实质上判断侵害自由权行为的正当性,而实现灾害救助目的的手段并不唯一,不充分作为所追求的替代目的也难以得知。

为协调灾害救助立法的变动性与安定性,下文将围绕以下思路渐次展开。首先,灾害救助权的保障措施依赖于立法的形成,为尊重变动性的现实需要,应当设置严格的审查作为可能性的前提条件。其次,以保障灾害救助对象的"主体性"为目的,探讨如何从实质上权衡灾害救助的上限和下限,从而厘清立法是否处于充分作为区间的尺度。再次,鉴于直接对内容进行实质审查,不免直面限制立法者预算权限的困境,下文将探讨如何以形式审查为切入点,一方面通过救助标准及其形成过程的明确性要求增加安定性,另一方面为审查救助是否充分打开空间。最后,主张由立法者对是否满足实质要求进行举证说理,弥补审查者保持谦抑带来的矫正效果不足的缺陷。

(一)严格设置审查作为可能性的前提要件

灾害救助立法安定性的本质要求不是救助给付不能变,而是要求保障稳定的生活预期,并且每一次变动的结果应处于充分作为的区间。当灾害救助需求导致财政趋紧时,可能的应对措施是调整其他国家任务的资源以提供救助增量,或是重新分配存量资源,缩减申领的资格范围,降低给付水平。要审查立法者是否在作为可能性范围内充分作为,势必要回答如何看待其他国家任务对灾害救助权的"限制",以及如何依据灾害救助权必须实现的核心

范围评价给付水平，而通常情况下，民主程序更适合回答这些问题并决定相应的财政分配。

实际上，立法者的预算决定权并不绝对，因为制宪者在宪法中规定社会救助权等一系列社会权时，就说明对实现社会权的预算决定有了规范指引。依据社会权提起请求权，症结不在于应否限制预算权，而在于解释保障范围的外延及其实现程度，于是就产生了保障社会权的实质自由原则与民主原则两相权衡的需要。阿列克西提出以下权衡模式作为满足给付请求权的条件：（1）基于实质自由原则，给付请求对维持基本生存需要具有迫切性；（2）民主原则，尤其是预算权限受到较小程度的影响；（3）与之竞争的原则规范（尤其是他人的法律自由）受到较小程度的影响。[1]要评价第一个条件的迫切程度、后两个条件的限制程度，需要先对请求标的的规范依据进行解释。然而，依据我国宪法仅能解释目的导向式的社会救助要求，并没有针对救助内容、水平等的条件式规范。[2]由于实现救助目的的手段非常多，最终只能评价立法目的与宪法要求的保障目的之间的差距。如果认为差距极小，则无须以上述三个条件为前提提起宪法层面的请求权，而只需在个案中对法律进行合宪性解释，以目的论扩张的方式填补保护漏洞；如果认为差距极大，则需解释社会救助的上限和下限的边界并以之与立法的保障程度对照，然后结合上述三个条件论证应否满足救助对象的请求。

（二）保障主体性是灾害救助的上限和下限

1. 灾害救助权的价值导向

国家提供灾害救助涉及财政的再分配，立法者是以实质自由还是以平等为导向？社会给付涉及三个层次的平等问题，即分配什么、如何分配与获得

---

[1] See Robert Alexy. *A Theory of Constitutional Rights*. Translated by Julian Rivers, Oxford University Press, 2002, p.344.

[2] 社会救助权作为原则，是在事实和法律可能性范围内最优化实现的命令，属于目的导向式规范，在权衡适用中可能得到不同程度的实现。与之不同的是，规则属于条件结构式规范，有明确的假定条件、行为模式和法律后果。参见［德］罗伯特·阿列克西：《法：作为理性的制度化》，雷磊译，中国法制出版社2012年版，第148—149页。

分配。"分配对象"直接指向的对象是财政或保险金等，本质问题是实际应将什么平等化。对此有福利平等、资源平等和能力平等三种观点。[1]"如何分配"被社会权论者经常论及，包括两个不同的立场，即机会均等和结果均等，其与第一个层次的问题相互交织。"获得分配"指涉立法者已经作出给付分配决定后，处于相同境况的公民如何得到同等对待。有观点认为社会权主要的功能在于调节不同个体间既存的、无法通过自身努力而改变的差异，从而保障机会平等。[2]灾害救助权是否如此？我们认为，救助应当以保障实质自由平等的获得实现为导向。

如果基本生存得不到保障，就无法奢谈其他基本权利的实现。法律虽然在规范上明确了公民行动可能的边界，并禁止国家乃至其他社会主体干预，但公民实际的行动可能性还取决于相应的行使条件。灾害救助保障的就是最低限度行使权利的条件，即实质自由。[3]立法者在选择以何种分配立场具体化社会救助任务时，应考虑再分配需求产生的原因。无论是机会平等还是结果平等，论者都赞同，原初的因素可归结为家庭环境与天生禀赋两个方面。机会平等的基本预设是"允许偶然且不可控的因素对人的生活造成巨大影响是非正义的"[4]。因此，对立法原则性的要求是禁止恣意地差别对待和改善弱势群体的立足点。单从这一点看，机会平等与结果平等是有区别的，因为拥有均等的机会并不必然导致福利、资源或能力在分配结果上的平等，并且以削弱优势群体的方式也可以达到结果平等。但实际上，家庭环境和天生禀赋

---

[1] 福利平等寻求偏好的满足；资源平等是指一个人合理生活计划中的需求包括权利、机会、财富的公平分配；能力平等是指个人在生存状态与生活活动中可能实现的、各种可能的功能性活动的组合得到公平分配。See Ronald Dworkin. *Sovereign Virtue: The Theory and Practice of Equality*. Harvard University Press, 2002, pp.12-13. ［印］阿玛蒂亚·森：《再论不平等》，王利文、于占杰译，中国人民大学出版社2016年版，第93—96页。

[2] 参见刘馨宇：《宪法社会权性质的教义学探析》，载《中外法学》2022年第3期，第788页。

[3] 参见［德］亚历山大·彼得林等：《社会福利国家与社会民主主义》，董勤文、黄卫红译，格致出版社2021年版，第4页。

[4] ［美］戴维·斯特劳斯：《机会平等与结果平等截然不同吗？》，陈博译，载《残障权利研究》2015年第2期，第215—216页。

都是偶然的因素，性别、种族等是个人无法改变的本质特征，即使个人资质可以改善，后天的生活情境也并非个人可控。所以，既然两个原初要素均无法改变，那么以机会平等之名促进立足点平等的努力，无异于以结果平等之名缩小分配结果的差距。

保障救助对象实质自由实现的机会可以继续在形式和实质平等这一对概念中进一步展开。市场经济模式天然利于劳动能力强的人，劳动能力（暂不考虑机遇等个人完全无法控制的偶然性因素）是个人获得报酬的本质要素，《宪法》第6条第1款规定的各尽所能、按劳分配原则对本质上相同的群体给予了同等对待。此原则只保障了形式平等，第6条第2款补充了多种分配方式并存的规定。灾害救助起到了促进实质平等、保障弱势群体机会平等的作用。那些欠缺劳动能力，即凭借自己的能力无法对抗社会风险或无力维持生活的人，通过社会救助可以获得超越其劳动能力的报酬。立法者通过财政重分配帮助他们对抗了阻碍实质自由实现的因素，促进了维持自我决定、自我负责生活状态的机会平等。

鉴于资源的有限性，差别对待的措施只有补强正当性论证，才能保障作为基本分配框架的形式平等。家庭环境和天资禀赋对劳动能力的影响属于不可控、需要差别对待的因素，那么个人责任又如何影响实质自由实现的机会呢？

2. 灾害救助保障上限的权衡

对于天赋资质不无疑问的是，虽然后天的生活情境并非个人可控，但个人主观的因素能否发挥作用？据此可进一步追问的是，促进机会平等的社会政策如何对待个人责任？这一问题对社会给付立法中如何对待有自助能力但依然寻求协助的行为具有重要意义。个人主观的努力程度与生活目标的选择可以影响天赋资质在客观环境中的改变程度，如果认为努力程度与目标选择实际上也是受先前的过程和事件决定（决定论）的，那么个人至少负有判断责任。[①] 结合"分配对象"的问题，如果以福利平等即满足偏好为目标，那

---

① See Ronald Dworkin. *Justice for Hedgehogs*. Harvard University Press, 2011, pp. 220, 224-225.

么便忽略了个人责任的问题。例如,基于福利平等的观点,弱势群体的偏好实际容易得到高强度的满足(因为他们迫于环境压力被动降低了预期),所以不应得到过多的补偿。反观优势群体存在一些昂贵的偏好,假设他们与相对弱势群体拥有相同的资源,此时仅需满足基本生存需要的弱势群体应将富余的资源分给优势群体才能符合福利平等的要求。[①] 然而,弱势群体对自己的偏好没有选择余地,亦不存在个人责任,所以应当给予满足。资源和能力平等都可以将个人的选择责任纳入其中,[②] 对于因家庭背景和自然天赋这些偶然的、客观的因素而限制了自我在社会中的实现,应当给予矫正,对个人主观因素导致的不平等则不应干预。

　　灾害救助作为一种补充性或兜底性的保障措施,目的是给无法以自己的能力参与社会生活,或处于紧急的、特殊的境遇而无法自助也无法从其他方面获得协助的弱势群体提供救助。也就是说,救助的目的在于保障符合人性尊严的生存基础,目标在于协助其自助。灾害救助的补充性除了上述意义之外,还在于恪守辅助性原则。首先,个人对自我生存条件和自我实现负有责任,如前述国家采取促进机会平等的措施,应当区分客观的偶然性因素与主观的属于个人责任范畴的因素。其次,着眼于整体法律秩序,家庭成员间尚负有抚养、赡养等扶助义务,灾害救助提供的保障应在此之后。最后,社会自治或市场调节能够形成的保障亦应处于优位。社会主义原则蕴含了保护弱势群体的目标,但并未明确要求由谁来实现,亦未要求国家处处优于市场、社会和个人。[③] 所以,灾害救助应当处于自助、私法上的其他给付主体的给付序列之后。

　　2014年颁行《社会救助暂行办法》时,我国社会救助的理念尚未完全明

[①] See Ronald Dworkin. *Sovereign Virtue: The Theory and Practice of Equality*. Harvard University Press, 2002, p.12.
[②] 参见[英]鲍勃·赫普尔:《平等法》,李满奎译,法律出版社2020年版,第48—49页。
[③] 参见陈征:《国家从事经济活动的宪法界限——以私营企业家的基本权利为视角》,载《中国法学》2011年第1期,第108页。

确，救助制度碎片化，国家在社会救助中的法律义务也尚未定型。[1]2020年，《救助法草案》第1条对社会救助的内涵重新进行了阐释，即国家履行社会救助义务，是"为了保障公民的基本生活，使公民共享改革发展成果，促进社会公平正义，维护社会和谐稳定"。明确获得社会救助是公民的一项权利而非恩赐，公民在依靠自身努力难以维持基本生活的情况下，可依法从国家和社会获得物质帮助与服务。对目的和目标的规定限定了社会救助手段与实现程度的选择，立法目的中的"基本生活"应当解释为以保障符合人性尊严的生存基础为给付底线，随着"改革发展成果"的丰富，保障的内容还应从物质保障延伸至文化生活的保障。而保障的延伸、给付水平的提高还应受到"公平正义"的限制，即不能忽略个人责任因素、社会救助以协助自助为给付上限。

由于客观条件难以改变，许多促进机会平等的措施实际与促进结果平等并无二致。不过促进不等同于完全实现结果平等，因为个体的偏好不同，责任也不同。如果灾害救助给付使个体产生依赖、丧失责任感，则实际间接限制了个人自我决定的空间。灾害救助给付主要源自其他人所负税款，长期依靠自立的共同体成员负担自己的基本生活本身也是对个人尊严的减损。并且给付越多，附带的引导条件以及需要的税收供给便越多，由此形成一个"干预螺旋"。所以，审慎地制定灾害救助的附加引导条件，尽职核查申领者的基本生活条件，不仅是为了避免冒领，更是对个人主体性的负责。

3. 灾害救助保障底线的权衡

灾害救助权保障的是符合人性尊严的生存基础，属于社会给付制度的保障底线。最低生存保障是否存在一个最低给付限度以限缩立法机构的作为的可能性？根据《宪法》第14条第3款、第4款的规定，社会保障制度的建构应同经济发展水平相适应，发展所要改善的目标包含物质和文化生活。由此，灾害救助所提供的最低限度的保障也不应局限于最低限度的物质给付，还应包括不至于与社会脱节的文化生活保障。至于"最低限度"与"经

---

[1] 参见谢增毅：《中国社会救助制度：问题、趋势与立法完善》，载《社会科学》2014年第12期，第92页。

济发展水平相适应"是否单纯成正比关系，可以追问以下两个问题：如果把有限的灾害救助金广泛地分配给申领对象，但给付极其不足是否合理？当经济下行、财政压力越大（此时救助需求反而也越大）时，救助给付水平相应降低是否合理？两个问题的答案都指向了在"适应"的同时应当有一个最低限度。

我国签署的《经济、社会及文化权利国际公约》也对最低限度作出了规定。根据公约第 19 号一般性意见，第 9 条规定的社会保障应与第 2 条第 1 款作体系解释，要求缔约国承担核心义务，以便确保最低限度地保障公约所规定的所有权利。"核心义务"具体包括：a.……在经过广泛协商之后，选择一组核心的社会风险和突发情况；b. 确保人人有权在没有歧视的基础上参加社会保障制度或计划，特别是处于不利地位的和被边缘化的个人与群体等六项义务。[①] 然而，该规定仍然无法让审查者准确地界定最低限度保障。例如，应当通过政治选择还是由释宪机关基于权利确定一组核心的社会风险和突发情况？以资源紧缺为由给社会保障项目排序、差别对待不同给付权利主体是否正当？这些问题又指向了应当尊重立法机构可能性保留的空间。

实际上，"最低限度"虽然是以绝对值的方式描述，但并不对应任何一个具体的给付值，同"与经济发展水平相适应"也并非非此即彼的关系。只有保障行使条件，权利主体才有可能参与民主政治享有法律自由。"最低限度"实际起到了保护代议制程序中少数弱势群体的作用，即监督少数群体高强度的社会救助偏好是否在审议中被多数决忽略。是否达到最低限度的要求不在于决策结果，而在于决策程序。[②] 即使无法将规范层面的"最低限度"与实证层面的"最低限度"画等号，其保障个人自主生活的目标依然可以实现，因为自主很大程度上取决于稳定的社会生活预期。若保障个人对社会救助给付的稳定预期并辅以变动的过渡措施，则此时的给付水平就可以暂时视

[①] See CESC R, General Comment No. 19: The Right to Social Security (art. 9), E/C. 12 / GC /19.

[②] 参见 [美] 约翰·哈特·伊利：《民主与不信任》，张卓明译，法律出版社 2018 年版，第 190—191 页。

为满足最低限度,从而尊重了可能性保留原则。① 至于给付是否实质性处于充分作为的区间,下文将要探讨可否将重心放在立法者的事实认定和预测决定上,避免直接限制预算权限。

(三)审查救助标准及其形成过程的明确性

如果直接对救助内容是否处于充分作为区间进行实质审查,不免直面干预预算权限的困境,可以先从形式上探讨如何保障救助对象的生活预期。从法安定性的静态面审视,除资格范围和给付水平本身应保持稳定外,法律文本对此的描述是否清晰明确、主管部门的裁量空间是否可被预见都是影响预期的因素。从法安定性的动态面审视,如果变动不可避免,那么如何评价变动是否保障了信赖利益、可否要求制定机关公开救助标准的形成过程即评估模型和调查数据,以便救助对象理解立法者对最低限度给付的考量,并据此形成变动预期。

1. 法律明确与授权明确性原则的要求

法的安定性原则在形式上的要求是实证法设置的规则条件清晰明确,以充分保障公众对行为后果的预见可能性。不同于原则规范,规则是以全有或全无的方式规定。② 规定越清晰明了,越有利于预期秩序的形成。但为了适应迥异的个案情境,不可避免地会使用不确定性法律概念、概括性条款和授予裁量余地等,从而向一般性妥协。③ 实证法的这种内在张力无疑也会在灾害救助立法中产生。

"明确性"问题可以分为两个层次,包括法律本身的明确性,以及授权立法的明确性。法律明确性原则的核心要求是"可预见",针对不同的对象可衍生两项要求。在灾害救助立法中,第一项要求面向社会救助对象,要求

---

① See Lino Munaretto. *Der Vorbehalt des Möglichen Öffentliches Recht in begrenzten Möglichkeitsräumen*. Mohr Siebeck, 2022, S.341.

② 参见[美]罗纳德·德沃金:《认真对待权利》,信春鹰、吴玉章译,上海三联书店2008年版,第44页。

③ 参见[德]卡尔·恩吉施:《法律思维导论》,郑永流译,法律出版社2014年版,第148—149页。

应合理告知救助的程序、类型、资格范围和给付水平等。"合理"涉及程度的判断,存在"一般理性人标准"和"法律人标准"两种观点。前者对明确性的要求更为严格,后者对一般性作出更多妥协,认为法律若能通过法律咨询得以理解依然满足明确性的要求。两种标准瑕瑜互见,不过灾害救助立法更适合采取一般理性人标准。因为,一方面,救助对象处于生活窘迫的困境,无力求助于法律咨询。如果专业化门槛设置过高,那么他们对于救助安定性的预期还要依托于法律人的辅助。另一方面,采取法律人标准间接增加了执法者的裁量空间。如果相关救助条件的明确性意涵都交给执法和司法机关解释,那么立法者会更加倾向于降低明确性标准。"可预见"的第二项要求针对的是救助执行机构,要求规则设置清晰明确以约束恣意裁量。如果申领条件的表述多以概括性条款表述,将可能导致主管机构选择性实施,从而导致申领者无法按照救助目的平等获得给付。

  法律明确性原则约束了执法者的恣意裁量,授权明确性原则进一步对直接授予的裁量空间进行限制。授权明确的前置问题是哪些事项可以授权。因社会结构的复杂性日益发展,故立法机构无法事无巨细地规定所有事项,不仅要向一般性妥协,授权立法也成为常态。传统观点主张干预保留,给付行政这种积极促进国家目标的形态并不在授权禁止之列。基于议会至上思想提出的全面保留说,将给付行政在内的所有领域都纳入法律保留的范围。不过,鉴于国家任务的复杂性,全面保留说最终被更具适应性的"重要性理论"取代。[1] 重要性理论用一个阶梯结构重新界分了法律保留原则的适用范围,要求影响基本权利实现的重要事项应当由立法者规定。与范围对应的是调整密度,对公民基本权利影响越大、越紧迫,该事项就越重要;社会问题越充满争议,法律调整就应当越精细、越严格。[2] 由此衍生的议会保留原则要求限制基本权利的措施不能授予行政立法规定,立法者必须对限制前提、情形、

---

[1] 参见王贵松:《行政活动法律保留的结构变迁》,载《中国法学》2021年第1期,第131—135页。

[2] 参见[德]哈特穆特·毛雷尔:《行政法学总论》,高家伟译,法律出版社2000年版,第110页。

后果等作出规定。对基本权利影响的强度越大，法律就应当越明确具体。[①]

类似灾害救助的给付行政是否属于"重要"事项不无争议，因为给付毕竟不同于传统干预行政的直接侵害，并且由严格的立法审议决定每项给付措施限制了行政机关作为的灵活性。现实问题是，由行政机关设定拒绝给付的条件或提供法律规定之外的救助是否正当？目前我国灾害救助资金和工作经费纳入财政预算，但是预算计划只能一般性地确定给付目的，谁可以在何种条件下获得多高的水平的救助并附带什么义务需要明确的分配规则，这些规则决定了社会救助权的实现程度。基于自由需要通过国家得以实现的社会权思想，拒绝提供给付造成的损害并不亚于对财产权或其他自由权的侵害。如拒不提供助学金可能导致学生辍学，与限制自由权的效果类似。[②] 所以，授权明确性原则应同样适用于灾害救助立法。

2. 审查救助标准评估程序及其事实认定的依据

如果社会救助立法达到了静态面的明确性要求，还需进一步从动态面审查法律的存续性和稳定性，法律提供行动预期的信赖基础正源于此。灾害救助立法有变动性的现实需要，如果直接对变动结果进行实质审查，则可能无法展开是否处于充分作为区间的评价；如果将审查对象从变动之后的立法结果向决策过程和依据前移，则可以更好地兼顾变动性和安定性的天平。

灾害救助给付的资格范围、给付水平依赖于一系列实证指标，如最低生活保障标准、灾害救助支出占国民总收入的比例等。然而，这些实证指标目前并没有一个公认的计算方法，对于物质基础保障和文化生活保障也没有普适的量化分析公式。但这并不意味着不存在判断立法者是否充分作为的审查方法。灾害救助立法的原则到规则的设置是明确性不断增强的过程，《宪法》第14条第4款对社会保障制度建构的总体要求是与经济发展水平相适应，《救助法草案》第4条循此规定，并进一步以"保基本、兜底线、救急难、可持续"为原则。原则性的规定具有提取公因式、结果导向式的特征，不可

[①] See Erhard Denninger. Judicial Review Revisited: The German Experience. *Tulane Law Review*, 1984-1985, 59（4）: 1018.

[②] 参见［德］哈特穆特·毛雷尔：《行政法学总论》，高家伟译，法律出版社2000年版，第113页。

避免地需要使用不确定的法律概念。而对分则中的具体规则而言，就需要对何谓基本、底线等进行阐释。纵使没有普适性的实证标准，也应说明在本行政区域内确定资格范围和救助水平的依据、程序是什么，以及在此过程中是否考虑个体属性多样化匹配并选择不同的救助内容，[1]是否考虑客观环境的变化导致给付水平的相对变化如消费者价格指数等，并对变动的计算方法予以说明。立法者对于灾害救助权实质上得到多大程度的实现享有较大的形成空间，但是实证标准形成的过程具有审查的可行性和正当性。

立法者如果将最低生存保障的评估模型、变动程序以可理解的方式公开，[2]则既可以增加救助对象生活预期的稳定性，又可以避免对变动性的过度限制。透明的变动程序让审查者对立法的事实认定和预测决定进行实质审查成为可能，下文将继续讨论。如果立法者未按照公布的变动模型进行调整，则可视其为矫正对象。事实上，在我国社会救助实践中已经存在主动公开变动模型的先例，如果在法律层面将其制度化，则可以更好地保障安定性。例如，重庆市、上海市等相继公开了社会救助和保障标准与物价上涨挂钩联动机制的地方规范性文件。[3]国家发展改革委等部门也在2021年对联动机制作出了进一步规定。[4]未来，如果在社会救助法中加入相关规定，则可以积极吸纳实践中的有益成果。

（四）立法者对保障程度负有举证说理义务

要求公开灾害救助的变动评估模型，将审查对象从法律往前追溯到了"立法说明"。根据立法说明，审查者可以更加准确地识别救助漏洞，结合目

---

[1] 参见金昱茜：《论我国社会救助法中的制度兜底功能》，载《行政法学研究》2022年第3期，第150页。

[2] 例如，德国联邦宪法法院哈茨四判决一方面承认了最低生存保障请求权，另一方面将审查重点放在了救助标准形成的程序上。Vgl. BVerfGE 125, 175.

[3] 参见《重庆市人民政府关于进一步完善社会救助和保障标准与物价上涨挂钩联动机制的通知》《上海市发展和改革委员会、上海市民政局、上海市财政局等关于进一步健全上海市社会救助和保障标准与物价上涨挂钩联动机制的通知》。

[4] 参见《国家发展改革委等部门关于进一步健全社会救助和保障标准与物价上涨挂钩联动机制的通知》。

的论等解释方法对基于平等权的衍生给付请求权进行保护。由于救助立法已经存在配套的预算计划，可以较好地避免与预算决定权的冲突。同时，详细的说明也使合理性审查成为可能。

1. 可信赖性与合理性的不同审查强度

灾害救助立法变动性的需要源自经济环境和财政状况的不确定性，立法者难免要基于当年的事实认定对未来的给付作出预测决定。德国联邦宪法法院在实践中发展出了事实认定与预测决定的三阶审查强度理论，包括明显性、可支持性和强烈内容审查。立法者在不同程度上享有的评估特权，取决于所涉及的事务领域形成确信判断的可能性，以及调整法益的重要性。然而，在之后的判决中，宪法法院动摇了三阶理论，提出立法者的预测应当是可信赖的，且应当以一般合理的方式对待评估的形成空间。[①] 为此，立法者必须运用所能取得的、能够为保护方案提供可被信赖的预测材料，并对其进行审慎分析以确定是否支持立法评估。可信赖性预测比一般合理性预测对立法者的要求更高，相应的审查强度也更高。为评价可信赖性，宪法法院实际已经开始经常性地回溯立法程序中的过程，并将"最佳方法立法作为立法者的义务"。[②]

原则上，合宪性审查的对象应该是立法的"结果"，而非立法过程中的依据。鉴于灾害救助对象对安定性有着极高的诉求，立法者不仅应当公开评估模型，对于模型的合理性或可信赖性还负有举证和说理义务。目前，我国已经存在主动公开社会救助和保障标准与物价变动的联动机制。未来，在合宪性审查中可进一步要求立法机关公布更多的事实认定依据，并就联动机制能否保障救助对象的生活预期、是否实质上处于充分作为区间进行举证和说理。如果预测决定审慎合理，但是由于客观原因无法实现预期的救助目标，则立法者应当负有修正义务。[③] 由此，既尊重立法的形成空间，又可以增强

[①] 参见［德］克劳斯·施莱希、斯特凡·科里奥特：《联邦宪法法院：地位、程序、裁判》，刘飞译，法律出版社2007年版，第546页。

[②] 参见［德］克劳斯·施莱希、斯特凡·科里奥特：《联邦宪法法院：地位、程序、裁判》，刘飞译，法律出版社2007年版，第548页。

[③] 参见陈征：《论比例原则对立法权的约束及其界限》，载《中国法学》2020年第3期，第158页。

审查结果在救助措施优化中的作用。

2. 立法者与审查者在救助措施优化中的互动

立法者公开变动模型并进行举证说理，增加了其与审查者的互动。通过要求立法者举证说理，将立法者置于审查程序的论证说理模式中，要求他们按照审查者的思路进行推理，即审视立法决策的合理性。[①]将审查对象延伸至灾害救助标准的形成过程，并由立法者举证说理，有效限制了能动主义审查，由此避免了审查者不顾资源的有限性和分配权限，直接以灾害救助权必须实现的核心范围去评价救助措施的实质正当性。规范层面要求的最低限度保障实际转化成了评价国家是否在作为可能性范围内允分作为，救助措施是否具有可信赖性，附带义务对救助对象而言是否具有期待可能性等。立法者与审查者的对话可以反映到下次修法的立法审议中，合宪性审查的意见可在审议环节更好地呈现社会救助权实现的偏好强度，从而优化立法者在决策裁量中的权衡。

六、结语

调和灾害救助立法的安定性和变动性的紧张关系，本质上是在权衡合宪性审查机构对灾害救助权的保障和立法形成空间的界限。传统观点认为，灾害救助只是一种"反射利益"，不具有可诉性，对于给付水平和资格范围更无申领者置喙的空间。该观点建立在否定灾害救助权具有规范效力乃至具有主观权利属性的基础上，理由是灾害救助及其他社会权的完全实现不符合资源稀缺性的现实，且资源的分配权限应由民主代议制机构享有，少数公民通过合宪性审查影响预算有违民主原则。实际上，宪法规定了灾害救助权就表明相关的预算分配不能完全由简单多数决定，灾害救助权在规范层面要求最低限度的给付并保障变动的合理预期。立法者保有规定灾害救助制度同"经济发展水平相适应"的形成空间，灾害救助权的规范效力对立法形成空间的

[①] See Xenophon Contiades, Alkmene Fotiadou. Social Rights in the Age of Proportionality: Global Economic Crisis and Constitutional Litigation. *International Journal of Constitutional Law*, 2012, 10（3）: 669.

限缩可以从形式和实质两个方面审查。诚然，规范层面的探讨并不能将给付的上限、下限和实证的救助线画上等号，但可以促使立法机关审慎对待救助的事实认定和预测决定。当前，我国正在积极推进社会救助立法，鉴于经济环境的变动、突发自然灾害等因素可能造成财政压力和救助需求的变化，应当前瞻性地设计调和灾害救助立法安定性和变动性的机制。由立法者提供公开透明的最低生存保障评估模型，并对支撑该模型的调查数据及其合理性进行举证说理，可以更好地实现协助救助对象自助的立法目标。

第八章
灾害救助的集体给付请求权

林鸿潮　周　俊

摘要： 在灾害救助中，介于公共利益和个体利益之间的集体利益因存在如何界定与代表的难题，往往被两个端点掩盖而缺乏单独保障。随着主观公权利自我实现的条件越来越具有社会连带性，个人相对于国家积极地位的请求权也从保护免予干涉的自由延伸到保障实质自由的实现。灾害救助中实际存在诸多可以惠及个体成员却不可分割的集体利益，基于给付义务产生的不同法理基础和实证法律关系，可以识别出补偿因灾害应对所作特别牺牲的补偿请求权、由生存照顾延伸的复建社会基础设施请求权、由平等权衍生的复兴经济基础设施请求权，以及为实现实体性集体给付请求权所必要的程序性集体给付请求权。灾害救助集体给付请求权所主张的公共基础设施都具有极强的"属人性"特征，集体成员可将"个人权利及其实现的必要条件"作为实体请求权的基础并参与到救济程序中。灾害救助集体给付请求权的实现未必需要"增量"的救助资源，只需优化"存量"资源的配置，便可有针对性地保护集体利益。

一、引言

2023 年 7 月末至 8 月初，京津冀、东北地区等相继发生特大暴雨洪涝灾害，我国在当年第四季度增发 1 万亿元国债，重点用于教育、医疗、交通、水利等基础设施的灾后重建，水库除险加固、河道治理等工程建设，以及受灾地区高标准农田建设的补助等方面。此次增发的国债资金全部按项目管理。① 依据自然灾害救助相关法律法规，国家负有生存照顾义务，受灾人员依法享有给付请求权。但不无疑问的是，特定灾害救助项目所覆盖的集体即共同使用特定社会、经济基础设施的集体以及因其他行政任务所形成的集体，是否享有灾害救助集体给付请求权？传统观点并不承认集体乃至个人的给付请求权，仅将包括灾害救助在内的社会救助视为人道义务，亦未将权利保障作为救助的逻辑起点。② 受灾人员在灾害救助中获得的只是国家维护社会秩序所形成的反射利益。已进入立法议程的社会救助法顺应社会救助由人道义务向法定义务转变的法理变迁，确立了社会救助的权利属性，个人的灾害救助给付请求权也已得到广泛承认。个体私益与公共利益经常被视为讨论主观公权利的一对范畴，介于两者之间的集体利益则往往被这两个端点掩盖。在公益与私益对立或私益被公益吸收的理论预设下，无法准确识别出集体利益并对其施加有针对性的保护。③ 但即使基于公益与私益并存论，④ 也存在集体利益如何界定、由谁代表主张等难题。例如，共同使用特定社会和经济基础设施的集体是否具有从客观法保护的公共利益中分解出来的类型化利益？灾害救助资源的分配最终由政府决策，特定集体的救助需求如何上升为权利需求，从而以请求权的方式对应政府的给付义务？即使能够识别出特定集体，在没有常态化意志形成机构的情况下，应当由谁代表集体主张给付请求权？

探究上述问题既能更加清晰地呈现公共利益、集体利益和个人利益的关系，又能对以往被忽略的集体利益进行有针对性的保护，还能厘清有限救助资源分配中形成的行政法律关系，从而更好地实现灾害救助的目的。

---

① 参见《国家发展改革委：增发国债资金全部按项目管理》，载中国政府网 2023 年 10 月 25 日，https://www.gov.cn/lianbo/bumen/202310/content_6911864.htm，2024 年 8 月 6 日访问。

② 参见［美］戴安娜·M.迪尼托：《社会福利：政治与公共政策》（第七版），杨伟民译，中国人民大学出版社 2016 年版，第 81 页。

③ 参见王贵松：《作为利害调整法的行政法》，载《中国法学》2019 年第 2 期，第 98 页。

④ 参见陈新民：《德国公法学基础理论》（上卷），法律出版社 2010 年版，第 252 页。

灾害救助是秩序行政向给付行政延伸的一项典型任务，有限资源的公平分配、给付提供的稳定性和给付质量等都是重要的规范利益，而主观公权利的创设、行政自我拘束原则的确定、授益处分及其存续力等，便是行政法应对上述规范需求作出的回应。[1] 行政机关在履行给付义务过程中需要依法对个人利益、集体利益和公共利益进行调整，由此形成经行政机关调整后的利益分配法律关系。为进一步探究灾害救助中的集体利益如何识别与保护，是否可以将特定集体的救助需求以集体给付请求权的方式主张，本章将结合灾害救助中的行政实体法律关系、程序法律关系和救济法律关系，渐次厘清国家在灾害救助中承担了哪些类型的给付义务；这些义务呈现出怎样的多元利益分配结构；是否可以从这些客观法义务中分解出特定的集体利益，并以之作为建构集体给付请求权的基础；以及请求权是否具有实现的可能性。

二、灾害救助中的国家给付义务

灾害救助给付义务不同于保护公民人格自由发展的空间免予被过度限制的义务，后者属于先验的自由权科以的义务，而前者要求国家保障能为特定行为的自由并以财政分配为支撑。因此，灾害救助给付义务不仅要有法理依据，更要有实定法依据。依据实定法厘清灾害救助中的国家给付义务并进行类型化分析，有助于厘清灾害救助给付请求权对应的义务类型，并为探讨可以从哪些公共利益指向的客观法义务中分解出集体利益奠定基础。

（一）灾害救助中国家给付义务的来源

在上一章的论述中，已经就灾害救助义务的性质、获得灾害救助的权利属性以及宪法依据进行了探讨。灾害救助经历了从人道义务向法定义务的嬗变，公民获得灾害救助也从一种反射利益上升为可依法主张的权利。宪法社会国策以立法委托的形式科以立法者作为义务，要求立法者建立健全同经济

---

[1] 参见［德］施密特·阿斯曼：《秩序理念下的行政法体系建构》，林明锵等译，北京大学出版社2012年版，第158页。

发展水平相适应的社会保障制度。社会国策条款科以的客观法义务以保障基本权利的实现为依归，物质帮助权是社会保障国策应促进实现的重要目标之一。对于灾害救助是否属于物质帮助权保障范围的争议，前文也进行了澄清。物质帮助权条款旨在为虽竭尽所能却因客观因素无法维持基本生存的公民提供帮助。突发自然灾害给予受灾区域的损害是个人无法抵抗的因素，因此，通过客观目的解释等可以将受灾人员纳入物质帮助权的主体保障范围。以人性尊严的保障为基础，处于法秩序顶端的宪法持续将社会国策以及物质帮助权的规范要求注入实证法秩序，并通过实证法完成灾害救助权利义务关系的配置。

《突发事件应对法》和《自然灾害救助条例》等搭建了我国灾害救助法律体系的基本框架。两部法律规范概括了三重立法目的，包括规范"突发事件应对活动""自然灾害救助工作"；保障受灾人员生命财产安全和基本生活；维护安全和社会秩序。如果不确立救助的权利属性，并通过立法完成权利义务关系的配置，救助对象仅可能被视作为实现三重目的而进行灾害救助管理的客体。[①] 已进入立法议程的社会救助法明确肯定了社会救助的权利属性，待立法正式颁行后，作为特别法的灾害救助立法应以权利保障为导向重构立法体系，在执法和司法过程中的解释与裁量也应以权利保障为基准。当然，灾害救助中的国家给付义务并不必然与公民的权利完全对应，厘清其规范依据之后，尚需进一步区分客观法义务和与主观公权利对应的义务。

（二）灾害救助给付义务的类型化分析

为了尽可能厘清灾害救助义务的个人利益、集体利益和公共利益保护指向，有必要先根据既有的灾害救助法律体系类型化分析不同的给付义务。基于既有的灾害防治实证法体系，可以归纳梳理出基于两种目的的四种给付类型。两种给付目的分别以保障实质自由与促进实质平等为价值导向，前者以

---

① 参见栗燕杰：《社会救助领域的公众参与：原理、规范与实践》，载《社会保障评论》2018年第3期，第77页。

创造权利在事实上得以实现的条件为目的，①后者旨在从资源、福利和能力等方面寻求再分配的平等。②给付目的不同，保障程度以及授益的指向性也有所差异，根据不同的给付目的可以归纳出以下四种类型的给付义务。

1. 为个人提供基本生活保障

灾害救助最直接的目的是为受灾人员提供基本生活保障，这种给付义务源自《宪法》物质帮助权的规定。如果公民的基本生存条件无法得以维持，即使享有其他自由权也没有行使的条件。灾害属于个人竭尽所能却无法排除的客观原因，公民因此陷入无法维持自我负责、自我决定的生活状态，可向国家主张最低生活保障给付请求权，以维持符合人性尊严的生存基础。例如《自然灾害救助条例》规定，受灾地区人民政府应对受灾人员进行过渡安置；统筹制定居民住房恢复重建规划和优惠政策；当地应急管理等部门应向符合申领条件的救助对象发放住房恢复重建补助金和物资，住建部门也应提供必要的技术支持；自然灾害发生后的当年冬季、次年春季，当地政府应为生活困难的受灾人员提供基本生活救助。③据此，公民于宪法上的物质帮助权被具体化为义务指向明确的法定给付请求权。

2. 补偿因灾害应对所作特别牺牲

应急财产征用的补偿义务与补偿给付请求权对应，其正当性源自宪法财产权和平等权的保护要求。伴随个人的生存状态从通过私有财产权满足生存条件到生存条件形成社会连带性的转变，私有财产权也经历了从所有权绝对原则向负担社会义务的功能变迁，④但超出社会义务的特别牺牲应当予以补偿。如果紧急权力的合法行使给相对人的财产权造成侵害或负担，并与他人财产权所受限制相比显失公平且不具有期待可能性，便可基于平等原则产生补偿给付请求权。非财产性损失如生命、健康、隐私等，如果构成超出界限

---

① 参见［德］亚历山大·彼得林等：《社会福利国家与社会民主主义》，董勤文、黄卫红译，格致出版社2021年版，第4页。

② See Ronald Dworkin. *Sovereign Virtue: The Theory and Practice of Equality*. Harvard University Press, 2002, pp.12-13.

③ 参见《自然灾害救助条例》第10条、第18条、第19条、第21条。

④ 参见张翔：《财产权的社会义务》，载《中国社会科学》2012年第9期，第107页。

的特别牺牲也属于补偿之列。①《突发事件应对法》和《自然灾害救助条例》将应急征用补偿作为法定义务，明确规定县级以上人民政府及其灾害救助应急综合协调机构可在本行政区域内紧急征用，应急工作结束后应当依法依规进行补偿。②《防洪法》也规定，包括分洪口在内的河堤背水面以外临时贮存洪水的蓄滞洪区，蓄滞洪后应依法予以补偿或救助。③

3. 复建社会基础设施

除指向个人的灾害救助以及对个人的人身和财产权益所作特别牺牲进行补偿外，灾害防治法律体系还规定了国家协助恢复基础设施的给付义务。协助复建社会基础设施是基于个人生存条件的社会连带性，将给付内容从保障基本物质生活向生活环境延伸。在社会分工深度发展的社会，个人无法直接从自然环境中获取完整的生活资料，通过行政给付改造生活环境已成为国家生存照顾的重要领域。④《宪法》第45条规定，国家发展公民享有物质帮助权的社会救济和医疗卫生事业等，建立、维护及在灾后复建社会基础设施都应属保障权利实质实现的一部分。《突发事件应对法》详尽列举了国家应当履行的复建社会基础设施的义务，受灾地区的人民政府应及时组织协调有关部门，尽快修复被损坏的交通、通信、供水、排水、供电、供气、供热等公共设施。⑤此外，出于履行防御自然灾害的保护义务和灾害救助的给付义务，《防洪法》也特别规定，中央财政应将特别重要的江河、湖泊堤坝的修复，省级政府财政应将本行政区域内防洪工程的修复纳入预算；国家设立水利建设基金，用于防洪水利工程的建设与维护。⑥

4. 复兴经济基础设施

我国灾害防治法律体系中还有一类特殊的给付义务，即复兴经济基础设

---

① 参见［德］汉斯·J.沃尔夫、奥托·巴霍夫、罗尔夫·施托贝尔:《行政法》（第二卷），高家伟译，商务印书馆2002年版，第428页。

② 参见《自然灾害救助条例》第15条。

③ 参见《防洪法》第7条。

④ 参见［德］汉斯·J.沃尔夫、奥托·巴霍夫、罗尔夫·施托贝尔:《行政法》（第二卷），高家伟译，商务印书馆2002年版，第456页。

⑤ 参见《突发事件应对法》第87条。

⑥ 参见《防洪法》第50条、第51条。

施。灾害救助给付的原初目的是，基于实质自由的价值导向协助受灾人员恢复自我维持的生活状态。即使考虑个体差异将"生活方式的选择范围之平等"及"实质的机会平等"纳入救助方案的设计，[①]仍然是以提供符合人性尊严的生存照顾为目标。而复兴经济基础设施已经超出这一目标，属于经济扶助范畴。经济基础设施的设立、维护和继续发展是所有经济行政的主要任务，在任何经济秩序中，只有当经济活动所需要的要素配置和法律框架已经存在时，生产、投资、加工、分配和资源利用才能达到最优状态。[②] 灾害救助中对经济基础设施的给付，旨在协助恢复资源配置的秩序，并基于社会发展条件的连带性衡平发展机会。《突发事件应对法》第61条就规定，国务院根据受灾地区的损失情况制定扶持该地区有关行业发展的优惠政策。其他单行法律如《防震减灾法》也规定，地震灾区政府应及时组织修复毁损的农业生产设施，提供农业生产技术指导，并对大型骨干企业恢复生产提供支持，为全面生产经营提供条件；国家对灾后重建给予财政支持、税收优惠和金融扶持，并在物资、技术以及人力等方面提供支持。[③]

综上所述，灾害防治法律体系规定了不同类型的给付义务，有的属于公共利益导向的客观法义务，而有的则具有鲜明的个体授益性，能够与个人的给付请求权相对应。后文将基于四种给付义务的类型化分析，进一步探讨灾害救助中的利益分配结构以及集体利益的识别。

三、灾害救助给付义务中的集体利益指向

灾害防治法律体系围绕公权力行使的行为、程序和组织规范展开，并没有列举实体权利与其规定的给付义务对应，给付义务也不必然和公民权利对应。以国家法人说为基础的主观公权利理论，建构了国家和公民权利义务关系的分析框架。"主观公权利"是公法赋予个人为实现自身利益要求国家为

---

① 参见〔日〕菊池馨实：《社会保障法制的将来构想》，韩君玲译，商务印书馆2018年版，第18页。

② 参见〔德〕罗尔夫·施托贝尔：《经济宪法与经济行政法》，谢立斌译，商务印书馆2008年版，第421页。

③ 参见《防震减灾法》第63条、第69条、第72条。

或不为特定行为的权能,而"客观法"则是全部法律规范的总和,是法律义务及其相应主观权利的根据。① 由于行政活动以公共利益为指向,因此要证成公民相对于国家的主观公权利,应识别出个体授益性,即国家负有客观法义务,该义务不仅是为了公共利益,而且也服务于特定公民的利益。② 行政给付相对人的主观公权利已得到广泛承认,③ 但是归属于特定集体的、介于个人利益和公共利益之间的集体利益如何被识别和代表尚未得到厘清。

(一)多层次受益主体的识别

在灾害救助给付义务类型化分析的基础上进一步对受益对象进行类型化分析,可以厘清灾害救助中个体利益、集体利益和公共利益的分配结构,从而探求灾害救助行政法律关系中的主体间关系。

1. 灾害救助主体间的利益分配结构

灾害救助给付义务的法理基础是为救助对象提供符合人性尊严的生存照顾,因此,救助对象不能被降格为实现其他目的的手段,只能被视为受益主体,而救助关系的客体则指向了对主体利益的满足。在灾害救助行政法律关系中,行政主体以维护公共利益为目的,私人则以维护私益为行动逻辑,不过两者并非对立关系,公民受法律保护且类型化为权利的利益和行政主体的义务之间也并非错位的关系。④ 行政法律规范介入私人间的利益分配关系中,形成调整后的利益分配结构。

首先,从利益分配的形成过程观察,公益和私益是相互依存的。在社会

---

① 参见[德]哈特穆特·毛雷尔:《行政法学总论》,高家伟译,法律出版社 2000 年版,第 152—153 页。
② 参见[德]哈特穆特·毛雷尔:《行政法学总论》,高家伟译,法律出版社 2000 年版,第 155 页。
③ 参见[德]哈特穆特·鲍尔:《国家的主观公权利——针对主观公权利的探讨》,赵宏译,载《财经法学》2018 年第 1 期,第 13 页。
④ 持主客分离立场的"外侧理论"认为,行政法是一种以维护公共利益为目的的客观法秩序构造法,公民享有与之对峙的权利。不过公民的权利是通过与行政行为法律规范依据无关的外侧规范获得的,并不对应行政主体的法定义务。参见黄宇骁:《行政法上的客观法与主观法》,载《环球法律评论》2022 年第 1 期,第 132 页。

劳动分工和社会化大生产深度发展的背景下,个人维持生存发展的利益通过参与市场经济的初次分配和再分配获得。因此,私益由未参与再分配的保留利益和通过再分配获得的分享利益构成,私益中让渡的利益则促成了公共利益。民主立法程序对如何让渡部分私益,以及如何利用让渡的私益促成公共利益,具有组织权限的正当性和功能适当性。因民主程序在如何分配让渡私益的过程中进行了价值选择,让渡的私益形成了可以还原到个体却无法分割的公共利益,个体也无法直接通过司法过程影响整体的分配结构。让渡后剩余的保留利益与通过公共利益获得分享的利益成为个体满足生存条件、参与市场经济的基础。行政主体则以维护公共利益为目的帮助私人维持社会秩序、对抗生活风险和发展风险等,由此形成私益和公共利益"协作共存"的良性互动。个体通过私益维持法律上独立的人格形象,保护公益的主体则承担了人格自由发展的补充责任。包括灾害救助在内的社会救助是私益与公共利益并存论的典型例子,国家履行生存照顾义务既衡平了社会弱势群体的利益、维护了社会秩序,又使获得救助的公民受益,[1]使每个受灾人员平等获得救助本身也是一项公共利益。

其次,从行政机关在分配过程中的角色观察,行政主体是灾害救助受益主体的利益调节方。个人让渡部分私益渐次促成集体利益和不特定多数人的公共利益,整个过程伴随着利益的交织与冲突。多元的利益置于不同权利类型的保护之下,便形成了由自由权冲突所产生的相反利害关系、互换性利害关系以及垂直复合型利害关系等。[2]不同于民法以权利为支点直接调整平等主体间的利益冲突,公法规范是通过公益的分配去促进和平衡私益的,既可能以维护公共利益为最终目的,也可能分解出特定利益的保护目的。灾害救助中行政法规范对私人间的利益关系进行调整时,既可能产生给付义务与救助对象之间的对位关系,又存在国家通过税收等手段筹集财政资金,通过征收征用获取灾害应对资源而形成的再分配法律关系。在此过程中,行政法律

---

[1] 参见陈新民:《德国公法学基础理论》(上卷),法律出版社2010年版,第252页。
[2] 参见[日]山本隆司:《客观法与主观权利》,王贵松译,载《财经法学》2020年第6期,第109页。

规范对个人、集体及不特定多数人的相互关系进行了调整。

最后，从利益分配结果观察，个人利益和公共利益的保护路径逐渐清晰，集体利益的诉求则不容易表达。经行政法律规范对私人间的利益关系进行调整之后，私益可分解为受法律保护的利益和未受法律保护的利益，前者又可进一步分为可通过主观公权利实现的利益和通过客观法义务分享的利益。从行政客观法义务中分解出的个别利益指向使特定个人或人群成为主观公权利的主体，[①]客观法义务覆盖的其他不特定人则可能因公共利益的维护而获得反射利益。包括灾害救助在内的社会救助曾被视为反射利益的重要原因在于，救助仅被视为维护社会秩序的一环，向救助对象提供给付仅是维护治安的一种手段，而不以满足救助对象自身的需求为保护目的。[②]如前所述，通过基本权利的规范效力，社会救助的权利属性已然确立，而集体利益的保护方式则仍待确立。集体可能因为地域、行政任务等产生，也可能如法人、非法人组织一样被拟制为法律上的独立实体。无法置于拟制实体保护之下的集体利益未被充分保护的原因是公共利益的内涵和受益对象的不确定性，导致"特定集体"与"公共"的边界无法准确界定。在利益分配结构中行政机关作为公共利益的代表以促进公益实现为目的，个体利益也可以通过行政相对人或利害关系人的主观公权利地位得到保护，集体利益如果不能界定大致轮廓，就只能归于私益或公益，从而丧失保护的针对性。

2. 从灾害救助中获益的个体、集体及不特定多数人

（1）获得个别授益的个体。在前述类型化的灾害救助给付义务中，"为个人提供基本生活保障"和"补偿因应对灾害所作特别牺牲"可与个体的受益权相连接。向个人提供生存照顾所形成的社会法律关系具有高度的"属人性"特性，社会行政的基本任务在于通过社会连带确保个人的独立性，而正是基于生存条件的社会连带性，行政主体处于给付对象和给付资源汲取双向

---

① 参见赵宏：《主观公权利的历史嬗变与当代价值》，载《中外法学》2019年第3期，第657页。

② 参见［德］埃贝哈德·施密特－阿斯曼等：《德国行政法读本》，于安等译，高等教育出版社2006年版，第305页。

平衡的法律关系中,①因灾害无法自主维持生存基础的个体可依据社会救助权主张灾害救助给付。应急征用补偿的主体也主要是个人,在灾害应对中国家因合法行为对特定公民的人身、自由和财产权等进行征用,达到特别牺牲的界限且不具有期待可能性时,为平衡公益与私益,应由从特别牺牲中获益的不特定多数人共同分担私益的损失。行政主体作为公益的代表介入私益与公益的利害关系中予以调整,特别牺牲的个体有权向应急征用的行政主体主张补偿。

（2）获得共同授益的集体。补偿因应对灾害所作特别牺牲、复建社会基础设施和复兴经济基础设施等义务既可能使特定集体受益,又可能使不特定多数人受益,此时需要明确集体利益从公共利益中分离出来的标准及集体的范围。公共行政以维护和促进公共利益为目的,所依据的法律规范明确了实施法律所欲促进的公共利益,以地域或以领域进行概括。如从地域上看,狭义的法律和地方立法所指"公共利益"分别及于全国和特定的地方行政区划。而从领域上看,则既可能在地域内界分,也可能跨地域界分公共利益指向。以公益和个体私益为两个端点,两者之间还存在因各种功能共同体或由公共行政任务等催生的多元利益共同体,如村道的使用者、农田灌溉水利设施的共同使用者、某产业园的使用者等多元利益主体都可能形成独立于一般公共利益的集体利益。②灾害救助的各项义务能够在救助对象之间催生多元的集体利益,如救助给付既可能协助复建辐射到全流域乃至全国公共利益的大型水利设施,也可能协助复建仅覆盖几十户农民灌溉利益的小型水库。前者属于不特定多数人受益,后者的受益集体特定,且对集体成员而言属于可以分别受益却不可分割的整体。

（3）事实上获益的不特定多数人。受灾区域的不特定多数人也可能因灾害救助政策而在事实上获益。除上述协助复建和复兴具有全局性的社会基础设施与经济基础设施外,灾害救助法定义务中还包含国务院根据受灾地区损

---

① 参见［德］施密特·阿斯曼:《秩序理念下的行政法体系建构》,林明锵等译,北京大学出版社2012年版,第119页。
② 参见［德］汉斯·J. 沃尔夫、奥托·巴霍夫、罗尔夫·施托贝尔:《行政法》(第一卷),高家伟译,商务印书馆2002年版,第328页。

失情况制定扶持行业发展的优惠政策,以及国家对灾后重建给予税收优惠和金融扶持等全局性的义务。这些政策的"属人性"较低,虽然税收优惠或金融扶持等政策会划定一个对象范围,从而形成一个受益集体,但其授益范围是以行政区域或行业划分的,其中不特定的个体满足条件即可分别获益,他们并没有不可分割的共同利益。更重要的是,优惠政策已然超出对弱势群体的生存照顾,进入了协助恢复发展潜力的范畴。①

(二)集体利益的表达和综合

1. 集体利益表达和综合的难题

主观公权利体系根据个人相对于国家的地位展开,拥有为实现个人利益而要求国家为或者不为特定行为的权能。19 世纪主观公权利体系诞生时,国家作为共同体意志的代表被视为"法人",与公民个人形成权利义务相互交错的关系。②国家的主观公权利或因论者就公权利展开论说时的方法与志向,或因行政诉讼制度并未将"救济国家的权利"作为目的,已然淡出讨论视野,③而个人和国家之间的"集体"则一直无法成为主观公权利体系中的一个稳定主体。

首先,行政相对人的主观公权利因基本权利的客观法效力得到普遍承认,④而基本权利以尊重与保障个人人格的自由发展为目的,个体始终是权利的主体。⑤法律主体唯个人论的立场源自康德的个人本位哲学思想,作为宪法思想意义上的国家成员的个人,排除了中间团体而只承认个人,个人和国

---

① 参见熊伟:《法治视野下清理规范税收优惠政策研究》,载《中国法学》2014 年第 6 期,第 159 页。
② 参见[德]哈特穆特·鲍尔:《国家的主观公权利——针对主观公权利的探讨》,赵宏译,载《财经法学》2018 年第 1 期,第 8 页。
③ 参见王天华:《主观公权利的观念与保护规范理论的构造》,载《政法论坛》2020 年第 1 期,第 37—38 页。
④ 参见赵宏:《保护规范理论的误解澄清与本土适用》,载《中国法学》2020 年第 4 期,第 173 页。
⑤ See Naffine, Ngaire. Who are Law's Persons - From Cheshire Cats to Responsible Subjects. *Modern Law Review*, 2003, 66(3): 346-367.

家直接订立契约。[①] 即使后来法人的基本权利地位获得有限承认，仍然依据"渗透理论"认为法人的主体地位是个人的延伸，[②] 法人的组成和活动是个人自由发展的表征。

其次，集体利益能否被认定为不可分割的共同利益，即除去个体成员的利益是否仍然存在不可分配的剩余利益，且对此利益只有集体本身可以拥有？[③] 换言之，集体利益的概念以不可分配性为特征之一，其能否在概念、事实或法律上被拆分为各个部分，并完全分配给个人？[④] 类比个体和公共利益的关系，集体利益中应当存在个体所能主张的（可分配的）主观利益，也存在指向共同目的的（不可分割的）客观利益。同时，若"集体"没有能够抽离于不特定多数的外延，则其不具有识别的可能性。集体利益和公共利益之间属于连续的平滑过渡，难以根据受益对象的数量或利益规模进行概念建构，只能结合现实情境进行判断。

最后，"集体"要成为法律关系主体应有类似于法人的意志形成机制。法人能够成为法律关系的主体并不只是法技术拟制的结果，也对应了集体利益实体代表的需要。通过一定的组织机构和程序，集体拥有了意思表达能力乃至责任能力，此时的集体意志不是直接的个人意志，而是从集体的意志行为中获得的意志。[⑤] 因此，要将集体作为请求权的主体向国家主张受益权，通常也需要一个集体行为的意思表达机制，以之代表集体主张主观公权利并参与救济程序。

[①] 参见［日］星野英一：《私法中的人——以民法财产法为中心》，王闯译，载梁慧星主编：《民商法论丛》（第8卷），法律出版社1997年版，第155页。

[②] 参见［德］福尔克尔·埃平、塞巴斯蒂安·伦茨、菲利普·莱德克：《基本权利》，张冬阳译，北京大学出版社2023年版，第76页。

[③] 参见［德］古斯塔夫·拉德布鲁赫：《法学导论》，米健译，商务印书馆2013年版，第95页。

[④] 参见［德］罗伯特·阿列克西：《法 理性 商谈：法哲学研究》，朱光、雷磊译，中国法制出版社2011年版，第234页。

[⑤] 参见［奥］汉斯·凯尔森：《法与国家的一般理论》，沈宗灵译，商务印书馆2013年版，第156页。

2. 集体利益表达和综合的路径

因灾害救助而形成的受益集体具有临时性、跨地域性和行政任务对应性等特征，往往不具有一个常态的意志代表组织和形成机制。而集体的"受益权"又需要相应的权利能力形成灾害损失的汇总、基本生存条件的需求及补偿的诉求等。如果直接交由救助行政主体决定，虽然可能尊重了救助资源配置的全局性，但也可能导致对多元集体的救助缺乏针对性。鉴于个人利益到集体利益和公共利益的连续性，应当优先探讨个人有权代表并主张不特定多数人利益的可能性，不特定多数人的利益是其个别利益的延长，如果在法律上有困难或缺乏实效性，还可进一步构想承认集体的权利。[1] 如果由集体成员直接组成请求权主体，或临时成立一个代表机构，存在实践和法律上的困难，而探讨个人代表属于个体利益的延长且不可分割的集体利益则具有实现可能性。[2] 但前提是厘清表达和综合集体利益的哪些阶段需要集体参与，哪些阶段可以由个人代为主张。

国家履行灾害救助义务的决策依据由自然灾害损失统计调查制度提供，集体成员和统计调查制度执行者共同构成了集体利益表达与综合的主体。无论是因何种给付义务形成的受益个体或集体，都需事先在调查过程中反映汇总受灾情况。灾情统计工作由各级应急管理部门组织、协调和管理，灾情统计量表中设置了人员、住房、居民财产、行业、基础设施、公共服务、资源与环境损失等项目。政府根据调查结果研判各地受灾情况并作出灾害救助给付的分配，集体成员可在此过程中积极参与调查，协助上报和核实灾害损失情况。灾害救助主管部门与具体负责展开灾情调查统计报告的行政主体应尽可能保证受灾人员的程序参与权和知情权，以准确形成灾害损失评估。虽然统计量表并不以特定集体利益为统计口径进行设计，但完整的灾害损失评估形成后，就可以从中识别出集体利益。灾情上报后，既有的做法是由救助主管部门综合权衡作出救助决定。这个过程可能存在以公共利益和个人利益

---

[1] 参见[日]山本隆司：《客观法与主观权利》，王贵松译，载《财经法学》2020年第6期，第110页。

[2] 参见王世杰：《私人主张超个人利益的公权利及其边界》，载《法学家》2021年第6期，第126—128页。

为指向而忽视将集体利益作为一个救助对象的可能，从而导致救助欠缺针对性。其实，这个阶段集体灾害损失的"意思表示"已经汇集，可以考虑确认集体的救助给付请求权，并由集体成员代表主张，以确保集体利益在分配结构中的受重视程度。基于个人相对于国家的积极地位，可以创设出三种根源相同的请求权，包括法律保护请求权、利益满足请求权和利益关照请求权。① 下文将分类探讨集体给付请求权的规范构造，并进一步探讨请求权的实现可能性。

四、灾害救助集体给付请求权的规范构造

从秩序行政向给付行政的延伸伴随着基本权利功能体系的变迁，基于公民相对于国家的消极、积极和主动地位，分别产生了基本权利的防御权、受益权和形成、变更、消灭公法上法律关系的参与权，国家相应产生了保护基本权利免予被第三人侵害的保护义务和促进基本权利实现的给付义务。② 行政法的功能在转型和变迁过程中，也在自由防御型行政法之外产生了利害调整型行政法，面对的行政任务是提供给付和保护。③ 利害调整型行政法以行政机关为调整主体，介入行政活动参与主体间的利害关系。传统行政法在国家和社会二元论中展开，由行政主体代表的公益和个人私益一直属于对弈双方，集体利益很难进入法律关系的权衡。④ 在利害调整和分配行政观念下，特定或不特定复数私主体间基于行政法律规范所形成的利害关系网构成了行政实体法律关系，行政法上的实体权利也由此导出。⑤ 以法律关系理论审视灾害救助中的权利义务关系，注重依据调整法律关系的全部规范材料，将宪法和行政法进行一体式观察并关注各调整领域的具体事实结构，可以更加准

---

① 参见［德］格奥尔格·耶里内克：《主观公法权利体系》，曾韬、赵天书译，商务印书馆2022年版，第133页。
② 参见陈征：《基本权利的国家保护义务功能》，载《法学研究》2008年第1期，第53页。
③ 参见王贵松：《作为利害调整法的行政法》，载《中国法学》2019年第2期，第94页。
④ 参见王贵松：《作为利害调整法的行政法》，载《中国法学》2019年第2期，第95页。
⑤ 参见黄宇骁：《行政法上的客观法与主观法》，载《环球法律评论》2022年第1期，第131页。

确地为多元的集体利益提供保护。①

(一)实体性集体给付请求权

1. 基于公法债权关系的补偿请求权

灾害应对中作出特别牺牲的主体除个体外,也包括特定集体,典型的如由蓄滞洪区受灾人员组成的集体。《防洪法》第 11 条规定,应遵循确保重点、兼顾一般等相结合的原则,并充分考虑洪涝的规律和上下游、左右岸的关系以及国民经济对防洪的要求、国土规划和土地利用总体规划等因素编制防洪规划,划定洪泛区、蓄滞洪区和防洪保护区的范围。国家依法划定的蓄滞洪区不会构成对公民财产权等权利的侵害,但可能产生因公共利益所作特别牺牲的补偿请求权。《防洪法》第 7 条第 3 款规定,蓄滞洪后,应当依照国家规定予以补偿或救助。补偿的对象不应限定于个体,还应包含蓄滞洪区整体。蓄滞洪区承载着当地居民共同的生存和发展利益,无论是前期的防洪规划还是实际承担了蓄滞洪功能,都对区域的集体利益产生了减损。个人可以就住房、家庭耐用消费品、农作物等主张补偿,但无法以个人的名义主张区域内的社会基础设施和经济设施的补偿。而由这些基础设施所提供的生存保障与发展潜力都是因承担蓄滞洪区的功能所作的特别牺牲,个体可以分别从这些基础设施中获益,但无法将其分割为个体利益的集合。因此,除依法对个人私有财产的补偿外,蓄滞洪区受灾人员作为一个整体也应当具有补偿请求权。

从行政法作为利害调整法的视角,可将特别牺牲补偿请求权视为公法债权上的请求权。行政法律规范介入特别牺牲者和受益者利害关系的调整,从而形成了由"受益者—国家—特别牺牲者"三方共同构成的行政补偿法律关系。行政法在特别牺牲者与受益者之间进行再分配以期实现矫正正义,在此过程中以命令和服从为特征的高权行政关系相对弱化,协商和对话在利害调

---

① 参见[德]哈特穆特·鲍尔:《新旧保护规范论》,王世杰译,载《财经法学》2019 年第 1 期,第 116 页。

整过程中更加得到重视。① 行政主体不再代表公益直接限制特别牺牲者的私益，而是作为调解方衡平特别牺牲者的私益和不特定多数受益者的公益。而且，灾害应对成本的公平负担本身就应该成为公益的一部分，公益和私益不再处于对抗状态也为以债权债务关系建构行政补偿法律关系提供了可能。② 特别牺牲者为应对灾害所承担的超越财产权社会义务之外的义务，与行政补偿义务可以转化成债权债务关系，可以更加清晰地确保特别牺牲者在因应对灾害所产生行政法律关系中的主体地位。例如蓄滞洪区的居民，他们既存在需要补偿的私有财产权益，又存在共同的不可分割的集体利益，就既可以个体基于私益主张补偿请求权，也可以作为共同债权的主体主张补偿请求权。

基于特别牺牲者、受益者和国家组成的三角关系，可以进一步分析共同债权的成立要件。以《防洪法》为例，其第32条第2款规定，因蓄滞洪区直接受益的单位或地区应承担国家规定的补偿、救助义务，该规定完整呈现了国家平衡特别牺牲的集体与受益的集体或不特定多数人的利益所形成的利害调整关系。虽然在调整过程中国家仍然是拥有决策权的利害调整方，但是区域之间的、集体与不特定多数之间的社会连带关系和团结互助关系弱化了纯粹的权力关系，也弱化了公共利益和集体利益之间的张力，合作型的灾害救助行政奠定了公法债权关系的基础。据此，蓄滞洪区居民的集体利益要与国家形成公法债权债务关系需满足以下条件：首先，行政法律规范介入了另外两者间的利益分配，如规定了具体的补偿救助义务；其次，蓄滞洪区居民不可分割的集体利益遭受的损失已经超出社会义务的范畴，对集体而言也不具有期待可能性，从而达到特别牺牲的程度；再次，蓄滞洪区集体利益的特别牺牲是为了维护直接受益的更大范围的公共利益；最后，蓄滞洪区的划定与使用即特别牺牲的样态需有法律依据，国家作为债务人履行补偿义务也需要有法律依据。满足以上要件便可以形成集体与作为利害调整方的国家之间的债权债务关系。

---

① 参见赖恒盈：《行政法律关系论之研究——行政法学方法论评析》，元照出版有限公司2003年版，第124—125页。

② 参见江必新、梁凤云：《物权法中的若干行政法问题》，载《中国法学》2007年第3期，第142页；李惠宗：《行政法要义》，元照出版有限公司2016年版，第686页。

2. 由生存照顾延伸的复建社会基础设施请求权

在灾害救助中，国家依法负有协助恢复交通、通信、供水、供电等社会基础设施的义务，由公共财政供给或合作建设的生活基础设施是实现公民生存权的必要条件。① 提供必要的社会基础设施是生存照顾的延伸，与直接向个人提供物质给付一样都是为实质自由的实现创造条件。不过这些公共基础设施对使用者而言，属于可以非竞争、非排他地使用却不可分割的公共物品。② 国家提供公共物品的责任可以分为"执行责任"和"担保责任"。③ 前者即由国家直接负责公共产品和公共服务的供给，虽然该过程中也可能有私人参与，但仅限于协助履行，不参与决策过程。如灾害救助中房屋和交通基础设施、水循环工程、防洪灌溉设施等基础设施的恢复重建。后者是在合作行政模式下，通过公私合作的方式将公共任务（部分）交由市场主体履行，国家对给付质量、数量和连续性等负有担保责任。如目前供水、供电、供气、供暖、通信等都以市场化的方式运营，个人和供应方作为市场主体签订服务合同，国家虽然不是合同的相对方，但对这些公共服务履行的质量等负有担保责任，当遭遇灾害损失时还负有协助恢复的责任。

根据上述国家承担责任的两种方式，可以识别出复建社会基础设施中的两种行政给付法律关系。一种是国家直接运用公共财政协助复建社会基础设施，由此与受益的受灾人员形成的双边法律关系；另一种是同时承担执行和担保责任的国家，与建设运营公共基础设施的企事业单位和受灾人员形成的三边法律关系。在双边给付行政法律关系中，公共财政和受灾人员的利益呈此消彼长的关系，但两者并非对立关系。集体行动的逻辑是因个体试图实现超越自身能力的目标，遂结合目标相同的个体，通过有组织的行动实现共同的目标和利益。④ 公共财政是为了实现包括共同防御灾害风险、提供符合人

---

① 参见［日］大须贺明：《生存权论》，林浩译，法律出版社2001年版，第58页。
② 参见［美］哈维·S. 罗森、特德·盖亚：《财政学》，郭庆旺译，中国人民大学出版社2015年版，第47页。
③ 参见刘飞：《试论民营化对中国行政法制之挑战——民营化浪潮下的行政法思考》，载《中国法学》2009年第2期，第15页。
④ 参见［美］曼瑟·奥尔森：《集体行动的逻辑》，陈郁、郭宇峰、李崇新译，上海人民出版社2018年版，第8页。

性尊严的生存照顾等在内的共同目标。国家作为最广泛公共利益的代表，本身是拟制的主体，而实际从公共利益中受益的主体应该是通过享受公共服务、使用公共产品获益的集体或个体。给付行政就是再分配公共利益的一种方式，而具备三边法律关系特征的合作行政则通过公私合作的方式让分配更有效率。国家作为利害调整方，负有平衡社会基础设施建设运营方和受灾人员集体利益的义务。

由于非竞争性和非排他性的特征，私主体从社会基础设施中获得的利益往往被视为反射利益，没有可用于对抗主管部门或第三人的权利。笼统地将使用社会基础设施视为反射利益，忽略了公物功能和利用的差异性。如省级高速公路和出入村庄必经的桥梁对使用者而言具有不同性质的利益，邻近使用者与偶然使用者的受益情况并不相同，文化基础设施和生活必要基础设施对使用者的意义也不相同。因此，基于使用者是自由平等利用基础设施主体的立场，应将基础设施的利用视为受法律保护的利益，[1]并视依赖程度有限承认使用者享有的公物用益权。[2]灾害救助法定义务所要协助恢复的社会基础设施都是受灾人员高度依赖的生产生活必需设施，并且在持续使用过程中已经形成了稳定的依赖关系。基于以自由权为基础的公物用益权，受灾人员对社会基础设施"无差别的一般使用"可以构成侵权行为的标的，当遭遇自然灾害即第三方侵害，从而导致"自由使用权"遭到过度限制时，国家负有排除妨碍的保护义务。[3]当应急阶段结束进入灾后重建阶段时，国家还负有给付义务，以协助恢复社会基础设施。此外，受灾人员的集体诉求不是主张新设或改变总体的基础设施规划，如交通干线、农田水利、自来水和天然气地下管网的整体规划等，而是主张协助恢复由生存照顾延伸并形成稳定依赖关系的社会基础设施，因此，可以从公共利益中分解出集体利益诉求。

---

[1] 参见翁岳生编：《行政法》（上册），中国法制出版社2009年版，第452页。

[2] 参见肖泽晟：《公物法研究》，法律出版社2009年版，第162—163页；参见梁君瑜：《公物利用性质的反思与重塑——基于利益属性对应权利（力）性质的分析》，载《东方法学》2016年第3期，第43页。

[3] 参见［日］小山刚：《基本权利保护的法理》，吴东镐、崔东日译，中国政法大学出版社2021年版，第45—46页。

3. 基于平等权衍生的复兴经济基础设施请求权

法定灾害救助义务除以保障社会权为目的外，还有若干协助恢复受灾地区经济发展潜力的义务。灾害防治领域的诸多单行法都将协助恢复"生产"与"生活"作为并列的灾后重建目标。如"促进经济社会的可持续发展"是《防震减灾法》的立法目的之一，"保障社会主义现代化建设顺利进行"是《防洪法》需要兼顾的目的。反倒是为灾害救助制度设定框架的《自然灾害救助条例》仅将规范救助工作、保障受灾人员基本生活作为立法目的。这是因为，协助恢复发展潜力已然超出了救助范畴。因此，基于社会发展的连带性，国家出台的平衡发展机会的政策无法产生个体或集体的原生给付请求权。但是，既然立法已经明确规定了政府协助恢复经济基础设施的相关给付义务，那么就需要考虑立法对超出生存照顾范围的措施是否享有完全的形成空间。至少依据一般平等原则，协助恢复经济基础设施的立法形成空间应当受到限缩，并且未获得给付的受灾人员还可能因平等权而衍生给付请求权。例如，国家已经作出要扶持受灾区域高标准农田恢复重建的决定，并划定了相应的扶持范围，与受益主体相近的扶持范围外的主体便可主张审查差别对待是否合理。评价的一般原则是本质上相同的主体是否受到同一主体的差别对待，或本质上不同的主体是否受到同一主体的相同对待。[①] 结合具体情境，如果判定差别对待不合理，那么原本处于既有给付决定受益范围之外的主体便可依据平等权主张衍生给付请求权。

（二）程序性集体给付请求权

行政程序参与请求权是行政给付请求权的重要组成部分。程序参与权由个人相对于国家的主动地位产生，个体作为国家成员积极参与到国家意志的形成过程中。囿于耶里内克提出地位理论的时代背景，主动地位被限定于参政权，即通过选举权等参与到国家决策过程中。而程序正当已经成为现代行

---

① 参见［德］康拉德·黑塞：《联邦德国宪法纲要》，李辉译，商务印书馆2007年版，第341页。

政法的标志,相对人对行政程序的参与又是程序公正与否的首要判断标准。[①] 程序保障和行政程序参与给付请求权对应,是公民主观公权利主体地位的必要保障。灾害救助尤其依赖受灾人员的程序参与,灾害损失评估过程和灾害救助决策过程都应保障受灾人员的程序参与请求权。

灾害救助主管部门要通过自然灾害损失统计调查制度准确、全面了解受灾情况,就需要受灾人员积极协助汇集受灾信息。受灾人员会分别就个人或家庭的财产损失、房屋损毁、经济作物和企业损失以及被应急征用的物资等进行上报,而集体利益相关的社会和经济基础设施的损失、因应对灾害所作特别牺牲等也需要统计调查机制汇集。因此,应当保障受灾人员在统计调查过程中的程序参与权和知情权。作为自然灾害损失统计调查制度规范依据的《自然灾害救助条例》第17条第2款也规定,灾情稳定后,县级以上人民政府或自然灾害救助应急综合协调机构应当评估、核定并发布损失情况。虽然统计量表并不以特定集体为单位进行统计,但是全面地统计灾害损失是从中分解出特定集体利益损失的前提。公民在调查评估过程中所行使的程序参与权和知情权实际已经不限于以维护个人利益为基础,而是兼具了个人和集体利益,获得的程序给付也服务于个人和集体的实体性给付请求权。

灾害救助决策力求及时、高效,公民基于个人或集体利益行使程序给付请求权可能与灾害救助的效率原则相悖,不过两者都应兼顾,不应顾此失彼。灾害救助资源具有稀缺性,行政分配程序应以保障救助对象获得均等的救助机会为首要原则,[②] 即行政决策程序在保持公开和参与的前提下还应保持公正。然而,程序正当和效率并不一定成正比,追求绝对的程序正当可能导致高昂的成本。[③] 抢险救灾资源的供给有极高的效率要求,自然灾害损失统计调查制度将灾情报送分为初报、续报、核报,三种报送要求都只有极短的时间间隔,目的是让与灾情相匹配的物资尽快到位。虽然在应急救助资源配置

[①] 参见应松年:《中国行政程序法立法展望》,载《中国法学》2010年第2期,第8页。
[②] 参见[日]太田匡彦:《行政分配的构造与程序》,鲁鹏宇译,载《公法研究》2016年第2期,第241页。
[③] 参见江必新:《行政程序正当性的司法审查》,载《中国社会科学》2012年第7期,第137页。

的决策过程中，除尽可能保障程序的参与权和知情权外，难以满足提供听证等陈述申辩程序的请求，但在灾后救助阶段涉及特别牺牲补偿请求权、社会和经济基础设施的恢复重建等，应尽可能保障受益集体的诉求能够充分反映到决策程序中。

五、灾害救助集体给付请求权的实现途径

依循"谁得向谁，依据何种法律规范，有所主张"[①]的请求权构造，前文已依次讨论了灾害救助义务的来源和类型，以及请求权的利益基础和规范构造。尚需补强论证的是受益者如何代表一个没有组织形态的"集体"提起给付请求权，如果可以，是否会过度干预救助资源的分配方式或资源的稀缺性导致请求权不具有实现可能性？如果请求权没有完整实现，是否具有救济的可能性？

（一）集体给付请求权的实现可能性

没有组织形态的集体利益缺乏一个常态的意志形成机构代为主张，若由集体利益的直接受益者代为主张，则将面临以下问题：首先，如何从公共利益中分解出集体利益；其次，集体利益往往被笼统纳入公共利益中由行政主体代表，受益者可能获得的只是反射利益，如何主张超越私益的集体利益；再次，即便认可个体受益者的代表性，个体又如何准确表达集体的利益诉求；最后，如何解释灾害救助集体给付请求权带来的资源分配权限和方式的改变。第一个和第三个问题前文已经尝试讨论，三种实体性集体给付请求权以可识别的三类集体利益为基础，集体利益的表达和综合也可以通过自然灾害损失统计调查制度形成，剩下的问题需要进一步展开。

认为受灾人员只能主张自身利益的观点立基于方法论的个人主义，即共同体中的个体通过民主代议制程序实现利益的表达与综合，从而产生公共利益和私益的分野。个人利益和公共利益之间可能形成目的与手段的关系，即

[①] 参见王泽鉴：《民法思维：请求权基础理论体系》，北京大学出版社2009年版，第61页。

所有个人权利都是实现公共利益的手段或者所有公共利益都是实现个人权利的手段，或者同一性关系，或者相互独立关系。[①]将个人利益和集体利益视为统一体并不具有规范可能性，将两者完全割裂的相互独立说则忽略了公共利益的实际受益者，因此，个人权利和公共利益的关系应在手段与目的关系中展开。无论以何者为目的、何者为手段，抑或在不同情境下手段和目的的关系可能反转，都意味着个人的主观公权利和私法权利有所不同。私法的义务主体对权利主体并不负担超越私益的义务，而主观公权利主体主张公益实际可以起到维护私益的效果，公益促进的结果又维护了个体的权利。个人权利和公共利益互为目的与手段的关系对方法论的个人主义存在部分修正，即个人是社会情境中的个人，[②]并不是间接参与灾害救助立法之后就与受灾人员的共同利益失去了关联，而是至少在法律实施过程中仍然要维护与个体权利不可分割的共同利益。前述三种实体性集体给付请求权所主张的集体利益具有极强的个体关联性，个人从灾害救助中获得的不仅是利益分配，还有维持人格发展的积极自由。既然自我实现的条件高度依赖于集体利益的满足，那么主观公权利主张的对象也不应限于私益。实践中已经得到行政立法广泛确认的听证权、信息公开请求权等程序参与权便不以私人利益为前提或目的，已然超越了主观公权利以私益为要义的传统。[③]

由灾害救助集体给付请求权的受益者代为行使请求权还将面临的问题是，灾害救助义务由民主代议制程序确立，稀缺的灾害救助资源由预算审批机关分配，最后由行政机关作为公共利益的代表促进实现，如将超越个人利益的集体利益也纳入主观公权利的范围，意味着个人将直接介入救助义务的实现方式以及灾害救助资源的分配权限和方式。并且，如果实体给付请求权投射于诉讼程序中成为诉权，那么司法机关也将一并介入个人权利保护之外

[①] 参见［德］罗伯特·阿列克西：《法 理性 商谈：法哲学研究》，朱光、雷磊译，中国法制出版社2011年版，第237页。

[②] See Michael J. Sandel. The constitution of the procedural republic: liberal rights and civic virtues. *Fordham Law Review*, 1997, 66（1）: 14.

[③] 参见徐以祥：《行政法上请求权的理论构造》，载《法学研究》2010年第6期，第33页。

的公益分配。介入救助资源的分配权限招致的是功能适当性或正当性的质疑，介入救助资源的分配方式则可能导致忽视政府履职的作为可能性。[1]针对上述困境可以讨论的是，首先，虽然个人代表集体行使给付请求权具有主张集体利益的外观，但是集体利益和个人权利的目的与手段关系并未发生改变。个人为了通过灾害救助实现积极自由，于是在主张主观公权利时将积极自由实现的条件一并提起，由于"条件"惠及每个成员且不可分割，遂提起集体给付请求权，"个人权利及其实现的必要条件"而不是"集体利益"成为主观公权利的基础。此时，行政主体仍然是公共利益的代表，个人只是在间接参与民主立法过程后，通过集体给付请求权的方式就法律实施过程中是否充分保障集体利益进行反馈和监督。其次，灾害救助作为一种受益权需要立法机关事先设定义务，预算审批机关及时分配资源，请求权主张的范围本身依赖于法律设定的义务范围，并且请求权的实现程度原本就是动态的维度，只有是否与经济发展水平相适应与平等的维度，并没有绝对实现的维度，立法者保有较大的形成空间。最后，集体给付请求权的行使对救助目标和救助能力的匹配性亦无太大影响，因为，以往多元集体利益被未加区分地纳入公共利益，未被视为一个给付对象，承认集体给付请求权仅仅强调"存量"资源的配置应围绕"个人—集体—公共利益"展开以增加救助的针对性，并不是要求增加给付的"增量"。

（二）集体给付请求权的救济可能性

行政主体履行灾害救助义务补偿或协助恢复社会、经济基础设施等都是对物行政行为，并未指向特定的救助对象，但规范效果作用于与公物高度关联的受灾人员的权利义务关系。公物使用者能否被证明为对物一般行政处分[2]的目的对象或规范效果的直接影响对象，将决定其相对人的地位，进而

---

[1] 参见林鸿潮：《履行行政职责的作为可能性》，载《法学研究》2022年第6期，第44—45页。

[2] 参见胡建淼、胡茂杰：《行政行为两分法的困境和出路——"一般行政处分"概念的引入和重构》，载《浙江大学学报（人文社会科学版）》2020年第6期，第101页；[德]哈特穆特·毛雷尔：《行政法学总论》，高家伟译，法律出版社2000年版，第197页。

决定其是否具有行政诉讼法律资格。由于灾害救助集体给付请求权的受益集体没有常态的意志形成机构，所以只能由个人代为行使集体给付请求权主张超越私益的集体利益。前述已经部分讨论了可行性的理由，首先，灾后重建的基础设施是特定的，且可以通过自然灾害损失统计调查制度汇集公开，因此个人能够发挥表达集体利益意志的功能。其次，使用基础设施的受灾人员是一般行政处分的真正作用对象。灾害救助协助恢复的社会基础设施都是与个人基本生存条件密切相关的，由依赖利用产生的利益与一般利用产生的反射利益有所不同，个人代为主张集体给付请求权的基础实际上是"个人权利及其实现的必要条件"。

还需进一步厘清的是，因为集体利益惠及所有成员但不可分割，所以当实体给付请求权投射到诉讼程序中成为诉权时，个人诉的利益并不完全属于自己，那么如何作为适格主体行使诉讼实施权？个人并没有公共基础设施的处分权，只能从中分享公物用益权，因为集体给付请求权得到满足的结果使个人的公物用益权也得以恢复，所以形成了受益者"共同共有"请求权的外观。为了使灾害救助集体给付请求权获得救济可能性，可在实体法上确认共同权利义务关系中的部分权利人享有共同权利义务的实施权，以形成"类似必要共同诉讼制度"。① 个人在诉讼程序中主张救济时，实体权利的归属主体和行使主体发生分离，由形式当事人作为诉讼实施权人。② 灾害救助主体履行特别牺牲补偿请求权所负公法债务、复建社会基础设施所负生存照顾义务以及复兴经济基础设施所负衍生平等给付义务，即可直接满足所有"共同共有"人的诉求。此外，司法机关在提供救济的过程中虽然超出了对个体权利的保护，并可能影响预算审批机关和行政机关对公共利益的分配，但上述实体给付请求权的标的都没有超越法定的给付内容，个人权利和集体利益是互为手段目的的关系，提供司法救济共同促进了两者的实现。

---

① 参见张永泉：《必要共同诉讼类型化及其理论基础》，载《中国法学》2014年第1期，第217页。

② 参见黄忠顺：《再论诉讼实施权的基本界定》，载《法学家》2018年第1期，第76页。

六、结语

灾害救助中被忽略的集体利益是既往的行政法秩序忽视集体利益的缩影，无论是相对人还是利害关系人，主观公权利的界定都是围绕个人利益和公共利益展开的。集体利益并非完全不受保护，只是因为存在如何界定和代表的难题，所以往往被化约为个人利益或公共利益，从而缺乏保护的针对性。而且，在公益和私益对立论或公益吸收私益的理论预设下，集体利益更无界定的空间。通过对灾害救助法定给付义务的梳理，可以发现其中存在诸多非竞争、非排他的惠及个人却不可分割的集体利益。在个体关联性极强的集体利益中既存在可分配于个人的主观利益，也存在不可分配的客观利益。基于给付义务产生的不同法理基础和实证的行政法律关系，可以识别出因应对灾害所作特别牺牲的补偿请求权、由生存照顾延伸的复建社会基础设施请求权、由平等权衍生的复兴经济基础设施请求权，以及为实现实体性集体给付请求权所必要的程序性集体给付请求权。虽然三类实体性集体给付请求权所主张的集体利益都没有常态化的意志形成机构形成和代表，但通过保障受灾人员在自然灾害统计调查制度中的程序参与权和知情权，可以形成一个由受灾人员和行政主体共同完成的集体利益损失报告，并以之作为请求和救助决策的依据。集体给付请求权所主张的公共基础设施都具有极强的"属人性"特征，可以在实体法上进一步确认集体成员可将"个人权利及其实现的必要条件"作为实体请求权的基础，并参与到救济程序中。灾害救助集体给付请求权的实现并不要求提供"增量"的救助资源，而是希望关注集体利益，优化"存量"资源的配置，以期增强灾害救助的针对性。

第九章

承灾区域转移支付的权利基础和制度完善
——以蓄滞洪区补偿为主要视角

薛悟娟　林鸿潮

摘要：承灾区域的设置和运用带来对该区域利益的直接损害，应当给予补偿，目前的补偿方式主要依靠财政转移支付。以蓄滞洪区为例，目前，我国蓄滞洪区转移支付机制确立了基于补偿视角的应急性、救助性纵向补偿，虽然能够保障蓄滞洪区居民最基本的生产生活，但存在明显不足。以纵向转移支付为主难以调动横向多元主体支援的积极性和区域内生积极性；转移支付资金使用政策存在局限；有限的区域间横向转移支付"马太效应"明显；常态化转移支付机制缺乏。解决问题的方向是构建"常态＋发展"导向的转移支付机制，具体而言，应当确立纵横结合的补偿性转移支付体系；形成中央政府牵头引导协调的横向转移支付机制；探索建立常态化转移支付机制。在此基础上，根据是否发生分洪事实，动态采取不同的转移支付方式。针对未运用的蓄滞洪区，由于其发展利益受损，因此采用"常态＋发展"补偿机制；针对运用的蓄滞洪区，由于其遭受洪涝灾害，发展利益和生存利益同时受损，因此采用"常态＋发展"与"应急＋救助"的双重补偿机制。

一、引言

在部分自然灾害的应对中，政府为了在整体上将灾害损失减少到最低限度，可能采取一定的技术手段在不同区域之间对灾害风险进行分配，通过牺牲价值较低地区利益的方式保全价值较高地区的利益，这使前者承受了更多的灾害风险和实际损失，为此作出利益牺牲的"低价值"地区就是承灾区域。比如，针对洪涝灾害设置的蓄滞洪区、针对森林草原火灾"以火攻火"开辟的隔离带等，都属于承灾区域的范畴。我国作为幅员辽阔的大国，可以在较为广阔的地理空间范围内运用承灾区域转移和降低自然灾害整体损失，这是我国防灾减灾救灾的一大先天优势。承灾区域的设置和运用必然带来对该区域利益的直接损害，这是该区域居民或者相关财产权人为了更大范围公共利益而作出的"特别牺牲"，其损失应当获得补偿。由于目前洪水保险机制还不够健全，补偿的主要方式就是财政转移支付。

本章将以蓄滞洪区为中心，讨论承灾区域转移支付的现状和存在的问题，并提出有针对性的完善建议。以蓄滞洪区作为主要切入点，原因有二。一方面是因为蓄滞洪区是运用最广泛、发挥作用最显著的承灾区域，而且相对于其他类型的承灾区域，其涉及的范围更大、人口更多、相关损失更重，有关转移支付机制所牵涉的利益更受关注。另一方面是因为有关蓄滞洪区及其补偿的制度规范较多，体系相对完整，除了《防洪法》和《防汛条例》作出了相关规定外，还有专门的行政法规即 2000 年制定的《蓄滞洪区运用补偿暂行办法》（以下简称《暂行办法》）和财政部的规章即 2001 年制定的《国家蓄滞洪区运用财政补偿资金管理规定》（以下简称《管理规定》），一些洪涝灾害较为严重的省市还制定了更细化的规范性文件，更适合作为研究的靶点。

本章认为，主要通过《暂行办法》和《管理规定》呈现的现行"应急＋救助"转移支付制度已经无法满足蓄滞洪区灾害救助和经济社会发展的需求，我们需要构建和完善"常态＋发展"导向的转移支付机制，从而确立纵横结合的补偿性转移支付体系，形成中央政府牵头引导和协调的横向转移支付方式，并探索建立常态化的补偿转移支付机制，以期为蓄滞洪区防灾减灾救灾和发展不充分、不平衡问题提供解决之道。

二、蓄滞洪区转移支付的现状

蓄滞洪区既是洪涝灾害的承灾区域，也是防洪体系的重要组成部分。《防洪法》第 29 条规定，蓄滞洪区是指"包括分洪口在内的河堤背水面以外临时贮存洪水的低洼地区及湖泊等"。蓄滞洪区是发生洪灾时承接河流上游来水发挥行洪、分洪、蓄洪和滞洪作用的下游区域，其功能在于适时分蓄超额洪水、削减洪峰冲击。目前，列入《国家蓄滞洪区修订名录》的国家蓄滞洪区有 98 处，总面积为 3.4 万 km²，蓄洪容积约 1090 亿 m³，其中耕地约 180.89 万 hm²。[1]

纵向转移支付是上级政府对下级政府通过无偿拨付资金、旨在实现地区间财力均衡和基本公共服务均等化的制度安排，主要功能在于强化财政再分配、扭转居民间财富分配失衡。[2] 目前，我国蓄滞洪区建立的便是基于补偿视角的纵向转移支付机制。1997 年制定的《防洪法》第 7 条第 3 款规定："各级人民政府应当对蓄滞洪区予以扶持；蓄滞洪后，应当依照国家规定予以补偿或者救助。"第 32 条第 2 款、第 3 款分别规定："因蓄滞洪区而直接受益的地区和单位，应当对蓄滞洪区承担国家规定的补偿、救助义务。国务院和有关的省、自治区、直辖市人民政府应当建立对蓄滞洪区的扶持和补偿、救助制度。""国务院和有关的省、自治区、直辖市人民政府可以制定洪泛区、蓄滞洪区安全建设管理办法以及对蓄滞洪区的扶持和补偿、救助办法。"这些规定看似建立了纵横结合的双重转移支付机制，但到了实施层面，国务院在 2000 年制定的《暂行办法》第 18 条第 1 款对补偿资金的来源却作出了这样的规定："蓄滞洪区运用补偿资金由中央财政和蓄滞洪区所在地的省级财政共同承担；具体承担比例由国务院财政主管部门根据蓄滞洪后的实际损失情况和省级财政收入水平拟定，报国务院批准。"可以发现，这实际上运行的是单一的纵向转移支付机制。为了更好地落实《暂行办法》，规范和加强蓄滞洪区运用后财政补偿资金的管理，确保资金合理有效使用，财政部在 2001 年制定了《管理规定》并在 2006 年进行了修订。《暂行办法》和《管理规定》对蓄滞洪区运用后的补偿对象、补偿范围、补偿标准和补偿程序等都作出了

---

[1] 参见王艳艳、李娜、俞茜等：《我国蓄滞洪区建设管理问题及措施研究》，载《中国防汛抗旱》2022 年第 4 期，第 1 页。

[2] 参见卢盛峰、陈思霞、时良彦：《走向收入平衡增长：中国转移支付系统"精准扶贫"了吗？》，载《经济研究》2018 年第 11 期，第 49—62 页。

比较详细的规定，重点是规范纵向转移支付资金的使用方法和具体用途。

总的来看，现行的蓄滞洪区纵向转移支付机制突出体现了应急性和救助性。一方面，《暂行办法》第9条和《管理规定》第6条明确规定获得补偿的条件是"蓄滞洪区运用后"，这意味着补偿是紧急情况下的特殊产物，只有当洪涝灾害发生后，被用于紧急泄洪的蓄滞洪区才可以获得补偿，因此呈现出应急性的特点。另一方面，《暂行办法》第10条和《管理规定》第7条规定蓄滞洪区补偿内容主要包括两个方面，一是淹没生物补偿，主要是对发挥蓄滞洪功能造成的生物损失进行补偿，涉及农作物、专业养殖和经济林以及役畜等；二是淹没财产补偿，主要是对发挥蓄滞洪功能造成的财产损失进行补偿，涵盖住房、农业生产机械和家庭主要耐用消费品等损失。至于补偿标准，按照《暂行办法》第12条和《管理规定》第8条的规定，基本上是按照项目水毁损失的一半给予补偿，①这一标准只能保障居民最基本的生产生活所需，因而呈现出救助性的特点。

三、"应急＋救助"纵向转移支付存在的问题

《暂行办法》和《管理规定》确立了"应急＋救助"的纵向转移支付补偿模式，从实际运行情况来看，存在以下问题。

---

① 根据《蓄滞洪区运用补偿暂行办法》第12条的规定，蓄滞洪区运用后，按照下列标准给予补偿：（1）农作物、专业养殖和经济林，分别按照蓄滞洪前三年平均年产值的50%—70%、40%—50%、40%—50%补偿，具体补偿标准由蓄滞洪区所在地的省级人民政府根据蓄滞洪后的实际水毁情况在上述规定的幅度内确定。（2）住房，按照水毁损失的70%补偿。（3）家庭农业生产机械和役畜以及家庭主要耐用消费品，按照水毁损失的50%补偿。但是，家庭农业生产机械和役畜以及家庭主要耐用消费品的登记总价值在2000元以下的，按照水毁损失的100%补偿；水毁损失超过2000元不足4000元的，按照2000元补偿。根据《国家蓄滞洪区运用财政补偿资金管理规定》第8条的规定，农作物、专业养殖、经济林具体补偿标准如下：（1）农作物实行亩均定值补偿。补偿标准由所在地省级人民政府按当地统计部门统计上报的蓄滞洪前三年（不含分洪年份，下同）同季主要农作物平均产值的50%—70%确定。（2）专业养殖实行分类定值补偿。专业养殖的种类和规模，由省级行业主管部门依据相关规定予以认定。补偿标准由省级人民政府按蓄滞洪前三年相同生长期平均产值的40%—50%确定。（3）经济林实行亩均定值补偿。经济林的种类和规模，由省级行业主管部门依据相关规定予以认定。补偿标准由省级人民政府按蓄滞洪前三年相同生长期平均产值的40%—50%确定。

（一）以纵向转移支付为主难以调动多元主体参与援助

第一，以纵向转移支付为主的模式难以调动横向多元主体参与蓄滞洪区的灾害援助。财政转移支付包含纵向转移支付、横向转移支付和混合转移支付三种模式，其中，横向转移支付是不具有隶属关系（同级别或不同级别）的地方政府之间的一种财政关系，也是纵向转移支付的有益补充。[1] 横向转移支付的形式多样，不仅包括财政资金援助，还包含人员、物资、技术等方面的援助，[2] "对于促进区域间财政大致平衡以及基本公共服务均等化具有重要作用"[3]。但是，在蓄滞洪区的灾害救助上，我国目前还缺少制度化的横向转移支付，只采用单一的纵向转移支付模式。这种模式的优势在于，中央政府可以通过财力的纵向转移来调节地区间政府财力差异和实施一定的灾后调控、补偿政策。[4] 其不足之处在于，中央政府作为主要的调控和补偿主体，调节力度有限，无法调动其他横向支援地共同参与蓄滞洪区灾后救援，致使蓄滞洪区运用补偿形成局部应急救助模式，无法起到损益调节、协调发展的作用。[5] 在缺乏具体法律依据和制度依据的情况下，其他支援地无私援助蓄滞洪区无疑十分困难，这不仅是因为支援地有其自身的经济发展要求，也是因为一旦向外地进行财政转移支付，必然会引起内部开支和本地公共服务开支的减少。可见，以纵向转移支付为主的模式导致横向主体参与蓄滞洪灾害救助的主动性受到抑制，灾害救助资金来源渠道难以多元化拓展。

第二，纵向转移支付无法调动蓄滞洪区内受损主体的内生积极性。从

---

[1] 参见杨晓萌：《中国生态补偿与横向转移支付制度的建立》，载《财经研究》2013年第2期，第19页。

[2] 参见贾若祥：《我国区域间横向转移支付刍议》，载《宏观经济管理》2013年第1期，第52页。

[3] 王达梅：《我国横向财政转移支付制度的政治逻辑与模式选择》，载《当代财经》2013年第3期，第30页。

[4] 参见杨晓萌：《中国生态补偿与横向转移支付制度的建立》，载《财政研究》2013年第2期，第19页。

[5] 参见刘艳：《新时代蓄滞洪补偿制度建构的逻辑转变与对策建议》，载《中国人口·资源与环境》2023年第10期，第202页。

《暂行办法》第 18 条来看，中央财政和蓄滞洪区所在地的省级财政根据国家规定的比例分担落实蓄滞洪区运用补偿资金。以 2016 年河北"7·19"特大暴雨洪涝灾害为例，蓄滞洪区运用补偿资金占比是中央财政拨款的 70%、河北省财政拨款的 30%。[1] 由此可见，省级财政也是蓄滞洪区运用补偿的主体。这不免引发如下问题，在全省大面积受灾的情况下，省级财政还要分担补偿资金，既是受灾者，又是补偿义务承担者，如此一来，必然加重受损地的经济负担。另外，《管理规定》第 8 条还规定了蓄滞洪区运用补偿资金的使用标准，但根据这一标准形成的补偿方案比较笼统且区分度不高。尤其是在养殖业和经济林水损的补偿标准上，甚至略低于一般农作物的补偿标准。这就使蓄滞洪区内居民倾向于种植农作物，无法调动其发展多元化经济和扩大再生产的积极性，导致蓄滞洪区内生发展动力不足，影响其可持续发展。

（二）限定性、低水平的转移支付资金使用政策存在局限

第一，转移支付的补偿对象被限缩。《暂行办法》第 9 条对补偿对象作出规定，[2] 要求其满足"区内户籍居民"和"蓄滞洪区运用后"两个条件才可获得补偿。就"区内户籍居民"的条件而言，一方面，处于蓄滞洪区内是获得补偿的大前提，但从流域性洪灾发生的历史情况来看，大量非蓄滞洪区也承担了蓄滞洪的功能，如在 2020 年安徽重特大暴雨洪涝灾害中，环巢湖破圩蓄水，合肥市庐江县的裴岗联圩打开泄洪通道，[3] 其作为非蓄滞洪区和蓄滞洪区遭受了同样的财产损失，却被排除在蓄滞洪区运用补偿的范围之外。另一方面，"户籍居民"又将大量常住非户籍人口和受损的企业排除在外，违背了"有损失必有补偿"的基本原则。而"蓄滞洪区运用后"这一条件更带

---

[1] 参见衣永军、秦广秀、曹鹏飞：《海河流域蓄滞洪区运用补偿核查探究》，载《水利发展研究》2018 年第 4 期，第 37 页。

[2] 《蓄滞洪区运用补偿暂行办法》第 9 条规定："蓄滞洪区内具有常住户口的居民（以下简称区内居民），在蓄滞洪区运用后，依照本办法的规定获得补偿。"

[3] 参见《人民至上 生命至上——安徽防汛救灾纪实》，载安徽省水利厅网站 2020 年 8 月 17 日，https://slt.ah.gov.cn/tsdw/swj/zhxw/119442431.html，2024 年 8 月 6 日访问。

来这样的疑问：难道只有蓄滞洪区运用后，区内居民才能成为补偿对象吗？只有在此时，国家才负有转移支付的义务吗？国家划定蓄滞洪区旨在构建一种特殊的损害防范机制，避免洪涝灾害损害结果扩散和经济损失加重，这种机制本身就对特定区域的土地、产业、投资、环保和人口管理等进行了长期干涉，而且影响深远。不仅如此，区内居民还时刻面临着灾害发生的风险和为更高的公共利益随时牺牲自身重大利益的风险。对于这些风险和间接损失，国家理应承担补偿义务。由此可见，"蓄滞洪区运用后"这一条件对补偿对象构成了多方面的不合理限缩。

第二，转移支付的补偿范围被压缩。《暂行办法》第10条和第11条分别通过正向列举与反向排除的方式规定了补偿范围，[①]这一范围基本能够覆盖居民受灾后的主要损失，但局限性也显而易见。简言之，其补偿政策仅限于传统农区，主要围绕农业和农民进行补偿，具体表现为农业的生产性补偿和农民的生活性补偿，对于蓄滞洪区内的工矿企业、公共基础设施和邻近城镇产业设施的损失都没有纳入补偿范围，这就容易使蓄滞洪区陷入生产发展无产业吸引力、居民生活条件改善无基础支撑的困局。[②]此外，蓄滞洪区运用导致发展机会流失而造成的间接损失也没有被现行补偿政策涵盖在内。

第三，转移支付的补偿标准滞后。《暂行办法》第12条和《管理规定》第8条对补偿标准作出规定，二者是蓄滞洪区补偿所适用的主要法律依据，但前者制定于2000年，后者修订于2006年，随着时代变迁和物价变化，低水平的补偿标准已无法适应当前的经济社会发展需求。

[①] 《蓄滞洪区运用补偿暂行办法》第10条规定："蓄滞洪区运用后，对区内居民遭受的下列损失给予补偿：（一）农作物、专业养殖和经济林水毁损失；（二）住房水毁损失；（三）无法转移的家庭农业生产机械和役畜以及家庭主要耐用消费品水毁损失。"第11条规定："蓄滞洪区运用后造成的下列损失，不予补偿：（一）根据国家有关规定，应当退田而拒不退田，应当迁出而拒不迁出，或者退田、迁出后擅自返耕、返迁造成的水毁损失；（二）违反蓄滞洪区安全建设规划或者方案建造的住房水毁损失；（三）按照转移命令能转移而未转移的家庭农业生产机械和役畜以及家庭主要耐用消费品水毁损失。"

[②] 参见刘艳：《新时代蓄滞洪区补偿制度建构的逻辑转变与对策建议》，载《中国人口·资源与环境》2023年第10期，第206页。

（三）区域间非法制化的横向转移支付"马太效应"明显

横向转移支付在我国尚无正式法律制度，而是基于"一方有难，八方支援"的理念，"在中央政府的鼓励和安排之下，各省、地区之间出现的一种非公式化、非法制化的转移支付"[①]。在我国，区域间非法制化的转移支付早已存在，自1979年中央作出《加速边疆地区和少数民族地区建设》的决定以来，省际间的对口支援活动作为横向转移支付的主要形式便在全国展开，并在实践中逐步扩散到其他领域，其形式包括区域间的资金转移、对口支援、项目援助等。例如，2008年汶川地震发生后，为了加快地震灾区的恢复重建，国务院公布了《汶川地震灾后恢复重建对口支援方案》，要求东中部地区19个省份对口支援四川省18个县（市）以及甘肃省、陕西省受灾严重地区。[②]又如，2021年为激发皖北地区内生发展动力，缩小长三角区域内经济社会发展差距，实现长三角更高质量一体化发展，国家发展和改革委员会印发的《沪苏浙城市结对合作帮扶皖北城市实施方案》提出，上海市3个区、江苏省3个市、浙江省3个市合作帮扶安徽省8个市。[③]

在洪涝灾害领域，非法制化的横向转移支付表现为不同区域之间签订"区域互补协议""区域合作协议""灾后重建帮扶协议书""联动保障协议"等，对蓄滞洪区进行财政支持或其他形式的救助。这种转移支付具有双重目标，一是使蓄滞洪区的灾民"脱灾"，二是使蓄滞洪区的区域"脱贫"。然而，在向蓄滞洪区提供援助的过程中，由于各区域自然资源禀赋、经济发达程度等方面存在差异，财政横向转移支付存在"马太效应"。即自然资源禀赋越好、经济越发达的区域越容易得到横向援助，越容易与其他区域建立帮扶协

[①] 钟晓敏、岳瑛：《论财政纵向转移支付与横向转移支付制度的结合——由汶川地震救助引发的思考》，载《地方财政研究》2009年第5期，第28页。

[②] 参见《汶川地震灾后恢复重建对口支援方案》，载中国政府网2008年6月11日，https://www.gov.cn/gongbao/content/2008/content_1025941.htm，2024年8月6日访问。

[③] 参见《关于印发〈沪苏浙城市结对合作帮扶皖北城市实施方案〉的通知》，载国家发展和改革委员会网站2021年12月8日，https://www.ndrc.gov.cn/xwdt/tzgg/202112/t20211208_1307087.html，2024年8月6日访问。

议或者合作协议，甚至二者之间达成互帮承诺或有效交换，形成互帮互助的良性循环。反之，自然资源越匮乏、经济越不发达的区域越难以得到其他地区的横向财政支持，进而造成财政横向失衡，严重影响这些区域"脱灾""脱贫"的步伐。

（四）蓄滞洪区缺乏常态化转移支付机制

从《暂行办法》第1条的立法目的、第3条[①]的补偿原则以及蓄滞洪区补偿的相关配套政策来看，我国蓄滞洪区转移支付基本上遵循突发性急难救助的补偿逻辑，在此逻辑主导下确立了以损失补偿为主的非常态化转移支付机制。非常态化意味着只对突发性洪涝灾害后运用的蓄滞洪区进行补偿，对未运用年份以及建成后未启用的蓄滞洪区均不予补偿。但是，只对运用的蓄滞洪区进行临时性、应急性救助补偿，不仅无法为灾后蓄滞洪区的发展提供助力，也忽视了未运用的蓄滞洪区区域发展和居民生活长期受限的问题。总而言之，非常态化的补偿机制加剧了蓄滞洪区的发展困境。[②]

《防洪法》第32条第1款规定："洪泛区、蓄滞洪区所在地的省、自治区、直辖市人民政府应当组织有关地区和部门，按照防洪规划的要求，制定洪泛区、蓄滞洪区安全建设计划，控制蓄滞洪区人口增长，对居住在经常使用的蓄滞洪区的居民，有计划地组织外迁，并采取其他必要的安全保护措施。"2010年国务院公布的《全国主体功能区规划》明确提出，蓄滞洪区应确定为限制开发或禁止开发区域。各地据此针对蓄滞洪区的发展建设出台了许多限制性和禁止性措施，如2017年《安徽省行蓄洪区产业发展负面清单的通知》将农林牧渔业、重资产旅游业、风力与太阳能发电、道路工程建筑和安装与采矿业列入限制类项目，将产业园区建设、制造业、水电气生产和

[①] 《蓄滞洪区运用补偿暂行办法》第3条规定："蓄滞洪区运用补偿，遵循下列原则：（一）保障蓄滞洪区居民的基本生活；（二）有利于蓄滞洪区恢复农业生产；（三）与国家财政承受能力相适应。"

[②] 参见刘品、杨柠、李淼：《蓄滞洪区常态化补偿机制研究》，载《水利发展研究》2022年第1期，第46页。

供应业、房地产业、交通运输仓储业等列入禁止类项目。上述规定旨在通过对行蓄滞洪区产业发展实施负面清单制度，确保行蓄滞洪区"放得进、蓄得住、泄得出、调控自如"。又如，2020 年制定的《河北省蓄滞洪区管理办法》第 14 条明确规定，在蓄滞洪区内严格控制非防洪建设项目。可见，目前的政策对蓄滞洪区的土地利用、开发和各项建设、产业发展等均予以限制，这表明蓄滞洪区以自身发展权的牺牲承担了广大防洪区的洪水风险，通过牺牲自身利益以换取全局性、整体性利益。这样做的后果是，蓄滞洪区受到各项经济社会发展政策的限制，明显落后于周边地区。而非常态化的转移支付只在"蓄滞洪区运用后"实施，没有考虑到蓄滞洪区在常态下因经济社会发展受限而遭受的长期损失，显然有失公平。

四、转移支付的权利基础和模式转向

蓄滞洪区"既有分蓄洪水的要求，也有发展的需要"[①]。分蓄洪水和经济社会发展之间的矛盾已经成为蓄滞洪区当前最主要的矛盾，为了妥善处理这一矛盾，有必要构建与蓄滞洪区洪水风险状况和发展诉求相适应的转移支付机制。为此，首先需要厘清蓄滞洪区转移支付的权利基础。

（一）基于社会救助权的"应急 + 救助"补偿

在法律上，某种权利或利益受损是产生补偿的前提。[②] 具体到洪涝灾害领域，蓄滞洪区内居民的生存利益受损是蓄滞洪运用补偿的前提，也是确立现行蓄滞洪区转移支付机制的理论基础和权利基础。因紧急分洪而生存利益受损，受灾居民享有社会救助权，即当公民陷入无法自力克服的生活困境时，依法享有向国家请求保障其基本生存需求的物质和服务的权利。[③] 现行的蓄滞洪区"应急 + 救助"转移支付机制就建立在社会救助权的基础上。

[①] 王艳艳、向立云：《〈全国蓄滞洪区建设与管理规划〉解读》，载《水利规划与设计》2013 年第 6 期，第 7 页。

[②] 参见史玉成：《生态补偿制度建设与立法供给——以生态利益保护与衡平为视角》，载《法学评论》2013 年第 4 期，第 116 页。

[③] 参见郭曰君、吕铁贞：《论社会保障权》，载《青海社会科学》2007 年第 1 期，第 120 页。

首先，社会救助权的本质决定了"应急＋救助"补偿的内容。社会救助是国家对贫困者或遭受灾难等困难的群体提供最低生活保障的有效手段，是国家再次分配、实现社会公平的一种重要机制。根据《宪法》第 45 条第 1 款的规定，①社会救助已经从公民的需求转化为公民的一项基本权利，权利的本质是保障公民最基本的生存需求，②享有该权利的公民有权获得符合人性尊严的生活。这一本质决定了蓄滞洪区"应急＋救助"补偿的内容，即国家在突发性洪涝灾害中，采取具有特定性、临时性和应急性的救助手段，保障蓄滞洪区内居民的基本生产生活，维护其人格尊严、生命和安全等权益。

其次，社会救助权的国家义务决定了"应急＋救助"补偿的主体构成。社会救助权的义务主体具有特定性，作为一项公法上的权利，义务主体是且只能是国家。③国家是最积极、最根本的救助责任承担者，这一点已经在社会救助的法治活动中得以践行。④也有学者从"公民权利—国家义务"的视角，认为基本权利的保障最终都落实在国家义务的履行上，国家义务能迫使国家权力服务于公民，并发挥衔接公民权利和国家权力的桥梁作用，因此，国家义务是基本权利的根本保障。⑤从这一角度出发，社会救助权作为一项基本权利，其实现取决于国家义务的充分履行，通过国家尊重义务、国家保护义务和国家救助义务保障社会救助权的实现。⑥基于社会救助权的国家义务原理，蓄滞洪区的"应急＋救助"补偿由国家主导，通过纵向转

---

① 《宪法》第 45 条第 1 款规定："中华人民共和国公民在年老、疾病或者丧失劳动能力的情况下，有从国家和社会获得物质帮助的权利。"
② 参见徐显明主编：《人权研究》，山东人民出版社 2012 年版，第 266 页。
③ 参见郭日君、吕铁贞：《论社会保障权》，载《青海社会科学》2007 年第 1 期，第 118 页。
④ 参见蒋悟真：《我国社会救助立法理念及其维度——兼评〈社会救助法（征求意见稿）〉的完善》，载《法学家》2013 年第 6 期，第 34 页。
⑤ 参见龚向和：《国家义务是公民权利的根本保障——国家与公民关系新视角》，载《法律科学（西北政法大学学报）》2010 年第 4 期，第 3—6 页。
⑥ 参见贾锋：《论社会救助权国家义务之逻辑证成与体系建构》，载《西北大学学报（哲学社会科学版）》2014 年第 1 期，第 114—116 页。

移支付保障区内居民在难以维持基本生活的情况下获得必要的物质帮助和服务。

最后,社会救助权的享有范围影响"应急+救助"补偿机制的客体构成。判断蓄滞洪区居民是否基于社会救助权享有获得补偿的资格,取决于居民是否为社会救助权所涵摄。社会救助权是给予弱势群体的特殊关怀和保护,这些群体具有以下三个特征:第一,自身原因或遭受自然灾害等导致经济实力孱弱;第二,在信息占有、获得上处于不利地位;第三,自我保护和发展能力不足,不能有效地防范各种风险。[①] 观察蓄滞洪区运用后的区内居民,他们由于遭受洪涝灾害,陷入无力克服的生存困境,丧失自我保护和发展的能力,无法应对各种生活风险,因此可以为社会救助权所涵摄。

(二)基于发展权的"常态+发展"补偿

所谓"常态+发展"补偿,是指无论蓄滞洪区是否运用,只要存在发展利益受损的情形,蓄滞洪区及其区内居民就有获得补偿的权利。即补偿不再是简单维持蓄滞洪区受灾居民最基本的生存利益,而是必须考虑蓄滞洪区及其区内居民的发展问题和发展权实现。建立"常态+发展"转移支付机制,其依赖的权利基础是公民的发展权。

首先,发展权的内涵决定了"常态+发展"补偿中受偿主体的范围。其包括四个维度,一是平等参与发展的权利;二是促进发展的权利;三是平等享有发展成果的权利;四是自身得到发展的权利。[②] 这四个维度突出反映了发展权"发展机会均等"的核心要义,[③] 表明任何国家、地区和个人都有"平

---

① 参见何平:《我国受救助者主体地位之反思与重塑——从弱势群体到权利主体》,载《东方法学》2012年第6期,第73—74页。
② 参见马原、常健:《生存权与发展权之间良性循环研究》,载《人权》2021年第3期,第27—31页。
③ 参见汪习根、吴凡:《论中国对"发展权"的创新发展及其世界意义——以中国推动和优化与发展中国家的合作为例》,载《社会主义研究》2019年第5期,第34页。

等发展"的权利。① 反观蓄滞洪区，自其设立以来，为了方便启用，国家采取的是限制发展的政策，损害了其与其他区域一样"平等发展"的权利。作为一项不可剥夺的权利，每一个区域都有平等发展的机会，因此，无论蓄滞洪区是否运用，该区域及其居民都应当因发展利益受损而获得补偿。而对已经运用的蓄滞洪区来说，其发展利益和生存利益同时受损，应当获得"应急+救助"和"常态+发展"的双重补偿。

其次，基于发展权的"常态+发展"补偿的主体范围应当扩大为"国家+受益地"。一方面，国家之所以承担补偿义务，是因为其选择将哪些区域设立为蓄滞洪区，不仅为这些区域分配了不确定的洪水风险，也对这些区域的发展利益进行了初次分配。而当发生洪涝灾害时，具体选择运用哪些蓄滞洪区实施分洪，实质上是国家对蓄滞洪区的发展利益进行了再次分配。这两次分配都会对蓄滞洪区的土地、产业、投资、环保和人口管理等产生长远影响，因此，国家应当承担其发展权受限的补偿义务。另一方面，国家设立蓄滞洪区并实行"牺牲局部、保全整体"的防洪策略，是为了整体安全的公共利益而牺牲蓄滞洪区及其居民的发展权和防洪保安权。② 国家作为公共利益的代表，也理应成为补偿主体。至于受益地承担补偿义务的理由在于，蓄滞洪区的设立和运用决策是国家在考虑分洪损失与收益大小的基础上，为了保护大城市、经济发达地区等制定的牺牲特定蓄滞洪区的最优防洪策略。③ 这一策略使大城市、经济发达地区等免受洪涝灾害或将灾害损失降至最低，但对蓄滞洪区而言，其区域经济社会发展利益却因保全他人而承担了损失，如果受益地不承担补偿义务，显然有违公平原则。根据"谁受益、谁补偿"的原则，因设立或运用遭受损失的蓄滞洪区和受益地之间形成的损益关系应当被纳入补偿范围，受益地也应承担一定的补偿责任。

---

① 参见《发展权利宣言》，载国务院新闻办公室网站1986年12月4日，http://www.scio.gov.cn/ztk/dtzt/34102/35574/35577/Document/1534188/1534188.htm，2024年8月6日访问。

② 参见杨昆：《蓄滞洪区公平发展问题探讨》，载《中国水利》2007年第17期，第48页。

③ 参见程卫帅、纪昌明、刘丹：《蓄滞洪区运用补偿办法存在的问题及对策建议》，载《人民长江》2007年第6期，第142页。

最后，发展权的核心内容决定了"常态＋发展"补偿的目标。发展权的核心是经济发展，[①]以重视发展能力为基础，强调从传统的"输血"转向"造血"，通过系统的发展型政策实现经济社会的协调发展。这一核心内容决定了蓄滞洪区"常态＋发展"补偿的目标，即在保障居民基本生产生活的基础上增强其自身发展能力，"形成造血机能与自我发展机制，使外部补偿转化为自我积累能力和自我发展能力"。[②]补偿机制的功能也转变为"实现基于公平发展权需求下的损益均衡问题，顺应协调发展的时代逻辑和适应性效率提升的经济增长制度变迁规律，以蓄滞洪区内的充分发展去消减区内外发展的巨幅不平衡"，并更加注重积极预防，重在"消除或减少那些会使人们陷入不幸或困境的因素，而不是在风险成为事实后再向他们提供生活保障"。[③]

（三）蓄滞洪区转移支付的模式转向

上述分析表明，基于发展权的"常态＋发展"导向蓄滞洪区补偿机制可以弥补现有"应急＋救助"补偿的不足。一方面，对未运用年份和建成后未启用的蓄滞洪区给予适度水平的补偿，能够弥补蓄滞洪区丧失发展机会产生的经济损失；另一方面，针对应急补偿在洪涝灾害救助后期的不足，采取以造血为主的常态化补偿，可以促进蓄滞洪区经济社会的长效发展。"救助的最终目的还是为了社会成员都能够充分、平等、可持续地参与到社会的发展，并分享发展所带来的收益。"[④]因此，蓄滞洪区的补偿机制不应局限于目前的"应急＋救助"补偿，还应与"常态＋发展"补偿相结合，按照是否发生分

[①] 参见冯颜利：《主权与人权解读——从生存权和发展权是首要人权的观点而言》，载《政治学研究》2006年第3期，第51页。

[②] 洪尚群、胡卫红：《论"谁受益，谁补偿"原则的完善与实施》，载《环境科学与技术》2000年第4期，第46页。

[③] 刘艳：《新时代蓄滞洪补偿制度建构的逻辑转变与对策建议》，载《中国人口·资源与环境》2023年第10期，第200—201页。

[④] 何平：《我国受救助者主体地位之反思与重塑——从弱势群体到权利主体》，载《东方法学》2012年第6期，第75页。

洪事实，动态采取不同导向的补偿机制。

具体而言，针对未运用的蓄滞洪区，由于其发展利益受损，应当采用"常态＋发展"补偿机制；针对已经运用的蓄滞洪区，由于其遭受或者加重了本不应该遭受或者加重的洪涝灾害，发展利益和生存利益同时受损，应当采用"常态＋发展"与"应急＋救助"的双重补偿机制（见图 8-1）。

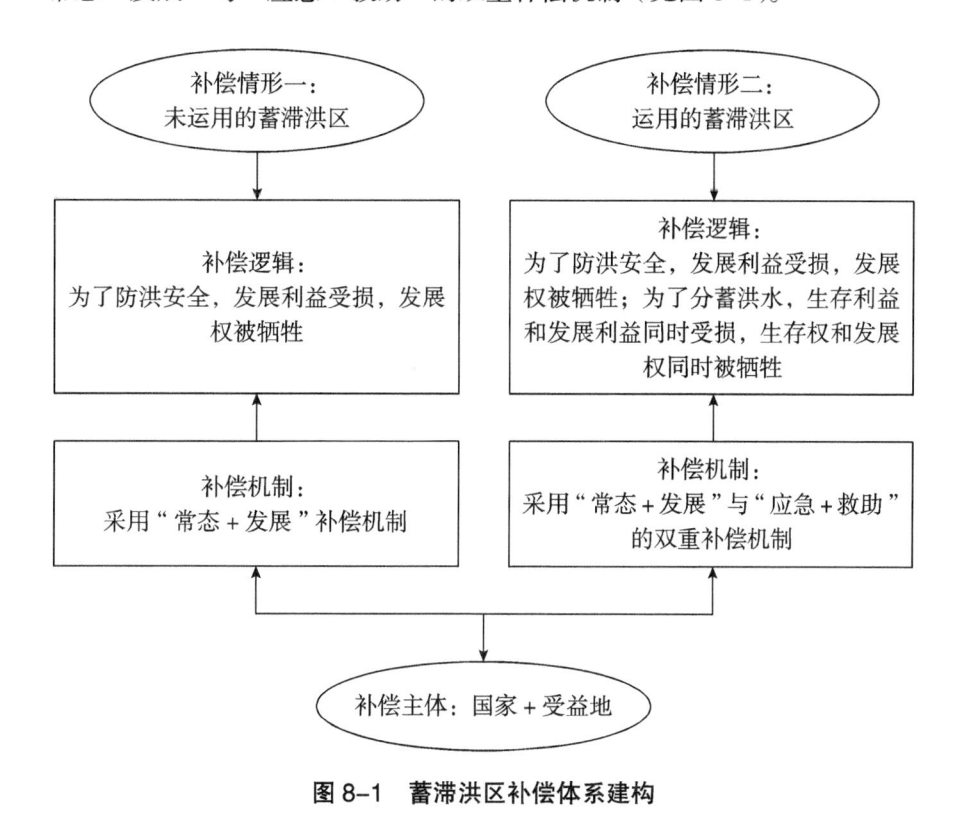

图 8-1 蓄滞洪区补偿体系建构

五、"常态＋发展"转移支付的制度构建

2009 年 11 月 19 日，国务院批复了《全国蓄滞洪区建设与管理规划》，旨在促进蓄滞洪区经济社会的科学合理发展，这标志着蓄滞洪区的建设、管理和发展早已进入新阶段。但是，由于"常态＋发展"导向的转移支付机制尚未形成，蓄滞洪区的建设、管理和发展难以提升质效。"常态＋发展"转移支付是对蓄滞洪区进行财政补偿的重要手段，可以实现财力再分配和均衡

化发展的目标，有助于提高社会公平公正和缩小贫富差距。[①] 只有尽快建立起"常态＋发展"的转移支付机制，蓄滞洪区转移支付的模式转向才可能实现。而"常态＋发展"补偿机制的建构，需要从以下三个方面着手。

（一）确立纵横结合的补偿转移支付体系

现行的蓄滞洪区运用补偿通过纵向转移支付手段救助受灾居民，既未能体现损益互补的因果关系，也难以调动横向多元主体的参与和激发受灾地区的内生积极性。要改变这一现状，首先必须区分"平时"和"灾时"两种情况，并将纵向转移支付和横向转移支付有机结合起来，形成纵横结合的转移支付体系。

1. "平时"以横向转移支付为主、纵向转移支付为辅

横向转移支付具有效率优势。一方面，横向转移支付更能体现互惠关系，有助于充分调动各主体积极性，便于各主体表达利益诉求并通过协商实现各自利益的均衡；另一方面，横向转移支付能够使地方政府在补偿资金取得过程中获得最大的主动权，从而避免补偿资金不足的问题，并能保证补偿的长期性。[②] 关于横向转移支付的主体，根据"谁受益、谁补偿"原则，应当由受益者向受损者进行补偿，从而达到利益分配的整体平衡。结合蓄滞洪区疏解河道全线防洪压力的目的及其空间位置来看，受益者应当包括蓄滞洪区的上游地区、下游地区以及免受洪涝灾害的周边区域，尤其是在此范围内重点保护的大城市和经济发达地区。关于横向补偿的内容，由于对蓄滞洪区限制发展的政策使其丧失了许多发展机会，因此，横向补偿的内容主要是"发展机会补偿"。这是对蓄滞洪区间接损失的长期补偿，由于间接损失很难计算，可以参考周边同等经济基础、自然条件、资源禀赋和人口规模条件下非蓄洪区的发展现状来衡量蓄滞洪区丧失发展机会造成的损失。在补偿损失时，还

[①] 参见刘明慧、章润兰：《财政转移支付、地方财政收支决策与相对贫困》，载《财政研究》2021年第4期，第34—49页。

[②] 参见邓晓兰、黄显林、杨秀：《积极探索建立生态补偿横向转移支付制度》，载《经济纵横》2013年第10期，第48页。

要综合考虑受益地经济发展水平、人口规模、支付能力等因素，科学合理地协商确定补偿比例和数额。

2. "灾时"以纵向转移支付为主、横向转移支付为辅

纵向转移支付在灾时能够集中国家力量，保障灾区重建家园、居民复工复产。但是，目前纵向转移支付的资金使用政策存在局限，有必要加以调整。第一，转移支付的补偿对象应当是实际遭受损失的居民和组织。遵循"有损失则有补偿"的原则，应当以实际遭受损失为确定补偿对象的核心标准，无论是蓄滞洪区还是非蓄滞洪区，只要是因承担蓄滞洪功能而实际遭受损失的居民和组织都应当被纳入补偿范围。第二，转移支付的补偿范围不仅包括传统农区，还应当涵盖蓄滞洪区内的工矿企业、公共基础设施和邻近城镇产业设施等。相较于传统农区，工矿企业遭受洪涝灾害损失更大，为了保障其尽快复工复产，降低对整个产业的影响，理应将其纳入补偿范围。而公共基础设施和邻近城镇产业设施如电力、水利、道路等对于保障灾区居民生活生产具有重要意义，也应予以补偿并尽快修复。此外，蓄滞洪区运用导致发展机会流失造成的间接损失也不容忽视，例如，行洪后土地沙化导致耕种条件短时间内难以恢复而错过农事作业，这种损失也应当获得补偿。第三，应当动态调整并适当提高补偿标准。针对目前补偿标准较低的问题，需要考虑蓄滞洪区的发展现状和未来发展潜力，结合其实际作物、产业情况和经济发展情况，参考该区域的人均财政收入，进行精细计算并确定补偿数额。至于补偿标准的施行时间，原则上应当以3—5年为一个周期，一个周期结束后，结合蓄滞洪区所在省国民总收入、财政收入和物价指数、农民人均纯收入等因素，动态调整补偿标准。[①]

（二）形成中央政府牵头引导协调的横向转移支付机制

为了避免出现"马太效应"，在进行横向转移支付时，应当发挥中央政府重要的组织、引导和协调作用，结合相关区域实际情况，制定切实有效的

[①] 参见刘定湘、刘敏：《蓄滞洪区生态补偿若干问题分析》，载《水利经济》2014年第5期，第43页。

补偿政策。首先，中央政府应当确定一个负责蓄滞洪区日常事务的管理机构（如水利部门），由其组织牵头地方政府之间的谈判、协商，并对达成补偿意向的转移支付资金进行监督。① 其次，中央政府应当引导地方政府之间建立区际转移支付基金，该基金由不同受益地政府的财政资金拨付形成，拨付比例在综合考虑经济发展水平、资源禀赋、财政收入、人口规模、受益程度等因素的基础上确定。各受益地政府按照拨付比例将财政资金缴存入基金，并保证按此比例及时补充。② 基金缴付要体现"抽多补少"、责任共担、效益共享的目的。基金必须用于补偿蓄滞洪区因防洪安全而丧失发展可能的机会成本。以区际间转移支付基金模式来实现蓄滞洪区横向补偿，既有利于形成对蓄滞洪区居民的长效激励，降低蓄滞洪区运用决策施行的阻力；也有利于形成对受益地的约束机制，改变以往受益地不负补偿责任的局面，形成受益地补偿和受损地发展的良性互动关系。最后，中央政府应当在宏观层面上进行必要的协调并提供配套的制度支撑。一是采取相关措施弥补受益地的财政支出，如中央政府给予受益地一定的税收优惠、社会政策优惠、经济发展优惠等，鼓励受益地积极补偿蓄滞洪区。二是采用更科学的政绩考核体系评价和任用地方干部，将横向转移支付任务的完成度纳入考评体系。

（三）建立蓄滞洪区常态化转移支付机制

从我国目前的经济发展水平来看，开展蓄滞洪区常态化转移支付已经具备一定的经济基础和物质条件。我国现已成为世界第二大经济体，随着经济实力的增强和财政收入的提高，国家已经有能力"建立蓄滞洪区经济发展、人民生活水平提高和区域社会经济可持续发展的长效投入机制"③。而且，我国已经对蓄滞洪区的实际情况开展过拉网式专项排查，全面精准采集蓄滞洪区人口信息，并对区域的住房和产业等情况进行精准摸排，这也为蓄滞洪区

---

① 参见杨晓萌：《中国生态补偿与横向转移支付制度的建立》，载《财经研究》2013年第2期，第22页。
② 参见郑雪梅：《生态转移支付——基于生态补偿的横向转移支付制度》，载《环境经济》2006年第7期，第14页。
③ 杜霞、耿雷华：《蓄滞洪区生态补偿研究》，载《人民黄河》2011年第11期，第4页。

常态化转移支付机制的建立提供了有利条件。

首先,根据蓄滞洪区的地理位置、启用概率和洪水风险等因素制定差异化补偿政策。具体而言,对运用概率较高、洪水风险较高的蓄滞洪区,予以动员搬迁,并发放搬迁补助、补偿,尽量减少或者控制区内人口,同时尽可能加强区内防洪安全设施建设,最大限度地降低洪水对居民的影响;对运用概率较低、洪水风险较低的区域,应着重扶持发展适应性产业,同时以撤退道路、桥梁等为重点进行安全设施建设,避免洪灾对产业造成重大损失,并保证人员及时撤离、安全避洪。[1]

其次,摆脱传统的"输血式"救助补偿,致力于建立配套的、造血式的长效补偿机制。一是利用各种税收优惠政策、资源支持政策吸引发达地区企业在蓄滞洪区开展轻资产投资建设、高科技产业建设,带动区内人口就业;二是避开蓄滞洪区产业发展限制,在区外设厂,与异地设厂地方政府形成合作机制,发挥双方资源优势,实现产业辐射和产业成果异地转换;[2]三是落实蓄滞洪区创业担保贷款及贴息政策,加强职业技能培训和职业介绍服务,鼓励区内居民自主创业;四是通过政府购买服务等方式,为符合条件的蓄滞洪区居民安排公益岗位等。

再次,协调推进受益地对口帮扶工作。受益地政府应当积极支援蓄滞洪区,建立"一对一"或"一对多"的财政横向转移支付制度,通过资金支持、政策支持、产业扶持、人才支撑、技术支持等,共建产业合作园区,搭建资本与项目对接平台,积极推进产业转移与承接,深化区域间市场合作机制,增强蓄滞洪区"造血"功能,实现产业互补、人才交流、技术互促,协调解决有关问题与困难,推动对口帮扶工作提质增效。

最后,积极探索建立蓄滞洪区洪水保险制度。蓄滞洪区所在地的省、市政府和中央政府应当统筹建立巨灾保险制度,健全财政支持下的多层次洪涝灾害保险机制,因地制宜确定保险保障内容,与承保机构协商确定保险费率

---

[1] 参见姜晗琳等:《关于进一步完善蓄滞洪区补偿机制的思考》,载《水利发展研究》2024年第8期,第21—26页。

[2] 参见刘品、杨柠、李淼:《蓄滞洪区常态化补偿机制研究》,载《水利发展研究》2022年第1期,第48页。

和保险方案，全面提升防灾减灾能力，化解蓄滞洪区洪水风险。鼓励银行、保险等金融机构探索发展洪涝灾害保险产品，为洪涝灾害防治提供金融服务。

六、结语

蓄滞洪区作为洪涝灾害的承灾区域，不仅容易遭受洪水侵袭，还被国家施以功能性负担和发展性限制。在此情况下，转移支付机制对于蓄滞洪区的救灾救助和经济发展尤为重要。为保障蓄滞洪区经济社会发展，提升蓄滞洪区防灾减灾救灾能力，应当建立"常态＋发展"转移支付机制，形成"平时"以横向转移支付为主、纵向转移支付为辅，"灾时"以纵向转移支付为主、横向转移支付为辅的纵横结合转移支付体系，提升蓄滞洪区经济社会发展水平和发展能力，确保蓄滞洪区与其他区域同步实现共同富裕。为此，应当在科学把握洪水风险和经济发展规律的基础上，建立责任共担、效益共享的区际转移支付基金制度，采取税收、经济发展等优惠政策，激励受益地补偿积极性，协调受益地和蓄滞洪区之间的利益关系。同时，探索具有适应性的常态化补偿制度，形成差异化、造血式的长效补偿机制，利用多元化补偿形式，实现区域间互补互促，探索建立由政府统筹推进的巨灾保险制度，鼓励金融机构提供多元化金融服务，真正使蓄滞洪区转移支付机制在"利发展、惠民生"方面发挥积极效能。

第十章
自然灾害应对中履行行政职责的作为可能性

林鸿潮

摘要：有关行政机关履职评价的理论和制度集中于作为义务与结果回避可能性，跳过了作为可能性，理由是立法已经解决了行政职责和行政能力的匹配问题，即便不是如此，相关权责安排也已通过民主立法程序得到正当化而不应继续讨论。但在自然灾害应对领域，这两个前提并不可靠。一方面，灾害法上存在许多目标与能力不匹配的行政任务；另一方面，我国的立法机关并不实际配置行政资源。准确评价行政机关履行自然灾害应对职责的状况，需要将分散在机构编制管理、预算、规划等体系中的行政资源配置情况进行"拼组"，综合考虑其可及性、充足性及与行政任务的匹配度，确定对行政机关作为可能性的合理预期，和作为义务、结果回避可能性一起，在行政可问责性的完整架构下进行。在不（完全）具备作为可能性的情况下，结合行政机关是否采取了替代性履职方案、是否积极调剂其他行政资源、是否合理调节了公众预期等因素，最终评价和确定其责任。

一、引言

因突发事件应对不力而追究行政机关及其工作人员的责任，以往多应用于事故灾难特别是生产安全事故，很少用于自然灾害领域，即只究"人祸"，不究"天灾"。但这一常规在近年被打破，自然灾害应对不力开始被纳入上级政府的调查和追责范围。例如，2022年1月21日，国务院公布了对河南郑州"7·20"特大暴雨灾害的调查报告，认定了地方党委政府及其有关部门和郑州市委书记、市长等90人的责任。[①] 第二年，应急管理部随即出台了《重特大自然灾害调查评估暂行办法》，为自然灾害应对工作的调查和追责提供了初步规范。河南郑州"7·20"调查是中华人民共和国成立以来第一次由国务院组织的、针对特大灾害的调查评估，开创了重要先例。对于其责任认定，国务院调查组相关负责人在答记者问时提到"三个区分开来"的原则：把客观上的不可抗力与主观上的不作为区分开来，把能力素质不足与不负责任区分开来，把法规标准缺失与职责任务安全规定不落实区分开来。[②] 由此产生了三个问题：政府面对自然灾害这种客观上的不可抗力，作为到何种程度才是尽职？能力素质不足可以作为政府履职不力的抗辩理由吗？法规标准的缺失对政府履职状况的评价有何影响？这些问题并不容易回答，其背后涉及这样一些更根本的追问：行政的可问责性来自何处？法律对政府履职情况的评价应当包括哪些层次？其中，基于能力的作为可能性是否应予单独考虑？

在评价行政机关履职情况的各种情景中，以往也不乏对"可能性"的讨论。但仔细推敲便可发现，人们在这一主题下的讨论实际上指向的，要么是作为义务，要么是行政目标无法达成这一消极结果的"回避可能性"，并不真正涉及基于行政能力的作为可能性，最多只触及其中个别枝节。只有个别学者注意到组织资源、财政资源、监管工具和监管目标之间的匹配性等因素对政府履职能力的影响，并认为在评价政府的履职水平时应予适当考虑。[③] 大多数人默认了这样一个前提：法律为行政机关设定的职责目标与其履职能力至少是基本匹配的。因此，只需在法律上确认行政机关具有作为义务，并

[①] 参见《河南郑州"7·20"特大暴雨灾害调查报告》，载应急管理部网站2022年1月21日，https://www.mem.gov.cn/gk/sgcc/tbzdsgdcbg/202201/P020220121639049697767.pdf，2024年8月6日访问。

[②] 参见《国务院调查组相关负责人就河南郑州"7·20"特大暴雨灾害调查工作答记者问》，载《光明日报》2022年1月22日，第3版。

[③] 参见卢超：《从司法过程到组织激励：行政公益诉讼的中国试验》，载《法商研究》2018年第5期，第30页。

排除那些不具有结果回避可能性的情形,最多在特殊情况下将作为可能性中的个别问题纳入考虑,行政任务的可问责性便得以证成。① 但上述前提并不可靠,行政目标与行政能力明显不匹配的情况——我们可以称之为不对称的行政任务——在法律上广泛存在,在包括灾害防治在内的应急法上尤其如此。而且,我国的法律为行政机关设定一项职责时,大多数时候并不同时在组织、预算、物资等方面解决其能力匹配问题。在这种情况下,仅凭行政行为法上的规定,并不能完整地证成行政任务的可问责性,需要另行单独考虑行政机关的作为可能性。② 那么,如何判断行政机关的作为可能性呢?在引入作为可能性这一维度之后,对行政机关履职情况的评价又将产生何种影响?这是本章希望回答的问题。

二、消失的行政机关作为可能性

行政的可问责性(Accountability),指的是行政机关就其职责履行状况接受有关主体评价,并在履职不力的情况下以各种形式承担责任的该当性。长期以来,这一问题被放在"委托—代理"形成的垂直关系之下讨论。③ 那么,仅仅因为在多重"委托—代理"关系形成的权力链条中,位于上端的机关或者个人向下端设定了某个行政目标,后者为了实现这个目标所实施的行动及其结果就具备了可问责性吗?政治学上的答案或许可以止步于此,"问责就是在公共行政人员与其相关联的不同的授权群体之间,通过相应的程序、机制和战略安排去传达后者期望的过程"④。"问责是指委托方和代理

---

① 行政法学很少使用"可问责性"的概念讨论其构成问题,而是根据不同情景,放在行政机关的"不作为""不履行法定职责"或者行政官员的"失职失责"等概念下讨论,但实际上都指向行政的可问责性。

② 有研究指出,我国的行政行为法实际上承担了部分行政组织法功能。但是,这种组织法功能主要是指建立行政机关之间的横向关系规则,而不是解决行政资源的配置问题。参见叶必丰:《行政组织法功能的行为法机制》,载《中国社会科学》2017年第7期,第109页。

③ 参见马骏:《政治问责研究:新的进展》,载《公共行政评论》2009年第4期,第28页。

④ Klingner D. E., Nalbandian J., Romzek B. S.. Politics, Administration and Markets: Conflicting Expectations of Accountability. *American Review of Public Administration*, 2002, 32(2): 117.

方之间的一种关系，即获得授权的代理方（个人或机构）有责任就其所涉及的工作绩效向委托方作出回答。"[1]"'委托—代理'关系内设着必然的责任关系，授权行为一旦作出，就必定面临着承担相应的责任。委托人将权力授予代理人，代理人就必须按照授权要求向委托人负责，替其承担起决策和执行等过程中的责任；否则，就会受到追责。"[2]法学则需要继续引入其他因素，法律因为一个"人"没有做到某事而造成不利后果从而给予非难，既需要此"人"基于其社会角色应当做此事，也需要此"人"基于其能力禀赋能够做此事，还需要外部条件容许该"人"做得到此事。法律从"人"的社会角色出发抽象出"作为义务"，从能力禀赋出发抽象出"作为可能性"，从外部条件出发抽象出"结果回避可能性"，用于在不同层面上决定责任的构成或者免除。在民法上讨论不作为侵权、[3]在刑法上讨论不作为犯[4]都是如此，在行政法上评价政府职责的履行也不例外。因此，对行政机关及其工作人员来说，一项行政任务的可问责性应当包含三个要素：负有作为义务，具备履职能力，外部条件允许。作为义务可以通过行政机关或其工作人员的应然角色在不同层面上确认，比如诉诸政治上人民与政府的关系、法律上立法与行政的关系、官僚制中上级与下级的关系、伦理上专业人员与职业道德的关系。[5]在法律层面上，这些理由又可以细化为法律规范、行政规范、行政行为、行政契约、先行行为等。[6]这方面的研究早已汗牛充栋，但对于如何判断作为可能性和结果避免可能性，既有的讨论不多，且经常被混淆。

需要评价政府履职状况的情景很多，比如各种形式的督查，定期或不定

---

[1] Shafritz J. M.. *The Facts on File Dictionary of Public Administration*. Facts on File Publications, 1986, p.9.

[2] 陈朋：《容错与问责的逻辑理路及其合理均衡》，载《求实》2019 年第 1 期，第 50 页。

[3] 参见冯珏：《安全保障义务与不作为侵权》，载《法学研究》2009 年第 4 期，第 65 页。

[4] 参见曲新久主编：《刑法学》，中国政法大学出版社 2022 年版，第 86 页。

[5] See Romzek B. S.. *Where the Buck Stops: Accountability in Reformed Public Organizations in Patricia*. Jossey Buss, 1998, p.197.

[6] 参见章志远：《司法判决中的行政不作为》，载《法学研究》2010 年第 5 期，第 20—22 页。

期的绩效评估，由突发事件引发的专项调查，申请行政救济的个案，等等。在此，我们对迄今为止学理讨论最充分的两种情景加以考察：一种是对行政机关履职的评价——对行政不作为的行政诉讼；另一种是对行政官员履职的评价——领导干部问责制。①

（一）行政不作为之诉中对作为可能性的讨论

通常认为，法院在行政诉讼中判断被告是否构成不作为，要遵循三重标准：一是作为义务的存在，二是被告作为的可能性，三是被告是否已经作为。

对于被告作为可能性的讨论，我们可以用最典型的、所谓裁量收缩为零的纯粹不作为进行考察。从"德国—日本—中国"先后承继的学术脉络来看，相关学说对待"作为可能性"的观点是相似的。例如，王和雄将其归纳为"五要件"：被害法益之重大性（如私人将蒙受不可回复的重大法益损失，则政府应当作为），危险之迫切性（如危险已经具体化，则政府应当作为），危险发生之预见可能性（如政府能够合理预见危险的存在，则应当作为），损害结果之回避可能性（如政府介入能够防止危险发生，则应当作为），规制权限发动之期待可能性（如公民无法自救，只能期待公权发动，则政府应当作为）。②深入推敲便可发现，上述构成标准讨论的都不是基于行政能力的作为可能性。除了第四项显然是在讲结果回避可能性，其余四项都是在讨论行政机关在具体情境中对是否作为有无裁量余地，实际上仍属于判断作为义务的范畴，解决的还是当不当为，而非能不能为的问题。判断这几项要件的依据并不是行政机关的作为能力，而是一般社会观念。③在这一问题上，无论是日本学者归纳的各学说，④还是章志远进一步

---

① 不作为的行政诉讼指向的是法律责任，领导干部问责制指向的是政治责任。由于本章是在整体上探讨作为可能性对行政履职情况评价的影响，责任性质上的差别并不影响讨论。

② 参见王和雄：《论行政不作为之权利保护》，三民书局1994年版，第297页。

③ 参见王贵松：《行政裁量权收缩之要件分析——以危险防止型行政为中心》，载《法学评论》2009年第3期，第112—116页。

④ 有关日本学者代表性观点的归纳，可参见胡建淼、杜仪方：《依职权行政不作为赔偿的违法判断标准——基于日本判例的钩沉》，载《中国法学》2010年第1期，第41页。

简化后的危险预见可能性、避免损害发生可能性、公权发动期待可能性"三要件"说,①其论证结构都是相似的。而作为行政可问责性中的一个独立层次,与作为义务、结果回避可能性并列的作为可能性,指的是行政机关在现实的资源和能力条件约束下,实际履行其作为义务的可能性。此外,还有不少学者直接将作为可能性等同于结果回避可能性,集中于讨论不可抗力等因素对行政不作为的违法阻却;②或者将作为可能性转换为行政机关是否具有裁量空间、继续履职是否尚有意义或是否符合比例原则等其他问题来讨论。③

有关被告是否已经作为的讨论有时候也和作为可能性相混淆。这些讨论的焦点在于审查标准采取行为说还是结果说,抑或是两者的折中说。行为说或者折中说的一项重要理由是,行政目标的实现受到很多复杂因素的影响,并不完全取决于行政机关的努力,在需要相对人配合的情况下尤其如此,有时候即使行政机关穷尽了法律所赋予的手段,也未能(完全)达到保护特定法益的目的,此时仍应认为其已经履行了职责。④相对于普通行政诉讼以特定对象的权利救济为首要目标,行政公益诉讼更接近于在一般意义上监督政府职责的履行,监督的目标指向行政活动的实质合法性,监督的范围也更加广泛。⑤在这种情况下,行政机关履职行为和履职结果之间的关系更加复杂,

---

① 参见章志远:《司法判决中的行政不作为》,载《法学研究》2010年第5期,第22—24页。

② 持此观点的学者甚多,如石佑启、沈岿、周佑勇、吕忠梅、毕雁英、张海棠、娄正涛等。

③ 参见朱新力:《行政不作为违法之国家赔偿责任》,载《浙江大学学报(人文社会科学版)》2001年第2期,第82页;杜仪方等:《行政不作为的监督与救济研究》,载《政府法制研究》2017年第9期,第32—37页、第45页。

④ 参见胡婧、朱福惠:《论行政公益诉讼诉前程序之优化》,载《浙江学刊》2020年第2期,第125—126页;李瑰华:《行政公益诉讼中行政机关"依法履职"的认定》,载《行政法学研究》2021年第5期,第39页;张袁:《行政公益诉讼中违法行政行为判断标准的实践检视与理论反思——以1021起裁判样本为考察对象》,载《行政法学研究》2022年第2期,第102页。

⑤ 参见刘艺:《构建行政公益诉讼的客观诉讼机制》,载《法学研究》2018年第3期,第43—44页。

因此，公益诉讼中在此主张行为说[1]或者折中说[2]者更多。这些讨论看似与行政机关的履职能力有关，实际指向的却并非作为可能性，而是结果避免可能性。因为上述讨论本身已经承认了一个前提，就是行政机关能够采取法律赋予它的那些行政手段，即能够作为，至于穷尽这些手段之后仍无法实现对特定法益的保护，指的正是不具有结果避免可能性。

由此可见，在行政不作为之诉的司法审查标准中，学者们讨论的焦点集中在行政机关的作为义务和任务失败的结果回避可能性上，而跳过了介于两者中间的环节即作为可能性（尽管有时候以作为可能性之名讨论前面两个问题）。我们以消防救援机构在一场暴雨引起的水灾中所面临的若干情景为例，就可以发现既有的理论认识能够回应和不能回应什么问题。有关作为义务的讨论有助于在如下情况否认行政机关的责任：初期雨势不大，有居民因房屋漏水求助于消防救援机构，后者认为情况尚不紧急而未迅速行动（因法益欠缺重大性、危险欠缺迫切性），不料该房屋因建筑质量不合格而迅速倒塌（因事出意外而缺乏危险预见可能性）；有行驶在隧道中的车辆遇水熄火，车主求助于消防救援机构，后者建议先行弃车逃生，车主不舍爱车而坐待救援终致溺亡（因能够自主逃生而缺乏公权发动期待可能性）。有关结果回避可能性的讨论则有助于在如下情况为行政机关免责：消防救援机构接到洪水中受困居民的求助电话，闻警即动，但因水势太大而救援失败，或因道路阻断而未来得及救援。但上述理由难以回答这样的问题：由于求助的居民太多，消防救援机构人员不足，很快就无人可派。至于人员为何不足，原因多种多样，可能是因为没有编制，也可能是因为缺乏经费，还可能是因为职业危险性太高而应聘者寡或辞职者众。也难以回

---

[1] 参见刘超：《环境行政公益诉讼诉前程序省思》，载《法学》2018年第1期，第122页；张旭勇：《行政公益诉讼中"不依法履行职责"的认定》，载《浙江社会科学》2020年第1期，第75页；华德波：《论行政公益诉讼中行政机关"尽责履职"的界定——以最高检指导性案例第49号为切入点》，载2021年《"检察指导性案例应用"研讨会论文集》，第438页。

[2] 参见陈德敏、谢忠洲：《论行政公益诉讼中"不履行法定职责"之认定》，载《湖南师范大学社会科学学报》2020年第1期，第59页；王清军：《环境行政公益诉讼中行政不作为的审查基准》，载《清华法学》2020年第2期，第141页；王红建：《论行政公益诉讼中不履行监督管理职责的认定标准》，载《河南财经政法大学学报》2022年第1期，第9页。

答这样的问题：消防救援机构的接警席位有限（因为设置更多席位在绝大多数情况下将大量闲置），由于求助者太多，大部分人连电话都无法拨入。郑州"7·20"灾害中就出现了这样的情况：当天，"119"接警台高峰时段拨入电话等候超过 2600 个，"110"接警台等候超过 1000 个。①那么，在以追责问责为导向的灾害调查中，如何看待这些因素对地方政府及其官员责任分配的影响呢？尽管"7·20"灾害的调查组对此颇为清醒，"三个区分开来"的原则就包括"把能力素质不足与不负责任区分开来"，但这样的原则在现行的行政法理论和制度框架之下能够获得支持吗？这些问题都指向了长期被忽视的行政机关作为可能性。

（二）领导干部问责制中对作为可能性的讨论

不少人主张，如果要求党政领导干部在履行职责的过程中作出正确决策已经超出了其认识能力，即使最终事实证明其判断错误，也应免除或者减轻其责任。②毫无疑问，行政机关在履行职责时作出正确决策（意味着找到正确履职方案）的认识可能性构成其作为可能性的一部分，因为只有以认识可能为先导，后续的履职行为才有意义。但应该看到，讨论官员在行政决策中的认识能力，所触及的只是行政作为可能性的一个枝节。首先，在常规情况下，讨论官员履职不力的责任并不需要考虑认识可能性，因为直接执行法律就可以"输出"履职方案，只有在面临一些具有复杂性、不确定性或者长远性的行政任务时才需要通过决策来选择方案。③其次，官员的认识能力只是影响行政机关认识可能性的因素之一，其他的因素还包括决策信息系统、辅助决策技术和专家团队等。

更重要的一点是，即使在那些需要将官员认识能力纳入考虑的例子中，

---

① 相关数据来源于 2021 年 9 月 3 日课题组在郑州市公安部门和消防救援机构的访谈。

② 参见韩春晖：《行政决策终身责任追究制的法律难题及其解决》，载《中国法学》2015年第 6 期，第 90 页；谭达宗：《重大行政决策终身责任制的法律责任定位》，载《中国行政管理》2016 年第 8 期，第 25—26 页。

③ 参见林鸿潮：《党政机构融合与行政法的回应》，载《当代法学》2019 年第 4 期，第 56 页。

这一因素也只是构成行政机关作为可能性的一个常量，而不是变量。人们假定每个官员均具有该层级官员通常的认知水平，甚至只假设其具有常人的认知水平，据此评价在特定行政决策环境下要求其作出正确判断是否强人所难。[1] 至于每个官员实际上的认知水平如何，并不影响这种评价的结果。而我们在讨论行政机关作为可能性的其他方面时，却需要将其作为由行政资源决定的一个变量来看待，而且，这些变量在具体情景下的"值"将影响对行政机关履职情况的评价。

总之，在领导干部问责制中将官员的认识能力作为一个考虑因素，和将作为可能性完整地纳入行政可问责性的构造中，还有很大的距离。而且，前者的分析路径对于解决后者并不能提供多少启示。

（三）小结

无论是在行政不作为的行政诉讼中，还是领导干部问责制，抑或是在其他评价行政机关履职状况的场景中，作为一个独立评价层次的作为可能性为什么消失了呢？因为在学者们看来，这不是一个需要解决的问题。[2] 其理由是，在制定法律时，如何根据行政机关的实际能力设定适当的行政目标，或者根据既定的行政目标配置必要的行政资源？立法机关已经对这些问题进行了充分考虑并作出了恰当安排。即使立法机关没有这样做，这样的权责安排也已经通过民主立法程序得到了正当化，没有继续讨论的余地了。"对于公共事务之处理，主管机关之人力、预算如不足以因应法定职务所需，系属机关内部如何调度、编列之问题，不能据为对外主张免责之事由。"[3] 因此，在评价行政机关的履职状况时，便默认了这样一个前提，那就是法律所设定的行政目标和行政机关的能力至少是基本匹配的。但是，这样的前提可靠吗？

---

[1] 参见徐国利：《论行政问责的责任与归责原则》，载《上海行政学院学报》2017年第1期，第30页。

[2] 参见杜仪方：《从"三鹿事件"看我国行政不作为赔偿的法律空间——兼论〈国家赔偿法（修正案草案）〉的相关规定》，载《现代法学》2009年第3期，第157页。

[3] 应松年主编：《2004年海峡两岸行政法学学术研讨会实录》，中国法学会行政法学研究会资料，第23页。

对此，我们不得不讨论如下两点：法律在设定行政职责时，是否确实做到了任务与能力相匹配；如果没有做到，仅凭法律上有关行政职责的规定能否证成这项行政任务的可问责性。

三、灾害法上的不对称行政任务

法律不能要求人们做不可能之事，或者说"法律不强人所难"，这是富勒所提出的法律的八项内在道德之一，已经成为一句法谚。[①] 如果将这句话套用到行政领域，那就是法律设定的行政职责应当与其实际能力相匹配，法律只能要求政府去做它能做得了的事情。相应地，也应该以这样的标准评价政府及其官员的履职状况，并决定有关责任的分配，这一点看起来如此理所当然。但实际情况是，立法机关很难对政府的能力作出准确评估，即使能够做到，它也总是习惯于从规范主义层面出发对政府职责提出应然性要求，并常常自觉不自觉地把一些美好愿景或者前瞻性目标带入法律中。有关自然灾害防治的法律在这方面尤为典型，法律在为政府设定防灾减灾救灾职责的时候，总是倾向于高估其能力。那么，这些"强人所难"的行政任务是如何进入法律的呢？

首先，灾害防治事关国民的基本安全保障，属于国家的核心职能，政府履行这些职能的结果攸关其正当性。[②] 政府能够将这种职能履行到何种程度受许多因素的影响，具有很大的不确定性。但是，为了增进人民在政治上的认同，立法机关总是倾向于按照最佳愿景来描述这些任务。应对自然灾害被认为是国家产生的重要原因之一，灾害的类型、规模和频率等特征在一定程度上塑造了不同国家的规模、地缘特征和文化特质，并深刻影响国家盛衰和政权兴替。古代中国在"天人感应""天人合一"观念的支配下，将自然灾害和统治者的德行与气运挂钩，将发生天灾看作对统治者的谴责或者预警。[③]

---

① 参见[美]富勒：《法律的道德性》，郑戈译，商务印书馆2005年版，第83页。
② 参见王贵松：《论法治国家的安全观》，载《清华法学》2021年第2期，第27页。
③ 参见夏明方：《继往开来：新时代中国灾害叙事的范式转换刍议》，载《史学集刊》2021年第2期，第16页。

统治者不但需要全力应对灾害，还常常就灾害的发生自谴、罪己。[①] 经过现代理性的祛魅，附着在自然灾害身上的政治隐喻与符谶早已被剥离，但应对自然灾害的国家义务并没有改变。立法机关考虑这一问题的角度是，国家应对自然灾害已经获得了很多经验教训，通过总结正反两个方面的实践可以形成已知的最佳方案，法律应当将其固定下来，政府的职责就是按照这些方案全力以赴，以获得应对灾害的最佳效果。我们虽然不能断言，任何一个地方的政府在任何一次灾害的应对中都达不到这样的要求，但是，普遍性地要求每个地方的政府在每一次灾害应对中都按照最佳方案行事，肯定是一种奢求。

其次，包括灾害法在内的突发事件应对领域的法律法规都包含着"吃一堑、长一智"的逻辑，即对既往教训的吸取往往体现为提出一个更高的治理目标，以力求修复政府的合法性。[②] 稍加观察便可发现，很多重大灾害的发生都会推动该领域法律法规的出台或者修订。比如，现行的《防震减灾法》是在 2008 年汶川地震之后修订的，1988 年出台的《森林防火条例》是在 1987 年大兴安岭特大森林火灾之后制定的，1991 年出台的《防汛条例》是在当年的华东大水灾之后制定的。在这种情况下立法修法，自然要以刚刚结束的重大灾害应对工作为主要对象总结经验、吸取教训，进而将其法律化。而吸取教训在很多情况下就表现为对治理短板"痛定思痛""亡羊补牢"，在相应方面对政府提出更高的治理目标和履职要求，如果实际的行政资源配置不能与之同步得到充实，就会成为脱离实际的不对称行政任务。

最后，不同地区在某一领域的公共资源悬殊，国家立法机关又视推广先进经验为己任——在中国，将先进地区的创新经验上升为国家法律是十分重要的制度扩散机制[③]——由此确立的行政目标，由于"后进地区"没有能力

[①] 参见郗文倩：《汉代的罪己诏：文体与文化》，载《福建师范大学学报（哲学社会科学版）》2012 年第 5 期，第 57 页。
[②] 这里的"合法性"是政治学意义上的，即"一种政治统治或政治权利能够被统治的客体证明是正当的和符合道义的，从而自愿服从或认可的能力与属性"。参见［美］杰克·普拉诺等：《政治学分析词典》，胡杰译，中国社会科学出版社 1986 年版，第 40 页。
[③] 参见朱旭峰、赵慧：《政府间关系视角下的社会政策扩散——以城市低保制度为例（1993—1999）》，载《中国社会科学》2016 年第 8 期，第 115 页。

照搬"先进地区"的较高标准，在相当一段时间内就成为可望而不可即的不对称性任务。[①]例如，20世纪八九十年代，在当时的《消防条例》没有要求的情况下，苏南等地的一些乡镇就开始自主建设专职消防队。1998年制定的《消防法》第27条对此作出授权，规定乡镇人民政府可以根据当地经济发展和消防工作的需要，建立专职消防队、义务消防队，承担火灾扑救工作。2008年，该法修订后的第36条将此处的"可以"改为"应当"，提出了强制性要求。但是，当时全国很多地方都不具备相应财力，乡镇专职消防队缺建率很高。以云南省为例，直到2018年，其每个乡镇（街道）平均也仅拥有0.8支专职消防队，而该省最新提出的达标时间则是2024年。[②]

需要指出的是，上述问题并非行政资源在政府系统内部的错配，而是法律设定的职责目标超过了政府整体上的能力，它们不可能通过在内部理顺政府事权和支出责任或者调剂权限和人员配置而得到解决。面对这样的目标任务，政府不予执行、象征性执行或至多部分执行，自然是意料中事。[③]但这并非额外损失，因为无论法律是否规定以及如何规定这些职责，政府都难以（完全）履行。如果这些规定并不真正用于评价政府的履职状况，或者进行了评价也不和任何形式的责任相关联，也不会成为问题。它们可以被看作立法对行政的理想化期待，也就是富勒所说的作为愿望的道德，而不是作为义务的道德。[④]人们还可以将其视为徐徐图之的长期目标，这种目标是否实现，最多放在一个较长时间尺度下被温和地评价，比如权力机关的执法检查，或者服务于法律修订的后评估。不过，当人们需要运用这些法律规定去评价政府的履职情况，并将评价结果和具体组织或个人的责任联系在一起的时候，

[①] 参见卢超：《从司法过程到组织激励：行政公益诉讼的中国试验》，载《法商研究》2018年第5期，第31页。

[②] 参见《云南省人民政府办公厅关于进一步加强政府专职消防队伍建设的实施意见》，云政办发201817号；《云南：省政府审议通过〈加强基层消防力量建设工作实施方案〉》，载国家消防救援局网站2022年8月12日，https://www.119.gov.cn/article/49TeZ8CpN6f，2024年8月6日访问。

[③] 参见陈家建、张洋洋：《"非对称权责"结构与社区属地化管理》，载《社会学评论》2021年第3期，第154—156页。

[④] 参见［美］富勒：《法律的道德性》，郑戈译，商务印书馆2005年版，第6页。

问题就会接踵而来。

首先，行政机关将采取避责策略。当行政机关承担的任务艰巨又面临问责压力时，就会发展出五花八门的避责策略，[1]特别是隐瞒信息。[2]"7·20"灾害调查报告提到，郑州市县乡三级政府曾在不同阶段瞒报死亡失踪者139人。但此次调查中被认定为因责任事故（事件）死亡的只有48人，且仅有5人被认定为存在瞒报。也就是说，郑州三级政府不同阶段瞒报的139人中，绝大部分与责任事故（事件）无关，而是源于灾害本身，政府瞒报的目的不是逃避与次生事故（事件）相关的责任。那么，唯一的合理解释就是，地方政府担心严重的人员伤亡表明其应对灾害不力，因此刻意隐瞒部分信息。而背后的原因则是，应对重大自然灾害是一项压力极大且履职要求很高的任务，地方政府一旦自我判断灾害损失超过了上级或公众能够接受的水平，因惧怕问责就会产生强烈的瞒报动机。[3]

其次，诱发行政机关利益交换式的"捆绑"履职，把那些其无力履行的行政职责与其他职责捆绑在一起，通过与监管对象"合作交换"达成监管目标。例如，对于一些偶发、零散的灾害风险，行政机关无力监管，就会将监管对象在这些方面的合规水平与其他利益绑定，换取其遵守规定。比如，对符合要求者在办理其他审批事项时给予方便，在提供给付性利益时优先考虑；反之，则设置一些障碍、减少一些机会或者进行拖延。[4]这些做法看似巧妙，行政机关略施小计就履行了原来难以完成的职责，无本获利。其实质则是滥用职权，既扭曲了法律的实施秩序，又诱发了道德风险，对法治造成隐蔽而长远的破坏。

---

[1] 参见倪星、王锐：《权责分立与基层避责：一种理论解释》，载《中国社会科学》2018年第5期，第131—132页。

[2] 参见赖诗攀：《问责、惯性与公开：基于97个公共危机事件的地方政府行为研究》，载《公共管理学报》2013年第2期，第26页。

[3] 参见《河南郑州"7·20"特大暴雨灾害调查报告》，载应急管理部网站2022年1月21日，https://www.mem.gov.cn/gk/sgcc/tbzdsgdcbg/202201/P020220121639049697767.pdf，2024年8月6日访问。

[4] 参见陈家建、张洋洋：《"非对称权责"结构与社区属地化管理》，载《社会学评论》2021年第3期，第158页。

最后，行政机关设法限缩自身职责导致法律权威受损。当法律赋予行政机关某些完成难度巨大的行政任务时，后者为了减轻压力，将千方百计运用各种策略限缩自身职责，直至这些职责最后看起来和其能力基本匹配为止。有大量工具可供行政机关达到上述目的，比如以实施法律的名义制定的规章或行政规范性文件，在行政机关主导下出台的国家标准或者行业标准，按照年度、季度分解的行政执法计划，各种与行政执法相关的目录或清单，等等。

上文的讨论很容易导向两种一般性的呼吁：一是呼吁提高立法科学水平，希望立法机关在设定行政职责时倍加注意任务与能力的平衡，并据此检视和修订那些存在问题的现行法；二是呼吁提高行政能力，要求政府增加投入、充实人员，以充分满足履职需要。但我们并不打算这样做，因为有太多的原因可以使这些愿望落空，让这样的呼吁显得苍白无力。我们接下来要讨论的问题是：在自然灾害应对的政府职能和行政资源给定，并存在着目标与能力不对称的情况下，在对行政机关的履职评价中能否引入作为可能性，通过合理免除或者减轻行政机关及其官员的责任，纾解实践中的困境。

四、被肢解的行政可问责性及其复原路径

在行政法上，对行政可问责性的描述可以追溯到权责一致原则，其内涵包括两个方面：一是行政机关因为法律赋予其职权而必须承担对应的责任；二是法律在要求行政机关承担一定职责时，应当授予其必要条件。[①] 如果将这里的必要条件分拆为行政权力和行政能力，那么，权责一致原则基本上揭示了行政可问责性的构造：行政机关因被赋权而必须担责，回答了作为义务的问题；设定行政职责必须同时授予权力和配置能力，分别回答了结果避免可能性和作为可能性的问题。因为授权不足将导致行政机关即使穷尽手段也难以达到目的，能力不足则导致其连法律赋予的手段都无法采取。在行政法的原则体系中，其他原则主要指向行政权，权责统一原则同时指向立法权。按照这一原则的要求，立法机关在设定一项行政职责时，为了保证其可问责性，应当满足三个条件：清晰地描述职责的承担者；进行必要授权；配置行政

---

① 参见应松年主编：《行政法与行政诉讼法学》，法律出版社2009年版，第45页。

资源使其形成足够的能力。

考察我国的行政法制可以发现，立法机关致力于满足上述前两个条件，而对第三个条件通常只给予象征性回应。在议行合一体制下，作为国家权力机关的人民代表大会具有全权性，当然可以对行政机关进行任务设定、职权分配和资源配置。[1]人财物资源是形成行政能力的"硬要素"。[2]在我国的立法实践中，法律在设定行政任务的同时确实对这些资源的配置作出一些规定，不少立法还专门安排了诸如"保障措施"或"监督与保障"一类的章节。[3]但稍加推敲即可发现，法律对这些问题的规定大多是高度概括的，有的甚至只象征性地稍加提及。这样的模糊化处理是立法机关有意为之吗？对于如此重要的问题，法律似乎不应"留白"。是因为立法机关缺乏明确安排这些资源的理性能力吗？也不是。在很多其他国家的立法中，我们都可以看到法律在设定一项行政职责时，对行政资源的详细安排占据了大量篇幅，有时甚至达到事无巨细的地步。国内也早有学者提出，行政组织法应当充实有关财政、人员等要素的规定，[4]解决行政任务与行政组织手段之间的匹配问题，为达成行政任务提供组织体系上的保障。[5]真正的原因在于，立法机关对行政资源的配置并不享有实质上的决定权，这些权力被多个不同系统所分享，进而造成行政任务的可问责性无法单独依靠法律来证成。

对于行政能力构成中"人"的因素，主要通过机构编制管理制度确定。全国和县级以上行政区域设立机构编制委员会（编委），编委以党政合署的形式设立办公室（编办），同时作为本级党委、政府的下属机构，实际上由

---

[1] 参见杜强强：《议行合一与我国国家权力配置的原则》，载《法学家》2019年第1期，第13页。

[2] 参见汪永成：《政府能力的结构分析》，载《政治学研究》2004年第2期，第108页。

[3] 在我国，2012年以来制定、修订的法律、行政法规中，有47部法律、25部行政法规设立了此类专门章节。

[4] 参见郑春燕：《行政任务变迁下的行政组织法改革》，载《行政法学研究》2008年第2期，第35—36页。

[5] 参见贾圣真：《行政任务视角下的行政组织法学理革新》，载《浙江学刊》2019年第1期，第181页。

本级党委领导，归口本级党委组织部门管理。包括行政机关在内的党和国家机关、事业单位等组织的职能配置、内设机构和人员编制，在党委领导下，由机构编制委员会统筹负责，以部门（单位）"三定"规定的形式确定。"三定"规定原则上以本级党委办公厅（室）文件形式印发，或者由党委办公厅（室）、政府办公厅（室）联合发文。经批准发布的"三定"规定是机构职责权限、人员配备和工作运行的基本依据，必须严格执行。[①] 对机构编制管理工作的调整，主要适用《中国共产党机构编制工作条例》及其配套规则。国务院部门的"三定"规定性质上是党内法规，[②] 相应地，地方政府部门的"三定"规定属于党内规范性文件。机构编制管理制度是行政组织法的一部分，[③] 但目前其实际制度规则呈现出与行政组织的国家法律并行的状态，并具有"潜行化"特征。[④]

对于行政能力构成中"钱"的因素，根据《预算法》的规定，国家权力机关对财政预算进行审查批准并监督其执行，监督的主要方式是行使有关撤销权。[⑤] 由于缺乏实质性的预算控制权，特别是缺乏最重要的预算修正权，[⑥] 国家权力机关对财政预算方案只能行使"全是"或"全否"的判断权，而实际结果必然选择"全是"。[⑦] 在2014年《预算法》修正前夕，一项针对专家学者、部分人大代表和预算工作者开展的问卷调查显示，"人大是否能

[①] 参见《"三定"规定制定和实施办法》（2020年9月10日中共中央政治局常委会会议审议批准，2020年11月23日中共中央办公厅发布）第4条、第5条、第22条。

[②] 参见秦奥蕾：《党内法规与国家立法关系中的机构编制法定化》，载《法学论坛》2021年第6期，第48页。

[③] 参见应松年：《行政机关编制法的法律地位》，载《行政法学研究》1993年第1期，第45页。

[④] 参见陈伯礼、莫征：《我国行政组织法律功能异化问题研究》，载《理论与改革》2015年第1期，第129页。

[⑤] 参见《预算法》第20条、第21条。

[⑥] 《预算法》没有规定预算修正权，有几个省份的地方性法规规定了预算修正权，但实际行使过这一权力的只有广东、上海闵行、浙江温岭等个别地方。参见吴园林：《我国省级人大预算监督制度建设40年：改革及其完善》，载《经济研究参考》2019年第19期，第98—100页。

[⑦] 参见林慕华、马骏：《中国地方人民代表大会预算监督研究》，载《中国社会科学》2012年第6期，第78页。

够独立科学地做出预算决策"仅得 2.5 分,"人大是否拥有较大的预算控制权"得 3.5 分（满分均为 10 分）。①"行政组织的整体控制安排,正需要有严格的预算与经费控制来补充、补强。然而,目前我国粗放、宽松、随意性较大的行政组织经费管理方式,恰恰无法担此重任。"②在立法层面,尽管很多法律规定了"财政保障措施"条款,但大都停留在"政府应当采取财政措施,保障某工作所需经费"之类的原则性要求上。

  对于行政能力构成中的其他因素如物资、装备、工程、技术等,法律上的保障性规定相对预算经费的规定来说,密度更低,内容也更粗疏。这些大体上可以归为"物"的范畴的行政资源,除了部分通过行政机关的日常性开支转化而来,其最重要的部分主要是通过各种"项目"建设形成的,而这些"项目"又主要是在各种发展规划中确定下来的。以其中最关键的专项规划和区域规划为例,这些规划提出了一定时间内（通常为五年）某个领域的经济发展或社会建设目标,以及有关人民政府及其部门为了实现这些目标而承担的任务。为了保障这些目标和任务的实现,规划通常会用一个专门篇章或者专栏设立一系列重大"硬项目",对这些项目的投入及其建设成果的应用,构成了一定时期内行政机关履行相关领域职责的重要"硬件"保障。而国家权力机关只对框架性的"国民经济和社会发展规划纲要"进行审查和批准,赋予其法律约束力,③对决定各种具体资源配置的专项规划和部门规划等并不过问,后面两者实际上是在"党委政府—发改部门—各相关部门"的架构下通过"几上几下"的方式完成的。

  传统公法学理论反对在评价行政的合法性时将行政资源纳入考虑。"在做出行政行为时须假设具备支持其执行的财政能力,如果此时还要考虑执行

---

① 参见魏陆:《人大预算监督效力评价和改革路径选择》,载《上海交通大学学报（哲学社会科学版）》2015 年第 1 期,第 70 页。

② 杨伟东:《推进行政组织管理的法治化》,载《中国行政管理》2014 年第 6 期,第 15 页。

③ 参见郝铁川:《我国国民经济和社会发展规划具有法律约束力吗?》,载《学习与探索》2007 年第 2 期,第 100 页;徐孟洲:《论经济社会发展规划与规划法制建设》,载《法学家》2012 年第 2 期,第 45 页。

所需的费用，法治原则将无法得到保障。……法治国家与财政国家之间应存在一定的界线。……对于一般的行政法律规范而言，立法者留出裁量空间的目的并非希望行政主体考虑财政国家的因素，而仅要求其将法治国家的因素予以衡量。"[1]不过，这样的观点仍需建立在如下前提之上：立法机关为行政机关设定某项任务时，已经匹配了相应资源，由此完成了对其可问责性的完整构建。本来，判断行政应具备之能力确实应从立法机关处着眼，因为行政机关不能自行决定其规模或者自行发展成员，更不能自行征敛或自谋营生以获取资财。但上文的分析表明，我国的立法机关并不实际拥有行政组织上的全权，行政资源的配置被分解到不同的权力系统中完成。立法机关只设定行政职责，但不配置行政资源，两者存在脱节，这削弱了法律以可问责性为核心对行政组织进行合法性控制的能力。[2]换句话说，构成行政任务可问责性的一部分要素——行政机关的作为可能性——被"肢解"了。这就意味着，仅凭法律上和这项行政任务相关的那些条款——对职责的明确、对行政机关的授权、对行政能力保障的粗疏规定——并不足以完整证成其可问责性。无论是在司法审查中，还是在行政问责中，抑或是在其他场合中，直接适用立法机关制定的"不完整之法"去评价行政机关的履职状况并决定责任的分配，将导致种种谬误。此时，要想准确、合理地评价一项行政职责的履行状况，只能采取"拼图"的方式，将规定行政机关职责和权力的各种规范，加上那些散布于机构编制管理、预算、发展规划等体系中的行政资源配置情况组合在一起，才能将这项行政任务可问责性的结构完整地复原。这样做并不意味着放弃控制行政合法性的规范主义立场而迁就于现实，而恰恰是在坚守政府履职评价中的可问责性这一正当化内核。

在机构编制管理、预算、规划等体系中"拼装"行政机关的作为可能性，需要综合考虑人、财、物各要素并充分注意其相互间的制约关系。"人"的因素即编制规模是行政组织最基本的能力构成，也是考虑预算资金分配的基

---

[1] 陈征：《简析宪法中的效率原则》，载《北京联合大学学报（人文社会科学版）》2014年第4期，第115页。

[2] 参见贾圣真：《行政任务视角下的行政组织法学理革新》，载《浙江学刊》2019年第1期，第182页。

础性因素；而实际财力不足又可能反过来使行政组织无法获得合格人员的充实。大额资金的分配常常与发展规划中的"硬项目"绑定在一起，但空有财力却因项目未能纳入规划而无法形成"硬件"的情况也并不少见。因此，行政机关的履职能力往往取决于这些因素所组成的"木桶"中"最短的那一块木板"。只有找到这块"最短的木板"，兼顾考虑其他"木板"的长度，与法定的行政目标相对照，才能够判断行政资源的可及性、充足性及其与行政任务的匹配程度，形成对行政机关作为可能性的合理预期。

五、引入作为可能性之后的履职评价

将作为可能性拉回行政机关履职评价的体系中，至少要完成对如下三个问题的建构。

（一）对作为可能性的合理期待水平

作为可能性指向的并不是一个非此即彼的结果——能或者不能——而是指向一种程度，即行政机关在既定资源约束条件下履行职责所能达到的水平。它并非对应一个固定值，而是对应一个空间，其上限是行政机关所能做到的最佳水平，下限是其所应做到的最低水平。当我们把作为可能性作为一个重要维度引入对行政机关履职状况的评价中时，应该将其定义在哪一个水平上呢？宪法上有关基本权利保护水平的讨论可以为此提供一些启发，因为两者指向的都是国家对公民所负积极作为义务的履行程度，只是讨论的层面有所不同而已。[①]

针对基本权利保护的立法义务，宪法学者对德国联邦宪法法院在判决中使用的禁止保护不足概念进行了阐发，其基本论点包括：第一，为了保护基

[①] 宪法学者主要在立法和司法层面讨论基本权利的国家保护义务。参见陈征：《基本权利的国家保护义务功能》，载《法学研究》2008年第1期，第57—60页。也有学者认为基本权利受保护权的效力直接及于行政活动。按照这种理解，则有关基本权利国家保护水平的结论可直接适用于本章讨论的行政职责履行的部分情形（指向基本权利保护的那一部分）。参见李海平：《基本权利的国家保护：从客观价值到主观权利》，载《法学研究》2021年第4期，第53页。

本权利，立法机关应当选择有效的手段（之一），这些手段不要求是全部的或者最强有力的，但应该达到宪法要求的最低保护标准。① 第二，禁止保护不足是对立法机关提出的最低要求，并不禁止其采取更高强度的保护方案。第三，最低保护标准应当根据被保护人的"期待可能性"来确定，在现代科学和技术认知的基础上，以当前社会的通常接受度和容忍度为标准进行客观理性考量，如果立法机关的不作为或者不更多作为对被保护人而言具有"期待可能性"，则立法机关就满足了禁止保护不足原则的要求。②

需要说明的是，上述宪法学者在借鉴刑法上"期待可能性"一词讨论基本权利的保护水平时可能有不经意的误用。因为，刑法上所讲的期待可能性，是指期待行为人在当前社会伦理条件下做出适法行为的可能性；③至于其在客观能力约束下做出适法行为的可能性，指的其实是作为可能性。但正因如此，这些在"期待可能性"名下得出的研究发现，恰恰可以为我们在此讨论行政机关的作为可能性提供启发，④包括：

第一，在宪法—法律—行政的权力秩序中，评价下一权力位阶对上一位阶所提出要求的实现水平时，确定一个最低要求是必要且适宜的。如果宪法就基本权利保护向立法机关提出高强度、精细化的要求，那么立法机关将不堪重负。但是，"受保护权的规则属性和国家保护义务的最低限度有效性，意味着国家保护义务的履行具有一定的底线要求"⑤。在立法和行政的关系上，存在相似的情形。

---

① 参见［日］小山刚：《基本权利保护的法理》，吴东镐、崔东日译，中国政法大学出版社 2021 年版，第 88 页。
② 参见陈征：《宪法中的禁止保护不足原则——兼与比例原则对比论证》，载《法学研究》2021 年第 4 期，第 67、71 页。
③ 参见劳东燕：《罪责的客观化与期待可能性理论的命运》，载《现代法学》2008 年第 5 期，第 56 页。
④ 对行政职责的履行来说，由于行政程序上公务回避制度的存在，足以排除潜藏期待可能性难题的大多数情形，只在个别极端情况下才会碰到伦理问题，从而需要考虑期待可能性。比如，履行某项职责需要工作人员在缺乏保护的情况下冒生命危险，此时可以认为对其履职缺乏期待可能性。
⑤ 李海平：《基本权利的国家保护：从客观价值到主观权利》，载《法学研究》2021 年第 4 期，第 52 页。

第二，对最低要求的确定应当诉诸实践理性。作为基本权利保护最低要求的禁止保护不足原则，指的是被保护人能够容忍立法机关不（更多）作为的底线，这种心理上的期待看似是一个主观标准，在操作上却不得不诉诸实践理性将其客观化，在现有的科学认知条件下按照一般理性人的标准予以考虑确定。类似地，对于行政机关履职所应达到的最低水平，同样应当诉诸实践理性，根据行政资源的配置情况，按照社会通常的理解对这些资源所能形成的作为能力确定一个合理预期。

第三，最低要求在理论上可以容纳完全的不作为。"理论上讲，禁止保护不足原则的保护下限可达至允许立法者完全不作为。"[1]这里的完全不作为，主要是指囿于能力而实在做不了什么。如果这样的情况仍在受保护人的合理期待范围之内，则仍应认为立法机关没有违反禁止保护不足的要求。类似地，行政机关作为可能性的下限也可能下探到"完全无能为力"的地步，如果法定的行政目标确实远超政府实际能力，政府根本履行不了这样的职责，则在客观理性的视角下，仍应认为其属于应当容忍的范围。

对政府履职情况的评价常常和责任分配联系在一起，目的是确定行政机关及其官员应当被追究还是免除或者减轻责任。这样的评价标准只能是一种下限标准，也就是确认行政机关在现有条件下至少应该做到什么，即找到那些"作为义务的道德"。不过，这绝不意味着在此之上不存在任何其他更高的标准，法律或者上级可以确定一些更高标准即"作为愿望的道德"，以激励那些先进集体和杰出官员在有限条件下创造性地工作，为人之所不能为。

（二）判断作为可能性的依据

履行行政职责的作为可能性受到如下因素影响，应以此作为主要判断依据：

第一，行政资源的可及性。在极端情况下，行政资源可能完全不具有可及性。更多的情况则是，由于行政资源匮乏使其可及性变差，虽不至于造成

---

[1] 陈征：《宪法中的禁止保护不足原则——兼与比例原则对比论证》，载《法学研究》2021年第4期，第63页。

行政职责完全无法履行，但严重影响履职效率。例如，为了保证灾害救援的及时性，国家标准对不同区域消防站设置的数量和等级有明确要求。但由于财力所限，大多数地区的消防站缺建率都比较高。2021年全国人大常委会对《消防法》的执法检查发现，"全国仍有907个县（市、区）和开发区尚未组建消防救援站，全国城市消防站缺建40%以上，市政消火栓欠账率近15%。农村地区公共消防基础设施欠账更为严重。山西……应建消防站259个，实建208个，缺建率20%。四川目前尚有67个县级行政区划和开发区没有建立消防救援站。内蒙古……应建消防救援站302个，目前仅建成148个"[①]。一个区域的消防站、消防栓缺建虽然并不意味着其完全无法获得应急救援，因为还可以从其他区域临时调集增援，但肯定意味着该区域获得应急救援的及时性大大降低，而及时性对应急救援来说至为关键。在行政资源没有可及性或者可及性较差的情况下，对行政机关作为可能性的合理预期只能大幅降低。

第二，行政资源的充足性。在某些情况下，行政机关拥有履职所需的一定资源，并高强度运用着这些资源，但由于资源总量不足，其作为可能性也受到显著影响。[②] 仍以灾害救援为例，全国人大常委会的执法检查报告表明，国家综合性消防救援队伍编制员额仅占全国人口的0.137‰，远低于发达国家平均水平，与发展中国家（0.3‰—0.5‰）相比也有较大差距。全国已建成并投入使用的消防站中还有631个没有编制、2837个达不到最低人员编配标准。2020年，国家面向高校应届毕业生计划招录消防干部3000名，实招852名，计划完成率仅26.7%。很多地方招聘的政府专职消防员则因为财力所限导致"同工不同酬"，招不来、留不住。2020年，青海省首次面向社会公开招聘政府专职消防员，按计划招满的424人中仅一年即陆续退出99人，

[①] 参见张春贤：《全国人民代表大会常务委员会执法检查组关于检查〈中华人民共和国消防法〉实施情况的报告》，载中国人大网2021年12月24日，http://www.npc.gov.cn/npc/c2/c30834/202112/t20211224_315562.html，2024年8月6日访问。

[②] 参见王青斌：《论执法保障与行政执法能力的提高》，载《行政法学研究》2012年第1期，第53—54页。

占 23.3%。① 行政资源不足必然影响履职效果，也会降低对行政机关作为可能性的期待。

第三，行政资源与行政任务的匹配度。在某些情况下，行政机关看似拥有履行职责必需的资源，但这些资源所形成的能力与其承担的行政任务之间并不（完全）匹配，这一点在判断作为可能性时也应考虑。例如，"7·20"暴雨灾害之后对郑州市的调研表明，该市拥有由干部、军队、民兵、群众组成的多达9万人的各类防汛抢险救援队伍，他们接受过简单的训练，可以胜任水利工程（大坝、水库）抢险任务。而在此次灾害中，主要任务却是救援落水人员，水下救援技能需要长时间专业训练方能具备，在北方地区成规模地训练水下救援队伍又受到很多条件限制。② 在这种情况下，对于当地成功救援遇险人员的合理期待也不得不降低。

（三）不（完全）具备作为可能性时的责任分配

如果直接借鉴民法上的不作为侵权或者刑法上不作为犯的归责方式，我们在上文分析的基础上不难得出这样的结论：当行政机关未能（充分）履行某项法定职责，根据对其作为可能性的判断，人们对其履行该职责抱有合理期待时，该机关需要承担相应责任；反之，应当减轻直至免除其责任。但是，行政机关履行职责的情景相对于一般人履行作为义务来说要复杂得多，尤其是基本公共服务的供给不足将破坏政治信任、政府形象③和社会信任④，不能因政府履职能力不足而简单地轻言免责。在行政机关不（完全）具备作为可能性的情况下，对其不履行职责的责任认定，还需结合其他因素进一步判断。

第一，是否存在并采取了替代性的履职方案。行政目标的实现可能存在

---

① 参见张春贤：《全国人民代表大会常务委员会执法检查组关于检查〈中华人民共和国消防法〉实施情况的报告》，载中国人大网2021年12月24日，http://www.npc.gov.cn/npc/c2/c30834/202112/t20211224_315562.html，2024年8月6日访问。

② 相关数据来源于2021年9月10日笔者在郑州市防汛抗旱指挥部的访谈。

③ See Zhao D., Hu W.. Determinants of Public Trust in Government: Empirical Evidence from Urban China. *International Review of Administrative Sciences*, 2015, 83（2）: 1-20.

④ 参见史宇鹏、李新荣：《公共资源与社会信任：以义务教育为例》，载《经济研究》2016年第5期，第99页。

多种方式，行政机关因不具备作为可能性而无法（完全）履行某项职责，并不等于无法通过任何方式（部分）实现行政目标，只不过意味着其实现程度没有法律所期望的那样充分而已。如果存在这样的替代性方案，则行政机关必须采取切实措施，在法律上才可以缓和对其未能履行原职责的否定性评价。例如，政府受制于财力导致部分区域消防站缺建，但通过在较大区域内配置一部分机动救援力量，仍可部分缓解缺口。值得注意的是，在民事公益诉讼中，已经出现了基于义务人履行能力不足而允许其以替代性方式履行义务的实践。[1]在行政领域，当行政机关因能力欠缺而确实难以按法律要求履行职责时，似乎也应容忍类似的替代性方式。

第二，是否在紧急情况下调剂了其他行政资源。我国的法律虽然将各个行政机关拟制为独立承担责任的主体，但实际上它们只是科层化的国家行政系统中一个个的代理者，并无独立利益。[2]尽管行政系统内部不可能日常性地"取有余以补不足"，但在紧急情况下进行个别化的资源调剂则是可能的。这种做法的正当性无法通过行政法上一般性的职务协助获得解释，因为职务协助解决的是行政机关的组织性拆分和分工所产生的行政任务履行的非经济性问题，[3]协助者最后仍要向求助者主张费用。[4]而在此处讨论的情形下，求助者本就无力承担费用。但在社会主义国家"集中力量办大事""全国一盘棋"的理念指引下，我国的法律却建立了许多行政资源

---

[1] 例如，在2017年北京市的一起民事公益诉讼中，北科建公司开发的"领秀慧谷"小区未将排污管道接入市政管网即投入使用，致使城市水体污染。但由于此时再将小区污水管道接入市政管网的成本巨大，被告无力承担，最后只能达成调解协议，由被告每天自费将小区全部污水运送至清河再生水厂处理。参见任册：《法院调解小区污水处理有着落》，载环球网2017年7月22日，https://m.huanqiu.com/article/9CaKrnK4e1n，2024年8月6日访问。又如，柳州市检察院在一起非法捕猎、收购、贩卖野生鸟类的民事公益诉讼中，因被告人经济困难无力缴纳赔偿金，允许其以"劳役代偿"的方式进行生态环境替代性修复。参见《柳州市人民检察院首次办理替代性修复民事公益诉讼案件》，载人民网2022年3月15日，http://gx.people.com.cn/n2/2022/0315/c400711-35174773.html，2024年8月6日访问。

[2] 参见薛刚凌：《行政主体之再思考》，载《中国法学》2001年第2期，第32—33页。

[3] 参见金健：《论应急行政组织的效能原则》，载《法学家》2021年第3期，第88页。

[4] 参见陈敏：《行政法总论》，新学林出版股份有限公司2004年版，第898页。

跨区域、跨部门紧急无偿支援的机制。[①] 因资源匮乏而在应急职责的履行上不（完全）具有作为可能性的机关，应当积极创制或者参与到这样的机制中，并在必要时寻求支持。只有这样，在行政机关因资源不足而对某项应急职责——抢险救灾——的履行不（完全）具备作为可能性时，方可减轻其责任。

第三，是否合理调节了公众对行政机关履职水平的预期。如前文所述，行政机关在能力与目标不对称的情况下，常常运用实施规则、执法计划、标准、指南等将自身职责"细化"到基本能够胜任的地步。如果这种做法并非"明目张胆"地直接缩减行政机关的职责范围，"只是压缩了有关法律规定的开放特质、可变性空间"[②]，将法律上宽泛而艰巨的目标"拉回到地面"，且与其能力又基本匹配，可以视为一种务实性安排。这样做的另一个好处是事先调节了公众的预期，有助于缓和因行政机关未能达成法定目标所造成的不满。在这种情况下，可以根据这些实施规则、执法计划、标准、指南限缩之后的职责目标来评价行政机关的履职状况。在郑州"7·20"灾害调查中，调查组负责人所提出的第三个"区分开来"即"把法规标准缺失与职责任务安全规定不落实区分开来"，其中的"法规标准"指的就是各种用于"细化"行政职责的文本。而这第三个"区分开来"的言下之意，就是如果这些"法规标准"不缺失，便可作为衡量"职责任务安全规定"落实的标准，"暗合"上述分析结论。不过，如果行政机关有条件制定这样一些"法规标准"来调节公众预期而没有制定，又因为其不（完全）具备作为可能性而未能（充分）履职，则仍应追究其责任。

综合上文分析，评价行政机关灾害应对职责的履行状况并决定责任的分配，应当在行政可问责性的结构下按照如下步骤展开：首先，判断作为义务，包括寻找规范依据和在具体情景中分析行政机关的裁量余地；其次，如具有

[①] 如《突发事件应对法》第 17 条规定的上级政府扩大响应、第 76 条规定的跨区域请求支援、第 88 条规定的上级政府支援恢复重建等制度。此外，我国对各种应急救援力量中最骨干的部分，采取的也是可以应各地政府请求灵活跨区域调度的国家准垂直化管理方式。

[②] 余凌云：《现代行政法上的指南、手册和裁量基准》，载《中国法学》2012 年第 4 期，第 131 页。

作为义务，则继续判断作为可能性；最后，如具有作为可能性，则继续根据职权配置（是否授权不足）和客观条件（是否存在不可抗力等）判断结果回避可能性。其中，对作为可能性的判断又应遵循如下步骤：首先，在机构编制、预算、发展规划等方面了解行政资源配置情况；其次，与法定的行政目标相对照，根据行政资源的可及性、充足性以及与行政任务的匹配性等维度，按照通常的社会观念，判断行政机关在此种资源约束条件下履行职责的作为可能性。在假定存在结果回避可能性的前提下，作为可能性的判断结果将如此影响对行政机关及其官员的责任认定：具备作为可能性而不（充分）作为的，应当承担责任。不（完全）具备作为可能性，且存在上文提及的若干情形（存在替代性履职方案、有可能紧急调剂其他行政资源、能够预先调节公众预期）并采取了相应措施的，减轻直至免除责任；未采取相应措施的，仍承担原来的责任。不（完全）具备作为可能性，也不存在上述情形的，应当按程度免除或者减轻责任。不过，如果这种情况产生了严重的社会影响，则在领导干部问责这一履职评价方式中，基于问责制的民意回应功能和适用于政治责任的结果归责原则，有关领导干部仍应承担政治责任，但可以有所减轻。①

六、结语

就法律对作为可能性的评价而言，行政机关和民法、刑法上的"人"以及行政法上的行政相对人有着重要区别。因为，这些"人"的作为能力如何形成，和立法是无关的。一个自然人的作为能力要么是先天具备的，要么是后天习得的，一个组织的作为能力是由发起者、投资者提供的各种资源转化而来的，总之是"自备"的，而非"他赋"的。法律所需要做的，是为这些"人"的作为能力设定一些能够被广泛接受的预期，进而判断他们在各种情景下的作为可能性。如果某些"人"的能力实际上达不到法律所设定的预期，法律也不应改变既有的设定以免除或限定其责任。而行政机关则不同，构成

---

① 参见林鸿潮：《公共危机管理问责制中的归责原则》，载《中国法学》2014年第4期，第284页。

其作为能力的各种资源必然是"他赋"的，而这个"他"就是立法机关自己。立法机关在设定行政职责时，理应同时配置必要资源，如果做不到，就应该调整对行政机关作为可能性的预期，进而调整责任分配方式。在我国，这一问题的呈现方式更加特殊，那就是立法机关并不配置行政资源，行政资源的配置被分解到若干个其他权力系统中去完成。这样一来，要公正地评价某项行政职责的履行情况，就必须经历一系列复杂步骤。尽管这样做费时费力，但仍远胜于粗暴地跳过作为可能性这一环节，直接拿着法律所设定的行政目标——它们完全有可能脱离实际——去评价行政机关的履职情况。"责不在于重，而在于必。"① 后而这种做法抛弃了行政可问责性的正当化框架，并不会对行政机关及其官员产生正确激励，只会反过来扭曲其行为。

郑州"7·20"特大暴雨灾害国务院调查组提出的"三个区分开来"，部分"暗合"了评价行政机关履职状况时应当遵循的那些规则："把客观上的不可抗力与主观上的不作为区分开来"揭示了结果回避可能性，"把能力素质不足与不负责任区分开来"揭示了作为可能性，"把法规标准缺失与职责任务安全规定不落实区分开来"揭示了在不（完全）具备作为可能性的情况下调节公众预期的意义。

---

① 江必新：《论问责追责》，载《理论视野》2015 年第 1 期，第 11 页。

第十一章
防灾救灾中的领导干部包保责任制

林鸿潮　刘文浩

摘要： 防灾救灾中的领导干部包保责任制是指将某领域的防灾救灾工作任务以特定单元为标准具体分配给某个领导干部，由其统揽解决并承担相应责任的制度，其具体包括以地理单元为对象、以行政单元为对象和以重点个体单元为对象的包保。该制度既依托于科层制又部分超越科层制，本质上是补充于科层制的统筹协调机制，有利于实现行政职能的跨条块统合，促进公共资源的局部重组，以责任到人推动问责精细化。但实践中的应用泛化使该制度面临法治困境，表现为功能过载削弱法治权威、关系过载引发权责紊乱、责任过载造成问责失衡。对此，在将领导干部包保责任定性为一种特殊领导责任的基础上，基于其有限性、复合性、间接性，可从厘清应用边界、理顺权责关系、明确归责原则和构成要件三个方面完善该制度。

一、引言

防灾救灾工作事关人民群众生命财产安全和社会和谐稳定，是检验政府治理能力的一个重要方面。[1] 近年来，在地方政府治理中，"联镇包村"制度

---

[1] 参见《中共中央　国务院关于推进防灾减灾救灾体制机制改革的意见》，载中国政府网 2017 年 1 月 10 日，https://www.gov.cn/zhengce/2017-01/10/content_5158595.htm，2024 年 8 月 6 日访问。

被越来越多地应用于防灾救灾工作，其通常做法是，由市县两级领导干部每人分别联系若干个乡镇或若干个行政村，由其负责统揽并协调相关公共资源以完成防灾救灾工作任务，一旦出现问题，该领导干部须以某种方式承担责任。在该制度的具体运行中，有时还夹杂着一种"结对帮扶"的治理形式，即领导干部"一对一"帮扶防灾救灾工作中的一些重点困难群体。从"联镇包村"到"结对帮扶"的治理工具演化背后蕴含着相同的制度内核，本书将其概括为"领导干部包保责任制"。田先红较早阐释了"包保"一词的含义，他指出，在现代汉语中，"包"有总揽、负全责之意，"保"意为负责、保证、确保，"包保"二字合一，则为"在某些方面包下来，提供保证"之意。[①] 相较于其他表述，"包保"一词既用"包"字准确概括了制度运行逻辑，又以"保"字恰当表述了特殊的责任制，并且在治理主体上，包保责任主体主要指向"党政领导干部"[②] 而非政府或其工作部门。据此，本书将"领导干部包保责任制"界定为：将某领域的治理任务以特定单元为标准具体分配给某个领导干部，由其统揽解决并承担相应责任的制度。

事实上，这一治理方式早在以流域水环境治理为目标的河长制中就已显露端倪，并且随着防灾救灾工作在政府治理中的重要性越来越凸显。实践中，一些地方政府逐渐将河长制与防汛救灾工作相结合，通过落实河长"巡河"职责，筑牢汛情防范"安全堤"。而随着河长制和林长制相继被写入《水污染防治法》与《森林法》，表明领导干部包保责任制在部分领域已发展为一项正式法律制度，其应用范围也不断扩张，甚至被誉为"一包就灵"。有评论认为，领导干部包保责任制"是以人民为中心加强基层治理的有效方法，理应作为新时代社会治理共同体制度建设不可或缺的内容。实践证明，包保

[①] 参见田先红：《基层信访治理中的"包保责任制"：实践逻辑与现实困境——以鄂中桥镇为例》，载《社会》2012年第4期，第166页。

[②] 根据《党政领导干部选拔任用工作条例》，"党政领导干部"的概念可分为狭义（按照管理）与广义（按照管理+参照管理）两个维度。狭义范畴一般仅涉及党委、人大、政府、政协、纪委监委、法院、检察院等七类单位，而广义范畴则还包括国有企业、事业单位、群团组织等公共部门党外干部。本章旨在研究政府治理中的政策工具创新，因而仅在狭义范畴内展开后续讨论。参见应飞：《何为"党政领导干部"：基于党内法规的外延梳理与内涵阐析》，载《中国行政管理》2023年第9期，第34页。

责任制不'误'正业,行之有效"①。但随着实践中包保责任泛化现象的出现,该制度也开始面临争议。有评论指出,个别地方包保万能化,包保任务已成为基层干部的责任包袱;②有观点认为,"某长制"虽行之有效,但盲目推行必然会使制度效果南辕北辙。③这不禁引发以下追问:领导干部包保责任制在政府治理中特别是在地方防灾救灾工作中缘何出现?为何能带来看似"一包就灵"的效应,其中蕴含何种治理逻辑?包保责任的泛化带来了哪些法治困境,如何加以解决?有鉴于此,本章将研究防灾救灾中的领导干部包保责任制,通过考察其实践形态,揭示该制度的治理逻辑,并探讨制度应用泛化下的法治困境,在此基础上提出制度优化路径。

二、防灾救灾中领导干部包保责任制的实践形态

对领导干部包保责任制实践形态的考察是探究其治理逻辑的前提和基础。从我国地方政府的防灾救灾治理实践来看,领导干部包保责任制围绕领导干部所包保的防灾救灾工作任务展开,根据包保对象范围和属性的不同,该制度的实践形态具体可分为以地理单元为对象的包保、以行政单元为对象的包保和以重点个体单元为对象的包保。

(一)以地理单元为对象的包保

在一般意义上,以地理单元为对象的包保是实践中比较成熟的包保责任形态,以已经"入法"的河长制为典型。河长制是以党政领导负责制为核心的责任体系,河长的治理责任区域多以河湖地理单元为划分依据,对于责任区域内相应河湖的管理和保护,河长负有督政协调职责并需承担相应责任。2016年12月中共中央办公厅、国务院办公厅联合印发的《关于全面推行河

---

① 山六五:《"包保"责任制不"误"正业》,载人民网2019年11月25日,http://dangjian.people.com.cn/n1/2019/1125/c117092-31473013.html,2024年8月6日访问。
② 参见江竹轩:《谨防包保成为"甩责包袱"》,载兵团日报网2023年3月27日,http://epaper.bingtuannet.com/pc/cont/202303/27/c1040593.html,2024年8月6日访问。
③ 参见向学笙:《"某长制"不是基层治理的"万能良药"》,载人民网2021年10月22日,http://opinion.people.com.cn/n1/2021/1022/c223228-32261749.html,2024年8月6日访问。

长制的意见》明确河长的工作职责包括"水资源保护、水域岸线管理、水污染防治、水环境治理等"。随着河长制在河道管护领域治理绩效的凸显，基于河湖汛情与洪涝灾害的强关联性，在防汛救灾工作中，一些地方政府以河长制为抓手筑牢防汛"安全墙"，具体做法是在"防范胜于救灾"的政策导向下，将汛情防范职责嵌入河长固有的"巡河"职责中，形成"河长制＋防汛"的新型治理形式。例如，在2023年5月江西省主汛期期间，江西省委书记（省级总河长）深入南昌、九江和鄱阳湖湖区开展巡河巡湖工作，并重点巡视了水利防汛工程情况，确保全省安全度汛；[1]2023年7月，河南省委常委、组织部部长（省级河长）到鹤壁市淇河河段开展"河长制"巡河并调研指导河流防汛备汛等情况，推动防汛各项工作落地落实。[2]

此外，随着河长制在河道管护领域治理绩效的凸显，其政策理念作为原生性治理工具被广泛移植应用到不同治理场景中，催生出湖长制、湾长制、林长制、草长制、山长制等极为丰富的"×长制"样态，[3]其在实践中也开始与不同类型的防灾救灾工作相结合，例如将湖长制、湾长制和与水体有关的防汛抗旱工作相结合，将林长制、草长制与森林草原防灭火工作相结合，将山长制和与山体有关的滑坡、泥石流、山洪等次生灾害防治相结合。可见，河长制的制度内涵随着实践发展不断得到丰富，并催生出党政领导干部包保地理单元这一新型的防灾救灾工作形式。与自然地理环境相关的治理问题呈现较强的综合性和外部性，往往跨越多个职能部门、地方政府甚至行政层级的职责范围与能力边界，涉及多方政策互动和利益协调，利益相关者的关联程度较高。[4]从形式上看，与以行政区划和部门分工为基础的常规属地管理

---

[1] 参见魏星：《全面深化落实河长制湖长制 抓实抓细抓好防汛各项工作》，载江西省人民政府网2023年5月19日，https://www.jiangxi.gov.cn/art/2023/5/19/art_395_4465453.html，2024年8月6日访问。

[2] 参见陈晨、蒋晓芳：《压实"河长制"责任 守牢防汛"金标准"》，载大河网2023年7月13日，https://news.dahe.cn/2023/07-13/1269650.html，2024年8月6日访问。

[3] 参见杨志、曹现强：《地方政策再创新的策略类型及生成机理——基于从"河长制"到"×长制"演化过程的追踪分析》，载《中国行政管理》2023年第7期，第104页。

[4] 参见王佃利、史越：《跨域治理视角下的中国式流域治理》，载《新视野》2013年第5期，第51页。

体制相比，以地理单元为对象的包保以具有自然属性的地理空间为基本管理单位，在一定程度上突破了原有地理单元的行政管辖区域分割格局。

具体而言，以地理单元为对象的领导干部包保责任制呈现出以下治理特征：第一，在组织体系上，将行政区域分级管理和地理区域统一管理相结合。首先，由党政"一把手"担任本级行政单位"总 × 长"，对本行政区域的治理事项负总责；其次，以地理单元为责任区域分级分段划分包保责任；最后，由地方根据实际情况形成四级或五级"× 长"体系。以江苏省的河长制为例，2022 年江苏省河长办发布的政策文件显示，江苏省总河长由省委书记和省长共同担任；省级河（湖）长共 12 名，包括 8 名省委常委和 4 名副省长；包保对象按照河湖地理单元划分，囊括了江苏省境内 29 个主要河湖单元，平均每名河湖长负责包保 2—3 条（个）河流湖泊。第二，在包保责任主体上，本级"× 长"由同级"班子"负责人担任，这一"班子"原则上仅限于党政领导干部，但实践中往往约定俗成地指向地方党委、政府、人大、政协负责人这四套"班子"。此外，在地方实践中，存在大量由政府职能部门负责人乃至村支部书记、村民委员会主任担任的包保领导干部，他们也都不属于党政领导干部范畴。第三，在工作职责上，综合来看，除村级包保领导仅有巡查、督促、报告、宣传等具体执行职责之外，其他级别的包保领导都负有巡查报告、督促协调、监督下级履职三方面的职责。一是通过日常巡查发现治理问题，乡、村级"× 长"的巡查一般为包保责任区域的全面巡查，省、市、县级为定期巡查；二是对于巡查发现或下级上报的治理问题，督促和协调相关责任部门予以处理，对于无权协调或协调无效的应及时上报；三是监督下级包保领导履行职责，省、市级"× 长"还负有组织领导治理工作、督促实施保护规划、推动建立协调联动机制等职责。

（二）以行政单元为对象的包保

以行政单元为对象的包保形式上表现为一个上级领导干部包保一个或若干个下级行政单元，或一个下级行政单元由两个及以上的上级领导干部包保，"联镇包村"是这种包保责任形态的典型表现形式。联镇包村制度最大的特点是跨层级治理，地方政府通过依托高层领导基于其行政级别形成的政治吸纳作用，搭建起"高层推动—中层介入—基层衔接"的运作框架，由此增强组织高层和基层社会的良性互动，以收矫正政策执行偏差、统合治理资源之效。[1]在地方治理实践中，这种包保责任形态被广泛应用于自然灾害防治领域。例如，浙江省在2022年防汛防台抗旱工作中落实"市领导包县、县领导包乡、乡领导包村、村干部包户到人"四级包保责任，并建立包保责任人公示制度。具体到宁波市，从其防汛防台抗旱指挥部公布的"市领导包县"责任制名单中可以看出，宁波市下辖6区2县，代管2个县级市，承担包保任务的市领导共16名，包括11名市委常委和5名副市长；在"县领导包乡"责任制名单中，多数区县由2—4名县领导包保同一乡镇（街道），包保领导囊括了党委、人大、政府、政协四套县级领导班子成员，个别乡镇甚至将县级法院院长和检察院检察长也划入包保责任人范围。[2]此外，在地质灾害防治以及森林草原防灭火等自然灾害防治工作中，多个地方根据实际需要形成领导干部"四级包保"或"五级包保"责任制，以领导干部下包一级或两级行政单元的方式筑牢防灾减灾救灾链条。

从治理特征上看，以行政单元为对象的领导干部包保责任制在两方面突破了科层制：一方面，在我国科层治理体系中，上下级政府之间是领导与被领导的关系，下级政府自成一"块"，上级政府有权对下级政府的工作实施监督，但无须直接干预下级治理过程，而在以行政单元为对象的领导干部包保责任制中，上级领导干部却突破了科层制的层级分工，对下级政府的特定工作实行包保，有时甚至跨越多个行政层级，"一竿子插到底"。另一方面，具体到领导干部个体，分管制是政府领导工作机制的常规形式，除"一把手"负责领导全面工作外，各分管领导都有相应的主管业务口，在分管领域内各司其职、各负其责，但在领导干部包保责任制中，包保任务却很可能和领导干部的常规分管领域不匹配。比如在防汛救灾包保中，对大多数领导班子成

---

[1] 参见张国磊、张新文：《制度嵌入、精英下沉与基层社会治理——基于桂南Q市"联镇包村"的个案考察》，载《公共管理学报》2017年第4期，第47页。

[2] 参见《宁波市人民政府防汛防台抗旱指挥部公布2022年"市领导包县、县领导包乡"责任制名单》，载宁波市应急管理局网站2022年7月25日，http://yjglj.ningbo.gov.cn/art/2022/7/25/art_1229075260_58953319.html，2024年8月6日访问。

员来说，防汛救灾并非其分管领域，但他们仍需对各自包保行政单元内的防汛救灾工作负责。对这些被"额外"安排的包保任务，领导干部通常需要调配和动员自身权力范围内的行政资源，有时甚至需要调用个人的社会资源，利用私人关系互动和非正式运作来完成包保任务。[①]

（三）以重点个体单元为对象的包保

在"联镇包村"的具体运行中，有时还夹杂着一种"结对帮扶"的治理形式，即将包保对象聚焦到重点群体，由领导干部与其结成帮扶关系，帮助其解决问题。例如，2023 年夏季汛期期间，四川省泸州市纳溪区全面建立79 个山洪灾害危险区"区包镇、镇包村、村包组、组包户、干部党员包群众"的转移避险责任体系，对危险区孤寡老人、留守儿童、残疾人等困难群体落实"一对一"帮扶，实现区、镇、村三级受灾群众帮扶体系上下对应、无缝对接；云南省红河哈尼族元阳沙拉托乡实施"一对一结对帮扶"工作机制，党政班子成员、党总支书记共结对帮扶 54 户孤寡老人、留守儿童等重点户，保障人民群众的生产生活水平，这构成一种新的包保责任形态，即以重点个体单元为对象的包保。

一般而言，领导干部的权责属性倾向于组织决策而非具体执行，领导干部和特定治理对象之间有一定的制度区隔，整体而言是一种抽象化的责任关系，但这种包保责任形态却打破了这种区隔，在领导干部和特定治理对象之间建立起制度化、个体化的联系。在具体实践中，领导干部包保的重点个体单元通常包括重点项目、重点企业和重点人员三类，包保领导按照"谁包保、谁牵头、谁负责、谁落实"的原则，通过"一项目一策""一企一策""一人一策"，对差异化的治理对象实施精准治理。领导干部对重点人员的包保在实践中比较普遍，除典型的防灾救灾"结对帮扶"之外，还有在综治维稳工作中包保上访户、在征地拆迁工作中包保钉子户、在精准扶贫工作中包保贫困户、在人才引进工作中包保高层次人才等。此外，在包保重点项目方面，

[①] 参见欧阳静：《县域政府包干制：特点及社会基础》，载《中国行政管理》2020 年第 1 期，第 25 页。

包保领导需要负责特定项目从立项审批到开工建设再到竣工投运等全过程，确保目标项目高效执行、有效落实；对重点企业的包保则常见于企业帮扶工作，包保领导需要为企业困难问题的解决"保驾护航"，针对企业生产经营中遇到的资金、电力、运输、土地等问题对接协调解决。

总的来看，防灾救灾中领导干部包保责任制的三种实践形态都不同程度地突破了科层制的某些特征，构成我们理解该制度治理逻辑的起点（见表10-1）。其一，在治理方式上都突破了科层制的条块运作方式。以地理单元为对象的包保侧重横向跨部门治理，以行政单元为对象的包保侧重纵向跨层级治理，以重点个体单元为对象的包保则在横向和纵向两个层面都突破了科层制的条块结构。其二，包保责任主体主要为地方党委、人大、政府、政协四套班子成员，也即传统意义上的党政领导干部范畴，个别地方的包保责任主体基于治理需要发生了不同程度的范围"外溢"。但无论如何，这些包保责任人的共同点都是在组织内居于领导地位，享有领导权威，这是该制度行之有效的关键因素。其三，领导干部的包保责任往往与其本职工作产生错位，领导干部被分配的包保责任越多，权责错位情况就越凸显。

表 10-1　防灾救灾中领导干部包保责任制三种实践形态的对比

实践形态	以地理单元为对象的包保	以行政单元为对象的包保	以重点个体单元为对象的包保
典型表现	河长制+防汛	联镇包村	结对帮扶
具体形式	突破行政边界	突破行政层级	突破组织区隔
治理特征	侧重横向跨部门治理	侧重纵向跨层级治理	既跨部门又跨层级
	修正科层制的"条块分割"		
责任主体	一般为地方党委、人大、政府、政协四套班子成员；最低包保层级是村干部	一般为地方党委、人大、政府、政协四套班子成员；个别地方纳入法检"两长"；最低包保层级是村干部	一般为地方党委、人大、政府、政协四套班子成员；个别地方纳入部门领导干部和普通干部
政策依据	法律、党内法规、地方性法规、地方政府规章、地方规范性文件	地方工作文件	地方工作文件

资料来源：作者自制。

三、防灾救灾中领导干部包保责任制的治理逻辑

治理逻辑旨在揭示治理主体和治理对象之间的权力互动关系，领导干部包保责任制的治理逻辑就是要阐释包保权力何以运行的内在逻辑。在现代国家治理中，科层制是基本组织形式，马克斯·韦伯在理想类型意义上提出科层制理论，指出科层制具有专业分工、等级制、非人格化等特征。[1] 科层制以横向分科和纵向分层为基本内容，横向分科强调"分工—协作"，使组织内部分工明确、各司其职；纵向分层强调"命令—服从"，使组织内部上传下达、政令通畅。我国行政管理体制同样建立在科层制基础之上，既然如此，在制度化的科层组织已经基本完备的情况下，地方政府为何会在防灾救灾工作领域选择采取领导干部包保的方式进行任务分配和责任分担呢？

（一）科层制"碎片化"弊端的既有组织回应及其局限

不可否认，科层制的理性、效率、专业化为现代公共行政运作所必需。对于一般性行政事务，地方政府大多按照分科分层、分工合作的方式按部就班地予以完成。但科层制有其自身难以克服的内生性弊端，"以分工为基础、以各司其职和层级节制为特征的传统官僚制，日益导致了行政业务之间、政府各部门之间、各地方政府之间、垂直部门与地方政府之间、各行政层级之间的分割，形成了'碎片化'的分割管理模式"[2]。科层制强调精细化条块分割的结果是各类层级组织最终形成自己的权力边界，组织壁垒化加剧，利益格局固化，组织间"各自为政"，难以解决一些"跨边界或涉及众多复杂纠葛的利益纷争的公共性问题"[3]。

如何破解科层治理的"碎片化"困境一直是我国政府治理的重要议题。

---

[1] 参见［德］马克斯·韦伯：《经济与社会》（第二卷），阎克文译，上海人民出版社2010年版，第1095—1097页。

[2] 蔡立辉、龚鸣：《整体政府：分割模式的一场管理革命》，载《学术研究》2010年第5期，第33页。

[3] 史玉成：《流域水环境治理"河长制"模式的规范建构——基于法律和政治系统的双重视角》，载《现代法学》2018年第6期，第97页。

既有制度实践可归纳为三条路径：一是行政科层组织开展"自我变革"。近年来，国家层面持续深入推进的大部制改革、综合执法体制改革等行政体制改革措施，表现出功能整合、结构重构和行政系统一体化的整体政府发展趋势，旨在推动碎片化治理走向整体性治理。[1] 二是横向上以搭建"组织间网络"[2]的形式，推动组织协同治理，化解行政壁垒。部际联席会议、区际联席会议等工作机制的建立，旨在推动部门之间、区域之间开展平等协商和共识决策。三是纵向上以成立非正式组织的形式，通过组织权威的"上提"或"下沉"，解决条块协调难题。主要包括设立领导小组、委员会、指挥部等临时性议事协调机构，在更高权威的统一主导下整合行政资源，促进各部门配合协作，整体推进行政任务；派驻工作组、工作队等下派机构进行组织"下沉"，以高层介入的方式开展跨层级统筹协调。

综合来看，无论是组织自我变革还是再造新组织，都难以摆脱天然的组织逻辑困境。组织必然有边界，"超越这一边界，职责交叉就是必然的，矛盾和扯皮也是不可避免的"[3]。行政体制固有的部门重叠、职权交叉等缺陷使政府机构改革不可避免地陷入"精简—膨胀—再精简—再膨胀"的怪圈。临时机构等非正式组织亦然，在常规科层组织之外成立非正式组织，事实上增加了组织管理和交易成本，一旦非正式组织变多，又会陷入新的组织困境循环。而联席会议等横向协同机制往往也难以真正发挥统筹协调作用。一方面，"组织间网络"本身存在脆弱性和不稳定性，容易出现组织间网络成员的协同惰性、资源共享障碍、机会主义行为等问题。[4] 另一方面，由于横向协同机制和参与协同的组织之间在行政地位上是平等的，组织权威的缺失使其仍

---

[1] 参见王敬波：《面向整体政府的改革与行政主体理论的重塑》，载《中国社会科学》2020年第7期，第104页。

[2] "组织间网络"是指一些相关的组织之间因长期的相互联系和相互作用而形成的一种相对比较稳定的合作结构形态。参见张紧跟：《组织间网络理论：公共行政学的新视野》，载《武汉大学学报（哲学社会科学版）》2003年第4期，第481页。

[3] 王敬波：《面向整体政府的改革与行政主体理论的重塑》，载《中国社会科学》2020年第7期，第106页。

[4] 参见张玉磊：《跨界公共危机治理组织间网络：模式选择、现实挑战与构建路径》，载《长白学刊》2022年第4期，第75页。

难以克服科层制"碎片化"治理的弊端。

（二）领导干部包保责任制对科层制的修正功能

在当前我国行政管理体制下，科层化的协调机制高度依赖权威。而在以科层权威为依托的纵向协同模式中，组织权威的底层逻辑是领导职务权威。[①]"只有权威政府指定的高层人物才有威力通过或者突破组织严密、层级分明的官僚制组织，加强体制内部上下之间的协调，推动某项特殊工作，完成其政治使命。"[②] 面对科层治理的"碎片化"困境，领导干部包保责任制提供了一种新的回应思路，即依托领导权威对条块分割的科层体制进行统筹协调。其还原了领导权威在科层权力结构中的作用，既依托领导干部高地位高权威的属性，又对科层条块运作方式进行了局部改造，对于修正科层制的"碎片化"弊端具有独特功能。

领导干部包保责任制本质上是补充于科层体制的统筹协调机制，领导干部"包"的是对行政事务的统筹协调，具体管理职权仍由相关职能部门行使。这种统筹协调功能具有补充性，目的是弥合行政权力被科层化分割之后留下的空白、交叉、矛盾等罅隙。领导干部包保责任制上述功能的实现缘于其既依托科层制又部分超越科层制的治理逻辑。依托科层制是指，借助领导干部在科层体制中的权威主体地位，依托自上而下的科层领导权威，以科层化的行政命令和行政手段进行驱动。因此，其底层治理逻辑仍是以科层权威为依托的等级制纵向协同模式。部分超越科层制则是指，领导干部包保责任制秉承"去分工化"的整体治理思维，着眼于政府内部的整体性运作，通过跨条块的职能统合和资源重组，旨在超越部门职能分工和资源配置边界，提升部门协作意识和政府运作效率，并通过"责任到人"压实领导责任，从而促进政府职责的一体化履行。

[①] 参见周志忍、蒋敏娟：《中国政府跨部门协同机制探析——一个叙事与诊断框架》，载《公共行政评论》2013年第1期，第95页。

[②] 刘圣中：《临时组织——一体化行政与官僚制缺陷下的组织安排》，载《江苏行政学院学报》2007年第3期，第102页。

首先，实现行政职能的跨条块统合。行政职能分工的本质是以功能性为标准的行政权力配置，但行政权力本身难以做到精确分割，不论科层制的部门分工和制度设计多么科学精致，总会出现一些空白、交叉或矛盾地带。然而，科层体制又不可能完全抛弃职能分工，政府职能部门也不可能无限度整合，科层体制内部不同职能之间的"缝隙"需要通过专门的制度和机制进行弥合，这就为领导干部包保责任制提供了生长空间。在常规治理中，科层制的职能"碎片化"使其在运作中不可避免地产生交易成本。纵向上，上下级之间信息的不对称和不完备产生激励成本；横向上，组织内部的职能分工产生协调成本。[1]治理事项越综合复杂，交易成本的副作用越凸显，会阻碍科层组织高效运行。而在领导干部包保责任制中，纵向上，领导干部通过跨层级介入直接干预下级治理过程，统筹整合分散职能，减少因信息不对称产生政策执行扭曲等问题，降低激励成本；横向上，领导干部通过高位协调实现跨部门职权统合，打破部门利益藩篱，化解组织壁垒，降低协调成本，由此在纵向的跨层级与横向的跨部门两个层面突破了科层制的条块结构，实现行政职能的跨条块统合。

其次，促进公共资源的局部重组。科层制的条块分割使人、财、物等资源处于分散状态，面对复杂性、综合性、系统性较强的治理事项，公共资源难以实现高效配置和使用。领导干部包保责任制将精准治理和整体治理的理念相结合，促进公共资源实现局部重组，破解治理资源分散化困境。一方面，精准治理强调找准问题，靶向施策。包保责任到人在领导干部与治理任务之间建立起工作联结和专项治理责任，使领导干部突破科层组织结构的隔离层，介入具体治理过程。在此期间，领导干部借助人格化的领导权威，面对差异化的治理难题采取具体问题具体分析的策略，充分发挥主动性和创造性，灵活精准施策。另一方面，整体治理要求打破科层制中的资源分散、协同缺失等障碍，在各政府部门之间、政府与社会之间形成治理合力。包保领导根据治理事务的复杂程度，能够调配自身权力范围内政府部门掌握的行政资源，并积极动员市场、社会等资源，针对包保事项形成不同治理资源的叠

---

[1] 参见周雪光：《组织社会学十讲》，社会科学文献出版社2003年版，第40—41页。

加，以较小的统筹协调成本加强资源局部整合，提升资源利用效率，有利于解决公共资源条块分割、配置不合理等难题。

最后，以"责任到人"推动问责精细化。行政权责的兑现最终需要落实到具体的人，在行政系统内部，承担行政领导职责的政府与领导干部之间形成了一种"委托—代理"关系，领导职务是政府领导权力的具象化。不论领导职责的形式如何，领导干部均处于统筹管理、协调各部门运作的地位，以利益的妥善衡量、资源的合理分配、程序的适当关注和组织的正常运作等为依托。[①]据此，领导干部承担的包保责任是其基于其在组织中的领导职务和在组织活动中发挥的统筹协调作用而承担的岗位责任，在性质上是一种以统筹协调为内容的领导责任。实践中，行政治理事务的复杂性往往加剧公共行政责任的模糊性，极易引发推诿扯皮、虚化责任、消极懈怠等问题。领导干部包保责任制突破了组织和个体之间的界限，以包保责任到人的方式，"将模糊性、分散性、含混性的公共行政责任转化为依附于科层制内的党政主要领导人的责任，从而借助科层制内的职位权威和考核对象具体化来促进公共行政责任的落实"[②]，并利用领导干部考核制和问责制进行激励与控制，有利于提升领导干部的重视程度，形成直观高效的领导责任承担格局，推动领导干部问责的精细化运作，从而促进精准治理和对整体负责。

四、领导干部包保责任制应用泛化下的法治困境

领导干部包保责任制在防灾救灾工作中的治理有效性使其应用范围近年来不断扩张，除比较成熟的自然灾害防治领域与生态环境治理领域之外，该制度还被应用于信访治理、招商引资、乡村振兴、城市建设、安全生产、食品监管等领域。特别是"×长制"治理模式出现趋同现象，涌现出管理旅游厕所的"所长制"、推进云工程建设和大数据智能化发展的"云长制"、提升产业链发展水平的"链长制"等形色各异的制度举措。"个别地方包保万能

---

① 参见胡建淼、郑春燕：《论行政领导人行政责任的准确认定》，载《浙江大学学报（人文社会科学版）》2004 年第 6 期，第 9—10 页。

② 李利文：《模糊性公共行政责任的清晰化运作——基于河长制、湖长制、街长制和院长制的分析》，载《华中科技大学学报（社会科学版）》2019 年第 1 期，第 132 页。

化，产生包保责任泛化现象，有的不分工作轻重，有的不管事情缓急，一股脑地实行包保。"①越来越多的行政区域和行业领域不加区分地复制推行领导干部包保责任制，导致其出现泛化乃至滥用，进而遭遇一系列法治困境。

（一）功能过载削弱法治权威

依托领导权威驱动是行政职能跨条块统合得以实现的根本原因。在合理限度内，领导干部注意力的短暂集中有助于提升跨条块统筹协调能力，解决常规科层运作无法有效应对的问题。然而，领导干部个体的注意力始终有限，实践中，不同层级的领导干部无论分管何种业务大都负有包保责任，并且人背负数种包保责任的现象愈加普遍，"N长合一"极易使领导干部在包保任务上耗费大量精力而忽略对常规性行政事务的处理。此外，近年来，个别地方探索出"河长+警长""河长+检察长"等创新形式，将执法监督职能和党政领导负责制相结合；还有的地方探索"N长合一"，如上海市金山区建立河长、林长、路长、田长、桶长合一的"五长制"，集河道、森林、道路、农田、卫生管护于一体。②领导干部的注意力被迫分散，统筹协调效率降低，由此带来边际效用递减和治理资源浪费，依托领导权威发挥作用的制度有效性也随之下降。在制度功能过载的情况下，某些地方政府对这种治理方式的过度依赖和领导权威驱动叠加，一定程度上削弱了下级政府部门积极作为的能动性，使其把问题的解决寄希望于上级领导干部，而非在正式科层制度框架内主动解决问题，③这就容易侵蚀科层制的正式组织功能，以致削弱常规法治权威。

正如有学者指出，"领导责任制可以在短时间内提升官僚体制注意力，但这种依靠党政领导权威而非法定义务的驱动方式将长久地损害科层制所赖

---

① 江竹轩：《谨防包保成为"甩责包袱"》，载兵团日报网2023年3月27日，http://epaper.bingtuannet.com/pc/cont/202303/27/c1040593.html，2024年8月6日访问。
② 参见杨志、曹现强：《地方政策再创新的策略类型及生成机理——基于从"河长制"到"×长制"演化过程的追踪分析》，载《中国行政管理》2023年第7期，第105—106页。
③ 参见王宏：《超越传统科层制：问责情境下领导指示的纠偏功能与优化路径》，载《领导科学》2021年第15期，第14页。

以建构的法治基础"[①]。领导干部包保责任制之所以被批判,核心在于该制度的治理有效性源于政治权威而非法治权威。对此,有法学学者主张进行法律化改造。[②] 在近年来的法律制修订中,河长制写入了 2017 年修正的《水污染防治法》,林长制写入了 2019 年修订的《森林法》。但该制度面临的合法性质疑并未完全消解,在规范依据层面,领导干部包保责任制仍面临政策主导有余而法律供给不足的窘境。一方面,在已经适用该制度的诸多领域中,目前仅有生态环保领域的河长制和林长制确立了正式的法律地位,其他领域建立领导干部包保责任制仍高度依赖于地方政府的政策文件,效力层级较低,存在法律规范支撑不足的问题。另一方面,即便是已经"入法"的河长制和林长制,相关规定也比较粗陋,《水污染防治法》第 5 条关于河长制的原则性规定并不符合授权明确性原则,[③]《森林法》第 4 条第 2 款则直接对地方政府建立林长制进行了裁量性授权。[④] 更重要的是,法律化并不代表法治化,只是使个别领域的包保责任形态获得了合法性身份,并未改变该制度依托领导权威驱动的运作逻辑,也就无助于前述困境的解决。

(二)关系过载引发权责紊乱

"按照科层制的理论假设,理性科层组织以确定性和规范性进行权责关系的配置,强调权责对等原则,形成权力运行的合法性基础。但在经验世界中,任何规则体系和科层体系都是在具体实践中形成的。"[⑤] 在常规治理情

[①] 宋维志:《运动式治理的常规化:方式、困境与出路——以河长制为例》,载《华东理工大学学报(社会科学版)》2021 年第 4 期,第 142 页。

[②] 参见王灿发:《地方人民政府对辖区内水环境质量负责的具体形式——"河长制"的法律解读》,载《环境保护》2009 年第 9 期,第 20—21 页。

[③] 参见《水污染防治法》第 5 条:"省、市、县、乡建立河长制,分级分段组织领导本行政区域内江河、湖泊的水资源保护、水域岸线管理、水污染防治、水环境治理等工作。"

[④] 参见《森林法》第 4 条第 2 款:"地方人民政府可以根据本行政区域森林资源保护发展的需要,建立林长制。"

[⑤] 吕健俊、陈柏峰:《基层权责失衡的制度成因与组织调适》,载《求实》2021 年第 4 期,第 38 页。

景下，对于那些被分派给领导干部的包保任务，科层体制已经配置了相对齐整的权责链条。随着公共事务日益复杂，政府职能不断扩展，科层制通过层层"委托—代理"关系构建起渐趋庞杂的权责关系网络。然而，领导干部包保责任制的嵌入在使公共资源局部重组的同时，一定程度上也打乱了常规科层体制对相关事务的法定权责安排。包保任务往往具有较强的利益纠葛特征，牵涉政府部门和运行层级众多，权责关系本就不易理顺，领导干部包保责任的叠加更加剧了科层权责关系的紊乱程度，产生以下消极后果：

第一，包保事务所涉政府职能部门面临同级政府、上级业务主管部门、分管领导、包保领导等"多头领导"局面，容易出现政策矛盾，使基层左右为难、顾此失彼、疲于应付，造成行政资源的浪费和行政效率的降低。第二，权责链条复杂容易催生多头领导之间的推责行为，领导干部包保责任制成为推卸责任制，主管部门和分管领导倾向于把任务推给包保干部，上级则通过问责高压将压力推至基层。第三，权责关系紊乱还体现为包保责任主体范围的混乱。横向上，除公认的四套领导班子成员外，不少地方将包保责任主体"外溢"至法检"两长"、部门领导干部乃至普通干部，这不仅有悖于国家权力法定的横向配置原则，也加剧了问责难度。纵向上，包保任务最终需要落实到基层，但乡镇领导干部作为责任层层传递的最底层、压力传导落实的神经末梢，权责不对等现象严重，本身难以调用支配更多治理资源，客观条件与主观动力都不足，包保任务已普遍成为基层领导干部的责任包袱。

（三）责任过载造成问责失衡

为压实领导干部的包保责任，实践中，地方政府一方面侧重在职业声誉、职务晋升等方面进行隐性激励，比如，将包保任务的执行情况列入年度重点考核内容，把考核结果作为提拔任用和晋升晋级的重要依据；另一方面通过严格的"负激励"倒逼领导干部尽职尽责，普遍强化对领导干部的追责问责，特别是对一些实施领导干部包保责任制的治理领域实行"一票否决制"。例如，在环境治理领域，北京市实施"环境保护目标责任制"，确保各级领导干部对本区域内的环境质量负责，并将"环境保护"作为北京市的干部考核体系的指标，实行"一票否决制"。①

然而，实践中存在的情况是，如果某个下级领导干部被分派包保某项工作，一旦出现问题，上级首先会对该包保领导进行问责，有些问责处分甚至比本职工作失误受到的处分还严重，更有甚者因此去职，结束仕途。责任到人虽然有助于推动问责精细化，倒逼领导干部提升治理绩效，但包保责任过载会造成对领导干部的问责失衡，产生以下负面影响：首先，领导干部承担的包保任务越多，意味着其被问责的概率越大，并且不论事故发生的原因和性质，包保领导都会首当其冲，这将严重挫伤领导干部的履职积极性，致使其在履行包保任务时消极"摆烂""躺平"，使领导干部包保责任制流于形式。其次，过度强调绩效主义的问责导向会进一步扭曲官员行为模式，诱使个别领导干部采取超越职权、滥用职权等违法手段谋求包保任务的治理成功，逾越依法行政底线。最后，包保责任过载会带来追责链条的混乱无序，催生"一刀切""滥问责"等行为，进一步加剧包保领导的权责失衡状态。

五、防灾救灾中领导干部包保责任制的优化路径

面对因制度应用泛化产生的困境，应当认识到，领导干部包保责任制绝非政府治理的"万金油"，因为任何制度都有一定的适用边界。领导干部包保责任制本质上是补充于科层制的统筹协调机制，领导干部包保责任在性质上是一种以统筹协调为内容的特殊领导责任。在明确这一定位的基础上，基于领导干部包保责任的有限性、复合性、间接性，应当从厘清应用边界、理顺权责关系、明确归责原则和构成要件三个方面优化该制度。

（一）厘清应用边界

单纯从职权法定角度很难解释领导干部包保责任制的合法性问题，因为其作为补充性统筹协调机制，"主要面向的是法律实施中履责不到位的问题，

---

① 参见刘小青、任丙强：《环境政策执行模式的转换过程与逻辑——基于北京市河长制的个案分析》，载《新视野》2023年第6期，第123页。

而非建立新的制度体系"①。领导干部包保责任制是责任政府的具体表现形式，相比于法律制度，它更倾向于是一种政策执行机制，但这并不意味着应当将其排除在法治框架之外。领导干部包保责任制法治化的关键在于调和领导权威驱动与常规法治权威之间的矛盾，对此，重要的不是法律化本身，而是如何在锚准制度定位的前提下尽可能地确定法律化的标准，即判断领导干部包保责任制在哪些领域的制度形态可以"入法"。这一标准指向了该制度在应然层面的边界，而这又是由领导干部包保责任的有限性决定的。相比于常规领导责任，领导干部在具体包保事务中的领导责任仅指向统筹协调，而非大包大揽甚至替代具体政府部门履行职责，因而是一种内容特定的有限领导责任。因此，只有当面对科层制难以有效治理、需要统筹协调的事项时，在这些领域建立领导干部包保责任制才具有正当性基础，也才具有进一步法律化的空间。

具体而言，领导干部包保责任制的应用范围包括以下情形：第一，单一职能部门无法解决而行政系统内部又难以协调行动的事项。这些事项往往具有综合性和复杂性，涉及多个行政部门的职权，部门之间存在权责交叠、职能冗余等问题，并且由于部门间利益格局固化，传统横向协调机制难以有效发挥作用，需要依托领导干部高位推动实现综合治理。第二，某些事项具有偶发性、非规则性，涉及的职能部门不确定，导致协调行动不稳定，难以固化部门协调机制。由领导干部结合具体情况牵头协调相关部门，共同商议解决办法，有利于实现高效精准治理，实质性解决问题。第三，社会快速发展过程中出现了新问题，不属于任何职能部门的业务范畴，出现权责空隙，需要由领导干部发挥统筹治理作用。但是，这些包保事项并非长期固定，一旦条件成熟，就应当进行以下转化：一是经过领导干部高位统筹协调后，职能"碎片化"问题得到改善，权责被理顺，此时应将治理事务交还相应职能部门，回归常规科层治理模式。②二是在领导干部介入推动后，横向协调机制

---

① 张敏纯：《党政协同视阈下的河长制体系定位与制度优化》，载《中南民族大学学报（人文社会科学版）》2022年第9期，第109页。

② 参见欧阳静：《政治统合制及其运行基础——以县域治理为视角》，载《开放时代》2019年第2期，第193页。

得以真正发挥效用，或者新组建了统筹协调机构，无须领导干部再做补充协调。三是在长期持续运转过程中，领导干部包保责任制成为有些包保任务不可或缺的一项制度，且工作机制逐渐成熟化、规范化，此时可以考虑效仿河长制、林长制，将成功经验上升为法律制度。

以上述标准反观前文总结出的三种包保责任形态，其法治化水平呈现出梯度差异。以重点个体单元为对象的领导干部包保责任制由于涉及的事项具有偶然性和非规则性，包保关系的临时性和随机性较强，协调行动不固定，客观上不易制度化和法治化，适宜以政策方式灵活运用。以行政单元为对象的领导干部包保责任制由于治理领域比较分散，包保关系具有变动性，难以实现制度统一化，适宜分领域推进法治化，比如安全生产和食品安全领域已分别有党内法规《地方党政领导干部安全生产责任制规定》与《地方党政领导干部食品安全责任制规定》作为规范依据。以地理单元为对象的领导干部包保责任制集中应用于生态环境治理与自然灾害防治相结合的工作领域，比如水环境保护与防汛工作相结合、地质环境保护与地质灾害防治相结合等。在这类包保形态中，包保责任人和包保对象的对应关系比较稳定，制度规则相对成熟，因此最易实现法治化。在立法模式上宜采用"立法授权+政策细化"模式，即在上述两个领域的"基本法"（已经出台的《环境保护法》和正在起草中的《自然灾害防治法》）或相关领域的单行法[①]中作出原则性的授权规定，以保持地方政府对这种补充性治理机制的可选择性；具体规则则由地方根据实际情况以法规、规章的形式予以细化，以保持制度的灵活性。

（二）理顺权责关系

领导干部包保责任制对科层组织的局部矫正功能是其有效治理的基础，但这种局部矫正应当保持在合理限度内，使被打乱的权责链条经过梳理之后能够被还原，不至于对行政法治中的权责一致原则产生实质破坏。实践中，包保任务和包保领导的原分管领域并非总能匹配，这表明领导干部对包保任

---

① 例如，2022年9月自然资源部公布的《耕地保护法（草案）》（征求意见稿）第48条第4款规定："国家建立耕地保护田长制，实行耕地保护网格化管理。"

务的统筹协调并不属于其本职岗位的常规领导责任范畴，而是一种附加在常规领导责任之上的复合型领导责任。就此而言，领导干部包保责任制是整体性"委托—代理"关系下对行政领导责任的一种内部再分配机制，这种行政系统内部对领导职责的再组织和再筛选属于行政权力的自主判断空间，这一认识有助于我们理顺包保责任嵌入后的科层权责关系。

在具体权责配置上，对包保领导来说，作为复合型领导责任的包保责任是对其附加的一层履职要求，并未改变行政机关向外的权责关系，也未改变政府部门的职责分工，只是部分改变了行政系统内部的领导责任配置。对包保事务所涉政府职能部门而言，其在边界清晰的常规工作中仍然遵循原有的权责安排，此时包保领导不应越权介入。而在关联到边界不清、关系复杂的包保事务时，相关职能部门应积极配合包保领导参与到具体事务协调过程中，接受其对部门工作的优化安排和资源的统一调配。此时，在权责属性上，虽处在包保领导的统筹协调之下，但仍需遵照原有的要求履行法定职责。

明晰权责主体是理顺权责关系的关键。关于适格的包保责任主体，首先，应主要限于党委和政府领导班子成员。地方各级党委负责本地区工作的全面领导，将党委领导班子纳入包保责任范畴符合我国国情和治理需要，"党政同责"的责任分配机制也解决了党委领导干部的权责归属问题。其次，基于精细化治理需求，可适度扩展至人大、政协领导班子作为补充力量。再次，不应纳入司法机关的领导班子成员，否则可能影响司法公正；也应避免纳入部门领导干部和普通干部，因为其无法发挥统筹协调职能。最后，应当按照"职能相近"原则进行包保责任配置，这有助于减轻权责交叉负担。纵向上应主要限于县级以上党政领导干部，因为基层乡镇领导干部面临"上面千条线，下面一根针"的治理格局，承担的往往是具体执行职责，只能被动接受上级下派的任务，难以有效统筹配置公共资源，所以不应再让包保任务成为其责任包袱。

（三）明确归责原则和构成要件

包保领导出现问责失衡的主要原因在于，实践中的包保责任追究大多适用结果归责原则，即只要包保任务出现了消极结果，无论领导干部是否存在过错都会被问责，这一做法没有认识到领导责任作为一种间接责任的属性。问责语境下的领导责任是指领导人员因领导不力而承担的责任，强调的是失职、渎职、不作为、懈怠所带来的间接因果关系。① 领导干部对个案的发生虽具有一定的责任，但这种责任并非其个人行为导致，因而不构成直接责任。在现行法律规范中，《关于实行党政领导干部问责的暂行规定》是对党政领导干部问责的一般性依据，其在第 5 条列举了 7 种问责情形，多数使用了"失误""失职""不力""失当"等词语进行界定，领导干部因统筹协调不力造成的失职行为可归入该条第 3 项"政府职能部门管理、监督不力"的问责情形。据此，问责意义上的包保责任指向领导干部因统筹协调不力而需要承担的间接领导责任，对于包保领导失职、渎职、不作为的责任追究应当适用过错归责原则。

过错归责下的责任构成包括行为要件、损害结果要件、行为人过错以及行为与损害结果之间的因果关系。在包保责任中，首先，可根据地方政府制定的包保责任清单确定领导干部是否负有对包保任务进行统筹协调的职责。其次，损害结果指向在包保职责范围内发生重大事故，造成人员、经济的重大损失或者产生恶劣影响。在此基础上，判断包保领导是否应被问责的关键在于判断其是否存在履职不力的过错。实践中，一些地方出台的法规、规章规定了具体的失职行为标准，如《浙江省河长制规定》第 16 条明确列举了"未按规定的巡查周期或者巡查事项进行巡查""对巡查发现的问题未按规定及时处理""未如实记录和登记公民、法人或者其他组织对相关违法行为的投诉举报，或者未按规定及时处理投诉、举报"三种失职行为和"其他怠于履行河长职责的行为"的兜底条款。这与有学者提出的将领导责任中的不作为过失界定为未履行"警察巡逻"（投入一定的时间和精力进行巡查监督）和"红色警报"（发现足以引起怀疑的危险信号）之后的纠正职责相契合。② 据此，可以将包保责任的过错要件进一步明确为没有对包保事务履行定时巡

---

① 参见邓峰：《领导责任的法律分析——基于董事注意义务的视角》，载《中国社会科学》2006 年第 3 期，第 137 页。

② 参见邓峰：《领导责任的法律分析——基于董事注意义务的视角》，载《中国社会科学》2006 年第 3 期，第 146 页。

查和接到异常情况后的督促纠正职责。

六、结语

国家治理体系和治理能力现代化对地方政府如何平衡治理有效性、灵活性和法治化提出了考验。在地方防灾救灾工作中，以高层职务权威嵌入常规科层治理为特点的领导干部包保责任制发挥了积极作用，使科层制的固有弊病有所缓解，但作为附加于科层体制之上的一项补充性统筹协调机制，必须明确其适用边界和条件，以避免制度应用泛化带来的副作用，使地方政府治理偏离法治轨道。作为一种新型责任机制，领导干部包保责任制应用于自然灾害防治工作已经有比较成熟的制度规则。因此，建议将这一成功经验上升为法律制度，可以在《自然灾害防治法》中规定，领导干部不履行或者不正确履行对本行政区域内特定单元自然灾害防治工作的包保责任的，需要承担相应法律责任，并正确区分包保领导干部的责任和承担法定职责人员的责任，在法律上理顺权责链条。更重要的是，领导干部包保责任制的治理有效性应当成为以科层制为基础的常规行政体系自我完善的动力，通过持续深化行政体制改革，理顺部门权责，优化资源配置，努力消减科层体制中的"碎片化"现象。

第十二章
自然灾害次生事件的性质认定与责任衡量

林鸿潮　王一然

摘要：自然灾害和生产安全事故看似不易混淆，因为前者属于"天灾"，后者属于"人祸"。但在自然灾害次生事件的场景下，却经常出现"人祸"遁入"天灾"的情况，将本应定性为生产安全事故的事件认定为自然灾害。其原因在于自然和技术两种致灾因子复合，灾害向事故的转化缺乏界定标准，且"天灾"和"人祸"的事后追责体系双轨并行。为了区分不同情况下自然灾害次生事件的性质，需要在明确生产经营单位注意义务的基础上，建构以灾害可预见性为主观标准、以违反防范义务为行为标准、以事故可回避性为结果标准的具体规则。如将其认定为生产安全事故，还应进一步从预见可能性高低、作为可能性大小、损害结果轻重三个维度衡量生产经营单位的责任。

一、引言

我国《突发事件应对法》将自然灾害和事故灾难并列，二者看起来似乎"泾渭分明"，因为前者属于"天灾"，后者属于"人祸"。但是，随着工业化、城市化的快速发展，各类资源要素密集，风险随之不断聚集，单一的自然灾害风险时常演变为"多灾种风险连锁联动、复合链生的风险综合体"[1]。

---

[1] 钟开斌：《以复合型体制应对城市极端暴雨洪涝灾害》，载《探索与争鸣》2022年第12期，第12页。

《"十四五"国家综合防灾减灾规划》也指出,目前我国"多灾种集聚和灾害链特征日益突出,灾害风险的系统性、复杂性持续加剧"[1]。风险的复合性和连锁效应不断增强,进一步导致自然灾害和事故灾难的界限愈加模糊。其中,风险的复合性体现为自然风险和技术风险的复合交织。自然风险固然一直存在,后工业社会的技术风险也十分突出,生产经营活动既易受到人为技术因素影响,也易受自然灾害威胁。风险的连锁效应表现为在风险因素聚集的情况下,自然灾害更容易引发次生衍生事故。例如,2021年,河南郑州"7·20"特大暴雨灾害不仅造成了严重的城市内涝,还引发了登封电厂集团铝合金有限公司爆炸(以下简称"登电铝合金公司爆炸")等一系列次生事故。[2]而此类自然灾害次生事件在性质上究竟属于自然灾害还是生产安全事故,却引发了不少争议。《河南郑州"7·20"特大暴雨灾害调查报告》将这起特大暴雨和后续发生的一系列次生事件概括为"总体是'天灾',具体有'人祸'"。[3]但何谓"总体",何谓"具体"呢?根本无从区别。这种模糊不清的表述并没有解决自然灾害次生事件的性质认定问题,实际做法是基本按自然灾害应对不力对相关单位和人员追究责任,力度上明显轻于生产安全事故。

这种"人祸"遁入"天灾"的做法,将本应定性为生产安全事故的事件笼统地认定为自然灾害,不仅带来责任分配不公的问题,还容易造成逆向激励,从而诱发道德风险。虽然学界已经对自然灾害次生事件有所关注,并提出了"Natech事件"[4]的概念,但目前的研究多集中于如何进行科学有效的风

---

[1]《"十四五"国家综合防灾减灾规划》,载中国政府网2022年6月19日,http://big5.www.gov.cn/gate/big5/www.gov.cn/zhengce/zhengceku/2022-07/22/5702154/files/bf76d221687d4cacab6128702df07c63.pdf,2024年8月6日访问。

[2] 参见《登封一铝合金厂爆炸原因:水淹厂区,合金槽内高温溶液爆炸》,载新京报网2021年7月20日,https://www.bjnews.com.cn/detail/162674622814568.html,2024年8月6日访问。

[3] 参见《河南郑州"7·20"特大暴雨灾害调查报告》,载应急管理部网站2022年1月21日,https://www.mem.gov.cn/gk/sgcc/tbzdsgdcbg/202201/P020220121639049697767.pdf,2024年8月6日访问。

[4] "Natech事件"(Natural Hazard triggered Technological Accident,自然灾害诱发的技术事故),是指自然灾害与技术事故交汇的复合型事件,因其复杂性和多样性,对人类社会、经济和环境带来了深远影响。

险管理，聚焦于前端的风险分析、风险评估等，很少涉及后端的责任追究问题。①在有关性质认定问题的个别研究中，有学者提出不能将自然灾害次生事件单一归类到自然灾害或生产安全事故领域，而应建立跨越二者的单独管理机制。②这虽然认识到自然灾害次生事件背后的风险耦合性和特殊性，但并未对如何确定责任展开讨论。那么，在我国现行的突发事件责任追究框架之下，有没有可能建立起针对此类"Natech 事件"的性质区分和责任认定规则，从而做到公平分配责任，进而形成对风险防范和危机应对的合理激励呢？本章尝试回答这些问题。

二、自然灾害次生事件的性质认定难题

自然灾害次生事件之所以难以定性，一是因为其在多重致灾因子共同作用下发生，本就难以简单归入自然灾害或事故灾难范畴；二是因为从自然灾害向事故灾难的动态演进过程中，缺少明确的标志性节点；三是因为自然灾害和事故灾难的责任追究体系并行，为责任规避提供了潜在的选择空间。

（一）致灾因子复合导致灾害事故界限模糊

随着风险的复杂化，自然风险和技术风险累积叠加的可能性急剧升高，③自然灾害次生事件正是风险复合的典型表现。突发事件是致灾因子作用的结果，因此风险的复合性常常体现为两个及以上的致灾因子同时发生或结合导致突发事件。④在此需要明确的是，对自然灾害次生事件的讨论存在一个基

---

① 参见陈强、凌郡鸿、邱顺添：《〈欧盟 Natech 风险管理框架〉下的环境风险管理体系及其对我国的启示》，载《环境科学研究》2024 年第 5 期，第 1167 页；张媛、孟耀斌、叶涛：《我国 Natech 事件分布规律及涉水 Natech 事件致因分析》，载《灾害学》2022 年第 1 期，第 190 页；胡丽条、高越、倪平等：《我国沿海地区台风引发的工业企业 Natech 风险评估》，载《灾害学》2021 年第 3 期，第 227 页。

② 参见潘仪雯、骆晓龙等：《自然灾害引发危化品泄漏事故风险管理现状研究》，载《自然灾害学报》2023 年第 4 期，第 124 页。

③ 参见曹海峰：《新时代公共安全与应急管理》，社会科学文献出版社 2019 年版，第 5 页。

④ See Gianluca Pescaroli, David Alexander. Understanding Compound, Interconnected, Interacting, and Cascading Risks: A Holistic Framework. *Risk Analysis*, 2018, 38 (11): 2247.

本前提，那就是只有在生产经营活动中才可能产生定性争议。如果不存在生产经营活动，定性为生产安全事故便无从谈起，只能认定为自然灾害。而在生产经营活动中，人流、物流、信息流等要素高度集聚，各种风险因素耦合叠加、发展演变，自然风险更易触发技术风险，引发一系列次生、衍生事件。对自然灾害次生事件而言，致灾因子并不是单一的自然因素或技术因素，而是二者复合交织、难以区分。

然而，《突发事件应对法》以事件发生的原因为主要根据划分了四种突发事件类型，由自然因素直接导致的突发事件是自然灾害，由人为活动诱发的突发事件是事故灾难。[1] 这种分类方法固然有助于突发事件应对中的专业分工和精准施策，但也存在一定的弊端，即以单一致灾因子为基础，造成不同类型突发事件的静止对立。复合风险的叠加性和突发事件类型的单一性难免龃龉，由多重致灾因子引发的"Natech 事件"，就难以恰如其分地落入以单一致灾因子为依据划分出来的突发事件类型当中。例如，在郑州"登电铝合金公司爆炸"事件中，爆炸的诱因既包括极端暴雨导致洪水漫溢的自然因素，也包括管理不当导致车间内高温熔融铝液遇水爆炸的技术原因。[2] 又如，在 2023 年四川凉山州金阳县 "8·21" 山洪灾害中，造成重大人员伤亡失联的原因既包括上游强降雨引发滑坡、泥石流的自然因素，也包括项目部驻地汛期违规住人、未执行转移避险指令的人为因素。[3] 再如，2022 年重庆市巫溪县 "6·23" 滑坡灾害的诱因既包括暴雨等自然因素，也包括未及时撤离、违规组织人员作业等人为因素。[4] 诸如此类由双重致灾因子混合堆叠引发的

---

[1] 参见薛澜、钟开斌：《突发公共事件分类、分级与分期：应急体制的管理基础》，载《中国行政管理》2005 年第 2 期，第 104 页。

[2] 参见《河南郑州"7·20"特大暴雨灾害调查报告》，载应急管理部网站 2022 年 1 月 21 日，https://www.mem.gov.cn/gk/sgcc/tbzdsgdcbg/202201/P020220121639049697767.pdf，2024 年 8 月 6 日访问。

[3] 参见《凉山州金阳县"8·21"山洪灾害调查评估报告》，载四川省应急管理厅网站 2024 年 2 月 5 日，https://yjt.sc.gov.cn/scyjt/dcbg/2024/2/5/49ae58b90d1a4ff38f9bacbf1215620c/files/凉山州金阳县"8·21"山洪灾害调查评估报告.pdf，2024 年 8 月 6 日访问。

[4] 参见《重庆市巫溪县"6·23"滑坡灾害调查报告》，载重庆市应急管理局网站 2024 年 1 月 19 日，http://yjj.cq.gov.cn/zwxx_230/bmdt/sjdt/202301/P020230129422639136527.pdf，2024 年 8 月 6 日访问。

事故，到底属于自然灾害还是事故灾难，就难以轻下定论。

（二）灾害向事故的转化过程缺乏标志性节点

突发事件的分类是静态的，其演进却是动态的。从外部视角看，复杂的社会经济结构、变化多端的自然系统和危险系数较高的技术环境使突发事件可能引发一系列次生衍生事件，呈现群发性和链式分布特征。[1]例如，特大暴雨灾害会导致泥石流滑坡、房屋冲塌、生命线系统破坏、传染病流行等。灾害链使承灾体在短期内连续遭遇不同的打击威胁，产生更大范围的损失。从内部视角看，各类风险诱因的作用大小也处于动态演变之中。在自然灾害引发次生事件的过程中，如果没有人为因素介入，只是纯粹的自然因素引发了次生事件，自然应该将该起次生事件也定性为自然灾害。比如，由地震产生的堰塞湖进一步引发洪水漫溢，人为因素占比可以忽略不计，该洪水灾害应属于自然灾害。但当人为因素介入且占比不断上升时，突发事件的性质就会从自然灾害逐渐转向事故灾难，并在达到某个临界点后彻底转化为事故灾难。

此时产生的问题是，人为因素占比达到何种程度或者出现何种标志时，才能将自然灾害次生事件定性为事故灾难？例如，在郑州"登电铝合金公司爆炸"事件中，人为因素占比是不断上升的：第一阶段，自然因素绝对主导，表现为连续性强降雨；第二阶段，人为因素初显，表现为登封市政府发布暴雨红色预警，收到信号的铝合金公司对特大暴雨的发生具备了预见可能性，应当及时采取响应措施，否则可能引发一系列危害后果；第三阶段，人为因素占比上升，表现为厂区进水后铝合金公司虽撤离了工作人员，但没有对厂内高温铝溶液采取必要保护措施，导致洪水漫溢到电解槽内与高温铝溶液发生爆炸反应；[2]第四阶段，人为因素占比急剧上升，表现为对高温铝溶液可能

---

[1] 参见高汝熹、罗守贵：《大城市灾害事故综合管理模式研究》，载《中国软科学》2002年第3期，第110页。

[2] 参见《登封一铝合金厂爆炸原因：水淹厂区，合金槽内高温溶液爆炸》，载新京报网2021年7月20日，https://www.bjnews.com.cn/detail/162674622814568.html，2024年8月6日访问。

遇水发生爆炸的现实危险，铝合金公司未及时向周围村民发出预警，导致部分村民错过转移时机。[①]那么，此次事件到底是由自然因素还是人为因素导致的呢？这难以简单归因，需要详细辨析自然因素和人为因素的占比孰轻孰重。那么，在事态演变的过程中，到底是哪一个事件、在什么时间标志着人为因素占比超过自然因素占据了主导地位，从而导致了事件性质的突变呢？目前，无论是制度、理论还是实践，都没有构建出这样的判断标准。

（三）事后追责体系双轨并行诱发道德风险

在我国的应急管理法律体系中，无论是自然灾害还是生产安全事故，都各自建立了相对完整的事后追责体系。针对自然灾害的事后追责以《防灾减灾法》为基础，针对生产安全事故的事后追责以《安全生产法》为依据。两套追责体系双轨并行，但在规范体系、责任设定、执法力度等方面都有所不同。

第一，就规范体系而言，安全生产领域的各项法律机制更加成熟。《安全生产法》自2002年颁布实施以来，历经三次修正，各项制度已经较为完备。而自然灾害领域仍以"一事一法"的单灾种立法为主，如《防震减灾法》《防洪法》《气象法》《地质灾害防治条例》《森林防火条例》《草原防火条例》等，尚未制定综合性的自然灾害防治法，呈现为碎片化的分散模式。[②]

第二，就责任设定而言，针对生产安全事故的责任条款更加严密。《安全生产法》规定了生产安全事故责任追究制度，并对违反安全生产义务的法律责任进行了专章规定，该法经多次修改后对违法行为的处罚力度不断加大。相比之下，自然灾害法律规范中对生产经营单位的罚则较少，责任也偏轻。面对自然灾害，生产经营单位承担的不是安全生产义务，而是防灾减灾义务，通过适用《突发事件应对法》和《防洪法》等单行性法律规范判定其责任。

[①] 参见《河南郑州"7·20"特大暴雨灾害调查报告》，载应急管理部网站2022年1月21日，https://www.mem.gov.cn/gk/sgcc/tbzdsgdcbg/202201/P020220121639049697767.pdf，2024年8月6日访问。

[②] 参见代海军：《新时代应急管理法治化的生成逻辑、内涵要义与实践展开》，载《中共中央党校（国家行政学院）学报》2023年第4期，第144页。

第三，就执法力度而言，安全生产领域的执法体系更为成熟，执法力量也比较充足。一方面，防灾减灾领域并非行政执法重点，而安全生产却是各级政府最重要的行政执法领域之一，其执法计划严密、执法频次高、执法力度大。《应急管理行政执法人员依法履职管理规定》专门规定，应急管理部门应当制定安全生产年度监督检查计划，按照计划组织开展监督检查，并确保对辖区内安全监管重点企业按照明确的时间周期固定开展"全覆盖"执法检查，可见安全生产领域执法力度之大、范围之广。另一方面，自然灾害的执法力量偏弱。有些管理部门实际上是事业单位，如地震局、气象局，虽然法律法规授予了一些灾害防治领域的行政执法权，却没有条件组建执法队伍；有的管理部门虽然有执法队伍，但灾害防治领域的执法事项并非其"主责主业"，如自然资源部门、林业草原部门等。这导致有关自然灾害防治的很多违法行为不易被发现和处罚，一个灾害防治领域的违法行为被发现和处罚的概率，相对于一个安全生产领域的违法行为要低得多。

由此可见，生产安全事故责任远重于应对自然灾害不力的后果。再加上两套责任体系缺乏有效衔接，使得责任追究处于"二选一"的境地。基于趋利避害的天性，责任者自然希望能以"天灾"为由避重就轻，逃避生产安全事故责任，而相关标准的模糊也为此提供了条件，从而诱发道德风险。只要事故原因中有自然因素，责任单位便可"一推了之"，将本应承担的生产安全事故责任通过改变事件定性而逃避更加不利的后果。这种逆向激励很容易形成恶性循环：一方面，"天灾"和"人祸"在责任承担方面差距悬殊，标准模糊，给"人祸"遁入"天灾"提供了机会，造成责任承担不公；另一方面，责任单位因事故定性错误而侥幸减轻甚至逃脱责任追究，掩盖了事故发生的真正原因，反过来又不利于其吸取教训，为事故的再次发生埋下隐患。

三、自然灾害次生事件认定规则的建构

原国家安全生产监督管理总局曾经尝试提出自然灾害和生产安全事故的界分标准，其在2007年作出的《关于生产安全事故认定若干意见问题的函》第5条就是"关于自然灾害引发事故的认定"，提出了两条标准：第一，由不能预见或者不能抗拒的自然灾害（包括洪水、泥石流、雷击、地震、雪崩、

台风、海啸和龙卷风等）直接造成的事故，属于自然灾害；第二，在能够预见或者能够防范可能发生的自然灾害的情况下，因生产经营单位防范措施不落实、应急救援预案或者防范救援措施不力，由自然灾害引发造成人身伤亡或者直接经济损失的事故，属于生产安全事故。但这些标准仍然相当笼统，一个事件能否预见、能否防范、能否抗拒，到底应该如何判断？上述标准并没有进一步回答这些问题。另外，生产经营单位对自然灾害预见、防范的范围是什么？要达到何种程度？这也没有答案。因此，上述标准在实践中并未得到实际运用，几乎成为"沉睡条款"。我们认为，自然灾害次生事件的性质认定规则需要以生产经营活动中的注意义务为出发点，从主观过错、客观义务、违法结果等维度进行建构。

（一）生产经营单位的注意义务

在责任主义视角下，认定自然灾害次生事件性质的关键在于确定主观过错因素在事件诱因中的比例。通常来说，生产经营单位不会故意追求或放任事件发生，主观过错因素一般表现为过失。质言之，此类事件的定性之所以在自然灾害和生产安全事故之间摇摆，是因为对人的过失程度难以判断。当人的过失占主导因素时，自然灾害引发的次生事件应倾向于定性为生产安全事故；而当没有过失或者过失微小时，应倾向于定性为自然灾害。虽然过失是主观心理状态，但对其认定越来越趋于客观化和确定化。其中，注意义务就是判断是否存在过失的重要客观标准。只要违反了注意义务，便可以认定存在过失。总的来看，在此类事件中，生产经营单位的注意义务处于较高标准。

首先，生产经营单位注意义务的基准较高。生产经营单位的过失属于业务过失，是因疏忽业务上所必要的注意而引起的过失。[①] 业务过失较之一般过失对注意义务的要求更为严苛，这是因为通过长期从事某类生产经营活动，相关单位对所从事的业务领域也应具备较高的注意能力。而且，生产经营活动的风险本身高于一般活动，因此，在从事生产经营活动过程中，相关

---

① 参见〔日〕大谷实：《刑法讲义总论》（新版第5版），黎宏、姚培培译，中国人民大学出版社2023年版，第195页。

单位的注意义务应处于较高标准。业务上的注意义务大多规定在"生产操作规程、技术安全规则或劳动保护法规"中，[①]可以概括为内在和外在两个维度：内在义务即"风险查明义务"，外在义务即"危险回避义务"。[②] 前者具体表现为生产经营单位熟知业务活动所涉及的法律规范和技术标准，了解和业务领域相关的安全风险；后者具体表现为积极采取措施规避危险，当抽象概括的风险变为具体紧迫的危险时，需要生产经营单位采取避险措施，保护人员安全和降低财产损失。

其次，复合风险背景下注意义务的内容更加复杂。在单一风险下，生产经营单位只需注意单一风险源，即技术风险对生产安全事故造成的潜在影响。而在复合风险背景下，自然风险和技术交叉叠加，生产经营单位不仅需要注意包括管理、操作、产品等各种因素在内的技术风险，还需警惕自然灾害对生产经营活动可能带来的危害。一方面，我国自然灾害形势一直比较严峻。《"十四五"国家综合防灾减灾规划》指出，在全球气候变暖背景下，我国极端天气明显，高温、暴雨等自然灾害易发高发，自然灾害形式复杂严峻。[③] 另一方面，面临自然灾害影响时，生产经营单位呈现出较高的脆弱性。受聚集效应的影响，作为承灾体的生产经营单位集中度往往较高，在自然灾害中的暴露范围也更广，一旦受到破坏将产生更大的损失。因此，我国灾害防治领域已有个别法律将自然灾害纳入生产经营单位的注意义务中，如《防洪法》第 33 条就规定在蓄滞洪区开展特定生产经营活动，需要建设单位制定防洪避洪方案。

最后，常规向应急状态的转变使注意义务剧增。常规状态向应急状态的转化是社会秩序的整体性切换，这种例外的非常状态秩序意味着风险越来越显性化，对生产经营单位注意义务的界定也更严格。应急状态的进入通常以

---

① 参见周光权：《注意义务研究》，中国政法大学出版社 1998 年版，第 57 页。
② 参见金燚：《论过失犯注意义务的具体化》，载《清华法学》2022 年第 6 期，第 82—83 页。
③ 参见《"十四五"国家综合防灾减灾规划》，载中国政府网 2022 年 6 月 19 日，http://big5.www.gov.cn/gate/big5/www.gov.cn/zhengce/zhengceku/2022-07/22/5702154/files/bf76d221687d4cacab6128702df07c63.pdf，2024 年 12 月 23 日访问。

预警发布为信号。① 自然灾害的预警以预测式预警为主,自然灾害是否发生、影响范围的大小均处于不确定状态。在预测式预警发布后,需要依靠生产经营单位的主观能动性开展应急响应。② 这种能动性进一步表现为注意义务的增加。一方面,生产经营单位对政府采取的响应措施负有积极配合义务。例如,《突发事件应对法》第 67 条规定,预警发布后县级以上人民政府可以采取避险措施,对易受突发事件危害的人员进行转移、撤离或疏散,甚至关闭或限制易受突发事件危害的场所。在接到转移指令后,生产经营单位就应及时将人员转移至安全地带,并尽可能降低财产损失。另一方面,在单位应急预案中需要提前规划应急响应的程序和措施。例如,《生产经营单位生产安全事故应急预案编制导则》(GB/T 29639—2020)规定,预警启动后生产经营单位须及时开展响应准备工作,明确响应级别和应急处置措施。

（二）灾害向事故性质转化的认定规则

自然灾害和事故灾害并非截然对立的两个范畴。自然灾害引发的次生事件既可能是自然灾害的继续延伸,也可能随着风险的流动叠加而逐步向事故灾难演变。在灾害向事故转化的模糊地带,可以通过下列因素辨别生产经营单位是否具有过失:一是判断生产经营单位对自然灾害的发生是否具有预见可能性,将自然灾害和意外事件相区别;二是将防灾减灾义务和安全生产义务相衔接,判断生产经营单位是否违反了安全生产领域的法律义务;三是判断生产经营单位是否具有结果回避可能性,将自然灾害和不可抗力相区别。当同时满足以上三个要素时,应当将自然灾害次生事件定性为生产安全事故。

1. 以灾害可预见性为主观标准

引发次生事件的自然灾害是否具有预见可能性,是区分意外事件和过失

---

① 参见于安:《制定〈突发事件应对法〉的理论框架》,载《法学杂志》2006 年第 4 期,第 31 页。
② 参见刘星:《预警响应缘何失灵:基于应急管理过程论的一个解释框架——德国洪灾与河南暴雨的启示》,载《云南民族大学学报(哲学社会科学版)》2022 年第 6 期,第 88 页。

行为的重要界限。意外事件是由不能预见的原因造成的损害后果。[①] 如果自然灾害不具有预见可能性，则次生事件并非基于过失产生，而是由意外事件导致，因此不属于生产安全责任事故的范畴。如果自然灾害本应预见却因疏忽大意没有预见，或者虽然预见了但过于自信以为能够避免却未能避免，最终导致次生事件的发生，这种情形下才可能认定生产经营单位具有过失，相应地，自然灾害次生事件才可能属于生产安全事故。那么，应当如何判断自然灾害是否具有预见可能性呢？

预测式预警是判断自然灾害是否具有预见可能性的最简便方法。在预警发布后，自然灾害的预见可能性极大提高。从内容来看，预警是在较短时间内对可能出现的风险因素、危害程度和演变趋势作出的预估判断，使政府和公众可以提前了解自然灾害发展态势；[②] 从表现形式来看，预警以确切的警示信号呈现，通过网络发布、短信送达、广播警报甚至逐户通知等多种途径，确保公众对预警的接收；从效果来看，预警是具有示警意义的信息发布，意味着法律状态从平常状态切换到了应急状态，[③] 需要生产经营单位采取一系列的防御性措施。因此，当预警信号发布后，生产经营单位以自然灾害无法预见为抗辩理由便缺乏合理性。

一旦预警发布，自然灾害便具有极强的预见可能性，这是否意味着没有预警的自然灾害就无法被预见？答案是否定的。这是因为，预警的发布受限于当地的监测水平和风险评估能力。除了依赖预警，生产经营单位还可以通过一般理性人的科学常识加以预测判断，对可能引发突发事件的各类致灾因子进行辨识。因此，在预测式预警未能发挥作用的情况下，还需以当时的科学水平为基准判断自然灾害是否具有预见可能性。能够代表科学技术发展

[①] 在刑法理论中，一般将不能预见的原因引起的意料之外的事件，和不能抗拒的原因引起的意志之外的事件统称为"意外事件"。本章将二者分开论述，前者称为"意外事件"，后者称为"不可抗力"。参见张明楷：《刑法学》（上）（第 6 版），法律出版社 2021 年版，第 384 页。

[②] 参见张维平：《政府应急管理预警机制建设创新研究》，载《中国行政管理》2009 年第 8 期，第 34 页。

[③] 参见于安：《制定〈突发事件应对法〉的理论框架》，载《法学杂志》2006 年第 4 期，第 31 页。

阶段和成果的是一系列强制性标准，强制性标准以科学和技术成果为基础制定，是科学性和技术性的结合。[1]法律调整的范围局限于权利义务关系，并未涵盖各领域具体的科学技术问题，此时往往可以寻求技术标准予以解决。当在法律中引入标准并为其设定相应的法律责任时，企业应当遵守该强制性标准。[2]《安全生产法》第 20 条规定了生产经营单位的安全生产条件应符合相关标准，不符合并发生严重后果的，应科以行政处罚。可以发现，《安全生产法》本身并未规定详细的安全生产条件内容，而是将这类具体的技术问题指向各领域的强制性标准。例如，关于厂址选择的条件，《工业企业总平面设计规范》（GB 50187—2012）规定厂址应位于不受洪水、潮水威胁的地带，当不可避免地位于这些地带时，必须采取防洪、排涝的防护措施。[3]如果企业在受洪水淹没后还有发生爆炸的可能性，还应符合《防洪标准》（GB 50201—2014）的相关规定。[4]据此，工矿企业在选址时应当注意当地特殊的地理环境，根据强制性技术规范的要求提前布局，落实相关的安全生产条件，以避免气象灾害和地质灾害等对安全生产带来的潜在威胁。

2. 以违反防范义务为行为标准

承担法律责任的前提是违反了相应的法律义务。"法律责任的概念是与法律义务相关联的概念……他为此承担法律责任，意思就是，如果他做相反行为时，他应受制裁。"[5]在自然灾害引发次生事件的情况下，防范义务指向的对象首先是自然灾害。那么，这是否意味着生产经营单位的防范义务只是防灾减灾义务呢？如果是这样，那么生产经营单位只可能承担自然灾害应对不力的责任，而不会涉及生产安全事故责任。只有在其违反安全生产义务的时候，才可能承担安全生产法律责任，将次生事件定性为生产安全事故才具

---

[1] 参见柳经纬：《标准与法律的融合》，载《政法论坛》2016 年第 6 期，第 24 页。
[2] 参见宋华琳：《标准规制与企业的标准合规》，载《吉林大学社会科学学报》2024 年第 2 期，第 102 页。
[3] 《工业企业总平面设计规范》（GB 50187—2012）第 3.0.12（1）条为强制性标准。
[4] 《防洪标准》（GB 50201—2014）第 5.0.4 条为强制性标准。
[5] ［奥］汉斯·凯尔森：《法与国家的一般理论》，沈宗灵译，商务印书馆 2013 年版，第 113 页。

有合理性。此时需要解决的问题是，生产经营单位为何负有安全生产义务？进一步讲，也就是自然灾害防范义务如何向安全生产义务转化？

一方面，从灾害防治法律体系来看。生产经营单位的防灾减灾义务表现在两方面，一是防灾义务，即全面防止自然灾害带来的不利影响，通过事先采取预防措施将灾害发生的可能性降至最低。例如在选址时充分评估危险源，如果存在受到洪水威胁的可能性，则需满足各项防洪标准。二是减灾义务，即减少灾害带来的损失和不利影响。自然灾害产生的危害通常无法完全消除，但可以通过技术性工程措施和公众避险行为降低损害后果。例如，《地质灾害防治条例》规定，在可能引发地质灾害或遭到地质灾害危害的地区开展建设活动的，建设单位需要配套建设地质灾害治理工程，减少地质灾害发生后不利影响的扩大。

另一方面，从安全生产法律体系来看。生产经营单位风险分级管控和隐患排查治理的双重预防机制为自然灾害防范义务向生产安全事故防范义务的转化提供了通道。《安全生产法》第4条对该双重预防机制作出了规定，要求生产经营单位通过辨别致灾因子，科学管控相关风险和排查隐患，以防止生产安全事故的发生。[1] 对生产安全事故来说，自然灾害因自然力的非规则运动产生，属于自然类致灾因子。[2] 生产经营单位需要对自然类致灾因子进行积极排查，根据所处周遭地理环境特点，结合本单位生产经营活动的内容和方式，识别可能存在的各类自然灾害风险，在对其开展风险分析和评估的基础上编制风险分级管控清单。此外，还需定期开展自然灾害隐患排查，例如对可能出现地质沉陷、山体滑坡等易发地质灾害的区域开展"拉网式"排查；对极端降雨情形加强警惕，及时掌握雨势变化等。如果生产经营单位没有对这些自然风险履行分级管控和隐患排查治理的双重预防义务，而自然灾害又引发了次生事件，就应当承担生产安全事故责任。

---

[1] 参见魏山峰：《安全生产双重预防机制相互关系研究》，载《中国安全科学学报》2023年第S1期，第65页。

[2] 参见林鸿潮、陶鹏：《应急管理与应急法治十讲》，中国法制出版社2021年版，第21—22页。

3. 以事故可回避性为结果标准

自然灾害次生事件以链式效应为表征。在自然灾害发生后，如果生产经营单位无法采取措施避免次生事件发生，或者虽然采取了措施但无法切断事件恶化链条以避免次生事件的发生，则应认为其属于不可抗力。对于不可抗力事件导致的损害结果，不具有结果可避免性，不能认定行为人具有过失。[1]因不可抗力导致的自然灾害次生事件，也就不能纳入生产安全事故的范畴。如果在生产经营单位尽到注意义务的情况下能够阻止次生事件发生，则该自然灾害次生事件具有结果避免可能性，因未尽义务导致其发生的，生产经营单位具有过失。在这种情况下，自然灾害次生事件将呈现如下链式表征：

第一，在发生顺序上，链式效应表现为一系列事件相继发生。[2]自然灾害引发事故的灾害链尤其表现为跨灾种事件的相继发生，即自然灾害发生在前，事故灾难发生在后。从灾害链的后端看，链式效应很可能伴随多米诺骨牌效应，即首发自然灾害引起的次生事故又引发了衍生事故。对衍生事故的责任性质而言，因果关系链条更为复杂，自然灾害属于更间接的影响因素，对其事故的性质认定更应在重视人为异动因子的基础上综合考量其他各种因素。

第二，在内在关系上，自然灾害为因，事故灾难为果。一般情况下，过错责任的判断需要从主观过错、损害行为、损害结果、行为和结果之间的关系四个方面判断。自然灾害次生事件本身就包含着明确的因果关联，即次生事件是自然灾害所导致的。而自然灾害之所以能够引发后续事件，是因为生产经营单位未尽防范义务。从灾害链的前端看，自然灾害不仅可能由纯粹自然因素引发，也可能由人为异动因素导致。例如，人类过度开发导致地质灾害发生，进而导致生产经营单位发生塌陷事故。此时需要区分这种人为异动因素是生产经营单位导致的还是第三人导致的。如因该单位不当生产经营活动诱发了自然灾害，则自然灾害造成的损失及其引发的次生事件都应归属于生产安全事故范畴；如因不相关第三人诱发，则该人为因素在责任构成中的

---

[1] 参见邹兵建：《过失犯中结果回避可能性的混淆与辨异》，载《中外法学》2021年第4期，第989页。

[2] 参见史培军、吕丽莉、汪明等：《灾害系统：灾害群、灾害链、灾害遭遇》，载《自然灾害学报》2014年第6期，第5页。

地位可以被自然灾害发生的预见可能性吸收。

第三，在效应强度上，和自然灾害相比，次生事件的破坏程度更深、损害范围更大。一方面，自然灾害作用于生产经营活动中，相比作用于一般生活领域，产生的经济损失通常更大。另一方面，生产经营活动往往具有聚集性，生产经营活跃之处人口也更为密集，导致孕灾环境更为复杂，生产安全事故的危险程度急剧上升，因此，在生产经营活动中发生自然灾害次生事件的损害后果也更加严重。

四、自然灾害次生事件的责任衡量

在同时满足上述要素的情况下，自然灾害次生事件应当被定性为生产安全事故。而在接下来的责任追究环节，还需考虑生产经营单位承担责任的大小问题。这是因为在自然灾害次生事件的因果链条中，自然灾害和生产经营单位过失都是原因之一，对生产经营单位的责任衡量还需除去自然因素所起作用的比例方能最终确定。

（一）预见可能性高低和责任相对应

生产经营单位的责任承担应与其主观过失程度相协调，首先需要和预见可能性的高低相匹配。在认定生产经营单位对自然灾害的预见可能性时，预测式预警机制的可操作性最强，实践中也最常用。但需要注意的是，预测式预警只是对自然灾害发生可能性的预测，不能笼统地认为一旦发布预警，自然灾害就必然发生，生产经营单位就必须承担全部过失责任。

一方面，预警机制并非万能，政府及其有关部门有时存在"过度预警"问题。[1]对政府及其有关部门而言，其职责范围内发生了突发事件，能预警而没有预警的，承担的是结果责任。[2]《突发事件应对法》第95条第3项规定，

---

[1] 参见朱华桂、曾向东：《监测预警体系建设与突发事件应急管理——以江苏为例》，载《江苏社会科学》2007年第3期，第236页。

[2] 参见林鸿潮：《公共危机管理问责制中的归责原则》，载《中国法学》2014年第4期，第279页。

"未按照规定及时发布突发事件警报、采取预警期的措施,导致损害发生的",将被追究法律责任。政府及其有关部门有可能为了减轻事后责任追究,而在事前过度发布预警,动辄"一日数警",将风险转移给生产经营单位和个人。实际上,预警只是对突发事件发生可能性的警示,如果经常发布预警但突发事件并未真正发生,就容易产生"预警疲劳",即生产经营单位疲于应对"狼来了"式的预警而日渐懈怠。这就可能导致在具有紧迫性的真实灾难来临时,虽然发布了准确预警,但相关单位和个人并不会采取有效的响应行动,导致"预警无效"。[1]

另一方面,预见可能性并不必然是全有或全无的状态,大多情况下呈现的是递增或递减的程度谱系。而且预警也分为不同级别,《突发事件应对法》第63条对预警分级体系进行了规定,根据突发事件的紧急性、可能性和危害性,从强到弱将预警划分为一级、二级、三级和四级。有的应急预案将其称为警报级、预警级、注意级和提醒级预警,[2]甚至还有应急预案在传统四级体系之外另设了更轻的关注级预警。[3]如果不加区别地认定只要政府发布了预警,生产经营单位就具备了预见可能性,如果没有采取响应行动就要追究责任,就会对其造成过度负担。

因此,需要将生产经营单位的预见可能性和预警分层机制相衔接。从生产经营单位预见可能性的角度出发,可以将预警体系划分为日常风险提示预警、常规预警和临灾预警三类。其预见可能性根据预警级别从低到高分别划分为较低可能性、一般可能性和高度可能性,相应地,生产经营单位的过失和责任承担也从轻到重依次递增。

首先,日常风险提示预警指的是比四级预警更低的关注级别预警。在此类预警下发生自然灾害,生产经营单位的预见可能性较低,对后续可能发生的次生事件存在的过失轻微,责任后果也较轻。其次,常规预警主要指三级、四级预警。这类预警的发布预示着风险态势已经逐渐发展为较为严重的情

---

[1] 参见钟开斌:《应急管理十二讲》,人民出版社2020年版,第136—137页。
[2] 参见《深圳市突发地质灾害应急预案》。
[3] 参见《深圳市气象灾害应急预案》。

形，需要生产经营单位密切关注。此时生产经营单位对自然灾害的预见可能性也随之增加，若后续发生次生事件，则应认为生产经营单位具有一般过失，承担较重责任后果。最后，临灾预警指的是一级和二级预警。此时自然灾害风险十分紧迫，转化为现实灾害的可能性急剧升高，生产经营单位若不及时避险，则发生次生事件的可能性极高。生产经营单位对次生事件的发生具有重大过失，承担的责任最重。在没有预警作为判断的情况下，则需要依靠强制性技术标准。如果违反，应判定生产经营单位具有一般过失，承担较重责任；如果没有强制性标准，只能依靠一般人的科学常识判断，则生产经营单位只具有轻微过失，承担较轻责任。

（二）作为可能性大小和责任相平衡

刑法理论中，对过失犯违反注意义务的认定还需考察结果回避可能性问题，其中就包括注意义务的履行可能性或作为可能性。[1] 只有行为主体客观上可以实施法律所允许的行为却没有实施时，才能对行为主体进行非难。如果客观上不允许实施相应行为，则不能对其苛责。在自然灾害次生事件背景下，受现实情况和能力条件的约束，生产经营单位很可能面临难以回避事件发生的困境。因此，对生产经营单位不作为的评价还需考虑作为可能性问题。是否具有作为可能性，是生产经营单位责任能否从轻、减轻甚至豁免的重要事由。如果没有作为可能性，则生产经营单位的责任得以阻却；如果作为可能性较小，则责任得以减轻。对生产经营单位作为可能性的判断应当考虑以下两个因素：

第一，附随情况的紧迫性，主要表现为生产经营单位是否具有及时作出反应的时间。自然灾害从发生到危及生产经营单位再到最终发生损害结果之间存在一定的时间差。如果该时间差极其有限，那么生产经营单位的作为可能性就较低。例如，预警机制除了预测式预警，还存在速报式预警，即利用灾害发生和到达特定影响区域之间的时间差提醒人们作出秒级响应。在速报

---

[1] 参见杨绪峰：《过失犯的结果回避可能性：规范构造与实践运用》，载《环球法律评论》2023年第4期，第152页。

式预警下,灾害的发生具有必然性。但在该情形下,一方面,留给生产经营单位响应的时间差极其有限,往往只允许人们作出简单的紧急避险动作;另一方面,速报式预警目前的应用范围非常有限,典型适用场景只有地震、海啸和部分地质灾害,而一旦发生危害后果将极为严重。因此,当附随情况非常紧迫、灾害后果非常严重时,生产经营单位的作为可能性变得很低。

第二,生产经营单位的能力。《安全生产法》第20条规定,生产经营单位必须具备相应的安全生产条件才能从事生产经营活动。当安全生产条件符合法律、行政法规和国家标准、技术标准时,生产经营单位的安全生产能力才达标。但是,"法律的生命在于经验",法律规范是经验的而非先验的。换言之,生产经营单位根据法律、行政法规和各项技术标准进行选址、建厂、施工和作业,只能说明其有能力应对所在区域以往发生过的自然灾害。例如,《防洪标准》规定滨海区中型及以上的工矿企业当根据5.0.1防洪标准确定的设计高潮位低于当地历史最高潮位时,还应以当地历史最高潮位为标准进行校核。这种"以史为鉴"的做法可以帮助生产经营单位防御大部分自然灾害,但在面对多年难一遇的具有更大威力的自然灾害时,就会遭遇能力不足问题。例如,生产经营单位根据历史最高潮位"百年一遇"的防洪标准建设防洪设施,却遇到了"两百年一遇"的洪水,即使生产经营单位的各项安全生产条件全部符合法律规范和技术标准,也难以抵御更高程度的自然灾害。

那么,是否只要不具备作为可能性,生产经营单位及相关人员的责任就可以完全豁免呢?也不尽然。这是因为,生产经营单位的安全生产主体责任不仅体现在事前,也体现在事后。前者是预防义务,后者则是补救义务。在事故难以预防和避免的情况下,生产经营单位也应积极采取补救措施。具体表现为:组织抢救,即采取有效措施防止衍生事件的发生,减少人员伤亡和财产损失;及时向行政机关报告;不得故意破坏现场和证据。

综上,作为可能性对生产经营单位责任承担的影响如下:首先,对次生事件的避免具有作为可能性却不作为或没有充分作为的,生产经营单位应承担责任;其次,不具有作为可能性,且生产经营单位积极采取补救措施的,应当免除责任;不具备作为可能性,但也未采取补救措施的,应当从轻或者减轻责任。

（三）损害结果轻重和责任相匹配

自然灾害次生事件所造成的损害结果，也是最终确定责任的重要标准。《生产安全事故报告和调查处理条例》第 3 条主要根据人员伤亡情况和直接经济损失，将事故分为特别重大、重大、较大和一般四个级别，看起来标准十分清晰。难点在于，自然灾害次生事件的损害后果和自然灾害本身的后果紧密关联，非经深入调查便难以区分。例如，郑州"登电铝合金公司爆炸"事件引发周围房屋倒塌，并致 5 人死亡。[①] 那么，周围居民房屋倒塌是因暴雨洪水冲塌，还是因工厂爆炸所致呢？这就需要通过深入调查和科学分析才有可能作出正确判断，为此需要做到两点：

一是强化事故报告责任。生产经营单位负有及时、如实报告生产安全事故的义务，即在事故发生后，及时报告事故发生的时间、地点、伤亡人数和直接经济损失。然而，为了减轻乃至逃避责任，负有报告义务的主体可能漏报、谎报或瞒报。例如，在凉山州金阳县"8·21"山洪灾害中，蜀道集团收到预警信息和转移避险指令后，并未组织转移避险，导致上游的山洪裹挟大量泥沙冲毁了项目驻地，造成大量人员伤亡、失联。[②] 由于害怕承担"应撤未撤"的责任，蜀道集团及下属企业有关人员压减实际死亡、失联人数，编造虚假数据，实施瞒报。对于这种情况，应当认为事故单位对损害后果的扩大负有全部责任，除追究相关人员刑事责任外，还应从重甚至加重追究事故单位责任。

二是强化事故技术调查。事故调查的结论无论是用于行政程序、监察程序还是司法程序，都要以事实层面的技术调查为基础。但在事故发生后，调查过程可能受到政治问责、社会舆论各方因素的影响。因此，应尽量保证技

[①] 参见《河南郑州"7·20"特大暴雨灾害调查报告》，载应急管理部网站 2022 年 1 月 21 日，https://www.mem.gov.cn/gk/sgcc/tbzdsgdcbg/202201/P020220121639049697767.pdf，2024 年 8 月 6 日访问。

[②] 参见《凉山州金阳县"8·21"山洪灾害调查评估报告》，载四川省应急管理厅网站 2024 年 2 月 5 日，https://yjt.sc.gov.cn/scyjt/dcbg/2024/2/5/49ae58b90d1a4ff38f9bacbf1215620c/files/凉山州金阳县"8·21"山洪灾害调查评估报告.pdf，2024 年 8 月 6 日访问。

术调查的相对独立性。① 同时，实践中事故调查的专业性还存在欠缺，对新方法、新技术的应用还有所不足。② 对此，应进一步强化技术调查的专业性，借助专业力量对自然灾害次生事件中不同因素的作用过程详勘深探。例如，暴雨洪水冲击和爆炸波冲击导致的房屋坍塌结构有所不同，就可以借助现场勘探等技术手段认定损害发生的真正原因，从而为公平划定事故责任范围提供依据。

五、结语

习近平总书记指出，"我国是世界上自然灾害最为严重的国家之一"，"各类事故隐患和安全风险交织叠加、易发多发，影响公共安全的因素日益增多"。③ 随着我国工业化、城市化进程的高速发展，风险的复合性日益显著，自然和人为原因混合导致的"Natech事件"不断增多。在致灾因子耦合叠加的背景下，亟须明确灾害向事故性质转化的界限。否则，任由"人祸"遁入"天灾"，减轻乃至逃避责任，不仅有损公平，更不利于守牢安全底线。本章认为，可以从灾害的可预见性、法定义务的违反和事故的可避免性三个维度，判断生产经营单位在自然灾害次生事件中是否具有过失责任。在具体确定事故责任时，还应从预见可能性高低、作为可能性大小、损害结果轻重三个方面合理权衡生产经营单位的责任，从而做到过责相当，体现对灾害和事故风险防范应对的正确激励。

---

① 参见薛澜、沈华、王郅强：《"7·23重大事故"的警示——中国安全事故调查机制的完善与改进》，载《国家行政学院学报》2012年第2期，第26—27页。

② 参见张海波、牛一凡：《事故调查如何促进风险防范？——基于167份事故调查报告的实证分析》，载《行政论坛》2022年第2期，第70—71页。

③ 习近平：《充分发挥我国应急管理体系特色和优势 积极推进我国应急管理体系和能力现代化》，载《人民日报》2019年12月1日，第1版。

第十三章
自然灾害防治中的促进型法律条款

刘　辉

摘要：自然灾害防治领域存在很多促进型法律条款，可以分为"促进政府"和"政府促进"两种类型。应急法大多是法律化了的应急"经验法则"，但促进型条款面向未来，其无法预设确定的行为规则并强制政府执行，只能在为政府提供作为最佳愿景的目标指引的基础上，赋予其极大的形成空间。促进型条款属于法律上的原则规范，适用方式并非涵摄而是衡量，政府既应当基于自身行政能力尽力履职，又应当基于自身专业理性合理履职。但是，促进型条款的目标程式造成其规范效力不足，无法对政府履职形成充分约束。政府基于现实因素既可能能履职而不履职，也可能象征性履职、不合理履职，从而无法期待促进型条款能够稳定产生实效。为了确保自然灾害防治水平的不断提升，必须提升促进型条款的规范效力。通过完善法律规范结构而直接提升其规范效力的传统路径具有一定的可行性，但也存在较大局限。在此情况下，可以转而面向行政过程，通过建立为促进型条款服务的细化分解机制、督查整改机制和评比表彰机制，间接补足其规范效力。

一、引言

《自然灾害防治法》作为自然灾害防治领域的基本法，兼有"综合法"和"促进法"的作用，其在解决制度由"多"变"一"和规范本领域综合管理职能行使问题的同时，为了推动本领域实现更好发展，不可避免地会规定一些促进型条款。从应急管理部公布的《自然灾害防治法（征求意见稿）》来看，促进型条款在其中大量存在，如"国家建立健全巨灾保险制度，逐步形成财政支持下的多层次巨灾风险分散机制"，县级以上地方各级人民政府应当"推广达到抗灾设防要求的建筑设计和施工技术，逐步提高农村地区的抗灾设防水平"等。[1]《突发事件应对法》和《防震减灾法》《气象法》《地质灾害防治条例》等各灾种单行法律、法规在规定"刚性"的强制型条款的同时，已经规定了很多"柔性"的促进型条款。政府在防灾减灾救灾全过程均发挥着主导作用，多数促进型条款都与政府相关，属于或者可以转化为设定政府职责的"行政性规范"。[2] 这些条款可以分为两类：一类是促进政府履行特定灾害防治职责的条款，可以称为"促进政府"型条款；另一类是促进社会主体作出有利于提升灾害防治水平的特定行为，政府采取相应激励措施的条款，可以称为"政府促进"型条款。

法律规范是一种逻辑周全的规范，一般包括假定条件、行为模式和法律后果三个构成要件。自然灾害防治领域的多数法律条款具有"刚性"，是因为这些条款的规范结构完整且具体，政府必须在其设定的严格框架之内精确地完成它的要求，否则就要承担相应的法律后果。促进型条款则不同，无论是"促进政府"型条款，还是"政府促进"型条款，都因规范结构的不完整和内容的高度概括性而仅对政府具有较小的约束力，具体表现为三个方面：一是假定条件缺失或模糊，或者没有规定政府应当在何种条件下履职，或者只是作出"对符合条件的""对作出突出贡献的"等极为模糊的条件设定。二是行为模式模糊，规范主体很多规定为国家、（各级）人民政府；规范形态用词主要规定为发展、鼓励、支持、可以，或者（应当）重视、加强、改善、逐步提高；规范内容多数只提供一个目标指引，不会具体规定政府为实现该

---

[1] 参见《中华人民共和国自然灾害防治法（征求意见稿）》，载应急管理部网站2022年7月4日，https://www.mem.gov.cn/gk/zfxxgkpt/fdzdgknr/202207/t20220704_417563.shtml，2024年8月6日访问。

[2] 参见王青斌：《行政不履责司法审查体系链的构建》，载《中国社会科学》2023年第11期，第33页。

目标应当如何履职。三是法律后果缺失，对政府不履行促进型职责需要承担何种法律责任，没有作出明确规定。

近年来，伴随着《家庭教育促进法》《乡村振兴促进法》《基本医疗卫生与健康促进法》等专门促进型立法的密集出台，促进型法律条款在学界已经获得一定关注。由于高度抽象性和责任软化的特征，其在规范结构、效力和功能等方面受到既有相关研究的广泛质疑。在规范结构方面，孙佑海等指出，促进型条款带有鲜明的政策性，在一定意义上可视为介于政策与法律之间的状态，不属于严格意义上完整的"法"。[1] 在规范效力方面，很多学者认为，促进型条款属于"软法"，其既不为行为违法与否设定具体的判断标准，也不为执法活动提供明确的法律依据，而只为各类主体提供一个大致确定、范围宽泛、内容有待判断的行为框架，因而无法期待产生理想的法律效果。[2] 有学者进一步指出，促进型条款为政府设置的是超越义务的倡导性责任要求，这些责任要么规定得比较抽象而无法形成义务，要么允许政府有条件地、有选择地实施；[3] 即便有些促进型条款规定的是"应当"，政府怠于履行这些条款很多情况下也难以产生法律责任。[4] 在规范功能方面，刘风景认为促进型立法属于"象征型立法"，不具有产生显著社会变革的立法意图；[5] 其他很多学者同样认为，促进型条款总体上是一种概括性的制度宣示，宣示作用或标签效应远远大于适用价值。[6]

---

[1] 参见孙佑海、王操：《乡村振兴促进法的法理阐释》，载《中州学刊》2021年第7期，第70页；王晓：《国家治理视域下的文明行为地方立法现代化研究——以39个设区的市文明行为促进型立法为样本》，载《北京联合大学学报（人文社会科学版）》2019年第4期，第21页。

[2] 参见刘风景：《促进型立法的实践样态与理论省思》，载《法律科学（西北政法大学学报）》2022年第6期，第19页；王操：《碳中和立法：何以可能与何以可为》，载《东方法学》2022年第6期，第194页。

[3] 参见刘风景：《促进型立法的实践样态与理论省思》，载《法律科学（西北政法大学学报）》2022年第6期，第23—24页。

[4] 参见焦海涛：《论"促进型"经济法的运行机制》，载《东方法学》2011年第5期，第53页。

[5] 参见刘风景：《文明行为促进立法的目标与路径》，载《北京联合大学学报（人文社会科学版）》2020年第4期，第66页。

[6] 参见焦海涛：《论"促进型"经济法的功能与结构》，载《政治与法律》2009年第8期，第80页；张琳：《论民营经济的激励型立法》，载《东方法学》2022年第3期，第189页。

"法律规范的存在在于其效力"①，如果促进型条款无法对政府形成有效约束，那么法律为何还要规定这些内容？立法者是有意将这些条款规定得如此"柔性"，主要发挥宣示作用，政府是否履行无关紧要，还是虽然希望政府履行，但出于其他因素的限制，只能作出如此"柔性"的规定？研究"软法"的学者认为，法律条款并不必然需要完整的效力结构，如果非强制性的法律条款能够使规范主体自愿选择服从，富有社会实效，就属于具有"软约束力"的软法，软法亦法。②那么，在促进型条款效力不足的情况下，是否可以期待政府发挥主观能动性，按照其规范要求积极履职？如果不可期待，可以通过哪些方式提升促进型条款的规范效力？本章在梳理自然灾害防治领域既有促进型条款样态的基础上，尝试回答这些问题。

二、灾害防治促进型条款的实践样态及其生成逻辑

作为"强政府"国家，政府在自然灾害防治中发挥着主导作用，但即便政府力量再强大，职责覆盖范围再广，也无法完全满足防治需求，同样需要私人部门和社会组织的有效参与。作为风险社会的特征之一，没有政府、市场、社会的共同参与，就没有风险共担，也就无法实现风险治理。③因此，对于自然灾害防治工作，国家和社会各类主体均发挥着重要作用，政府在其中扮演两重角色：一些防治事项需要由政府亲力亲为，其对这些事项负有执行责任；更多的防治事项需要由社会主体去做，其对防治目标的实现负有担保责任。④两种不同的责任是自然灾害防治领域形成"促进政府"和"政府促进"两类促进型法律条款的基本原因。

---

① ［奥］汉斯·凯尔森：《法与国家的一般理论》，沈宗灵译，商务印书馆2013年版，第89页。
② 参见罗豪才、宋功德：《认真对待软法——公域软法的一般理论及其中国实践》，载《中国法学》2006年第2期，第6页。
③ 参见张海波、童星：《中国应急管理结构变化及其理论概化》，载《中国社会科学》2015年第3期，第64—65页。
④ 参见［德］施密特·阿斯曼：《秩序理念下的行政法体系建构》，林明锵等译，北京大学出版社2012年版，第163页。

（一）促进政府型条款的实践样态

法律之于行政具有两重功能：一是规范公权力的行使边界，这体现了法律的价值理性；二是提供目标和行为指引，这体现了法律的工具理性。对于政府的灾害防治职责，法律更多地发挥后一种功能。通常情况下，法律会将为政府提供的目标或行为指引设定为强制型职责，以"命令"的方式要求政府必须执行。但法律不强人所难，"法律所设定的行政职责应当与其实际能力相匹配，法律只能要求政府去做它能做得了的事情"[1]。当一些灾害防治任务的履行具有可欲性，但因行政能力的限制无法对政府提出强制要求时，法律可能就会将其设定为促进型职责，具体可分为两种情形：

第一，促进有条件的政府履行一些基本防治职责之外的高阶防治职责。人、财、物资源是形成行政能力的"硬要素"，[2]这对于需要投入大量公共资源的灾害防治职责尤为适用。但在一定时期和一定的技术条件下，政府占有的各种资源是有限的，从而只能形成有限的行政能力。而且，不同地区的发展水平差距较大，各地政府拥有的公共资源相差悬殊，行政能力不能一概而论，"先进地区"可以轻易完成的一些防治任务，"后进地区"却可望而不可即。法律确立的是一般性规则，普遍地及于一切接受对象。[3]立法者只能在对一定时期内各级各地政府的能力进行统筹评估后，将普遍具有作为可能性的防灾减灾救灾任务设定为基本防治职责，强制要求政府履行，其他任务则可能以"鼓励""支持""可以"等方式设定为高阶职责，促进有条件的政府以及政府在有条件时履行。从现行立法来看，这些职责包括设立专业应急救援队伍（《突发事件应对法》第39条、《森林防火条例》第21条）、制定地震小区划图（《防震减灾法》第37条）等，均需地方政府投入大量资源，或者在技术、人才等方面有着很高的专业要求。

---

[1] 林鸿潮：《履行行政职责的作为可能性》，载《法学研究》2022年第6期，第44页。
[2] 参见汪永成：《政府能力的结构分析》，载《政治学研究》2004年第2期，第108页。
[3] 参见[德]伯恩·魏德士：《法理学》，丁晓春、吴越译，法律出版社2013年版，第59页。

第二，促进政府逐步提高一些灾害防治职责的履行程度。政府的作为可能性不仅指向非此即彼的"能或者不能"，更多时候指向一种程度。^① 对于一些灾害防治任务，政府虽然有即时履行以及在既定资源约束条件下履行到一定程度的作为可能性，却没有即时达到理想最佳水平（不考虑资源约束）的作为可能性，有些职责的履行则根本没有理想最佳水平，因此政府可以随着行政能力的提升不断改进履职效果。受客观物质条件的限制，"五四宪法"中使用了大量渐进性的词汇，如"逐步扩大就业""逐步扩大各类学校和其他文化教育机关"等。^② 毛泽东同志强调这体现了宪法的灵活性，"一时办不到的事，必须允许逐步去办"^③。自然灾害防治领域的法律中同样包含很多使用"加强""发展""扩大""改善"等词汇的渐进型条款，促进政府不断提升一些灾害防治职责的履行程度和效果。以地震监测预报为例，准确、及时的地震监测预报能够在很大程度上减轻地震引起的社会危害，我国虽然逐步建立了数以十万计的测点，建成数万千米的大地形变测线和测网，但由于地球内部地震孕育过程和发生的复杂性，尚不能提供确切的地震预报意见，仍需多个学科和技术领域共同研究。^④ 基于此，《防震减灾法》并没有对政府应当达到何种地震监测预报水平提出强制要求，而是在第17条作出促进型规定："国家加强地震监测预报工作，建立多学科地震监测系统，逐步提高地震监测预报水平。"

（二）政府促进型条款的实践样态

现代应急管理理论主张构建多主体协同的网络治理结构。^⑤ "社会参与"

---

① 参见林鸿潮：《履行行政职责的作为可能性》，载《法学研究》2022年第6期，第50页。
② 参见王理万：《论作为宪法实施方式的促进型立法》，载《法学论坛》2024年第1期，第31页。
③ 毛泽东：《关于中华人民共和国宪法草案》，载中共中央文献研究室编：《毛泽东文集》（第六卷），人民出版社1999年版，第326页。
④ 参见马爱平：《地震监测预报是如何实现的？》，载《科技日报》2016年4月20日，第4版。
⑤ 参见张海波、童星：《中国应急管理效能的生成机制》，载《中国社会科学》2022年第4期，第68—70页。

是应急管理所需坚持的重要工作原则,只有各方力量团结合作,形成相互支撑的合力,才能有效应对各种灾害的潜在威胁、快速地对灾害进行响应、妥善地从灾害影响中恢复,甚至是借助灾害之机来改善民生。①因此,在自然灾害防治的全过程,都应该尽可能地扩大社会参与,充分发挥市场和社会的作用。然而,市场和社会均存在"失灵"风险,在市场机制、社会自治和行业自律趋于低效或无效,某些事项面临无法实现预设目标的情况下,负有担保责任的政府就需要介入进行矫正。在传统的秩序行政中,政府的介入通常表现为一种以公权力为基础,单方形成和表达公意并作用于私人的强制力。②但是,公权力的行使具有严格的边界限制,当社会主体做出某些行为可以更好地提升灾害防治效果和水平,但其已超出社会主体的义务范围时,政府便不能对其进行强制。在富勒看来,人做出正确和恰当行为如果超出"义务的道德",便属于"愿望的道德",③但为了确保灾害防治目标的实现,政府不能期冀于社会主体会自我实施、主动作为,而是应当在将其视为"理性人""经济人"的基础上,对其进行激励。激励是政府给予社会主体一定物质上或精神上的利益,促使后者按照前者的目标采取行动。④从现行立法的规定来看,激励措施既包括财政、税收、金融等经济激励,也包括荣誉、资格、待遇等其他各种激励。在自然灾害防治领域,需要政府采取激励措施促进社会主体作为的事项可分为四种类型:

第一,促进社会主体承担或者协助政府完成一些灾害防治任务,提升政府的防治效果。在行政任务的传统组织模式中,政府独自承担执行责任,但随着行政任务的不断增加和政府能力不足的日益凸显,政府与众多公共行动主体彼此合作,共同管理公共事务的网络化治理成为一种新型的公共治理模

---

① 参见王宏伟:《健全应急管理体系探析:从制度优势到治理效能》,应急管理出版社 2020 年版,第 176 页。

② 参见徐键:《功能主义视域下的行政协议》,载《法学研究》2020 年第 6 期,第 104 页。

③ 参见[美]富勒:《法律的道德性》,郑戈译,商务印书馆 2005 年版,第 6—8 页。

④ 参见周雪光:《组织社会学十讲》,社会科学文献出版社 2003 年版,第 195 页。

式。[1]政府通过与社会主体建立伙伴关系,以"功能民营化"的方式将部分行政任务的执行责任交由社会主体承担,[2]或者允许社会主体在一些任务中发挥协助或补充作用,实现资源和能力的扩张,从而获得依靠自身能力可能无法企及的绩效产出。对自然灾害防治工作而言,现行立法促进社会主体承担或者协助政府完成的灾害防治事项主要包括三个方面:一是促进社会主体协助政府进行灾害监测和预防,并及时向政府提供灾害信息,如《防震减灾法》第8条规定,"国家鼓励、引导社会组织和个人开展地震群测群防活动,对地震进行监测和预防。国家鼓励、引导志愿者参加防震减灾活动"。二是促进社会主体对违法行为进行监督和举报,如《地质灾害防治条例》第9条规定,"任何单位和个人对地质灾害防治工作中的违法行为都有权检举和控告"。三是促进社会主体参与抢险救灾工作,如《突发事件应对法》第39条规定,"国家鼓励和支持社会力量建立提供社会化应急救援服务的应急救援队伍"。

第二,促进社会主体进行与灾害防治相关的投资、经营,通过提升市场活力以进一步提高灾害防治水平。市场在资源配置中起决定性作用,在自然灾害防治领域,除了政府应当提供基本公共服务外,其他情形下的资源配置原则上均应通过市场机制解决。然而,"市场主体是向着私益最大化的方向配置资源"[3],对高风险低回报性的灾害防治领域的投资缺乏经济诱因,从而可能造成市场活力不足,难以满足实际需求。[4]市场对此问题缺乏自我矫正的机能,此时便需要政府采取有效激励措施,引导社会主体将资源配置在灾害防治领域。现行立法对市场主体的促进事项主要包括两个方面:一是促进社会主体建设、经营防灾减灾基础设施以及向市场提供与自然灾害防治相关

---

[1] 参见何翔舟、金潇:《公共治理理论的发展及其中国定位》,载《学术月刊》2014年第8期,第128页。
[2] 参见刘飞:《试论民营化对中国行政法制之挑战——民营化浪潮下的行政法思考》,载《中国法学》2009年第2期,第15页。
[3] 张守文:《政府与市场关系的法律调整》,载《中国法学》2014年第5期,第66页。
[4] 参见陈昶屹:《论"促进型立法"的形成背景》,载《北京行政学院学报》2005年第1期,第65页。

的产品，如《抗旱条例》第 17 条规定："国家鼓励和扶持研发、使用抗旱节水机械和装备，推广农田节水技术，支持旱作地区修建抗旱设施，发展旱作节水农业。国家鼓励、引导、扶持社会组织和个人建设、经营抗旱设施，并保护其合法权益。"二是促进保险公司等金融机构提供灾害保险等金融服务，如《突发事件应对法》第 55 条规定："国家发展保险事业，建立政府支持、社会力量参与、市场化运作的巨灾风险保险体系，并鼓励单位和个人参加保险。"

第三，促进社会主体加强与防灾减灾救灾相关的科学研究和技术创新，提升灾害防治领域的发展动力。创新是引领发展的第一动力，灾害防治水平的提高在很大程度上依赖于科学进步和技术创新。现行立法规定的促进社会主体创新的条款主要包括三个方面：一是促进社会主体加强防灾减灾救灾方面的科学技术研究，如《地质灾害防治条例》第 8 条规定，"国家鼓励和支持地质灾害防治科学技术研究，推广先进的地质灾害防治技术，普及地质灾害防治的科学知识"；二是促进社会主体加强与防灾减灾相关的专业人才的培养，如《气象法》第 7 条规定，"国家鼓励和支持气象科学技术研究、气象科学知识普及，培养气象人才"；三是加强国际交流合作，如《气象灾害防御条例》第 8 条规定，国家鼓励"加强国际合作与交流，提高气象灾害防御的科技水平"。

第四，促进社会主体进行行为改进，提升其防灾减灾和自救互救水平。在灾害防治领域，现行立法通过价值和观念上的引导，要求政府采取激励措施，促进社会主体改进自身行为。改进的事项主要包括四个方面：一是促进社会主体作出自然灾害救助捐赠、吸纳受灾群众就业等体现文明与道德的行为，如《自然灾害救助条例》第 5 条第 2 款规定，"国家鼓励和引导单位和个人参与自然灾害救助捐赠、志愿服务等活动"；《防震减灾法》第 73 条第 2 款规定，"各级人民政府及有关部门应当做好受灾群众的就业工作，鼓励企业、事业单位优先吸纳符合条件的受灾群众就业"。二是促进社会主体在生产生活中优先使用有利于防灾减灾的产品和设施，如《抗旱条例》第 21 条规定，"各级人民政府应当开展节约用水宣传教育，推行节约用水措施，推广节约用水新技术、新工艺，建设节水型社会"。三是在促进保险公司提供灾害保险服务的基础上，促进社会主体通过购买保险转移灾害风险，如《防震减灾法》第 45 条规定，"国家发展有财政支持的地震灾害保险事业，鼓励单位和个人参加地震灾害保险"。四是鼓励家庭储备常用应急物资，如《突发事件应对法》第 46 条规定，"国家鼓励公民、法人和其他组织储备基本的应急自救物资和生活必需品"。对于其中一些事项，政府不宜采取直接激励措施，但需采取必要的间接激励措施，如为了促进公民、法人和其他组织储备常用应急物资，不仅要加强安全宣传，还应当保证市场有足够的应急物资供应，为家庭储备提供必要条件。

（三）灾害防治促进型条款的生成逻辑

通过对"促进政府"和"政府促进"两类灾害防治促进型条款的实践样态进行梳理，可以从自然灾害防治领域的法律为什么会规定促进型条款、为什么要在法律中规定促进型条款、促进型条款为什么会被规定得如此"柔性"三个层次分析其生成逻辑。

首先，促进是推动发展的重要手段，政府履行促进型职责是进一步提升自然灾害防治水平的关键。促进型条款并不因其只能"促进"不能"强制"而不重要，相反，强制的大都是在法律制定时的发展阶段有关主体能够且必须做到的，主要是对当前发展事实的确认；促进的则属于在法律制定时尚不能（完全）做到，需要之后去做的，主要是对未来发展方向的指引。当经济社会发展到更高阶段时，原本促进的事项也会变为强制，并对更高层次的事项进行促进。因此，就发展而言，促进并不是强制的补充，而是一种不可或缺的发展推动方式。对于自然灾害防治领域，为了提升灾害防治水平，需要被促进的对象是多元的，但政府无疑在其中扮演着最重要的角色，多数促进事项都与政府直接或间接相关。一方面，政府本身就是被促进的对象。由于政府在履行风险评估、风险防治和区划等方面的强制型职责所能产出的绩效大都已趋于稳定，履行促进型职责便成为其提升灾害防治水平的着力点。另一方面，政府采取激励措施是社会主体得以被促进的必要条件。很多促进型条款从直观上看是在促进社会主体做出有利于提升自然灾害防治水平的特定行为，实际上是在要求政府采取激励措施以促进社会主体做出这些行为，政府采取激励措施才是这些条款能够落地的关键。因此，政府是否履行执行和激励两类促进型职责，对于是否能够进一步提升自然灾害防治水平有着至关重要的影响。

其次，将促进型职责法定化的主要目的在于促使政府依法履职。促进型条款的"政策味过浓"是其遭受的批评之一，实际上，很多促进型条款就是由党和国家的政策转化而来的，如应急管理部在《自然灾害防治法（征求意见稿）》的起草说明中指出，本法的制定是"为深入贯彻落实习近平总书记关于防灾减灾救灾重要论述精神和党中央、国务院有关决策部署"[1]。之所以将这些"政策的固有特质如遗传基因般被相当程度地保留下来"的促进型条款确立为法律规范，[2] 绝非仅为了发挥宣示作用，而是要借助法律的稳定性、连续性和权威性促使政府履职。一方面，很多促进型职责的履行需要政府投入大量公共资源，且有些无法在短期内获得成效，需要长期、连续的资源投入。但是，政策具有灵活性和不稳定性，一旦原先的政策在政府已经履职的情况下发生变化，前期资源投入就会沦为沉没成本，[3] 因此政府会谨慎决定是否履职。相较于政策，法律的稳定性和连续性可以给政府提供更可预测的制度环境，从而使政府在稳定的预期下安心履职。另一方面，在依法行政原则下，政府以法律为安身立命之本，[4] 相较于政策，法律之于政府具有更高的权威，将促进型职责法定化更有可能得到政府的履行。

最后，促进型职责的不确定性使得法律只能对其作出"柔性"规定。促进型职责因面向未来而充满不确定性：一是行政能力上的不确定性。促进政府型条款已无须赘言，政府促进型条款中很多也没有明确要求政府必须采取

---

[1] 参见《关于〈中华人民共和国自然灾害防治法（征求意见稿）〉的起草说明》，载应急管理部网站 2022 年 7 月 4 日，https://www.mem.gov.cn/gk/zfxxgkpt/fdzdgknr/202207/t20220704_417563.shtml，2024 年 8 月 6 日访问。

[2] 参见王操：《碳中和立法：何以可能与何以可为》，载《东方法学》2022 年第 6 期，第 194 页。

[3] 参见褚蓥：《政府购买服务中的沉没成本"二难命题"及其对策》，载《华南师范大学学报（社会科学版）》2017 年第 1 期，第 119 页。

[4] 参见周雪光：《中国国家治理的制度逻辑：一个组织学研究》，生活·读书·新知三联书店 2017 年版，第 132 页。

激励措施,一些则明确以"可以"的方式作出规定,这些条款更准确的称谓应该是"促进政府促进"型条款,主要原因同样是考虑到政府可能没有作为可能性。二是如何履职上的不确定性。立法者通常将实践证明行之有效的、可复制可推广的经验上升为法律,包括自然灾害防治在内的应急管理领域的法律尤其如此。在应急领域,法律的很多内容都是对经过实践检验的突发事件应对方法、策略的确认和固化,是一种法律化了的应急"经验法则",用"吃一堑长一智"来描述应急法律根据应对经验不断改进是恰到好处的。[1] 但是,促进型职责的履行属于"将来时",多数尚处于实践经验不够成熟的状态,有的甚至因普遍不具备实施条件而毫无经验可循。而且,很多促进型职责的履行是一个长期过程,不同阶段的情况可能发生变化,各地的情况也有较大差异,需要根据实际情况进行调整。基于此,法律既无法在政府是否应当履行、履行到何种程度等方面提出强制要求,也无法在采取何种措施、在何种条件下采取措施等如何履行方面作出具体规定,自然也就无法规定政府不履职时的法律后果。法律只能在设定一个高度概括的目标指引的基础上,给政府根据实际情况履职预留充足的形成空间,但也因此造成了这些条款效力的不足。

三、灾害防治促进型条款对政府的规范要求

法律规范有规则与原则的区分。促进型条款的目的程式使其不属于包含"确定性的命令"的规则规范,而属于体现"最佳化命令"的原则规范。[2] 原则规范具有语言上的开放性,但这并不意味着其规范性本身的开放乃至否定,[3] 政府被赋予的形成自由都不是毫无限制的。原则同样是一种法律规范,"它要求某事在相对于法律与事实的可能范围内以尽可能高的程度被实现",

---

[1] 参见林鸿潮:《重大突发事件应对中的政治动员与法治》,载《清华法学》2022年第2期,第162—163页。

[2] 参见[德]罗伯特·阿列克西:《法概念与法效力》,王鹏翔译,商务印书馆2020年版,第61—62页。

[3] 参见段沁:《国家目标条款的规范力——以德国宪法为借镜》,载《中国法律评论》2023年第5期,第131页。

只不过，原则的适用方式不是像规则那样进行涵摄，而是在综合事实与法律上的可能性的基础上进行衡量。① 对于灾害防治的促进型条款，政府既应当基于自身的行政能力尽力履职，又应当基于自身的专业理性合理履职。

（一）政府应当尽力履职

基于现代民主政治理论，公众与政府之间形成"委托—代理"关系，公众将公共权力和任务委托给政府，政府则负有代表公众的利益执行任务的职责。当政府履职能够满足公众的愿望和需求时，可以实现和提高自身的政治合法性（即统治的正当性）；反之，则需要承担代理责任，并可能造成政治合法性的降低。② 现代政府承担的行政任务不胜枚举，但应急管理不只是诸多任务中的一项，其所维护的"安全"还是国家成立的主要目的。安全作为人的基本需求，在国家产生之前就存在，也推动了国家的产生。③ 霍布斯、洛克、卢梭等政治学经典作家虽然在自然状态、人性、政治社会观念等方面存在明显的观点差异，但都不约而同地确认了安全对于国家的重要意义。④ 因此，政府必须提供良好的安全保障，以提升公众在其统治之下的安全感，否则可能就会因为公众安全感不足而发生信任危机，导致统治的合法性受损，严重情况下甚至会导致整个统治体系的崩溃。从国家的安全保障范围来看，安全不仅意味着国家要有能力抵御外部侵略，保护国民免受兵燹之祸，应对自然灾害历来也是国家负有的基本职责。特别是随着风险社会的到来，人为活动引起的自然灾害大量增加，政府必须尽力履职，不断提升自然灾害防治水平，以将灾害风险控制在社会普遍可以接受的水平，达到特定时期下公众的安全预期。

---

① 参见［德］罗伯特·阿列克西：《法概念与法效力》，王鹏翔译，商务印书馆2020年版，第62页。
② 参见燕继荣：《政治学十五讲》（第二版），北京大学出版社2013年版，第132—133页。
③ 参见王贵松：《论法治国家的安全观》，载《清华法学》2021年第2期，第27页。
④ 参见［英］霍布斯：《利维坦》，黎思复、黎廷弼译，商务印书馆1985年版，第128—132页；［英］约翰·洛克：《政府论》（下篇），叶启芳、瞿菊农译，商务印书馆1964年版，第80页；［法］卢梭：《社会契约论》，李平沤译，商务印书馆2011年版，第18—19页。

在法治国家，公众与政府间的"委托—代理"关系一般表现为由作为人民群众代表的国家权力机关以制定法律的方式对政府设定任务和要求。在传统的秩序行政中，为了尽可能地减少政府对私人利益的侵害，行政法的主要功能被定位为"侵害防御"。[①] 即法律为政府设定严格的行为基准，政府作出的行政行为必须有明确的法律依据，无法律则无行政。灾害防治虽然属于典型的秩序行政领域，但政府在其中负有的促进型职责却属于发展职责的范畴。对于政府的发展职责，行政法的主要目标定位不再是侵害防御，而是为复杂的行政现实提供导引，政府虽然仍被要求依法行政，但主要目的是通过要求政府按照立法者精心设定的目标和行为指引行事，使其得以在正确的轨道上高效运行。因此，促进型条款"柔性"有余而"刚性"不足的特征虽然使政府在很多情况下即便不履行促进型职责也不会被认定为违法，从而也不会被追究责任，但在上述结果导向的行政合法化逻辑下，政府仍然应当尽力履职，具体有两个层次的要求：第一，政府在有能力时应当履行促进型职责。促进型条款很多之所以并未强制要求政府履职，主要考虑的是政府可能没有履职能力，其并不是一种任意性规范，没有赋予政府可履职、可不履职的自由，对于有能力履行促进型职责的政府，促进型条款同样具有强制性，政府能履行则必须履行。第二，政府应当履行到与其能力相匹配的水平。多数促进型职责并不是政府只要履行即可宣告完成，而是应当在既定资源条件约束下最大限度地履行，其主要在资源配置方面对政府提出了要求。在行政资源总量有限的情况下，政府不能为了更好地履行其他职责，只是象征性地给促进型职责配置一些资源。如果投入的资源越多，所能达到的效果越好，就应当在统筹考虑所有职责的资源需求的基础上，尽可能多地给促进型职责配置资源。

"尽力"不仅是对政府应当竭尽全力履职的要求，也包含着对政府因完全无能为力而不履职的谅解。如果一些促进型职责确实远超政府实际能力，完全没有作为可能性，则应当容忍政府暂时不履行这些职责。不过，对政府不履职的容忍还有一个前提，就是不存在替代性的履职方案，如果存在有效

---

① 参见赵宏：《行政法学的主观法体系》，中国法制出版社2021年版，第68页。

且可以实施的替代性方案，则政府应当采取这些方案。例如，如果政府因财政经费不足无法履行《森林防火条例》第 22 条规定的"成立森林火灾专业扑救队伍"的职责，则可以采取一定的激励措施，促进社会力量成立专业扑救队伍；如果政府因专业能力不足无法履行《防震减灾法》第 37 条规定的"制定地震小区划图"的职责，则可以通过政府购买服务等方式委托具备相应专业能力的单位制定。当政府完全没有能力履职且不存在替代性履职方案时，促进型条款依然对政府具有规范作用，其至少为政府提供了一个确定的行为导向，政府虽然可以不履职，但不能反其道而行之，即禁止实施与该条款所提出目标相反或构成阻碍的行为。

（二）政府应当合理履职

现代行政法的价值追求是多元的，其通过基本原则等载体融入行政法的所有具体规范中。[①] 在自然灾害防治领域，促进型条款的主要价值追求是灾害防治水平的提升，但也包含着其他方面的价值追求，这些价值追求共同构成促进型条款的"规范性取向"，共同证立政府履职的合理性。[②] 因此，政府不仅应当尽力履职，还应当充分发挥自身专业优势，使职责的履行符合行政法上比例、效能等基本原则的要求。

首先，政府履职所采取的措施应当有助于实现灾害防治水平的提升。促进型条款的目标程式虽然赋予政府较大的措施选择自由，但政府采取的措施必须符合适当性原则的要求。[③] 如果措施与促进型条款所欲实现的目标之间没有任何关联，那么即便为其投入再多的资源也无法提升自然灾害的防治水平，只会造成公共资源的浪费。促进政府型条款中规定的任务相对明确，政府一般不会采取完全"没用"的措施，这也是有学者批评适当性审查"形同

[①] 参见章志远：《行政法学总论》（第二版），北京大学出版社 2022 年版，第 139—140 页。

[②] 参见［德］施密特·阿斯曼：《秩序理念下的行政法体系建构》，林明锵等译，北京大学出版社 2012 年版，第 57 页。

[③] 参见刘权：《适当性原则的适用困境与出路》，载《政治与法律》2016 年第 7 期，第 99—101 页。

虚设"的主要原因。①但政府促进型条款中规定的激励职责却并非如此,如果不进行精细化的判断与选择,政府采取的激励措施极易无法有效发挥促进作用。一方面,对于不同的促进事项,社会主体不愿主动去做的原因并不相同,不同的激励措施也有各自不同的特点和功能,②政府应当精准判定社会主体需要被促进去做特定事项的主要原因,并采取与之最契合的激励措施,才有可能达到目的。例如,保险公司不愿提供灾害保险服务的原因主要是高风险、低回报,一旦发生巨灾,就可能对其财务状况造成严重影响,甚至可能导致公司破产。因此,政府主要应当采取的是资金支持、税收减免、再保险支持等减少成本、增加收益或降低风险等方面的激励,而非仅给予荣誉、表彰等精神方面的奖励,后者只能作为一种补充性激励措施。另一方面,很多事项涉及激励程度的问题。在"经济人"假设下,只有当激励措施给社会主体带来的收益大于其所付出的成本或者减少的收益时,促进的事项才可能被认为是值得实施的。③因此,政府不仅应当采取恰当的激励措施,还需判断将这些措施实施到何种程度才能得到社会的回应,否则依旧是徒劳无功的。

其次,政府履职所采取的措施应当实现效益最大化,④将灾害防治水平提升至最适当的程度。行政资源的公共性使得政府行使资源配置权和使用权应当受到严格规范和控制。⑤政府既应当尽力投入履职所需资源,又应当在履职时保证资源的利用效率,避免因资源多配、错配而导致的浪费,最佳履职效果是以最小的资源投入得到最大的绩效产出。因此,政府在履行促进型职责时,应当进行成本收益分析,选择能够实现效益最大化的措施以及措施的实施程度,具体有三个方面的要求:一是政府不能超出实际需要采取

---

① 参见张永健:《法经济分析:方法论20讲》,北京大学出版社2023年版,第294页。
② 参见胡元聪:《我国法律激励的类型化分析》,载《法商研究》2013年第4期,第43—44页。
③ 参见丰霏、王霞:《论见义勇为的奖金激励条款》,载《当代法学》2010年第3期,第27页。
④ 参见沈岿:《论行政法上的效能原则》,载《清华法学》2019年第4期,第20页。
⑤ 参见薛刚凌、杨璇:《论政府发展职能与行政法回应》,载《行政法学研究》2023年第5期,第119页。

措施，如政府在履行《突发事件应对法》第 39 条规定的"设立专业应急救援队伍"的职责时，应当基于本地区在森林（草原）灭火、地质灾害救援等特定专业领域的救援任务量确定专业救援队伍的建设规模，既要在能力范围内尽量避免"小马拉大车"，也不能造成人员冗余。二是在多种措施均能实现目标时，应当采取其中最经济的措施，如在法律没有明确规定政府应当采取哪些激励措施时，如果采取信贷支持、保险补贴等资源投入较少的激励措施就能够起到激励作用，那么原则上就不能采取资金支持、税收减免等资源投入较大的激励措施。之所以如此，除了因为其能够实现效益最大化外，还因为公共资源的配置受到公平原则的约束，政府不能将全民共同所有的资源过度给付特定的群体或个人。三是在政府采取的措施越多、实施的程度越高，履职效果就越好的情况下，政府也不一定必须在其能力范围内投入最多的资源，如果履职达到一定程度后，继续投入的资源与所能取得的效果已不成比例，就应当选择"成本—收益"最适当的方案，以达到相对最优的履职效果。

最后，政府履职所采取的措施不能破坏灾害防治与其他治理目标之间的均衡。我国目前已经进入"全面建设社会主义现代化国家"的新发展阶段，"全面"意味着应当统筹推进各领域的发展，不可偏废一端。因此，政府在履行自然灾害防治领域的促进型职责时，虽然应当尽力实现目标，但也不能过度履职，阻碍其他领域的发展。为了实现自然灾害防治与其他治理目标之间的均衡，政府应当遵循以下两个方面的要求：一是在行政资源总量有限，不同职责之间存在资源竞争的情况下，政府既不能为了履行其他领域的职责而不顾灾害防治领域的职责，也不能为了履行灾害防治领域的职责，而抢夺本应配置给其他领域职责的资源。对于灾害防治的促进型职责的履行，政府既应尽力而为，又应量力而行，如果一时无法完全履行，则应当在合理计划的基础上分阶段、有步骤地履行。二是不仅行政资源总量是有限的，市场资源总量也是有限的，如果政府为了促进灾害防治领域的发展而大力采取激励措施，使得原本配置在其他领域的资源大量流入灾害防治领域，其固然能够推动后者的发展，但也可能使前者的发展放缓、停滞甚至倒退。因此，政府采取激励措施应当适度，不能使各领域的发展陷入此消彼长的困境。

四、灾害防治促进型条款的执行隐忧

事物都有两面性。自然灾害防治领域的促进型条款虽然规定得高度概括，为政府履职增加了不少难度，但其至少为政府提供了目标指引和法源支撑，不仅可以使政府沿着正确的方向履行灾害防治职责，还可以使其名正言顺地为这些职责的履行投入资源，从而使防治水平的提高变得更具可能性。而且，促进型条款的高度概括性为政府在综合衡量事实与法律可能性的基础上采取最妥当的履职措施提供了充足的空间，相较于法律作出僵化的规定、政府僵化地执行，在此种模式下取得的治理效果更具可欲性。不过，由于促进型条款的规范效力不足，这一切都建立在政府积极主动履职的基础之上，但囿于科层制存在固有弊端、政府存在自身利益诉求等诸多因素，政府按照规范要求履职并不完全具有可期待性。

首先，政府可能不履行灾害防治领域的促进型职责。科层制是现代政府的主要组织形式，其通过明确的劳动分工、专业化的职位层级、程式化的操作流程、价值中立的工作伦理，促使政府高效实现治理目标。[1] 在科层化运行模式下，"照章办事"是政府的基本行为定式。法律基于政府的科层组织体系，对各级政府及其各职能部门进行明确的职责分工，后者必须按照分工各司其职。严密的法律规则设定和专业分工固然有助于提升政府的工作效率，但其也使政府沦为一台只能按照既定规则运转的"机器"，[2] 各个职位层级的官员在各自岗位上日复一日地重复着相同的工作，不能有丝毫越轨，久而久之，就会对工作丧失激情和动力。[3] 这种体制最终造就了很多"不求有功但求无过者"。[4] 法律上的责任规定本来只是倒逼政府及其官员恪尽职守的

---

[1] 参见［美］彼得·布劳、马歇尔·梅耶：《现代社会中的科层制》，马戎、时宪民、邱泽奇译，学林出版社2001年版，第17—18页。

[2] 参见闻丽：《科层化：科层制组织的理性与非理性》，载《理论月刊》2005年第12期，第35页。

[3] 参见张鹏、孙国光：《公务员职业倦怠成因及干预对策》，载《中国行政管理》2008年第10期，第18页。

[4] 参见张康之：《超越官僚制：行政改革的方向》，载《求索》2001年第3期，第33—34页。

手段，治理目标的实现才是最终目的，但在这些官员的消极工作心态下，最终目的会被置换为不被追究责任。[1]这种目标替代在实践中催生出大量扭曲的履职情形且很多已经被揭示，如一些政府及官员会想方设法限缩任务，进行自我"减压"。在"减无可减"时，为了避免因不履职而被追究责任，通过制作大量文书材料等以"迹"代"绩"的方式来证明自己已经履职。[2]而一旦出现职责分工不明的情况，不同政府或部门之间就经常会为了规避风险、推卸责任而陷入"推诿扯皮"。[3]立法者制定促进型条款的目的虽然不再是束缚政府手脚，而是促使其发挥主观能动性积极履职，但很多官员的工作心态却已经定型且一时难以扭转。在职责分工明确且有法律责任倒逼都无法确保一些政府及其官员依法履职的情况下，更难以期望其主动执行规范主体模糊、法律后果缺失的促进型条款，即便一些政府有能力履职，也可能以不属于本单位职责、不具有履职能力等各种理由拒不履职。

政府内部并非都是安于其位、得过且过的官员，各领域的促进型条款也并非均无法得到执行。只不过，多数官员愿意积极执行促进型条款并非纯粹基于职业精神与操守，而是除了法律之外，其行为还受到政治层面的规范。一方面，一些领域的职责政治上的"合法性承载"较高，[4]执政党会将政治位阶、政治信号或政治表征带入行政过程，通过提升"政治势能"将这些职责转化为政治任务，[5]设定极高且必须被不折不扣完成的治理目标，并匹配极为严厉的政治问责机制。相较于法律上的责任规定，其对官员有着更强的约束作用。另一方面，多数官员积极追求政治上的升迁，如果一些职责的履行能

---

[1] 参见周雪光：《基层政府间的"共谋现象"——一个政府行为的制度逻辑》，载《社会学研究》2008年第6期，第12页。

[2] 参见颜昌武、杨华杰：《以"迹"为"绩"：痕迹管理如何演化为痕迹主义》，载《探索与争鸣》2019年第11期，第119页。

[3] 参见倪星、王锐：《权责分立与基层避责：一种理论解释》，载《中国社会科学》2018年第5期，第131—132页。

[4] 参见徐岩、范娜娜、陈那波：《合法性承载：对运动式治理及其转变的新解释——以A市18年创卫历程为例》，载《公共行政评论》2015年第2期，第28页。

[5] 参见贺东航、孔繁斌：《中国公共政策执行中的政治势能——基于近20年农村林改政策的分析》，载《中国社会科学》2019年第4期，第8页。

够彰显官员的政绩，从而获得更大的被上级提拔或重用的可能性，理性的官员自然会为晋升而积极履职。在二者的影响下，促进型条款即便效力不足也能产生实效，但由于政治上的注意力分配和官员为晋升而追求的政绩并不能涵盖所有的法律规定，政府及其官员基于自身利益考量很有可能只会选择性地执行一些促进型条款，其他条款依然会遭到忽视，而自然灾害防治领域的促进型条款很可能处于被忽视的范围。具体而言，第一，政府一般情况下可能履行"合法性承载"较高的促进型职责，忽视"合法性承载"较低的促进型职责。应急管理领域的职责"合法性承载"虽然较高，但鉴于人类目前的认知水平和技术手段，很多自然灾害还无法做到有效预防，因而这些自然灾害的发生目前仍属于可接受的风险，只有非自然原因的危机爆发和危机应对不力，才会使政治合法性在一定程度上受损。[①] 因此，与安全生产等其他应急管理职责不同，自然灾害防治职责特别是防灾减灾方面的职责并未被设定严厉的目标责任机制，也就不一定能够得到政府的履行。第二，政府可能履行属于"显绩"的促进型职责，忽视属于"潜绩"的促进型职责。相较于"潜绩"，"显绩"更容易得到上级的直接感知，在很多官员看来也就更能帮助其获得晋升。如促进社会主体进行创业、投资等可以提升本地区的经济发展水平，属于"显绩"，可能被积极履行，而提升自然灾害防治水平则属于"潜绩"，可能就不会得到履行。[②] 第三，政府可能履行能"短期见效"的促进型职责，而忽视需要"久久为功"的促进型职责。官员为了尽快获得晋升，具有在最短时间内取得突出政绩的需求，这导致一些官员更关注眼前利益，而忽视长远利益，能够迅速取得成效的促进型职责可能得到其重视。但是，设立专业应急救援队伍、加强地震监测预报等自然灾害防治领域的促进型职责往往需要长期投入大量资源才能见效，可能不在其注意力范围之内。

其次，政府可能象征性地履行灾害防治领域的促进型职责。促进型条款虽然普遍存在效力不足的问题，但也并非全都无法对政府形成任何约束。有

[①] 参见张海波、童星：《公共危机治理与问责制》，载《政治学研究》2010年第2期，第51—52页。

[②] 参见陈朋：《"显绩"与"潜绩"失衡的原因及表现》，载《人民论坛》2021年第9期，第19页。

些条款的整体规范结构虽然较为模糊，但是以"应当"的规范方式对政府履职作出了规定。如《抗旱条例》第 29 条规定："县级以上地方各级人民政府应当加强对抗旱服务组织的扶持。"有些条款明确规定了政府应当采取哪些激励措施，如《森林法》第 63 条规定："县级以上人民政府依法对森林保险提供保险费补贴。"对于此类条款，政府为了避免明显违法，可能并不会完全不执行，因而其在是否履职方面对政府能够形成一定的约束。但这些条款并未对其他规范构成要件作出明确规定，在资源保障方面提出的也只是原则性要求，政府在如何履职或履行到何种程度等方面仍享有决定权，如果其不在政府因受政治约束而愿意执行的条款范围之内，就很有可能在政府不情愿地对其配置少许资源的情况下，被象征性地执行。这种象征性执行可能产生一定的效果，但也可能因资源投入不足、激励不到位而无法产生任何实际效果，此时只会造成资源浪费，执行反倒不如不执行。

最后，政府可能不合理地履行灾害防治领域的促进型职责。科层制的"按章办事"行为模式不仅造成很多官员工作态度消极，更造成了其在工作能力上的平庸。在法律规则的严密约束下，政府及其官员被要求基于自身的科层组织体系所具有的效率优势扮演好执行者的角色即可，无须发挥太多主动性和创造性。这种立法权对行政权的行权状态的规定，对行政智慧是一种抑制，会使一些政府官员过度依赖法律制度而完全放弃思考，从而陷入主意出不了、行为不敏捷、效果不理想的失智状态。对于需要通过成本收益分析等手段精确选择最合理的措施以及措施实施程度的促进型职责，很难期待这些官员有足够的能力或者能够发挥主观能动性将其履行到理想的状态。政府不合理履职的原因并不仅限于官员能力不足，也有可能是其有意为之，这种情况最易发生在政府及其官员因受到政治上的约束而积极履职之时。原因在于，无论是履行上级高度重视的"合法性承载"较高且匹配严厉政治问责机制的促进型职责，还是履行能够为政治晋升博取机会的促进型职责，政府及其官员都会以结果为导向，尽可能地实现最好的履职效果。在此种履职导向下，一些政府及其官员很有可能不顾自然灾害防治等其他领域治理目标的实现，过度投入资源用于履行这些职责，从而因资源分配不均造成灾害防治等领域的促进型职责难以被合理履行。而当履行这些职责所欲实现的目标与履行灾害防治等领域的促进型职责所欲实现的目标之间存在冲突时,后者更是可能被弃置不顾,甚至采取与其要求相悖的行为。

五、灾害防治促进型条款的规范效力建构

在政府既可能不尽力履职,也可能不合理履职的情况下,自然灾害防治领域的促进型条款无法稳定产生实效,因而其连"软法"称谓都配不上。[①] 为了确保政府能够按照促进型条款的规范要求履职,必须提升其规范效力。

(一)传统法律效力建构路径及其局限

法律因其完备且具体的规范结构而具有充足的规范效力,因此,最直接且最理想的效力提升方式就是改变促进型条款普遍被规定得高度概括的现状,像其他条款那样将假定条件、行为模式具体化,并对政府在不依法履职时所需承担的法律责任作出明确规定。

考察灾害防治领域既有的促进型条款,可以发现很多条款的规范结构存在一定的完善空间。在规范主体方面,基于政府在科层化运行下对明确分工的需求,法律应当尽量减少使用"国家(各级)人民政府"等范围过于宽泛的表述,尽可能明确规定哪级或哪几级政府,以及政府哪个或哪些职能部门负责。如果一些条款指向的职责主体并非只有政府,而是要求有关国家机关在各自职能范围内负责,也可以先在国家层面作出总体性规定,再对政府负有的职责作出明确规定。在规范形态用词方面,法律应当尽量减少"可以"等容易使促进型条款被理解为任意性规范的表述,如果没有作出强制性规定的原因是考虑到政府可能没有足够的能力履职,可以在将"有能力"设定为假定条件的基础上,将规范形态用词设定为"应当"。例如,对《防震减灾法》第37条作出的"国家鼓励城市人民政府组织制定地震小区划图"的促进型规定,如果考虑的仅是有些城市人民政府可能没有能力组织制定,就可以改为"有条件的城市人民政府应当组织制定地震小区划图"。如果考虑的不

---

① 参见沈岿:《论软法的有效性与说服力》,载《华东政法大学学报》2022年第4期,第103页。

（仅）是履职能力，而是只需部分政府履职，就可以在假定条件中明确规定"根据实际需要"，这样既可以防止政府在没有需要的情况下盲目履职，又可以防止其超出实际需要过度履职。在规范内容方面，法律要尽量避免只为政府提供宏观的目标指引，可以在此基础上以不完全列举的方式为政府提供更加具体的行为指引，特别是尽可能具体列举政府应当采取哪些激励措施，否则很容易被政府误认为自身并不负有激励职责。为了促使政府履行到与其能力相匹配的程度，可以作出资源保障方面的规定，并要求政府投入的资源应当与经济社会发展水平相适应。在法律后果方面，法律应当对政府提出履职的最低要求，明确规定政府在作出与促进型条款的规定相悖的行为，以及存在明显不尽力、严重不合理等情形时需要承担的法律责任。

通过上述改进，促进型条款能够对政府起到更强的约束作用，但这种效力提升方式大体上只能止步于此，如果强行将促进型条款规定得极为具体，并通过严格的法律责任倒逼，强制要求政府按照规定履行，不仅无助于治理水平的提升，甚至会产生很多"负作用"。一方面，促进型条款的未来指向使立法者无法在既有经验不足、现实环境未明的情况下为政府提供最优的履职策略、方法，"硬着头皮"制定出来的法律规则极易在复杂多变的现实环境中表现出不适应性。而在法律的责任倒逼和科层制的制度主义窠臼下，政府守规心态的内化强度往往会超过技术上的要求。[①] 即便政府在履职过程中发现法律预设的规则存在不合理之处，也很有可能选择继续执行。另一方面，行政能力不足是很多职责被设定为促进而非强制的主要因素，因而法律只能对政府提出一些最低层面的强制性要求。如果不顾政府实际能力，通过建立严格的目标责任机制强制要求政府履职，且必须实现法律设定的职责目标，就会迫使一些没有足够履职能力的政府为了避责而采取变相强制、形式主义等各种扭曲行为，从而使责任追究变成一种逆向激励机制。这些扭曲行为虽在形式上看似能够满足法律的要求，实际上不仅不利于自然灾害防治水平的提升，反而可能造成倒退。

---

① 参见周雪光：《运动型治理机制：中国国家治理的制度逻辑再思考》，载《开放时代》2012年第9期，第110页。

总之，促进型条款规范的内容使其注定无法拥有完备且具体的法律规范结构，政府则注定应当被法律赋予较大的决断空间。在合理范围内，无论对促进型条款的规范结构再怎么完善，也无法使政府受到充分约束，而如果仅将其效力提升到上述地步，政府仍有很大可能不按照规范要求履职。

(二)面向行政过程的效力建构路径

传统的法律效力建构路径存在局限，并不意味着就只能任凭政府按照自己的意愿履职，立法者应当揭开形式合法性的面纱，将目光从如何完善促进型条款本身，转移到如何控制政府的行政过程。在公共管理学界，行政过程因"政治行政二分"理论的日渐式微而获得普遍关注。政治行政二分理论认为，政治是国家意志的表达，行政是国家意志的执行，二者是两种不同的活动，应当分别交给不同的机构。[1] 因此，立法机关被设定为代表民意的表达机关，负责民意的汇集和表达，制定法律；政府被设定为必须服从表达机关安排的执行机关，负责法律的执行。这也正是传统行政法模式的基本特征，以及科层制得以有效运行的基础。[2] 然而，随着现代政府管理范围的不断扩大和日益增长的技术性，立法机关已无力为政府提供全部的行为指令，很多情况下只能将法律规定得非常一般化，并将决策权交付政府。[3] 行政过程不再只是消极的执行过程，还包括政治性的决策过程。为了防止政府不愿或不能充分贯彻落实法律规定，确保立法目的的实现，各种行政过程控制机制在实践中应运而生。对于自然灾害防治领域的促进型条款，行政的政治化不可避免，因而不必执着于以完善规范结构的方式来约束政府。在赋予政府较大履职空间的基础上，通过建构一些合理的面向行政过程的控制机制，既可以避免立法与执行的僵化，又可以对政府履职形成有效约束，从而得以间接补

---

[1] 参见[美]弗兰克·古德诺：《政治与行政——政府之研究》，丰俊功译，北京大学出版社 2012 年版，第 18 页。

[2] 参见王锡锌：《行政正当性需求的回归——中国新行政法概念的提出、逻辑与制度框架》，载《清华法学》2009 年第 2 期，第 101 页。

[3] 参见[美]加布里埃尔·A. 阿尔蒙德、小 G. 宾厄姆·鲍威尔：《比较政治学——体系、过程和政策》，曹沛霖、郑世平、公婷等译，东方出版社 2007 年版，第 285—291 页。

强促进型条款的规范效力。具体可以建立以下三种机制：

第一，细化分解机制。政府的科层化运行模式决定了其履职需要以法律规则的可操作性、责任边界的可观测性为前提，多数促进型条款不具有被直接执行的可能性，只有在政府作出细化规定后才能得以落实。因此，法律可以在作出概括性规定后，要求政府通过适当形式酌情制定具体实施办法。细化并非促进型条款的独有需求，灾害防治领域有大量条款只作出了一般性规定，需要建构相应的配套实施制度。不过，后者多数并非因为立法者无法作出具体规定，而是出于法律"宜粗不宜细"的立法惯例，所以其一般提供的是行为指引，政府依此将规则拓展到具体可操作的层面即可，享有的形成空间较为有限。而多数促进型条款提供的则是目标指引，政府需要作出的是具有决策性质的细化规定。与其他条款的细化形式和细化内容不同，基于促进型职责面向未来的特征，政府不仅应当以治理水平的提升为导向明确具体的任务指标，还应当以此为基础，从时间维度上对目标和任务进行分解，根据自身的行政能力确定未来不同阶段的进度安排。因此，对促进型条款进行细化的重要形式是将其纳入对未来进行设计的国民经济和社会发展规划、自然灾害防治综合规划、各灾种防治专项规划、年度计划等各类行政规划之中。[①]当然，对于一些并非长期性且政府有即时履行能力的职责，以及在一定时期内可以履职到一定程度的职责，也可以通过法规、规章或其他规范性文件作出明确具体的规定，将其从促进型职责转化为强制型职责。细化分解机制的建立，对政府提出了将法律上的目标指引转化为具体可操作的行为指引的强制要求，从而能够在外部补全促进型条款的规范结构，使其间接地变成强制型条款，有效提升其对政府的约束力。

第二，督查整改机制。促进型职责多数仅涉及政府治理水平提升"快与不快""好与不好"的问题，短期内一般不会由"量变"引起"质变"，这导致政府即便不按照促进型条款的规范要求履职，甚至作出与之相悖的行为，

[①] 参见薛刚凌、杨璇：《论政府发展职能与行政法回应》，载《行政法学研究》2023年第5期，第117页。

因纵向政府间的"信息不对称",上级也无法及时发现和纠偏。[①] 由此,即便促进型条款通过细化分解机制使规则变得完备,仍然存在规则无法得到真实性执行的风险。为了强化政府执行成效,可以引入督查机制,加强对政府执行环节的过程控制。[②] 督查即督促检查,是指政府内部自上而下地将特定督查组织派驻下级单位,对其职责履行和行政效能等情况进行追踪、纠偏和问责。[③] 根据《政府督查工作条例》第 14 条的规定,督查包括综合督查、专项督查等类型。对于促进型条款,上级政府既可以将相关职责的履行情况纳入综合督查范围,也可以对促进型职责的履行情况进行专项督查。如果在督查过程中发现下级政府存在不尽力或不合理履职的情况,除了符合条件的应当进行追责问责外,更重要的是督促下级政府进行整改。当存在下级政府不按照要求进行整改的风险时,上级政府可以采取督办的方式对下级的整改过程进行监督和控制,情况严重的,可以实行具有通报批评性质的挂牌督办,在公开谴责的基础上倒逼下级政府严格整改。督查整改机制的建立,可以在政府不按照规范要求履职时及时纠正执行偏差,从而确保促进型条款产生实效。而且,下级政府为了避免被查出存在不依法履职的情况而丧失上级的信任,更有可能严格按照规范要求履职,从而进一步提升促进型条款对政府的约束力。

第三,评比表彰机制。优化法律规则设计和输出的制度主义路径虽然可以通过强制政府执行而有效提升治理水平,但由此造成的政府消极"达标"心态也拉低了水平提升的上限。从我国改革开放以来高速的经济增长历程来看,发展的主要动力来自地方官员"你追我赶""为增长而竞争"的"晋升锦标赛"。[④] 因此,在尽可能地为政府提供完备规则的基础上,可以引入改善

[①] 参见刘丽莉、刘志鹏:《纵向政府间信息不对称如何缓解?——以脱贫攻坚为例》,载《公共行政评论》2021 年第 4 期,第 46—47 页。

[②] 参见庞明礼、陈念平:《科层运作中的督查机制:惯性、悖论与合理限度》,载《理论月刊》2021 年第 2 期,第 60 页。

[③] 参见李声宇、祁凡骅:《督查何以发生:一个组织学的分析框架》,载《北京行政学院学报》2018 年第 4 期,第 54 页。

[④] 参见周黎安:《中国地方官员的晋升锦标赛模式研究》,载《经济研究》2007 年第 7 期,第 39—42 页。

政府履职的行为动因，注重对其行为发生进行引导的行为主义路径，通过建立评比表彰机制对政府因势利导。[1] 评比表彰的形式多种多样，最典型的是目前在实践中大量开展的创建文明城市、安全发展示范城市等各类创建示范活动，其是由上级政府依据一定标准对下级政府行为与效能进行评比的制度设计，优胜的地方政府可以获得相应的表彰和荣誉。[2] 对于灾害防治领域的促进型职责，既可以将其设置为相关创建示范活动的一项考评指标，如可以设置为创建安全发展示范城市的考评指标，必要时也可以针对其开展专门的创建示范活动。除此之外，上级政府在对下级进行绩效考核时也可以将促进型职责的履行情况设置为加分项，对表现优异者同样可以给予表彰和荣誉。表彰和荣誉蕴含着强大的符号意义，象征着先进、优秀，获得荣誉意味着从同级政府中脱颖而出，同时赢得上级的治理认同，是官员晋升的重要"筹码"。因此，评比表彰机制的建立，能够对政府及其官员形成有效激励，在利益驱动下，政府会积极主动履行促进型职责，促进型条款对政府的约束力也间接得以进一步提升。不过，评比表彰机制的实施应当注意限度，避免因矫枉过正而产生"副作用"。

六、结语

自然灾害防治领域的法律、法规存在很多促进型条款，但其因效力不足而被普遍认为主要发挥宣示作用，长期以来如隐形一般不受各方重视。实际上，促进是推动发展的重要手段，政府执行这些促进型条款是我国能够不断提升自然灾害防治水平的关键。促进型职责是一项面向未来的积极活动，立法机关因行政能力和实践经验的不足而不宜也不能事先对如何发展设定巨细靡遗的规则，只能在提供一个目标指引的情况下，将如何实现这些目标的决策权委托给更具专业理性的政府。但是，这种发包性质的委托方式存在较高的"委托—代理"风险，政府不作为、做选择、搞变通、打折扣的现象在实

---

[1] 参见贺芒、陈彪：《"评比表彰"项目的地方执行逻辑：一个组织理论分析视角》，载《中国行政管理》2020年第11期，第134页。

[2] 参见刘思宇：《"评比表彰"的激励逻辑——基于创建全国文明城市的考察》，载《中国行政管理》2019年第2期，第73页。

践中难以避免。为了确保政府按照促进型条款的要求履职，需要面向行政过程建构细化分解、督查整改、评比表彰等机制，这些机制在外部为促进型条款服务，能够间接补足促进型条款对政府的约束力。

促进型条款效力的提升与实效的获得虽然在很大程度上依赖政府系统的有效运转，但也不能忽视立法机关所能发挥的重要作用。在制定法律时，立法机关应当对促进型职责进行甄别和筛选，避免将那些在一定时期内完全不具有实现可能性与必要性的目标也转化为法律，否则不仅会在是否履职、如何履职等方面对政府造成极大困扰，还会进一步强化促进型条款的宣示色彩，使其本就不足的规范效力变得更加羸弱。在法律出台后，立法机关应当充分利用备案审查等机制对政府作出的细化规定进行合理性审查，以规避行政自制存在的失灵风险。此外，立法机关还可以将促进型条款的执行情况纳入立法后评估、执法检查的范围中，这不仅能够对政府是否存在履职不力的情况进行监督，还能够在总结实践经验的基础上不断对条款加以完善，当发现政府已探索出足够成熟的履职经验且普遍具备履职能力时，应适时将其转化为规范结构具体且完备的强制型条款。

第三部分

立法建议

《中华人民共和国自然灾害防治法》立法建议稿与逐条说明

林鸿潮　刘　辉

目录

第一章　总　　则

第二章　风险防控

第三章　抢险救灾

第四章　应急保障

第五章　恢复重建

第六章　法律责任

第七章　附　　则

第一章　总　则

第一条【立法目的】 为了应对自然灾害，减少自然灾害造成的损失，保护人民生命财产安全，保障经济社会可持续发展，根据宪法，制定本法。

说明： 自然灾害防治领域的现行立法存在制度分散并与应急管理部组建后的管理体制不匹配、部分必要制度缺失或严重滞后于实践、关键理论支撑不足造成一些制度设计和实践操作混乱，以及与其他领域法律制度"边界"不够清晰等问题，需要通过制定《自然灾害防治法》解决。该法应当被定位为以防灾减灾救灾综合性制度为主体内容，整合、更新并取代分灾种单行法的部分现行制度，"颗粒度"明显细于《突发事件应对法》的自然灾害防治领域"基本法"。2023年9月公布的《十四届全国人大常委会立法规划》将制定《自然灾害防治法》列入第二类立法项目，即"需要抓紧工作、条件成熟时提交审议的法律草案"。本条是对《自然灾害防治法》的立法目的和依据作出的规定，主要贯彻习近平总书记关于防灾减灾救灾重要论述精神与《中共中央　国务院关于推进防灾减灾救灾体制机制改革的意见》等党和国家相关政策文件精神，参考了《突发事件应对法》和各灾种单行法中立法目的条款的规定。之所以规定"根据宪法，制定本法"，一是因为本法在地位上具有特殊性，即属于自然灾害防治领域各灾种单行法之上的"基本法"；二是因为本法在内容上与宪法有着紧密关联，一些条款是根据宪法中的相关条款制定的，具有直接宪法依据。

第二条【适用范围】在中华人民共和国领域及管辖的其他海域从事自然灾害的风险防控、抢险救灾、应急保障、恢复重建等活动，适用本法。

说明：自然灾害是《突发事件应对法》第二条规定的四大类突发事件之一。目前，自然灾害防治领域的立法主要采取单灾种专门立法模式，如《防震减灾法》《防洪法》《气象法》等，《自然灾害防治法》则属于规范自然灾害全类型和防治全过程的综合法，本条据此对其适用范围作出相应规定。对于自然灾害防治过程的划分以及后面具体制度章节的体例安排，本建议稿并未完全采取《突发事件应对法》和既有各灾种单行法那样按照自然灾害的全生命周期划分为若干环节、分别规定相应制度的以"事件"为中心的展开逻辑，而是将"按照事件演变阶段划分"和"按照灾害管理对象划分"进行结合，将自然灾害防治划分为三类制度，每一类制度以灾害管理中的一到两个环节为中心，在此基础上延伸到其他环节。分别是针对风险的制度（风险防控环节）、针对事件的制度（抢险救灾环节、应急保障环节）和针对损失的制度（恢复重建环节）。

第三条【定义分级】本法所称自然灾害，包括气象灾害、水旱灾害、地震灾害、地质灾害、海洋灾害、森林草原火灾、生物灾害等由自然因素引发的灾害。

自然灾害分为特别重大、重大、较大和一般四级，根据国务院应急管理

部门和其他相关部门制定的划分标准确定。法律、行政法规或者国务院另有规定的，从其规定。

说明：本条是对自然灾害的定义和分级作出的规定。第一款根据我国实际情况以不完全列举的方式明确了自然灾害的具体类型。第二款根据《突发事件应对法》第三条等有关规定对自然灾害等级及其划分主体进行了规定。之所以规定"另有规定的，从其规定"，是因为《自然灾害防治法》主要是从各单行法中抽象提炼共通性规则，作为本领域的共通调整手段，但各灾种的防治工作难免会存在一些不宜适用共通性规则的特殊之处。对于这些次要差别，应当继续承认各灾种单行法规定的优先效力。

第四条【基本原则】 自然灾害防治工作坚持中国共产党的领导，坚持人民至上、生命至上，坚持以防为主、防抗救相结合，坚持常态减灾和非常态救灾相统一，建立党委领导、政府主导、部门联动、社会参与、属地管理为主的工作机制。

说明：本条将党和国家对应急管理工作的基本方针和要求转化为法律制度，作为自然灾害防治的基本工作原则。2019年1月印发的《中共中央关于加强党的政治建设的意见》明确提出，要"贯彻落实宪法规定，制定和修改有关法律法规要明确规定党领导相关工作的法律地位"。应急管理作为政治性较强的工作，相关法律法规应当明确规定坚持中国共产党的领导。党的二十大报告强调，"坚持人民至上、生命至上"。习近平总书记提出"两个坚持""三个转变"的防灾减灾救灾理念，即坚持以防为主、防抗救相结合，坚持常态减灾和非常态救灾相统一，努力实现从注重灾后救助向注重灾前预防转变，从应对单一灾种向综合减灾转变，从减少灾害损失向减轻灾害风险转变，全面提升全社会抵御自然灾害的综合防范能力。最后根据《突发事件应对法》第四条的规定、我国自然灾害防治工作体制以及本法定位，对自然灾害防治工作机制作出总体规定，主要突出"综合"的特点。

第五条【国家职责】 国务院领导全国自然灾害防治工作，应当将自然灾害防治工作纳入国民经济和社会发展规划，建立健全自然灾害防治工作机制，所需经费列入中央财政预算。

国务院设立有关自然灾害防治的综合协调或者应急指挥机构，负责组织、协调、指挥有关部门、机构共同做好防灾减灾和抢险救灾工作。自然灾害防治的综合协调或者应急指挥机构的日常工作由国务院应急管理部门承担。

国务院应急管理部门和国务院自然资源、住房城乡建设、水利、农业农村、林业草原、气象、地震等部门按照本法和有关法律、行政法规的规定，履行有关自然灾害防治工作职责。

说明：本条根据《突发事件应对法》和各灾种单行法中的职责分工规定，以及应急管理机构改革后的灾害管理体制，对国家层面的自然灾害防治体制作出总括性规定。第一款规定了国务院的职责。第二款规定了国务院综合协调或者应急指挥机构的综合性职责。为改变以往各灾种主管部门职权过重而政府职权偏"虚"、政府统筹性日常职能依托的部门分散能力偏"弱"的局面，需要将统筹协调职责规定由政府（而不是其某个或某些部门）负责，同时明确由应急管理部门履行该项职能的日常工作。为此，需要在目前已经把各级减灾委员会、抗震救灾指挥部、防汛抗洪指挥部、森林草原防灭火指挥部的日常工作职责都集中到应急管理部门的基础上，将这些协调性机构合并为一个，彻底实现灾害防治综合性职能的统一行使。第三款根据2018年国家机构改革组建应急管理部后的政府部门职责分工对负有自然灾害防治职责的部门进行了列举，但仅列举了应急管理部门和各灾种防治主管部门。本款的"等"为"等外等"，其他相关部门也可能负有保障、控制、宣传、教育等自然灾害防治职责。

第六条【地方职责】县级以上地方各级人民政府领导本行政区域自然灾害防治工作，应当将自然灾害防治工作纳入本级国民经济和社会发展规划，建立健全自然灾害防治工作机制，所需经费列入本级财政预算。

县级以上地方各级人民政府根据需要设立有关自然灾害防治的综合协调或者应急指挥机构，负责组织、协调、指挥有关部门、机构共同做好本行政区域的防灾减灾和抢险救灾工作。地方各级自然灾害防治综合协调或者应急指挥机构的日常工作由本级人民政府应急管理部门承担。

县级以上地方各级人民政府应急管理部门和县级以上地方各级人民政府自然资源、住房城乡建设、水利、农业农村、林业草原、气象、地震等部门按照本法和有关法律、法规的规定，履行有关自然灾害防治工作职责。

说明： 本条是对县级以上地方各级人民政府及其综合协调或者应急指挥机构、相关职能部门的自然灾害防治职责作出的总括性规定。职责分工与国家层面总体相同，但在适用时需要结合本地实际情况。

第七条【执法权集中】 县级以上人民政府应急管理部门统一负责自然灾害防治的行政执法工作。应急管理综合行政执法队伍应当配备从事自然灾害防治执法工作的专门人员。

说明： 2020年9月27日，中共中央办公厅、国务院办公厅印发的《关于深化应急管理综合行政执法改革的意见》要求，"整合优化应急管理系统执法职能，统筹执法资源，强化执法力量，完善执法体系，不断强化应急管理综合行政执法能力"，"按照应急管理体系和能力现代化要求，统筹安排、重点推进，加快健全应急管理综合行政执法体系"。当前，应急管理综合行政执法事项主要集中在安全生产领域，各类自然灾害防治中的相关行政执法工作仍主要由各灾种主管部门负责，但由于这些部门专司自然灾害防治行政执法工作的力量十分薄弱，执法效果普遍不够理想，因此有必要将自然灾害防治领域的行政执法权集中到应急管理部门，由应急管理部门集中统一行使，并明确专门机构、配备专门人员以保证法律的实施效果。

第八条【基层职责】 乡镇人民政府、街道办事处和开发区、工业园区、港区、风景区等应当明确自然灾害防治工作机构和人员，建立自然灾害防治工作机制，开展防灾减灾知识宣传、应急演练、群众动员和先期处置等工作。

村民委员会、居民委员会应当开展防灾减灾知识宣传和应急演练，传达自然灾害预报、预警，收集和上报信息，协助转移安置受灾居民、开展自然灾害风险调查、隐患排查治理和灾情统计评估。

说明： 防范化解公共安全风险的前沿阵地在基层，更好地发挥基层在应急管理中的作用，是应急管理体系和能力建设的重要内容，也是提升自然灾害防治水平的关键所在。本条根据《突发事件应对法》和各灾种单行法的相关规定并结合基层实际情况，对基层职责作出规定。第一款规定了乡镇人民政府、街道办事处和开发区、工业园区、港区、风景区等主体在明确机构和人员、建立机制的基础上负有的职责。第二款规定了村民委员会、居民委员会的自然灾害防治职责，其中，转移安置受灾居民、开展自然灾害风险调查、隐患排查治理和灾情统计评估等属于村民委员会、居民委员会协助政府履行的职责。通过充分发挥基层政府和组织在自然灾害防治一线的优势，能够有效满足"预防在先、发现在早、处置在小"的要求。

第九条【军地联动】中国人民解放军、中国人民武装警察部队和民兵组织依照本法和其他有关法律、行政法规、军事法规的规定以及国务院、中央军事委员会的命令，参加抢险救灾工作。

中国人民解放军、中国人民武装警察部队和人民政府之间应当建立健全军地联合组织指挥、救援力量调用、物资储运调配等应急协调联动机制，完善灾害预警、灾情动态、救灾需求、救援进展等信息通报制度，实现灾害信息共享，建立救灾联合保障机制，并定期组织救灾联合演练。

说明：军队等武装力量在抢险救灾中发挥着极为重要的作用，《"十四五"国家综合防灾减灾规划》强调，要健全完善军地抢险救灾协同联动机制，强化信息互通、资源共享、需求对接、行动协同，形成应急救援合力。因此，本条参考《突发事件应对法》第二十四条和各灾种单行法中的相关条款，以及《自然灾害防治法（应急管理部征求意见稿）》第六十四条的规定，对建立自然灾害应对军地联动机制作出规定。

第十条【社会参与】公民、法人和其他组织应当配合自然灾害防治工作，在抢险救灾中服从指挥。

各级人民政府和县级以上人民政府有关部门可以通过购买社会服务、支持志愿服务等方式，促进社会力量参与自然灾害防治工作。

说明：《中共中央 国务院关于推进防灾减灾救灾体制机制改革的意见》

要求，要健全社会力量参与机制。鼓励支持社会力量全方位参与常态减灾、应急救援、过渡安置、恢复重建等工作，构建多方参与的社会化防灾减灾救灾格局。本条对社会参与自然灾害防治工作作出规定，分为两款。第一款规定的是公民、法人和其他组织在开展自然灾害防治工作时的配合义务。第二款列举了社会力量参与自然灾害防治工作的两种常见方式，一种是政府购买社会服务，另一种是根据《志愿服务条例》的有关规定，将社会力量参与自然灾害防治工作视为志愿服务，政府可以采取相应政策和措施加以支持。

第十一条【宣教培训】机关、企事业单位、社会团体、学校等应当开展自然灾害防治的宣传教育和演练，增强公众防灾减灾意识。

报刊、广播、电视和网络等新闻媒体和通信运营单位应当开展自然灾害预防以及应急、自救和互救知识的公益宣传。

说明：增强公众防灾减灾意识和自然灾害预防以及应急、自救和互救知识能够有效降低自然灾害对社会造成的损害。《"十四五"国家综合防灾减灾规划》要求，要继续将防灾减灾知识纳入国民教育体系，加大教育普及力度。加强资源整合和宣传教育阵地建设。组织开展多种形式的防灾减灾知识宣传、警示教育和应急演练，形成稳定常态化机制。本条参考《突发事件应对法》和各灾种单行法的相关规定，对相关单位的宣教培训义务作出规定。第一款规定的是机关、企事业单位、社会团体、学校等各类单位的宣传教育和演练义务，第二款规定的是新闻媒体和通信运营单位的公益宣传义务。通过实施上述机制，可以将"人人讲安全、个个会应急"落到实处。

第十二条【信息公开】县级以上人民政府及其有关部门公布、更新自然灾害防治的相关信息，应当做到统一、准确、及时。

县级以上人民政府应当编制和发布本行政区域自然灾害年度公报。

任何单位和个人不得编造或者传播有关自然灾害的虚假信息。

说明：根据《政府信息公开条例》第二十条的规定，突发公共事件的应急预案、预警信息及应对情况属于政府应当主动公开的信息。《中共中

央　国务院关于推进防灾减灾救灾体制机制改革的意见》明确要求，要健全重特大自然灾害信息发布和舆情应对机制，完善信息发布制度，拓宽信息发布渠道，确保公众知情权。本条第一款规定了县级以上人民政府及其有关部门的信息公开义务，为了确保各主体间不各行其是，要求信息发布应当做到统一、准确、及时。通过编制和发布自然灾害年度公报系统地收集和整理一年内发生的各类自然灾害数据，包括灾害种类、发生时间、发生地点、影响范围、损失程度等，不仅可以为政府及其相关部门制定防灾减灾政策规划、采取防治措施提供科学依据，还可以增强社会公众的防灾减灾意识，并采取相应的防范措施，因此第二款对编制和发布自然灾害年度公报提出了要求。自然灾害信息的发布应注重真实性，否则会引起社会恐慌，从而导致社会不稳定，因此第三款明确规定禁止编造或者传播虚假信息。

第十三条【科技进步】国家鼓励和支持自然灾害防治科学技术研究和自然灾害防治先进技术的推广应用，提高自然灾害防治水平。

说明：创新是引领发展的第一动力，科学技术研究的加强和先进技术的推广应用能够极大提高自然灾害防治水平，对于防灾减灾、监测预警、应急处置等各项自然灾害防治工作均具有重要意义。因此，本条对自然灾害防治科学技术研究和自然灾害防治先进技术的推广应用作出促进型规定，政府及其相关职能部门应当根据《科学技术进步法》等相关法律规定并结合实际情况采取相应激励措施，如设立基金、税收优惠、给予优厚待遇和荣誉激励等。

第十四条【奖励抚恤】县级以上人民政府对在自然灾害防治工作中表现突出、成绩显著的公民、法人或者其他组织给予表彰或者奖励，对在自然灾害防治工作中伤亡的人员依法给予抚恤。

说明：自然灾害防治工作具有较大危险性，规定奖励抚恤制度能够起到激励和保障作用，避免发生相关人员"流血流汗又流泪"的情况。因此，本条参考《突发事件应对法》第十五条以及各灾种单行法中的相关规定，建立了相应的奖励抚恤制度，政府应当根据实际情况确定合理有效的表彰方式、奖励金额以及抚恤标准。

第十五条【区域合作】自然灾害防治工作涉及两个以上行政区域的，有关地方人民政府应当建立协作联动机制，可以联合制定应急预案、制定地方标准、建立应急救援队伍。

说明：突发事件应对工作实行属地管理为主的原则，但海洋灾害、森林草原火灾等很多类型的自然灾害很可能跨区域，呈现出波及两个以上行政单元的特点，需要相关行政区域的人民政府共同应对。本条参考《森林防火条例》等各灾种单行法以及《自然灾害防治法（应急管理部征求意见稿）》《深圳经济特区自然灾害防治条例》的相关规定，对自然灾害防治区域协作联动机制作出规定。

第十六条【国际合作】国家积极开展并参与国际自然灾害防治领域合作，加强与邻近国家和地区的减灾对话和资源能力共享，提升自然灾害国际协同应对能力。

说明：开展并参与国际自然灾害防治领域合作是应对全球自然灾害频发、损失严重的现实需要，也是符合国际发展趋势的重要举措。通过国际合作，各国可以共享资源、交流经验、共同应对挑战。近年来，我国积极践行人类命运共同体理念，落实联合国 2030 年可持续发展议程和《2015—2030 年仙台减轻灾害风险框架》进展明显，上海合作组织、中国—东盟等区域合作框架下的合作更加务实，与共建"一带一路"国家在自然灾害防治领域的交流合作不断扩大，国际交流合作成果丰硕。《"十四五"国家综合防灾减灾规划》要求，要继续"健全国际减灾交流合作机制"，"广泛宣传我国防灾减灾救灾理念和成就，深度参与制定全球和区域防灾减灾救灾领域相关文件和国际规则。打造国际综合减灾交流合作平台，完善'一带一路'自然灾害防治和应急管理国际合作机制，深化与周边国家自然灾害防治领域的交流与合作"。因此，本条根据《突发事件应对法》第十四条及其他相关规定，规定建立国际合作机制。

第二章　风险防控

第十七条【风险调查】县级以上人民政府应当定期组织开展自然灾害风险调查，建立自然灾害数据库，实现信息共享。

自然灾害风险调查包括历史灾害调查、致灾因子调查、承灾体调查、防灾减灾能力调查等内容。

任何单位和个人不得虚报、瞒报、拒报或者伪造、篡改自然灾害风险调查数据。

发生重大、特别重大自然灾害导致区域环境发生重大变化的，县级以上人民政府应当组织对本行政区域内的自然灾害风险进行更新性调查。

说明：《中共中央　国务院关于推进防灾减灾救灾体制机制改革的意见》要求，要开展以县为单位的全国自然灾害综合风险与减灾能力调查，发挥气象、水文、地震、地质、林业、海洋等防灾减灾部门作用，提升灾害风险预警能力，加强灾害风险评估、隐患排查治理。开展自然灾害风险调查能够摸清自然灾害风险隐患底数，查明重点区域抗灾能力，客观认识自然灾害综合风险水平，为监测预警、应急指挥、抢险救灾、物资调度等提供数据支撑，同时能够发挥为经济社会可持续发展的科学布局和功能区划提供科学依据等作用。当前，第一次全国自然灾害综合风险普查已经完成，有必要将其转化为常态化的法律制度，定期组织开展自然灾害风险调查。因此，本条前三款根据《突发事件应对法》第三十三条的规定，并参考《深圳经济特区自然灾害防治条例》第二十条、《山东省自然灾害风险防治办法》第八条等相关规定，建立了自然灾害风险调查制度。此外，我国突发事件应对实行的是"循环型"应急管理机制，自然灾害发生后，采取应急处置和恢复重建措施后并不意味着万事大吉，而是要根据受灾情况继续采取风险防范措施，进一步提升防灾减灾能力，防止下一次自然灾害的发生或者降低其所带来的损失。当发生重大、特别重大自然灾害时，可能导致区域环境发生重大变化，必须进行更新性风险调查。因此，本条第四款参考《山东省自然灾害风险防治办法》第十三条的规定，建立了自然灾害发生后的"更新性风险调查"机制。

第十八条【风险评估和区划】县级以上人民政府应当组织有关部门根据自然灾害调查结果和自然灾害风险评估指标体系，评估确定自然灾害风险分布的区域、时段、等级，确定本行政区域主要自然灾害重要防控区域、重点防控期、重大风险点和重点防控单位，编制自然灾害综合风险区划图并向社会公开。

重大、特别重大自然灾害发生后，县级以上人民政府应当根据自然灾害风险更新性调查结果，重新评估本行政区域内自然灾害风险的分布和等级，及时更新风险数据库，调整风险区划。

说明：《"十四五"国家应急体系规划》要求，加强风险评估。以第一次全国自然灾害综合风险普查为基准，编制自然灾害风险和防治区划图。《"十四五"国家综合防灾减灾规划》同样要求，要建立分类型分区域的国家自然灾害综合风险基础数据库，编制自然灾害综合风险图和防治区划图。开展自然灾害风险评估和区划能够在了解风险水平、提供决策依据、优化资源配置、促进经济社会可持续发展、提升公众安全意识等方面发挥重要的作用，是有效开展防灾减灾工作的前提。因此，本条将上述政策文件的明确要求转化为法律制度，建立风险评估和区划机制。此外，在重大、特别重大自然灾害发生后，还有必要根据更新性风险调查结果对风险的分布和等级进行重新评估，因此本条第二款还建立了"更新性风险评估"机制。

第十九条【风险提示】县级人民政府应当指导乡镇人民政府、街道办事处在本行政区域自然灾害风险重要防控区域、重大隐患点设立警示标志，标明风险类型、风险等级、可能影响范围、疏散路线以及应急设施、应急避难场所、安置点、责任人、报警电话等。

说明：在自然灾害风险重要防控区域、重大隐患点设立警示标志，能够直观地显示该区域存在的自然灾害风险，引起公众的注意和警惕，增强自我防范意识。在自然灾害发生时，公众可以根据警示标志的提示，采取正确的行动，减轻自然灾害造成的损害。因此，本条在参考《地质灾害防治条例》第十九条、《深圳经济特区自然灾害防治条例》第二十二条等规定建立的风险提示制度的基础上，对警示标志设置的主体、范围以及内容等进行了规定。

第二十条【防范措施】 县级以上人民政府应当根据自然灾害风险评估和区划结果，明确自然灾害风险防范的责任单位和责任人，并采取下列措施：

（一）增加重要防控区域的应急设施、应急避难场所和安置点；

（二）提高重要防控区域有关建筑物、构筑物和公共设施的防灾抗灾强度；

（三）在重点防控期内调整或者限制有关单位、个人的生产经营活动；

（四）加强对重大风险点的管控，并根据需要发布决定、命令禁止或者限制有关人员、车辆、物品等进入；

（五）对于不宜居住的高风险地带，有计划地组织居民搬迁转移；

（六）其他必要的自然灾害风险防范措施。

说明： 开展自然灾害风险评估和区划的目的在于根据风险评估结果和自然灾害风险区划采取相应防范措施。本条根据《突发事件应对法》第三十七条和《"十四五"国家应急体系规划》的明确要求，并结合自然灾害风险防范实际需要，对防范措施作出不完全列举式规定，既包括改善防灾基础条件的措施，如提高建筑物的防灾抗灾强度、组织居民搬迁转移等，也包括在重点防控期内的控制措施，如禁止或者限制有关人员、车辆、物品等进入，还包括增加应急设施、应急避难场所和安置点等应急准备措施。相关责任单位和责任人应当根据实际情况采取必要措施，以降低自然灾害发生后造成的损害。

第二十一条【自然灾害防治规划】 县级以上人民政府负责编制本行政区域的自然灾害防治规划并组织实施。自然灾害防治规划应当与国民经济和社会发展规划、国土空间规划相衔接。

重大、特别重大自然灾害发生后，县级以上人民政府应急管理部门应当根据自然灾害调查总结的结果及时向本级人民政府提出建议，修订本级自然灾害防治规划和各类专项防灾减灾规划。

说明： 目前，各灾种单行法有很多规定了政府应当编制相应灾种的防治规划，如《防震减灾法》第十二条规定，县级以上地方人民政府负责管理地震工作的部门或者机构会同同级有关部门，根据上一级防震减灾规划和本行政区域的实际情况，组织编制本行政区域的防震减灾规划。为更加有效地应对复合型自然灾害、极端自然灾害等新的灾害情况，解决单灾种防治规划无法解决的问题，有必要制定综合性的自然灾害防治规划。各单灾种防治规划应当与自然灾害防治规划相衔接，自然灾害防治规划则应当与国民经济和社会发展规划、国土空间规划相衔接。因此，本条在参考《防震减灾法》等各灾种单行法以及《深圳经济特区自然灾害防治条例》等法律法规中相关规定的基础上，建立了自然灾害防治规划制度。第二款专门建立了重大、特别重大自然灾害发生后根据自然灾害结果修订规划的"规划更新"制度。

第二十二条【规划建设管理措施】县级以上人民政府及其有关部门在编制涉及自然资源的开发利用、大型公共基础设施建设、国土空间开发等规划时，应当统筹考虑自然灾害风险及其防治，避免、减轻自然灾害的影响。

说明：自然资源的开发利用、大型公共基础设施建设、国土空间开发等容易受到自然灾害的影响，并可能产生巨大损失。因此，政府及其有关部门在编制相关规划时，需要考虑到自然灾害的风险因素，包括气象、水文、地质、地震等自然灾害的风险程度和发生频率，以及是否能够有效防治这些风险。目前，有些单行法已经作出相关规定，如《地质灾害防治条例》第十三条第一款规定，编制和实施土地利用总体规划、矿产资源规划以及水利、铁路、交通、能源等重大建设工程项目规划，应当充分考虑地质灾害防治要求，避免和减轻地质灾害造成的损失。作为各灾种的共通性调整手段，本条对此作出统一规定。

第二十三条【隐患排查治理】县级以上地方各级人民政府及其有关部门应当根据国家和地方确定的自然灾害隐患分级标准，定期组织开展隐患排查，建立台账，落实隐患治理的措施、责任单位和责任人、治理期限等，并及时向社会公布。

隐患治理的责任单位应当及时消除隐患，无法消除的，应当采取安全可靠的防范措施。重大隐患无法治理的，应当及时关闭、隔离相关场所、设施。

自然灾害发生后，县级以上人民政府及其有关部门应当按照各自职责排查次生、衍生灾害隐患，并采取必要防控、保护措施。

说明：通过对自然灾害隐患的排查治理，可以及时发现和消除潜在的风险源，防止自然灾害的发生或减轻其危害程度，提高灾害防治的能力。本条综合《防洪法》等各灾种单行法中的相关制度，规定了隐患排查及相应的治理措施。其中，第一款规定了政府的隐患排查职责以及具体的工作要求。第二款规定了相关责任单位隐患治理的三种方式，隐患能消除的应当及时消除；无法消除的，应当采取安全可靠的防范措施；重大隐患无法治理的，则应按照"安全第一"原则，及时关闭、隔离。自然灾害发生后容易引发次生、衍生灾害隐患，需要采取必要防控、保护措施以避免次生、衍生灾害对人民群众的生命财产安全造成损害。因此，第三款根据《突发事件应对法》第八十六条"采取或者继续实施必要措施，防止发生自然灾害、事故灾难、公共卫生事件的次生、衍生事件或者重新引发社会安全事件"的规定，建立了灾后隐患排查治理制度。

第二十四条【工程减灾措施】县级以上人民政府及其有关部门应当加强自然灾害防御工程建设，提高自然灾害防御能力。

县级以上人民政府有关部门应当结合灾害特点，在台风易发区、易涝区、重要港口、景区、文化场所等重点区域加强自然灾害防御工程建设，提升重点防护目标、人员密集区域的承灾能力。

县级以上人民政府应当对各类生态系统的防灾减灾能力开展调查评估，充分发挥生态系统的防灾减灾功能，按照国土空间生态修复规划，组织有关部门实施资源保护和生态修复工程，建设防灾减灾的生态安全屏障。

自然灾害发生后，县级以上人民政府及其有关部门应当按照各自职责范围，结合自然灾害调查总结报告、更新性风险调查和评估结果，修缮、新建、改建、扩建各类自然灾害重点防御工程、防灾减灾专用工程和生态防灾减灾工程，提高自然灾害防御能力。

县级以上人民政府可以根据前款规定的情况，决定提高自然灾害重点防御工程的抗灾设防标准。

说明：通过采取工程性结构减灾措施以及生态修复与保护措施，能够有效提升自然灾害防御能力以及自然环境的自我调节和恢复能力，从而减轻自然灾害的影响。《"十四五"国家综合防灾减灾规划》要求，加强防灾减灾基础设施建设，提升城乡工程设防能力。《"十四五"国家应急体系规划》明确提出，实施自然灾害防治九项重点工程，包括重点生态功能区生态修复工程、森林防火能力提升工程、海岸带保护修复工程、地震易发区房屋设施加固工程、防汛抗旱水利提升工程、地质灾害综合治理和避险移民搬迁工程、应急救援中心建设工程、自然灾害监测预警信息化工程、自然灾害防治技术装备现代化工程。本条根据上述政策要求，并参考《山东省自然灾害风险防治办法》等法律法规的相关规定，分四款对工程减灾措施进行了规定。第一款对自然灾害防御工程建设进行了总体性规定，因不同时期需要实施的自然灾害防治工程并不相同，政府可以根据规划或者实际情况确定，为保持法律的稳定性，不宜作出列举式规定。第二款着重规定了重点防护目标、人员密集区域的自然灾害防御工程建设。2018年10月10日，习近平总书记在主持召开中央财经委员会第三次会议时强调，要实施重点生态功能区生态修复工程，恢复森林、草原、河湖、湿地、荒漠、海洋生态系统功能；实施海岸带保护修复工程，建设生态海堤，提升抵御台风、风暴潮等海洋灾害能力。因此，第三款对实施资源保护和生态修复工程作出专门规定。自然灾害发生后，原有的各类自然灾害防御工程可能遭到损坏，或者灾害的发生证明目前的自然灾害防御工程无法有效抵御之后可能发生的灾害，在这些情况下，需要对自然灾害防御工程进行评估，并根据评估结果修缮、新建、改建、扩建。因此，第四款和第五款建立了自然灾害发生后的"工程更新"制度。

第三章　抢险救灾

第二十五条【应急预案】县级以上人民政府及其有关部门应当针对相关自然灾害的性质、特点和可能造成的损害编制相应的应急预案，具体规定自然灾害应急处置的组织指挥体系和职责、监测预警机制、分级响应标准、处置和救援措施、应急保障措施、应急预案的管理等内容。

乡镇人民政府、街道办事处、村民委员会、居民委员会应当制定应急预案或者应急处置方案；高危行业、人员密集场所、旅游景区、地下空间等生产经营或者管理单位应当制定应急预案。

相邻或相关地方人民政府及其有关部门联合制定的应对区域性、流域性自然灾害的应急预案，应当侧重规定相互间信息通报、组织指挥体系对接、处置措施衔接、应急资源保障等内容。

制定应急预案应当在开展风险评估、资源调查、案例分析的基础上进行，并广泛听取有关部门、单位、专家和社会各方面意见，评估应急预案实施中的社会风险。应急预案应当据实际需要、情势变化、应急演练中发现的问题等及时修订。

说明：自然灾害应急预案是针对各种类型的自然灾害事先制定的一套能切实迅速、有效、有序解决问题的行动计划或方案，制定完善的应急预案能够确保一旦发生突发事件，相关单位能迅捷有序地根据事前的制度安排采取有效的应对措施，在自然灾害防治过程中发挥着重要的作用。本条根据《突发事件应对法》第二十八条并参考各灾种单行法中有关应急预案的规定，对各主体的应急预案制定、演练、修订职责或者义务分四款进行了规定。第一款规定的是县级以上人民政府及其有关部门的预案编制职责以及预案内容。第二款规定的是基层以及生产经营或者管理单位制定具体应急预案的责任。第三款规定了相邻或相关政府联合制定应急预案的职责以及联合应急预案的内容。为了确保应急预案能够在应急处置中被高效执行且切实有用，并通过公众参与、专家参与、社会风险评估等方式增强预案中规定的应急措施的正当性和可接受性，第四款规定了预案制定所应遵循的正当程序要求。

第二十六条【灾害防御指引】县级以上人民政府有关部门应当制定自然灾害公众防御指引，通过多渠道开展宣传。

说明：自然灾害公众防御指引是政府部门为了提高公众对自然灾害的认识和防御能力而制定的指南，通常按照自然灾害的不同类型提出相应的建议和措施，在实践中被普遍运用。如地震防御指引一般包括建议公众了解地震的基本知识，如地震的成因、震级和烈度的概念，以及如何在地震发生时保护自己等内容，还可能介绍地震预警系统的使用方法，以及如何在地震后进行自救和互救。洪水防御指引一般包括建议公众关注气象部门的预警，了解洪水可能发生的区域和时间，并避免在洪水期间前往低洼地带，还可能介绍如何在家中或公共场所做好防水措施，如抬高家具、关闭门窗等。自然灾害公众防御指引在提升公众对自然灾害的防御能力方面能够发挥重要的作用，有必要通过立法规定为政府相关部门的法定职责。因此，本条参考《深圳经济特区自然灾害防治条例》第三十五条的规定，对灾害防御指引作出统一规定。

第二十七条【灾害监测】国家建立自然灾害分类监测与综合监测制度，加强多灾种和灾害链综合监测能力。

县级以上人民政府有关部门应当根据自然灾害的种类和特点，建立健全信息监测机制，对自然灾害进行分类实时监测。各部门、监测机构和网点应当与本级应急管理部门实现信息互联互通。

重点防控单位应当建设自然灾害监测专用设施，并承担其维护和运行费用。灾害监测设施应当符合国家标准或者行业标准，并报行业主管部门备案。

公民、法人或者其他组织不得破坏依法设置的自然灾害监测设施和实施监测活动必备的监测环境。

说明：监测是突发事件应对中的重要环节，自然灾害监测可以收集大量的自然灾害信息，包括灾害的种类、强度、影响范围等，通过对这些信息的分析，可以了解灾害的发生规律和发展趋势，及时发现和预测灾害的发生，从而提前采取应对措施，减少灾害带来的损失。本条参考《突发事件应对法》和各灾种单行法中有关监测的规定，分四款对政府的监测职责以及重点防控单位和公民、法人或者其他组织在监测方面的义务作出规定。第一款对灾害监测作出总体和促进型规定。第二款规定县级以上人民政府有关部门、监测机构和网点应当对自然灾害进行分类实时监测。第三款规定重点防控单位必要时应当建设自然灾害监测专用设施，如《防震减灾法》第十九条规定："水库、油田、核电站等重大建设工程的建设单位，应当按照国务院有关规定，建设专用地震监测台网或者强震动监测设施，其建设资金和运行经费由建设单位承担。"第四款规定了禁止破坏义务。

第二十八条【信息报告】监测机构和网点应当及时向本级人民政府主管

部门和应急管理部门报告重要自然灾害信息；跨行政区域服务的监测机构应当同时向相关行政区域人民政府的主管部门和应急管理部门报告。

公民、法人或者其他组织获得重要自然灾害信息时，应当立即向所在地人民政府及其有关部门或者村民委员会、居民委员会报告。

说明： 自然灾害监测的主要目的在于对风险和灾害的影响进行评估，从而为政府和相关部门提供决策依据。因此，本条参考《突发事件应对法》和《防震减灾法》等各灾种单行法中有关信息报告的规定，建立了"从外到内"的信息报告制度。第一款规定了监测机构和网点应当及时向政府主管和应急管理部门报告重要自然灾害信息。此外，有些自然灾害可能最先由公民、法人或者其他组织发现，为确保政府能够及时了解情况并加以应对，第二款规定了公民、法人或者其他组织的信息报告义务。

第二十九条【接报快速处理】 县级以上人民政府应急管理、公安部门和国家综合性消防救援队伍应当建立健全对紧急自然灾害信息的接报快速处理机制，指导、督促报警台站与辖区内承担自然灾害防治职责的其他部门、专业机构和重点防控单位建立应急联动机制。

说明： 本条主要考虑的是，政府系统内部对于自然灾害防治进行了明确的职责分工，但公民、法人或者其他组织在发现灾情并进行报告时，可能并不了解哪个部门负有相应的职责，也就不能准确向相应部门报告。由于灾情应对具有紧迫性，因此应当在各相关部门之间建立接报快速处理机制，加强应急联动，尽快将收到的信息转送给负有职责的部门。《国务院办公厅关于推动12345政务服务便民热线与110报警服务台高效对接联动的意见》已作出相关规定，要求建立健全应急联动机制。各地区"12345""110"都要建立与"119""120""122"等紧急热线和水电气热等公共事业服务热线的应急联动机制，确保一旦发生自然灾害、事故灾难、公共卫生事件、社会安全事件等突发事件，能够快速响应、高效处置，为企业和群众提供更加及时、专业、高效的紧急救助服务。

第三十条【信息报送】 县级以上地方各级人民政府应急管理部门应当及

时向上级人民政府应急管理部门报送自然灾害信息。其他负有自然灾害防治职责的部门应当及时向本级人民政府应急管理部门和上级人民政府主管部门报送自然灾害信息。

重大、特别重大自然灾害信息在按照前款规定逐级报送的同时，应当立即报送国务院应急管理部门。

说明：《突发事件应对法》第六十一条对信息上报作出了规定，"地方各级人民政府应当按照国家有关规定向上级人民政府报送突发事件信息"。但是，该规定较为原则和模糊，信息报告的主体与责任不够明确，因此本条分两款对"从下到上"的信息报送制度作出细化规定。第一款将责任主休具休到政府有关部门，应急管理部门和其他负有自然灾害防治职责的部门应当及时向上级人民政府主管部门报送自然灾害信息；第二款明确了自然灾害防治领域越级上报的条件，即重大、特别重大的自然灾害信息应当立即报送国务院应急管理部门。

第三十一条【信息处理】县级以上地方各级人民政府应急管理部门应当及时汇总、分析各类自然灾害信息，报送上级应急管理部门，必要时向本级人民政府报告；可能发生重大以上自然灾害时，同时向当地驻军及相关地区的人民政府通报信息。县级以上地方各级人民政府负有自然灾害防治职责的相关部门应当及时采取预先处置措施，主动向社会公开必要信息，并向本级人民政府报告。

说明：突发事件信息处理，是指政府决策层在获得突发事件信息之后，对其进行分析、评估、讨论并最终作出判断、决策的行为，即对突发事件信息加以利用的过程。《突发事件应对法》第六十二条对政府应当如何利用突发事件信息进行了规定，但较为原则，本条对其进行了细化。同时，考虑到信息处理阶段距离政府作出预警决定之前有一段空窗期（前预警期），这段时间之内如果未采取相应的风险防控措施，可能错失突发事件应对的关键机遇，本条还规定相关部门在风险已经显现而预警决定尚待作出的"前预警期"不能消极等待，其有义务及时依法采取相应的预先处置措施。

第三十二条【应急值守】县级以上人民政府及其负有自然灾害防治职责的部门应当建立应急值守制度。

自然灾害应急响应期间，相关的自然灾害综合协调或者应急指挥机构应当组织有关部门联合应急值守。

说明：本条根据自然灾害防治需要和现实做法，并参考《森林防火条例》《深圳经济特区自然灾害防治条例》《广东省防汛防旱防风条例》等法律法规，对应急值守制度作出规定。第一款是对建立应急值守制度作出的总体性规定。很多自然灾害的发生具有瞬时性，只有通过应急值守才能确保在极短的时间内迅速行动，快速控制突发事件的发展态势。很多应急管理领域的规范性文件和国家预案均对此作出了明确规定，现实中也正在实施。需要说明的是，要求负有自然灾害防治职责的部门建立应急值守制度并不意味着所有负有自然灾害防治职责的部门在所有时间都必须进行应急值守，而是要根据自身所负有的自然灾害防治职责的性质以及实际需要建立相关制度，比如在重点防控期内进行24小时应急值守。第二款规定的是联合应急值守，主要是根据实践经验，可以加强部门间的应急联动，提升监测和分析、研判的效率。

第三十三条【预警信息发布】国家建立自然灾害分级预警和统一发布制度。国务院应急管理部门应当会同国务院有关部门建立全国统一的预警信息发布系统。

县级以上地方各级人民政府或其授权的部门、机构应当根据预警分级标准，通过预警信息发布系统及时向社会公众发布预警、调整预警级别、解除预警，同时报告上一级人民政府或其有关部门，必要时可以同时越级上报，有条件的应当进行网络直报或者自动速报，并向当地驻军和可能受到危害的相关地区人民政府及其有关部门通报。

自然灾害预警级别由高到低依次划分为一级、二级、三级和四级，分别用红色、橙色、黄色、蓝色表示。预警级别划分标准和发布程序由国务院或者国务院确定的部门制定。

预警内容应当包括自然灾害类别、预警级别、起始时间、可能影响范围、警示事项、需要采取的措施和发布单位、发布时间等。

说明：预警是指政府通过对突发事件信息的分析、研判之后，认为自然灾害即将发生或者发生的可能性增大，或已经发生且可能升级扩大时，向社会发布警报信息的行为。预警信息发布的主要目的是为人们面对突发事件时的个体决策提供基本依据，并为政府采取预控措施提供合法性依据。本条在《突发事件应对法》第六十三条规定的基础上进行了细化规定，比如根据《中共中央　国务院关于推进防灾减灾救灾体制机制改革的意见》中"加强国家突发事件预警信息发布系统能力建设，发挥国家突发事件预警信息发布系统作用"的要求和实际情况，规定通过预警信息发布系统向社会发布预警信息；在规定上报制度时，规定有条件的应当进行网络直报或者自动速报。第三款和第四款则分别明确了自然灾害预警的级别与内容。

第三十四条【预警信息播发】县级以上地方各级人民政府应当在人员密集场所和自然灾害易发区设置自然灾害预警信息接收和播发设施、设备。

电视、广播、网站、通信运营平台、新媒体平台等收到自然灾害预警信息后，应当立即播发。

说明：信息发布渠道是否合理、多元、畅通，是决定公众能否及时、充分知晓预警信息的重要因素，也是制约突发事件应急预警信息发布效果的关键条件。在科技行业和资讯行业高度发达的今天，突发事件应急预警信息的发布应当考虑充分利用现有的科学技术与媒介手段，建立多元化的信息发布渠道。《中共中央　国务院关于推进防灾减灾救灾体制机制改革的意见》要求，要充分利用各类传播渠道，通过多种途径将灾害预警信息发送到户到人，显著提高灾害预警信息发布的准确性和时效性，扩大社会公众覆盖面，有效解决信息发布"最后一公里"问题。本条根据上述要求和《突发事件应对法》第六十五条的规定，建立了预警信息播发制度，除了规定设置自然灾害预警信号接收和播发设施、设备以及利用电视、广播等传统渠道外，还规定利用新媒体平台等途径进行播发。

第三十五条【预警与响应联动】县级以上地方人民政府及其有关部门应

当建立灾害预警与应急响应联动工作机制，根据应急预案及时启动预警后的应急响应。

公民、法人和其他组织应当按照应急响应的要求采取避险措施；紧急情况下，县级以上地方人民政府及其有关部门可以采取强制措施。

说明：建立灾害预警与应急响应联动工作机制是指把预警纳入应急响应的启动条件，政府及有关部门收到灾害预警信息之后，立即组织会商研判，按照预案及时启动应急响应，可以将应急响应提前，做到关口前移，能够更有效地应对自然灾害。本条根据实践中的有效做法，并参考《气象灾害防御条例》第三十四条和《自然灾害防治法（应急管理部征求意见稿）》第三十九条的规定，建立了灾害预警与应急响应联动工作机制。第二款规定了公民、法人和其他组织应当按照应急响应的要求采取避险措施的义务。考虑到公民、法人和其他组织可能无法准确判断自然灾害是否发生以及所具有的危害性，从而可能不按照应急响应的要求采取避险措施，为了实现"保护人民生命财产安全"的立法目的，有必要授予政府在紧急情况下采取强制措施的权力。

第三十六条【速报预警】 对于地震、地质灾害等能够在事件发生之后到损害后果发生之前利用速报预警进行紧急避险的自然灾害，县级以上地方各级人民政府应当根据本行政区域实际情况建立自动速报预警机制。

说明：速报预警目前主要被用于地震防治领域，且技术已较为成熟。速报预警利用电磁波的传播速度远大于地震波速且地震 P 波传播快于地震主运动 S 波与面波的特点，在破坏性地震波到达城市或重大工程之前，快速提供地震信息，进而为人们采取应急措施争取宝贵时间，达到减少经济损失与人员伤亡的目的。因此，针对地震等能够在事件发生之后到损害后果发生之前利用速报预警进行紧急避险的自然灾害都可以建立自动速报预警机制，且有望产生显著效果。本条根据现实情况和《"十四五"国家防震减灾规划》提出的"建成国家地震烈度速报与预警系统"，"实现重点区域震后秒级地震预警信息发布能力、分钟级地震烈度速报能力"等要求，对速报预警机制作出了规定。

第三十七条【应急处置】自然灾害发生后，县级以上人民政府应当针对其性质、特点和危害程度，立即组织有关部门，调动应急救援队伍和社会力量，采取应急处置措施。

自然灾害超出发生地人民政府处置能力的，应当及时向上级人民政府或者当地驻军、毗邻地区的人民政府请求支援。上级人民政府接到请求时，应当及时采取措施，必要时直接领导应急处置工作。

说明：本条根据《突发事件应对法》第七十二条、第七十三条等条款的规定对应急处置进行了一般性规定，《突发事件应对法》第七十三条对政府可以采取的应急处置措施进行了较为详细的列举，本法不再作出重复性规定。另外，第二款根据第九条的军地联动机制和第十五条的区域合作机制，规定自然灾害超出发生地人民政府处置能力的，请求支援的主体包括上级人民政府或者当地驻军、毗邻地区的人民政府三类，但三类主体是否需要支援，要求并不相同。根据《突发事件应对法》第二十四条的规定，上级人民政府接到请求时，应当及时采取措施，但驻军是否支援需要根据《军队参加抢险救灾条例》等法律行政法规、军事法规的规定以及国务院、中央军事委员会的命令，毗邻地区的人民政府则需根据实际情况以及区域合作协议等作出是否支援的决定，因此本条只对上级人民政府进行支援作出强制性规定。

第三十八条【先期处置】自然灾害发生后，县级以上人民政府尚未采取应急处置措施的，乡镇人民政府、街道办事处、村民委员会、居民委员会应当立即先行组织应急处置，并向县级人民政府及其有关部门及时报告灾害情况和已经采取的措施。

公安、交通运输、海事等部门和乡镇人民政府、街道办事处应当按照职责分工，对存在风险的漫水路桥、易塌方路段、涵洞、桥梁和水域进行风险提示或交通管制。

受自然灾害危害的单位应当立即组织营救受害人员，控制危险源，并采取其他防止危害扩大的必要措施。

说明：自然灾害发生后，事态往往迅速扩大，如果不及时采取有效措施，可能导致事态失控。先期处置可以为主动应对和有效处理突发事件争取宝贵的时间和空间，迅速控制事态，防止其进一步恶化，以最大程度地减少人员伤亡、财产损失以及社会影响。本条结合《突发事件应对法》《突发事件应急预案管理办法》《国务院办公厅关于加强基层应急管理工作的意见》等相关规定以及现实情况，对自然灾害发生后、政府还未组织开展应急救援前的先期处置分三款进行了规定，第一款规定了处在第一线的基层先期处置职责以及向市县政府报告的义务。第二款规定了有关部门以及乡镇街道在政府未开展救援前的风险提示或交通管制职责。第三款规定了受自然灾害危害的单位的先期处置义务。

第三十九条【现场指挥】自然灾害发生后，负责应急处置的人民政府认为有必要的，可以设立现场指挥部，并指定总指挥。现场指挥部负责组织制定并实施现场应急处置方案，协调、指挥各类应急救援队伍参加现场应急处置和救援，救灾现场的公民、法人和其他组织应当服从其统一指挥。

说明：现场指挥部是在突发事件应急救援与处置阶段设立的临时性机构，在突发事件现场拥有最高指挥权。在我国传统的应急管理理念和实践中，一般认为突发事件的应急指挥机构只有一个，既负责统筹全局、进行应急决策，又负责突发事件现场的指挥。但根据"靠前指挥"的要求，必要时可以设立现场指挥部，根据现场情况进行实时研判并以最快的速度作出尽可能正确的决策。为防止现场指挥频繁"易位"，处置现场出现"多头决策"的局面，导致现场指挥秩序陷入混乱，还应当指定总指挥。本条根据《突发事件应对法》第七十二条"必要时，可以设立现场指挥部，负责现场应急处置与救援，统一指挥进入突发事件现场的单位和个人"的规定以及现实做法，规定了现场指挥制度。

第四十条【处置中止】在抢险救灾过程中，发现可能危及应急救援人员生命安全的紧急情况时，应当立即采取措施消除隐患、控制风险；必要时可以暂停应急处置和救援，撤离应急救援人员。

说明：为减少应急救援人员不必要的伤亡，应急管理的一些具体领域已经规定了发现可能危及应急救援人员生命安全的紧急情况时的处置中止制度，如《公安消防部队执勤战斗条令》第七十九条规定："火灾扑救中，应当按照下列基本要求，做好参战人员的安全防护，严防人员伤亡……（五）当火场出现爆炸、轰燃、倒塌、沸溢、喷溅等险情征兆，而又无法及时控制或者消除，直接威胁参战人员的生命安全时，现场指挥员应当果断迅速组织参战人员撤离到安全地带并立即清点人数，视机再组织实施灭火救援行动。……"《生产安全事故应急条例》第二十二条规定："在生产安全事故应急救援过程中，发现可能直接危及应急救援人员生命安全的紧急情况时，现场指挥部或者统一指挥应急救援的人民政府应当立即采取相应措施消除隐患，降低或者化解风险，必要时可以暂时撤离应急救援人员。"自然灾害防治领域的抢险救灾危险性极大，也有必要作出处置中止方面的规定。

第四十一条【应急调整和终止】自然灾害发生后，负责应急处置的人民政府应当组织有关部门动态监测、会商研判，适时调整响应等级。

负责应急处置的人民政府经过会商评估后，符合下列情形的，终止应急处置工作：

（一）自然灾害造成的危险已经消除或者得到控制；

（二）遇险人员全部获救，或者全部遇难，或者虽未全部获救但有证据证明未获救人员不可能生还的；

（三）尚未损毁的遇险财产全部获得保全，或者虽未全部获得保全但有证据证明该财产的价值已经低于实施救援需要投入的成本。

说明：应急处置属于非常状态下的法治秩序，为了维护人民群众的生命财产安全，恢复正常的社会秩序，法律往往会赋予政府更大的公权力采取应急处置措施，这也意味着公民个人权利和经济社会发展会受到相应限制，应急响应级别越高，限制可能越大。为了促使政府根据非常规突发事件的性质、危险程度和实际需要，选择较为合适的应急手段，必须加强动态监测、会商研判，适时调整响应等级，即本条第一款的规定。为尽快恢复正常的社会生产生活秩序，还应当及时终止应急处置工作，《突发事件应对法》第八十六条对此作出了原则性的规定，即"突发事件的威胁和危害得到控制或者消除后，履行统一领导职责或者组织处置突发事件的人民政府应当停止执行依照本法规定采取的应急处置措施",本条第二款则对终止应急处置工作的条件进行了细化,通过列举方式加以规定。

第四十二条【调查评估】国家实行自然灾害调查评估制度。

自然灾害调查评估实行分级组织原则。一般、较大自然灾害调查评估工作由灾害发生地县级或者设区的市级人民政府组织开展,重大自然灾害调查评估工作由省、自治区、直辖市人民政府应急管理部门会同同级有关部门和灾害发生地设区的市级人民政府组织开展,特别重大自然灾害调查评估工作由国务院应急管理部门会同国务院有关部门和省、自治区、直辖市人民政府组织开展。

调查评估工作应当形成包含灾害情况和风险控制、监测预警、应急处置、应急保障等情况的报告,提出调查评估结论和改进措施建议。调查评估报告经本级人民政府批准后及时向社会公布。

自然灾害调查评估的具体办法,由国务院应急管理部门会同国务院有关部门制定。

说明:自然灾害调查评估是防灾减灾救灾中的一项重点工作,旨在从已经发生的自然灾害中全面总结自然灾害应对活动经验教训,通过调查评估推动补齐相关法制体制机制短板,促进有关方面落实灾害防治责任,全面提升全社会抵御自然灾害的综合防范能力,从而有效防范重大安全风险,最大限度地减少自然灾害造成的人员伤亡和财产损失。党的十八大以来,习近平总书记多次指示要从事故灾害中吸取教训,举一反三、堵塞漏洞,2019年11月29日在主持中央政治局第十九次集体学习时特别强调,要建立健全重大自然灾害和安全事故调查评估制度。2023年9月22日,应急管理部印发《重特大自然灾害调查评估暂行办法》,本条参考该办法中的相关内容,对自然灾害调查评估制度作出规定。

第四章 应急保障

第四十三条【政府应急力量】县级以上人民政府应当加强国家综合性消

防救援队伍、专业应急救援队伍和地方应急救援队伍建设，不断提升应急救援能力。

乡镇人民政府、街道办事处应当按照国家规定建立基层应急救援队伍。

说明：2019年11月29日，习近平总书记在主持中央政治局第十九次集体学习时强调，要加强应急救援队伍建设，建设一支专常兼备、反应灵敏、作风过硬、本领高强的应急救援队伍。人是应急管理中的能动因素，组织合理、素质精良的应急救援队伍是有效处置各级、各类突发事件的必备条件。应急救援队伍是应急处置的核心力量，作为应急管理中最重要的人力资源，其建设水平是衡量一个国家应急能力高低的重要标志。我国目前已形成综合与专业相结合，国家、地方与社会协同发展的应急救援队伍体系，在政府层面，我国应急救援队伍主要有四类，分别是2018年由中国人民武装警察部队消防部队、森林部队退出现役，成建制划归应急管理部后组建成立的国家综合性消防救援队伍；负责森林（草原）防灭火、地震和地质灾害救援等特定灾种的专业救援队伍；县级以上地方人民政府组建的地方应急救援队伍，包括承担综合性救援任务的地方专职消防队和承担本地区专业性应急救援任务的地方专业性应急救援队伍；乡镇人民政府、街道办事处组建的基层应急救援队伍。本条根据《突发事件应对法》第三十九条和《国务院办公厅关于加强基层应急队伍建设的意见》等相关政策文件，对政府应急力量建设作出规定。

第四十四条【社会应急力量】 县级以上人民政府应当将社会应急救援力量纳入应急救援队伍体系，通过购买服务、资金补助、出借设施装备和场地、培训指导等方式，鼓励和支持社会应急力量参与抢险救灾工作，并加强指导和管理。

县级以上人民政府及其有关部门组织社会应急救援力量参加抢险救灾的，应当为应急救援人员购买人身意外伤害险，对抢险救灾中的伤亡人员按照有关规定给予医疗救助、抚恤慰问。

说明："政府主导，社会参与"是我国开展防灾减灾救灾和灾害防治工作的基本原则。由于贴近一线、组织灵活，能够满足个性化需求，具有发展速度快、参与热情高、活动范围广、服务领域宽等特点，参与应急救灾的社会力量发挥着日益重要的作用，是我国应急体系不可或缺的重要组成部分。但在实践中，社会应急救援力量因缺乏管理以及经费保障等原因而无法发挥应有的作用。《中共中央 国务院关于推进防灾减灾救灾体制机制改革的意见》强调，健全社会力量参与机制。完善政府与社会力量协同救灾联动机制，落实税收优惠、人身保险、装备提供、业务培训、政府购买服务等支持措施。本条根据《突发事件应对法》第三十九条有关社会应急力量的规定，明确将社会应急救援力量纳入应急救援队伍建设体系，并列举了相应激励措施促进社会应急力量参与抢险救灾工作，要求政府履行为社会应急救援力量提供必要支持和保障的职责。

第四十五条【专家队伍】县级以上人民政府及其有关部门应当建立自然灾害防治专家咨询制度，建立和完善专家库。没有能力建立专家库的，可以使用上级人民政府及其有关部门的专家库。

说明：在自然灾害防治领域建立专家咨询制度，可以通过咨询专家，提供专业的技术指导和建议，帮助政府和相关部门及时发现与解决灾害问题，并获得有关自然灾害防治的最新信息和专业知识，为决策提供科学依据。《中共中央 国务院关于推进防灾减灾救灾体制机制改革的意见》要求加强常备专家库建设。本条根据《突发事件应对法》第五十七条的规定以及党和国家相关政策文件的要求，对专家队伍制度进行了规定。考虑到有些地方政府或有关部门可能没有建立自然灾害防治专家库的能力，因此本条规定没有能力建立专家库的，可以使用上级人民政府及其有关部门的专家库。

第四十六条【信息员队伍】各级人民政府建立专兼职灾害信息员队伍，加强对灾害信息员队伍的培训。灾害信息员承担灾情统计报送、台账管理、评估核查等任务，协助受灾群众紧急转移安置和紧急生活救助。

说明：《中共中央 国务院关于推进防灾减灾救灾体制机制改革的意见》要求，推进基层灾害信息员队伍建设，健全自然灾害情况统计制度。《"十四五"国家综合防灾减灾规划》同样要求，进一步壮大灾害信息员队伍，充分发挥志愿消防速报员、"轻骑兵"前突通信小队等作用。灾害信息员负责收集、整理、上报和传递灾害信息，能够为政府和相关部门提供及时、准确、全面的灾害信息，为灾害应对和救援工作提供重要的信息支持，同时能发挥在受灾时协助受灾群众疏散和生活救助等作用。灾害信息员分为专职和兼职两种，为充分发挥灾害信息员的作用，本条规定应当加强对灾害信息员队伍的培训，同时对灾害信息员的职责进行了明确规定。

第四十七条【物资保障】县级以上人民政府应当根据自然灾害特点、居民人口数量和分布等情况，合理规划建设应急物资储备库，负责应急物资储备和管理。

县级以上人民政府可以与有关企业签订应急物资保障协议，保障应急物资的生产、供给，紧急情况下可以向具备生产能力的企业征购。

乡镇人民政府、街道办事处应当设立应急物资储备点，配备抢险救灾物资、器材和设备，储备必要的生活救助物资。

鼓励企事业单位、社会组织和家庭储备常用应急物资。

说明：应急物资保障是应急管理体系和能力现代化建设的重要内容，建立健全统一的应急物资保障体系，有利于高效应对和处置突发事件，提高应急响应能力，并能够迅速提供救援物资和生活物资，保障受灾群众的基本生活需求，减少人员伤亡和财产损失。《中共中央 国务院关于推进防灾减灾救灾体制机制改革的意见》要求，健全救灾物资储备体系，扩大储备库覆盖范围，优化储备布局，完善储备类型，丰富物资储备种类，提高物资调配效率和资源统筹利用水平。本条根据《突发事件应对法》第四十五条的规定对各级政府的物资储备职责进行了规定。此外，各灾种单行法对应急物资保障往往只规定调集和紧急征用，而没有规定紧急征购，本条结合实际情况，在第二款对紧急征购制度作出统一规定。同时，为了提高社会主体的自救互救能力，第四款对企事业单位、社会组织和家庭储备常用应急物资作出促进型规定，政府应当采取必要促进措施，如不仅应当加强相关方面的宣传，还应当保证市场有足够的应急物资供应，为家庭储备提供基本条件。

第四十八条【装备保障】国家强化救援救灾装备研制开发和先进适用装备的配备力度。

县级以上人民政府及其有关部门、有关单位应当为其组建的应急救援队伍配备必要的应急救援装备，提高应急救援的专业化水平。

说明：应急装备建设在应急管理中具有至关重要的意义。在自然灾害发生时，应急装备能够为应急救援人员提供"作战武器"，是保障应急救援工作高效开展、迅速化解险情、控制事故的核心要素。本条根据《突发事件应对法》第四十条的规定以及《"十四五"国家综合防灾减灾规划》《"十四五"国家应急体系规划》等政策文件的相关要求，对应急装备保障作出了规定。

第四十九条【资源预置和备用】在自然灾害重要防控区域、重大风险点和重点防控单位，以及在预警期、重点防控期内的其他区域、地点和单位，县级以上人民政府及其有关部门、有关单位应当将有关应急救援队伍、物资和装备置于可以随时使用的准备状态。发生自然灾害，有关应急救援队伍、物资和装备被动用后，应当调度其他应急救援队伍、物资和装备备用。

说明：本条参考《国家自然灾害救助应急预案》《国家防汛抗旱应急预案》《"十四五"国家应急体系规划》等文件的相关规定，建立了应急救援资源预置和备用制度。在自然灾害频发和风险多样的背景下，提前准备和迅速响应是减轻灾害影响的关键。因此，本条规定县级以上人民政府及其有关部门、有关单位，必须在关键区域和时期，将应急救援队伍、物资和装备置于随时可用的准备状态。这包括预先部署、定期检查、维护保养等措施，以确保在灾害发生时，这些资源能够立即投入使用。同时，本条还强调了资源的持续性和替代性。一旦发生自然灾害，已经动用的应急救援队伍、物资和装备需要及时得到补充和替换，以确保后续的救援工作不受影响。因此，必须调度其他应急救援队伍、物资和装备作为备用，形成有效的轮换和补充机制。

第五十条【交通通信保障】县级以上人民政府应当建立健全应急交通保

障体系和应急通信保障体系，确保应急救援队伍和应急物资及时运输和通信畅通。

说明：建立健全交通通信保障体系能够在突发事件发生时迅速启动，为救援队伍和物资的快速到达提供保障，提高应急响应速度；能够为政府和相关部门提供高效、便捷的交通和通信手段，加强应急指挥协调能力，提高救援效率；能够为政府和相关部门提供快速、准确、全面的信息传递手段，加强信息沟通与交流，提高协同作战能力；能够增强公众对政府的信任感，避免社会不稳定因素的产生和扩大，维护社会稳定。各灾种单行法对交通通信保障制度已多有规定，本条作出统一规定。

第五十一条【应急避难场所】县级以上人民政府应当组织制定应急避难场所建设、管理和维护相关技术标准和规范，建立应急避难场所数据库和电子地图并及时更新。

县级人民政府有关部门按照职责分工负责本行政区域（领域）应急避难场所的日常管理工作。应急避难场所的管理单位负责建筑主体结构安全和设施设备的检查维护工作，保障场所供水、供电、照明、通信、厕所、住宿、洗漱等设施能够应急启用、正常使用。

说明：应急避难场所是自然灾害发生后为民众提供紧急避难和生活保障的重要设施，其建设、管理与维护必须得到充分的重视和规范。因此，本条根据《突发事件应对法》第三十一条和各灾种单行法的相关规定，对应急避难场所的建设、管理和维护作出规定。本条分为两款，第一款明确规定应当建立应急避难场所数据库和电子地图并及时更新，利于公众更加方便、准确地寻找到最近的应急避难场所。第二款是对应急避难场所的管理和维护提出的要求，确保应急避难场所在自然灾害发生后能够正常使用，发挥应有的功能。

第五十二条【紧急征用】县级以上人民政府负责保障抢险救灾所需的资金和物资，必要时可以征用所需的设备、设施、场地和物资。

有关人民政府及其部门依法征用时，应当事先签发应急征用通知书，并登记造册。情况特别紧急时，可以依法先行征用，事后补办手续。非经权利人同意，不得征用过境物资。

被征用的财产在使用完毕后，应当及时返还。财产被征用后不能返还或者毁损、灭失的，有关人民政府及其部门应当按照"谁征用、谁补偿"的原则，对被征用的财产给予相应补偿。

说明：自然灾害发生后，政府采取应急处置措施往往伴随着资源短缺、时间紧迫等问题。紧急征用作为一种行政手段，能够迅速调配社会资源，满足应急处置的需要，有效应对突发事件的紧迫性。因此，有必要赋予政府适当的紧急征用权。本条根据《突发事件应对法》第十二条、第七十六条的规定，对自然灾害发生后的紧急征用制度作出规定。由于征用是对单位和个人私有财产权的一种限制，因此第一款将征用的条件设定为"必要时"，只有在常规储备的应急资源不敷使用、市场机制无法调节并且征购不成的情况下，政府才可以实施紧急征用。第二款规定了紧急征用的程序，且考虑到一些地方出现的违法征用行为，明确规定非经权利人同意，不得征用过境物资。第三款明确了"谁征用、谁补偿"的补偿原则。

第五章　恢复重建

第五十三条【灾情统计上报】县级以上地方各级人民政府应当按照国家规定统计上报自然灾害造成的人员、财产、资源和环境损失，不得谎报、瞒报、迟报、漏报。灾情统计由应急管理部门组织实施，接受同级统计部门的业务指导，其他部门和单位应当如实及时提供数据。

灾情统计应当向受灾人员了解情况、听取意见，灾害统计情况经核实后应当向社会公开。

说明：灾情统计是确保恢复重建工作有序进行的前提与基础，是灾后过渡期安置和科学制定恢复重建计划的直接与重要依据。统计的目的是对灾害造成的损失和影响有全面、客观、真实的了解，以确定受自然灾害影响的地区需要在哪些方面进行恢复重建，以及恢复重建所需要的人员、物资、资金、技术及服务等方面的需求。《突发事件应对法》第八十七条规定，"突发事件应急处置工作结束后，履行统一领导职责的人民政府应当立即组织对突发事件造成的影响和损失进行调查评估",本条对此进行了细化,第一款明确了灾情统计的内容以及相关部门和单位的职责与义务,第二款规定了灾情统计的程序和信息公开要求。向受灾人员了解情况、听取意见有助于政府更全面地掌握灾害的实际情况,确保灾情统计工作的准确性和可靠性;灾害统计情况经核实后向社会公开有助于增强公众对灾情统计工作的信任度,并促进社会各界对灾害救援与重建工作的参与和支持。

第五十四条【灾害救助】国家对受灾人员实施必要的应急救助、过渡期生活救助、旱灾临时生活困难救助、冬春临时生活困难救助和遇难人员家属抚慰、因灾倒损民房恢复重建等救助,保障受灾人员的基本生活。

国务院应当确定灾害救助的基本标准和各级人民政府的基本支出比例,省、自治区、直辖市和设区的市人民政府可以提高本级人民政府的支付标准和支出比例。灾害救助标准应当与经济社会发展相适应。

说明:自然灾害往往导致房屋损毁、基础设施破坏、生活资源短缺等问题,直接影响到灾民的基本生存。提供及时的救助是确保灾民能够维持生命、重建家园、恢复生产生活的必要举措。本条根据《突发事件应对法》第八十九条并参考《自然灾害救助条例》《社会救助暂行办法》的相关规定,对政府的灾害救助职责作出规定。其中,第二款为灾害救助标准设定基本底线和赋予地方政府动态调整救助标准权限的规定遵循了《宪法》第十四条第四款的规范指引,即社会保障制度应同经济发展水平相适应。一方面,为实施宪法社会保障国策的规定,需要立法者对何种灾害救助标准才能实现生存照顾的目的进行具体化,国务院划定的灾害救助基本标准以及各级人民政府的基本支出比例,为解释与评价地方各级政府设置的灾害救助标准提供了参考基准。另一方面,考虑到各地物价水平和居民消费水平等差异,救助标准只有与购买力挂钩才能动态适应各地区的差异,加之年度财政收入的波动,地方各级人民政府应保有动态调整灾害救助标准的设定空间。由此才能既保证发挥灾害救助兜底线的功能,又尊重地方的积极性和创造性,因地制宜地探索灾害救助同经济发展水平相适应的区域经验。

第五十五条【恢复重建计划】 抢险救灾工作结束后，灾害发生地县级以上地方各级人民政府应当立即组织受灾地区尽快恢复生产、生活和社会秩序，制定灾区的恢复和重建计划，统筹安排市政公用设施、公共服务设施、生产经营场所和住房的恢复重建，合理确定建设规模和时序。

说明：自然灾害往往会对受灾地区的建筑物、基础设施等造成严重破坏，因此需要恢复重建。恢复重建工作需要投入大量的资金和人力资源，必须制定科学的恢复和重建计划，合理确定建设规模和时序。本条在《突发事件应对法》第八十六条"组织受影响地区尽快恢复社会秩序"和第八十七条"制定恢复重建计划"规定的基础上对恢复重建计划进行了细化。

第五十六条【恢复重建资金】 县级以上地方各级人民政府负责筹集灾区恢复与重建所需资金和物资，需要上一级人民政府支持的，可以向上一级人民政府提出请求，必要时可以越级请求支持。上级人民政府必要时可以组织其他地区提供资金、物资和人力支援。

上级人民政府应当综合考虑有关人民政府的财政能力和受灾地区原来的经济社会发展水平、自我恢复能力、经济社会发展总体规划、不同区域间的平衡等因素，合理确定受灾地区恢复重建的资金补助标准。

国务院以专项转移支付方式拨付的资金，地方各级人民政府应当专款专用。

说明：本条根据《突发事件应对法》第八十八条的规定，对自然灾害发生后恢复重建资金的筹集、上级政府的资金补助标准、专项转移资金的使用原则等作出规定。其中，为了确保恢复重建资金的充足性和筹集效率，第一款赋予地方政府在必要时向上级政府请求支持的权利，并允许在紧急情况下越级请求，同时赋予上级政府必要时组织其他地区进行对口支援的权力。上级政府在确定资金补助标准时，需综合考量多方面因素，特别是应当确保补助的公平性，不能对不同区域进行不合理的差别对待，因此第二款明确列举了上级政府在确定资金补助标准时应当考虑的因素。实践中，国务院在自然灾害发生后有时会以发行国债等方式筹集资金并进行专项转移支付，如 2023 年 7 月末至 8 月初，京津冀、东北地区等相继发生特大暴雨洪涝灾害，我国于当年第四季度增发一万亿元国债，资金重点用于教育和医疗卫生机构、交通、水利等基础设施的灾后恢复重建，水库除险加固、河道治理等工程建设以及受灾地区高标准农田建设的补助等方面。第三款针对此类资金专门明确了专款专用原则，以防止专项资金被地方政府挪作他用。

第五十七条【承灾补偿】因应对自然灾害需要划定蓄滞洪区等承灾区域，对区域内经济社会发展采取限制措施的，应当给予补偿。因抢险救灾需要启用承载区域造成损失的，应当给予救助和补偿。承灾区域的救助、补偿资金由划定或者启用承灾区域的人民政府和直接受益地区的人民政府共同承担，由划定或者启用承灾区域的人民政府确定负担比例。

说明：一些自然灾害特别是洪涝灾害发生后需要启动蓄滞洪区等承灾区域，以这些区域"牺牲自己、保全他人"的方式加以应对，如蓄滞洪区作为我国防洪体系的重要组成部分，在频发的洪涝灾害中承担了分蓄超额洪水、削减洪峰冲击的重要作用，对于保障区域安全和流域安全意义重大。但是，这也造成了承灾区域自然灾害后的损失扩大，进而导致其经济社会发展的长期滞后。《防洪法》等相关灾种单行法规定了"局部利益服从全局利益"的工作原则，并对承灾区域的补偿或者救助进行了相应规定，本条根据承灾区域的功能，对承灾区域的补偿主体作出统一规定。根据《蓄滞洪区运用补偿暂行办法》第十八条等相关规定，承灾区域的补偿目前主要依赖纵向转移支付机制，由中央财政和承灾区域所在地的省级财政共同承担。但根据"谁受益、谁补偿"原则，获得利益的具体"受益者"同样应当向付出利益的"受损者"进行补偿，如此才能达到利益分配的整体平衡。因此，对承灾区域的补偿不应仅依赖于纵向转移支付机制，而应采取纵向转移支付与横向转移支付相结合的方式。本条对此作出明确规定，并区分为承灾区域划定后未启用的常态转移支付，对该区域发展权受到的损失进行补偿；以及启用后的应急转移支付，对该区域遭受的损失和作出的"特别牺牲"同时给予救助及补偿。承灾区域的救助、补偿资金由划定或者启用承灾区域的人民政府和直接受益地区的人民政府共同承担，由于前者是后者的上级人民政府，且掌握承灾区域的具体损失情况，故授权其确定救助、补偿资金的具体负担比例。

第五十八条【保险机制】县级以上人民政府及其有关部门应当结合自然灾害风险情况，建立健全财政支持下的多层次自然灾害保险机制。

国家鼓励保险机构开展产品和服务创新，为自然灾害防治提供保险服务。

自然灾害发生后，保险机构应当及时按照保险合同理赔。县级以上人民政府应当及时将自然灾害损失情况向金融监督管理部门和保险机构通报，并为理赔工作提供必要协助。

说明：《中共中央　国务院关于推进防灾减灾救灾体制机制改革的意见》要求，充分发挥市场机制作用。坚持政府推动、市场运作原则，强化保险等市场机制在风险防范、损失补偿、恢复重建等方面的积极作用。加快巨灾保险制度建设，逐步形成财政支持下的多层次巨灾风险分散机制。鼓励各地结合灾害风险特点，探索巨灾风险的有效保障模式。建立完善的保险机制能够在恢复重建中发挥重要作用，本条根据上述政策要求以及《突发事件应对法》第五十五条，并参考各灾种单行法的相关规定，对灾害保险机制作出规定。

第五十九条【贷款机制】国家鼓励银行等金融机构对受灾单位和个人实施贷款延期政策，提供免息或低利率的灾害援助贷款。有关地方人民政府及其部门应当提供必要协助，并依照法律、法规的规定给予银行等金融机构政策、税收等优惠。

说明：除灾害保险外，贷款优惠对灾后恢复重建而言也是一项重要的金融措施，其可以为受灾单位和个人提供紧急且可持续的资金支持，帮助他们迅速恢复生产生活秩序。本条对银行等金融机构对受灾单位和个人实施贷款延期政策以及提供免息或低利率的灾害援助贷款进行促进，并要求政府给予政策、税收优惠等相应激励措施。

第六十条【社会捐赠】县级以上人民政府及其有关部门、依法设立的慈善组织可以公开募集用于灾后恢复与重建的款物。公民、法人和其他组织捐赠财产用于自然灾害防治的，依法享受政策、税收等优惠。

说明：自然灾害往往带来巨大的经济损失和人员伤亡，由于政府资源有限，难以满足所有需求。社会捐赠的财产能够有效补充政府资源，提升灾害应对的物资和资金保障能力。而且，社会捐赠通常具有灵活性和快速性，能够在灾害发生后迅速筹集到所需物资和资金，帮助灾区迅速恢复生产生活秩序，同时有助于增强社会凝聚力和向心力，形成"一方有难，八方支援"的良好氛围。因此，本条根据《突发事件应对法》第五十三条以及《慈善法》的相关规定，对社会主体捐赠财产用于自然灾害防治作出促进规定，并明确其依法享受相应激励措施。同时，本条对资金募集主体进行了限制，仅县级以上人民政府及其有关部门和依法设立的慈善组织有权公开募集。

第六章　法律责任

第六十一条【行政机关人员责任】各级人民政府和县级以上人民政府有关部门违反本法规定，不履行或者不正确履行法定职责的，由其上级行政机关责令改正；有下列情形之一的，综合考虑自然灾害的原因和后果、应对处置情况、履职能力、行为人的过错等因素，对负有责任的领导人员和直接负责人员依法给予处分；涉嫌犯罪的，依法追究刑事责任：

（一）虚报、瞒报、拒报或者伪造、篡改自然灾害风险调查数据；

（二）未按照规定明确风险防范的责任单位、责任人及相关措施；

（三）未按照规定组织开展自然灾害隐患排查，或者没有落实隐患治理的措施、责任单位和责任人、治理期限等；

（四）未按照规定在自然灾害风险重要防控区域、重大隐患点设立警示标志；

（五）谎报、瞒报、迟报、漏报或者公布虚假自然灾害信息；

（六）在应急值守、应急响应、应急处置期间擅离职守；

（七）拒不执行上级决定采取的应急预警、应急响应、应急处置措施；

（八）未按照规定建设、维护、管理应急避难场所；

（九）在灾情统计核查、自然灾害调查评估中弄虚作假；

（十）截留、挪用和私分自然灾害救助款物或者捐赠款物；

（十一）有滥用职权、玩忽职守、徇私舞弊的其他行为。

按照有关规定对本行政区域内特定单元的自然灾害防治工作承担包保责任的党政领导人员，属于前款规定的领导人员。承担包保责任的领导人员被依法给予处分的，不免除对相关自然灾害防治工作承担法定职责的人员的责任。

说明：本条根据《突发事件应对法》第九十五条、第九十六条的规定，以及本法规定的政府的自然灾害防治职责，对政府及其相关工作人员需要承担法律责任的情形进行了列举式规定。同时，本条明确规定了在判断相关人员是否负有责任和责任大小时需要综合考虑的因素，包括自然灾害的原因和后果、应对处置情况、履职能力、行为人的过错等。此外，考虑到在防汛、防台、抗旱等自然灾害防治工作中，很多地方实行领导干部包保责任制，本条对领导干部不履行或者不正确履行包保责任需要承担相应法律责任也作出了明确规定，并对领导干部的责任和承担法定职责人员的责任进行了区分，前者被追责不意味着后者无须承担法律责任。

第六十二条【单位和个人责任】有关单位和个人有下列情形之一并造成严重后果的，由所在地县级以上人民政府及其相关部门按照职责责令改正；情节严重的，并处二万元以上二十万元以下罚款。构成违反治安管理行为的，由公安机关依法给予处罚；涉嫌犯罪的，依法移送司法机关追究刑事责任：

（一）未按照规定实施自然灾害隐患排查治理和采取其他必要措施，导致自然灾害严重损失，或者未采取必要的防范措施导致发生次生、衍生灾害的；

（二）虚报、瞒报、拒报或者伪造、篡改自然灾害风险调查数据；

（三）谎报、瞒报、迟报、漏报自然灾害信息；

（四）未按照规定制定、更新应急预案和开展应急演练；

（五）未按照标准建设、管理、维护应急避难场所；

（六）未按规定安装、设置自然灾害监测设施、设备、警报接收和发布装置、风险提示标识；

（七）未按照规定实施自然灾害监测，或者对监测设施、装置及实施监测活动必备的监测环境进行破坏；

（八）未按照规定落实自然灾害风险防治措施；

（九）自然灾害预警发布后，不及时采取响应措施，或者拒不服从有关人民政府的决定、命令；

（十）违反有关人民政府依法采取的自然灾害应急处置措施；

（十一）不服从自然灾害应急处置现场指挥；

（十二）有其他影响自然灾害防治工作的行为。

说明：本条是在《突发事件应对法》第九十七条至第一百条，并参考各灾种单行法相关规定的基础上，根据本法对单位和个人规定的义务逐一列举的相应法律责任。

第六十三条【次生事故责任】生产经营单位违反本法规定的自然灾害防治义务，导致发生生产安全事故的，按照《中华人民共和国安全生产法》和相关法律、行政法规的规定追究法律责任。

说明：一些灾害次生事故并不能被简单归类为"天灾"，也有可能是因生产经营单位违反本法规定的自然灾害防治义务而导致的"人祸"。如果误将"人祸"认定为"天灾"，仍以灾害应对不力追究相对较轻的责任，则显然有失公平。因此，本条对次生事故的性质认定与法律适用进行了明确，如果次生事故属于生产安全事故，就应当按照安全生产领域的法律法规追究责任。

第七章　附　则

第六十四条【生效日期】本法自　年　月　日起施行。

说明：《立法法》第六十一条规定："法律应当明确规定施行日期。"

参考文献

一、中文文献

（一）著作类

[1] 曹海峰：《新时代公共安全与应急管理》，社会科学文献出版社 2019 年版。

[2] 陈敏：《行政法总论》，新学林出版股份有限公司 2004 年版。

[3] 陈新民：《德国公法学基础理论》（上卷），法律出版社 2010 年版。

[4] 陈新民：《宪法学释论》，三民书局 2018 年版。

[5] 城仲模：《行政法之一般法律原则（二）》，三民书局 1997 年版。

[6] 方印：《中国防灾减灾基本法立法问题研究》，人民法院出版社 2016 年版。

[7] 顾严、张本波：《重大决策社会稳定风险评估研究》，人民出版社 2018 年版。

[8] 黄智宇：《生态减灾的法律调整：以环境法为进路》，法律出版社 2018 年版。

[9] 赖恒盈：《行政法律关系论之研究——行政法学方法论评析》，元照出版有限公司 2003 年版。

[10] 李惠宗：《行政法要义》，元照出版有限公司 2016 年版。

[11] 林鸿潮：《应急法概论》，应急管理出版社 2020 年版。

[12] 林鸿潮、陶鹏：《应急管理与应急法治十讲》，中国法制出版社 2021 年版。

[13] 莫纪宏编著：《"非典"时期的非常法治——中国灾害法与紧急状态法一瞥》，法律出版社 2003 年版。

[14] 莫于川主编：《应急预案法治论——突发事件应急预案的法治理论与制度建构》，法律出版社 2020 年版。

[15] 曲新久主编：《刑法学》，中国政法大学出版社 2022 年版。

[16] 苏力：《大国宪制：历史中国的制度构成》，北京大学出版社 2018 年版。

[17] 王和雄：《论行政不作为之权利保护》，三民书局 1994 年版。

［18］王宏伟：《健全应急管理体系探析：从制度优势到治理效能》，应急管理出版社 2020 年版。

［19］王宏伟：《中国应急管理改革：从历史走向未来》，应急管理出版社 2019 年版。

［20］王建平：《减轻自然灾害法律问题研究》（修订版），法律出版社 2008 年版。

［21］王建平：《灾害法学基本问题研究：三个基本范畴研究报告》，光明日报出版社 2020 年版。

［22］王泽鉴：《民法思维：请求权基础理论体系》，北京大学出版社 2009 年版。

［23］翁岳生编：《行政法》（上册），中国法制出版社 2009 年版。

［24］肖泽晟：《公物法研究》，法律出版社 2009 年版。

［25］徐显明主编：《人权研究》，山东人民出版社 2012 年版。

［26］燕继荣：《政治学十五讲》（第二版），北京大学出版社 2013 年版。

［27］杨丹：《灾害共治与政府责任：自然灾害应对的法治路向》，法律出版社 2020 年版。

［28］杨立新主编：《意外灾害应急民法救济》，清华大学出版社 2008 年版。

［29］杨珊：《我国自然灾害事件下社会救助法制体系研究——基于汶川地震的实证分析》，中国政法大学出版社 2013 年版。

［30］应松年主编：《行政法与行政诉讼法学》，法律出版社 2009 年版。

［31］应松年主编：《2004 年海峡两岸行政法学学术研讨会实录》，中国法学会行政法学研究会资料。

［32］于显洋：《组织社会学》，中国人民大学出版社 2020 年版。

［33］张明楷：《刑法学》（上）（第 6 版），法律出版社 2021 年版。

［34］张翔：《基本权利的规范建构》（增订版），法律出版社 2017 年版。

［35］张翔主编：《德国宪法案例选释》（第一辑），法律出版社 2012 年版。

［36］张永健：《法经济分析：方法论 20 讲》，北京大学出版社 2023 年版。

［37］章志远：《行政法学总论》（第二版），北京大学出版社 2022 年版。

［38］赵宏：《行政法学的主观法体系》，中国法制出版社 2021 年版。

［39］中共中央文献研究室编：《毛泽东文集》（第六卷），人民出版社 1999 年版。

［40］中国社会科学院语言研究所词典编辑室编：《现代汉语词典》（第 7 版），商务印书馆 2016 年版。

［41］钟开斌：《应急管理十二讲》，人民出版社 2020 年版。

[42] 周光权:《注意义务研究》,中国政法大学出版社 1998 年版。

[43] 周晓丽:《灾害性公共危机治理》,社会科学文献出版社 2008 年版。

[44] 周雪光:《中国国家治理的制度逻辑:一个组织学研究》,生活·读书·新知三联书店 2017 年版。

[45] 周雪光:《组织社会学十讲》,社会科学文献出版社 2003 年版。

[46][奥]汉斯·凯尔森:《法与国家的一般理论》,沈宗灵译,商务印书馆 2013 年版。

[47][奥]汉斯·凯尔森等:《德意志公法的历史理论与实践》,王银宏译,法律出版社 2019 年版。

[48][德]阿图尔·考夫曼:《法律哲学》,刘幸义等译,法律出版社 2011 年版。

[49][德]埃贝哈德·施密特-阿斯曼等:《德国行政法读本》,于安等译,高等教育出版社 2006 年版。

[50][德]艾伯哈特·艾亨霍夫:《德国社会法》,李玉君等译,新学林出版股份有限公司 2019 年版。

[51][德]奥利弗·森森:《康德论人类尊严》,李科政、王福玲译,商务印书馆 2022 年版。

[52][德]伯恩·魏德士:《法理学》,丁晓春、吴越译,法律出版社 2013 年版。

[53][德]迪特尔·梅迪库斯:《德国民法总论》,邵建东译,法律出版社 2013 年版。

[54][德]福尔克尔·埃平、塞巴斯蒂安·伦茨、菲利普·莱德克:《基本权利》,张冬阳译,北京大学出版社 2023 年版。

[55][德]格奥尔格·耶里内克:《主观公法权利体系》,曾韬、赵天书译,商务印书馆 2022 年版。

[56][德]古斯塔夫·拉德布鲁赫:《法学导论》,米健译,商务印书馆 2013 年版。

[57][德]古斯塔夫·拉德布鲁赫:《法哲学》,王朴译,法律出版社 2013 年版。

[58][德]古斯塔夫·拉德布鲁赫:《法哲学导引》,雷磊译,商务印书馆 2021 年版。

[59][德]哈特穆特·毛雷尔:《行政法学总论》,高家伟译,法律出版社 2000 年版。

[60][德]汉斯·J.沃尔夫、奥托·巴霍夫、罗尔夫·施托贝尔:《行政法》,高家伟译,商务印书馆 2002 年版。

［61］［德］汉斯·察赫：《福利社会的欧洲设计》，刘冬梅等译，北京大学出版社2014年版。

［62］［德］卡尔·恩吉施：《法律思维导论》，郑永流译，法律出版社2014年版。

［63］［德］康拉德·黑塞：《联邦德国宪法纲要》，李辉译，商务印书馆2007年版。

［64］［德］克劳斯·施莱希、斯特凡·科里奥特：《联邦宪法法院：地位、程序、裁判》，刘飞译，法律出版社2007年版。

［65］［德］罗伯特·阿列克西：《法：作为理性的制度化》，雷磊译，中国法制出版社2012年版。

［66］［德］罗伯特·阿列克西：《法概念与法效力》，王鹏翔译，商务印书馆2020年版。

［67］［德］罗伯特·阿列克西：《法理性商谈：法哲学研究》，朱光、雷磊译，中国法制出版社2011年版。

［68］［德］罗尔夫·施托贝尔：《经济宪法与经济行政法》，谢立斌译，商务印书馆2008年版。

［69］［德］马克斯·韦伯：《经济与社会》（第二卷），阎克文译，上海人民出版社2010年版。

［70］［德］施密特·阿斯曼：《秩序理念下的行政法体系建构》，林明锵等译，北京大学出版社2012年版。

［71］［德］威廉·洪堡：《论国家的作用》，窦凯滨译，华中科技大学出版社2016年版。

［72］［德］乌尔里希·贝克：《风险社会：新的现代性之路》，张文杰、何博闻译，译林出版社2018年版。

［73］［德］亚历山大·彼得林等：《社会福利国家与社会民主主义》，董勤文、黄卫红译，格致出版社2021年版。

［74］［德］尤尔根·哈贝马斯：《在事实与规范之间》，童世骏译，生活·读书·新知三联书店2014年版。

［75］［法］卢梭：《社会契约论》，李平沤译，商务印书馆2011年版。

［76］［古希腊］柏拉图：《法律篇》，张智仁、何勤华译，上海人民出版社2001年版。

［77］［美］安东尼·唐斯：《官僚制内幕》，郭小聪等译，中国人民大学出版社2006年版。

［78］［美］彼得·布劳、马歇尔·梅耶:《现代社会中的科层制》,马戎、时宪民、邱泽奇译,学林出版社 2001 年版。

［79］［美］戴安娜·M.迪尼托:《社会福利:政治与公共政策》(第七版),杨伟民译,中国人民大学出版社 2016 年版。

［80］［美］弗兰克·古德诺:《政治与行政——政府之研究》,丰俊功译,北京大学出版社 2012 年版。

［81］［美］富勒:《法律的道德性》,郑戈译,商务印书馆 2005 年版。

［82］［美］哈维·S.罗森、特德·盖亚:《财政学》,郭庆旺译,中国人民大学出版社 2015 年版。

［83］［美］加布里埃尔·A.阿尔蒙德、小 G.宾厄姆·鲍威尔:《比较政治学——体系、过程和政策》,曹沛霖、郑世平、公婷等译,东方出版社 2007 年版。

［84］［美］杰克·普拉诺等:《政治学分析词典》,胡杰译,中国社会科学出版社 1986 年版。

［85］［美］罗纳德·德沃金:《认真对待权利》,信春鹰、吴玉章译,上海三联书店 2008 年版。

［86］［美］曼瑟·奥尔森:《集体行动的逻辑》,陈郁、郭宇峰、李崇新译,上海人民出版社 2018 年版。

［87］［美］史蒂芬·霍尔姆斯、凯斯·桑斯坦:《权利的成本——为什么自由依赖于税》,毕竞悦译,北京大学出版社 2011 年版。

［88］［美］亚历山大·M.比克尔:《最小危险的部门》,姚中秋译,北京大学出版社 2007 年版。

［89］［美］约翰·哈特·伊利:《民主与不信任》,张卓明译,法律出版社 2018 年版。

［90］［美］詹姆斯·博曼:《公共协商:多元主义、复杂性与民主》,黄相怀译,中央编译出版社 2006 年版。

［91］［日］大谷实:《刑法讲义总论》(新版第 5 版),黎宏、姚培培译,中国人民大学出版社 2023 年版。

［92］［日］大须贺明:《生存权论》,林浩译,法律出版社 2001 年版。

［93］［日］菊池馨实:《社会保障法制的将来构想》,韩君玲译,商务印书馆 2018 年版。

［94］［日］小山刚:《基本权利保护的法理》,吴东镐、崔东日译,中国政法大

学出版社 2021 年版。

［95］［意］吉奥乔·阿甘本：《例外状态：〈神圣之人〉二之一》，薛熙平译，西北大学出版社 2015 年版。

［96］［印］阿玛蒂亚·森：《再论不平等》，王利文、于占杰译，中国人民大学出版社 2016 年版。

［97］［英］安东尼·吉登斯：《第三条道路：社会民主主义的复兴》，郑戈译，北京大学出版社、三联书店 2000 年版。

［98］［英］鲍勃·赫普尔：《平等法》，李满奎译，法律出版社 2020 年版。

［99］［英］霍布豪斯：《自由主义》，朱曾汶译，商务印书馆 1996 年版。

［100］［英］霍布斯：《利维坦》，黎思复、黎廷弼译，商务印书馆 1985 年版。

［101］［英］以赛亚·柏林：《自由论》，胡传胜译，译林出版社 2011 年版。

［102］［英］约翰·埃默里克·爱德华·达尔伯格 - 阿克顿：《自由与权力》，侯健等译，译林出版社 2014 年版。

［103］［英］约翰·洛克：《政府论》（下篇），叶启芳、瞿菊农译，商务印书馆 1964 年版。

［104］［英］约翰·穆勒：《论自由》，孟凡礼译，广西师范大学出版社 2011 年版。

（二）论文类

［1］白维军：《我国灾害风险补偿多元化机制的制度架构——从社会保障的全景出发》，载《甘肃行政学院学报》2010 年第 4 期。

［2］宾凯：《系统论观察下的紧急权：例行化与决断》，载《法学家》2021 年第 4 期。

［3］宾凯：《重大突发事件的系统治理与法治》，载《国家检察官学院学报》2020 年第 6 期。

［4］蔡从燕：《〈对外关系法〉：六点评论》，载《国际法研究》2024 年第 2 期。

［5］蔡立辉、龚鸣：《整体政府：分割模式的一场管理革命》，载《学术研究》2010 年第 5 期。

［6］曹海峰：《新时期加快推进我国消防救援队伍体系建设的思考》，载《行政管理改革》2019 年第 8 期。

［7］曹旭东、刘训东：《职权交叉点避责：地方立法中的部门利益博弈》，载《地方立法研究》2022 年第 1 期。

［8］曹译文：《综合运输立法与多式联运立法的协调向度》，载《河北法学》2019年第1期。

［9］陈伯礼、莫征：《我国行政组织法法律功能异化问题研究》，载《理论与改革》2015年第1期。

［10］陈昶屹：《论"促进型立法"的形成背景》，载《北京行政学院学报》2005年第1期。

［11］陈德敏、谢忠洲：《论行政公益诉讼中"不履行法定职责"之认定》，载《湖南师范大学社会科学学报》2020年第1期。

［12］陈海嵩：《风险预防原则的法理重述——以风险规制为中心》，载高鸿钧、邓海峰主编：《清华法治论衡》（第24辑），清华大学出版社2015年版。

［13］陈海嵩：《雾霾应急的中国实践与环境法理》，载《法学研究》2016年第4期。

［14］陈海嵩：《自然灾害防治中的环境法律问题》，载《时代法学》2008年第4期。

［15］陈家建、张洋洋：《"非对称权责"结构与社区属地化管理》，载《社会学评论》2021年第3期。

［16］陈景辉：《法典化与法体系的内部构成》，载《中外法学》2022年第5期。

［17］陈朋：《"显绩"与"潜绩"失衡的原因及表现》，载《人民论坛》2021年第9期。

［18］陈朋：《容错与问责的逻辑理路及其合理均衡》，载《求实》2019年第1期。

［19］陈强、凌郡鸿、邱顺添：《〈欧盟Natech风险管理框架〉下的环境风险管理体系及其对我国的启示》，载《环境科学研究》2024年第5期。

［20］陈越峰：《防汛与人身自由——以"强制转移权"设定的合法性分析为例》，载《行政法学研究》2010年第1期。

［21］陈振明：《党和国家机构改革与国家治理现代化——机构改革的演化、动因与效果》，载《行政论坛》2023年第5期。

［22］陈征：《德国〈基本法〉与"废除死刑"》，载《国家检察官学院学报》2014年第5期。

［23］陈征：《国家从事经济活动的宪法界限——以私营企业家的基本权利为视角》，载《中国法学》2011年第1期。

［24］陈征：《基本权利的国家保护义务功能》，载《法学研究》2008年第1期。

［25］陈征：《简析宪法中的效率原则》，载《北京联合大学学报（人文社会科学版）》2014年第4期。

［26］陈征：《论比例原则对立法权的约束及其界限》，载《中国法学》2020年第3期。

［27］陈征：《宪法基本权利的中国特色》，载《荆楚法学》2023年第3期。

［28］陈征：《宪法中的禁止保护不足原则——兼与比例原则对比论证》，载《法学研究》2021年第4期。

［29］陈征：《征收补偿制度与财产权社会义务调和制度》，载《浙江社会科学》2019年第11期。

［30］成协中：《风险社会中的决策科学与民主——以重大决策社会稳定风险评估为例的分析》，载《法学论坛》2013年第1期。

［31］程卫帅、纪昌明、刘丹：《蓄滞洪区运用补偿办法存在的问题及对策建议》，载《人民长江》2007年第6期。

［32］初建宇、苏幼坡：《构建我国综合防灾法律体系的探讨——源于汶川地震的思考》，载《防灾科技学院学报》2009年第1期。

［33］褚蓥：《政府购买服务中的沉没成本"二难命题"及其对策》，载《华南师范大学学报（社会科学版）》2017年第1期。

［34］崔永东：《预防灾害法制的基本理论及相关立法问题研究》，载《法治研究》2013年第9期。

［35］代海军：《我国〈突发事件应对法〉修改研究》，载《行政管理改革》2021年第1期。

［36］代海军：《新时代应急管理法治化的生成逻辑、内涵要义与实践展开》，载《中共中央党校（国家行政学院）学报》2023年第4期。

［37］邓峰：《领导责任的法律分析——基于董事注意义务的视角》，载《中国社会科学》2006年第3期。

［38］邓晓兰、黄显林、杨秀：《积极探索建立生态补偿横向转移支付制度》，载《经济纵横》2013年第10期。

［39］丁辉侠、夏梦寅：《治理锦标赛何以影响地方政策创新扩散？——以全国社区治理和服务创新实验区为例》，载《学习论坛》2024年第3期。

［40］董文勇：《论基础性卫生立法的定位：价值、体系及原则》，载《河北法学》2015年第2期。

［41］杜强强：《议行合一与我国国家权力配置的原则》，载《法学家》2019年第1期。

[42]杜群:《"生态减灾法"的概念构成——兼论"生态保护法"与"自然灾害法"的协同法域》,载吕忠梅主编:《环境资源法论丛》(第 13 卷),法律出版社 2021 年版。

[43]杜霞、耿雷华:《蓄滞洪区生态补偿研究》,载《人民黄河》2011 年第 11 期。

[44]杜兴军:《新时代社会应急救援力量建设研究》,载《中国应急管理科学》2022 年第 10 期。

[45]杜仪方:《从"三鹿事件"看我国行政不作为赔偿的法律空间——兼论〈国家赔偿法(修正案草案)〉的相关规定》,载《现代法学》2009 年第 3 期。

[46]杜仪方:《政府在应对自然灾害中的预见可能性——日本国家责任的视角》,载《环球法律评论》2017 年第 1 期。

[47]杜仪方等:《行政不作为的监督与救济研究》,载《政府法制研究》2017 年第 9 期。

[48]段沁:《国家目标条款的规范力——以德国宪法为借镜》,载《中国法律评论》2023 年第 5 期。

[49]范进学:《"共同富裕"的宪法表达:自由平等共享与法治国》,载《交大法学》2022 年第 6 期。

[50]方印、陈浩:《我国防灾减灾思想理念的历史考梳及修法意义》,载《贵州大学学报(社会科学版)》2017 年第 6 期。

[51]方印、兰美海:《我国〈防灾减灾法〉的立法背景及意义》,载《贵州大学学报(社会科学版)》2011 年第 2 期。

[52]方印、兰美海:《我国防灾减灾法的性质与地位问题初探》,载《灾害学》2013 年第 1 期。

[53]方印:《论我国防灾减灾法的基本原则》,载《贵州警官职业学院学报》2013 年第 2 期。

[54]方印:《灾害法学基本问题思考》,载《法治研究》2014 年第 1 期。

[55]丰霏、王霞:《论见义勇为的奖金激励条款》,载《当代法学》2010 年第 3 期。

[56]封丽霞:《部门联合立法的规范化问题研究》,载《政治与法律》2021 年第 3 期。

[57]冯珏:《安全保障义务与不作为侵权》,载《法学研究》2009 年第 4 期。

[58]冯颜利:《主权与人权解读——从生存权和发展权是首要人权的观点而言》,载《政治学研究》2006 年第 3 期。

[59]付英:《自然资源部语境下的自然资源统一立法研究——初论自然资源法通

则》，载《中国国土资源经济》2018年第5期。

［60］高秦伟：《论行政法上的第三方义务》，载《华东政法大学学报》2014年第1期。

［61］高汝熹、罗守贵：《大城市灾害事故综合管理模式研究》，载《中国软科学》2002年第3期。

［62］高小平、刘一弘：《应急管理部成立：背景、特点与导向》，载《行政法学研究》2018年第5期。

［63］高小平、张强：《再综合化：常态与应急态协同治理制度体系研究》，载《行政论坛》2021年第1期。

［64］高小平：《中国特色应急管理体系建设的成就和发展》，载《中国行政管理》2008年第11期。

［65］葛懿夫等：《韧性视角下的综合防灾减灾规划研究》，载《灾害学》2022年第1期。

［66］龚向和：《国家义务是公民权利的根本保障——国家与公民关系新视角》，载《法律科学（西北政法大学学报）》2010年第4期。

［67］巩固：《政府激励视角下的〈环境保护法〉修改》，载《法学》2013年第1期。

［68］郭春明：《论国家紧急权力》，载《法律科学》2003年第5期。

［69］郭曰君、吕铁贞：《论社会保障权》，载《青海社会科学》2007年第1期。

［70］韩春晖：《行政决策终身责任追究制的法律难题及其解决》，载《中国法学》2015年第6期。

［71］韩兆柱、杨洋：《整体性治理理论研究及应用》，载《教学与研究》2013年第6期。

［72］郝铁川：《我国国民经济和社会发展规划具有法律约束力吗？》，载《学习与探索》2007年第2期。

［73］何平：《我国受救助者主体地位之反思与重塑——从弱势群体到权利主体》，载《东方法学》2012年第6期。

［74］何翔舟、金潇：《公共治理理论的发展及其中国定位》，载《学术月刊》2014年第8期。

［75］贺东航、孔繁斌：《中国公共政策执行中的政治势能——基于近20年农村林改政策的分析》，载《中国社会科学》2019年第4期。

［76］贺芒、陈彪：《"评比表彰"项目的地方执行逻辑：一个组织理论分析视角》，

载《中国行政管理》2020 年第 11 期。

［77］洪尚群、胡卫红：《论"谁受益，谁补偿"原则的完善与实施》，载《环境科学与技术》2000 年第 4 期。

［78］胡川宁：《德国社会国家原则及其对我国的启示》，载《社会科学研究》2015 年第 3 期。

［79］胡建华、钟刚华：《跨区域公共危机协同治理的实践考察与创新模式研究》，载《地方治理研究》2022 年第 1 期。

［80］胡建华：《跨区域公共危机的治理逻辑与合作机制构建》，载《社会科学辑刊》2022 年第 2 期。

［81］胡建淼、杜仪方：《依职权行政不作为赔偿的违法判断标准——基于日本判例的钩沉》，载《中国法学》2010 年第 1 期。

［82］胡建淼、胡茂杰：《行政行为两分法的困境和出路——"一般行政处分"概念的引入和重构》，载《浙江大学学报（人文社会科学版）》2020 年第 6 期。

［83］胡建淼、郑春燕：《论行政领导人行政责任的准确认定》，载《浙江大学学报（人文社会科学版）》2004 年第 6 期。

［84］胡婧、朱福惠：《论行政公益诉讼诉前程序之优化》，载《浙江学刊》2020 年第 2 期。

［85］胡丽条、高越、倪平等：《我国沿海地区台风引发的工业企业 Natech 风险评估》，载《灾害学》2021 年第 3 期。

［86］胡玉鸿：《习近平法治思想中生存权理论研究》，载《苏州大学学报（哲学社会科学版）》2021 年第 2 期。

［87］胡玉鸿：《尊重·体面·平等：习近平法治思想中有关尊严的论述》，载《东方法学》2022 年第 4 期。

［88］胡元聪：《我国法律激励的类型化分析》，载《法商研究》2013 年第 4 期。

［89］胡正良、曹译文：《我国"综合交通运输法"立法宗旨的价值探析》，载《学术交流》2019 年第 2 期。

［90］华德波：《论行政公益诉讼中行政机关"尽责履职"的界定——以最高检指导性案例第 49 号为切入点》，载 2021 年《"检察指导性案例应用"研讨会论文集》。

［91］黄宇骁：《行政法上的客观法与主观法》，载《环球法律评论》2022 年第 1 期。

［92］黄忠顺：《再论诉讼实施权的基本界定》，载《法学家》2018 年第 1 期。

［93］季晨溦：《论区域行政协议的法律效力及强化对策》，载《江苏大学学报（社

会科学版）》2022 年第 2 期。

［94］贾锋:《论社会救助权国家义务之逻辑证成与体系建构》,载《西北大学学报（哲学社会科学版）》2014 年第 1 期。

［95］贾若祥:《我国区域间横向转移支付刍议》,载《宏观经济管理》2013 年第 1 期。

［96］贾圣真:《行政任务视角下的行政组织法学理革新》,载《浙江学刊》2019 年第 1 期。

［97］贾圣真:《政府机构改革与法律环境的互动与协调》,载《行政法学研究》2021 年第 5 期。

［98］贾义猛:《大部门体制改革:从探索实行到坚定推进——以铁路和交通运输行政管理体制改革为例》,载《行政管理改革》2011 年第 11 期。

［99］江必新、黄明慧:《论紧急行政权的限度》,载《行政法学研究》2022 年第 5 期。

［100］江必新、梁凤云:《物权法中的若干行政法问题》,载《中国法学》2007 年第 3 期。

［101］江必新:《紧急状态与行政法治》,载《法学研究》2004 年第 2 期。

［102］江必新:《论责追责》,载《理论视野》2015 年第 1 期。

［103］江必新:《行政程序正当性的司法审查》,载《中国社会科学》2012 年第 7 期。

［104］姜晗琳等:《关于进一步完善蓄滞洪区补偿机制的思考》,载《水利发展研究》2024 年第 8 期。

［105］蒋悟真:《我国社会救助立法理念及其维度——兼评〈社会救助法（征求意见稿）〉的完善》,载《法学家》2013 年第 6 期。

［106］焦海涛:《论"促进型"经济法的功能与结构》,载《政治与法律》2009 年第 8 期。

［107］焦海涛:《论"促进型"经济法的运行机制》,载《东方法学》2011 年第 5 期。

［108］焦艳鹏:《领域型法典编纂中法律责任的设定——以生态环境法典为例》,载《法制与社会发展》2023 年第 1 期。

［109］接婧:《国际学术界对鲁棒性的研究》,载《系统工程学报》2005 年第 2 期。

［110］金成波:《论应急征用制度的构建》,载《河南社会科学》2021 年第 4 期。

［111］金健:《论应急行政组织的效能原则》,载《法学家》2021 年第 3 期。

［112］金燚:《论过失犯注意义务的具体化》,载《清华法学》2022 年第 6 期。

［113］金昱茜:《论我国社会救助法中的制度兜底功能》,载《行政法学研究》2022 年第 3 期。

［114］靳文辉:《论公共规制的"情境化"实施》,载《甘肃政法大学学报》2024 年第 2 期。

［115］赖诗攀:《问责、惯性与公开:基于 97 个公共危机事件的地方政府行为研究》,载《公共管理学报》2013 年第 2 期。

［116］劳东燕:《罪责的客观化与期待可能性理论的命运》,载《现代法学》2008 年第 5 期。

［117］雷磊:《法典化的三重视角》,载《法制与社会发展》2023 年第 2 期。

［118］雷磊:《立法的特性——从阶层构造论到原则权衡理论》,载《学术月刊》2020 年第 1 期。

［119］李高协:《关于重复立法问题的思考》,载《人大研究》2021 年第 10 期。

［120］李瑰华:《行政公益诉讼中行政机关"依法履职"的认定》,载《行政法学研究》2021 年第 5 期。

［121］李海平:《基本权利的国家保护:从客观价值到主观权利》,载《法学研究》2021 年第 4 期。

［122］李华强:《自然灾害防灾减灾社会化中的公众参与:一个阶段化路径模型》,载《中国行政管理》2021 年第 6 期。

［123］李开孟:《风险社会与社会稳定风险评估》,载《中国工程咨询》2013 年第 2 期。

［124］李克杰:《〈立法法〉修改:点赞与检讨——兼论全国人大常委会立法的"部门化"倾向》,载《东方法学》2015 年第 6 期。

［125］李利文:《模糊性公共行政责任的清晰化运作——基于河长制、湖长制、街长制和院长制的分析》,载《华中科技大学学报(社会科学版)》2019 年第 1 期。

［126］李龙亮:《中国自然资源立法的反思及其完善》,载《资源科学》2008 年第 4 期。

［127］李平、竺家哲:《组织韧性:最新文献评述》,载《外国经济与管理》2021 年第 3 期。

［128］李声宇、祁凡骅:《督查何以发生:一个组织学的分析框架》,载《北京行政学院学报》2018 年第 4 期。

［129］李欣欣、滕五晓：《敏捷治理：发展脉络及其在应急管理领域中的研究展望》，载《城市问题》2023 年第 2 期。

［130］李亚、翟国方、顾福妹：《城市基础设施韧性的定量评估方法研究综述》，载《城市发展研究》2016 年第 6 期。

［131］李一行、刘兴业：《自然灾害防治综合立法研究：定位、理念与制度》，载《灾害学》2019 年第 4 期。

［132］李一行、邢爱芬：《总体国家安全观视域下自然灾害综合防治立法研究》，载《北方法学》2021 年第 5 期。

［133］李永军：《民法典总则的立法技术及由此决定的内容思考》，载《比较法研究》2015 年第 3 期。

［134］栗燕杰：《社会救助领域的公众参与：原理、规范与实践》，载《社会保障评论》2018 年第 3 期。

［135］梁君瑜：《公物利用性质的反思与重塑——基于利益属性对应权利（力）性质的分析》，载《东方法学》2016 年第 3 期。

［136］廖艳：《论我国灾害治理共同体建设的法治保障》，载《湖南大学学报（社会科学版）》2023 年第 4 期。

［137］廖艳：《灾民权利保障的法理基础与实践检视》，载《政法论丛》2019 年第 4 期。

［138］林鸿潮、栗燕杰：《我国应急预案特点及建设方针探讨》，载《中国应急管理》2009 年第 7 期。

［139］林鸿潮、刘辉：《统分式齐抓共管：生成逻辑、运行机制和制度改进》，载《政治学研究》2024 年第 1 期。

［140］林鸿潮、刘文浩：《"常规—应急"混合状态对传统应急模式的挑战及其回应》，载《中南民族大学学报（人文社会科学版）》2024 年 1 月 19 日中国知网网络首发。

［141］林鸿潮、刘文浩：《在法治轨道上推进国家综合性消防救援队伍专业化职业化建设》，载《中国应急管理》2023 年第 11 期。

［142］林鸿潮、王筝：《地震速报预警的法律挑战——政企关系、风险与责任》，载《行政法学研究》2016 年第 4 期。

［143］林鸿潮、詹承豫：《非常规突发事件应对与应急法的重构》，载《中国行政管理》2009 年第 7 期。

［144］林鸿潮、赵艺绚：《"十四五"时期应急管理法律体系建设的重点》，载《中

国安全生产》2021年第2期。

[145] 林鸿潮、赵艺绚：《应急管理领域新一轮修法的基本思路和重点》，载《新疆师范大学学报（哲学社会科学版）》2020年第6期。

[146] 林鸿潮、赵艺绚：《制定〈自然灾害防治法〉的几个基本问题》，载《中国安全生产》2019年第10期。

[147] 林鸿潮：《党政机构融合与行政法的回应》，载《当代法学》2019年第4期。

[148] 林鸿潮：《公共危机管理问责制中的归责原则》，载《中国法学》2014年第4期。

[149] 林鸿潮：《公共应急管理中的横向府际关系探析》，载《中国行政管理》2015年第1期。

[150] 林鸿潮：《论公民的社会保障权与突发事件中的国家救助》，载《行政法学研究》2008年第1期。

[151] 林鸿潮：《论应急预案的性质和效力——以国家和省级预案为考察对象》，载《法学家》2009年第2期。

[152] 林鸿潮：《履行行政职责的作为可能性》，载《法学研究》2022年第6期。

[153] 林鸿潮：《我国非常规突发事件国家救助标准制度之完善——以美国"9·11事件"的救助经验为借鉴》，载《法商研究》2015年第2期。

[154] 林鸿潮：《重大突发事件应对中的政治动员与法治》，载《清华法学》2022年第2期。

[155] 林鸿潮：《重大行政决策社会稳评体制的批判与重构》，载《行政法学研究》2018年第3期。

[156] 林明昕：《基本国策之规范效力及其对社会正义之影响》，载《台大法学论丛》2016年第45卷特刊。

[157] 林慕华、马骏：《中国地方人民代表大会预算监督研究》，载《中国社会科学》2012年第6期。

[158] 凌维慈：《比较法视野中的八二宪法社会权条款》，载《华东政法大学学报》2012年第6期。

[159] 刘超：《环境行政公益诉讼诉前程序省思》，载《法学》2018年第1期。

[160] 刘定湘、刘敏：《蓄滞洪区生态补偿若干问题分析》，载《水利经济》2014年第5期。

[161] 刘飞：《试论民营化对中国行政法制之挑战——民营化浪潮下的行政法思

考》，载《中国法学》2009年第2期。

［162］刘风景：《促进型立法的实践样态与理论省思》，载《法律科学（西北政法大学学报）》2022年第6期。

［163］刘风景：《审慎立法的伦理建构及实现途径》，载《法学》2020年第1期。

［164］刘风景：《文明行为促进立法的目标与路径》，载《北京联合大学学报（人文社会科学版）》2020年第4期。

［165］刘继同：《国家、社会与市场关系：欧美国家福利理论建构与核心争论议题》，载《社会科学研究》2018年第4期。

［166］刘剑文、胡翔：《"领域法"范式适用：方法提炼与思维模式》，载《法学论坛》2018年第4期。

［167］刘剑文：《论领域法学：一种立足新兴交叉领域的法学研究范式》，载《政法论丛》2016年第5期。

［168］刘杰：《寻找部门合成的"最大公约数"——政府机构改革中的集成逻辑研究》，载《政治学研究》2023年第1期。

［169］刘丽莉、刘志鹏：《纵向政府间信息不对称如何缓解？——以脱贫攻坚为例》，载《公共行政评论》2021年第4期。

［170］刘明慧、章润兰：《财政转移支付、地方财政收支决策与相对贫困》，载《财政研究》2021年第4期。

［171］刘品、杨柠、李淼：《蓄滞洪区常态化补偿机制研究》，载《水利发展研究》2022年第1期。

［172］刘权：《适当性原则的适用困境与出路》，载《政治与法律》2016年第7期。

［173］刘莘：《行政应急性原则的基础理念》，载《法学杂志》2012年第9期。

［174］刘圣中：《临时组织———体化行政与官僚制缺陷下的组织安排》，载《江苏行政学院学报》2007年第3期。

［175］刘思宇：《"评比表彰"的激励逻辑——基于创建全国文明城市的考察》，载《中国行政管理》2019年第2期。

［176］刘铁民：《应急预案重大突发事件情景构建——基于"情景—任务—能力"应急预案编制技术研究之一》，载《中国安全生产科学技术》2002年第4期。

［177］刘文生：《机构改革：用变革回应变革时代》，载《中国医院院长》2018年第8期。

［178］刘霞、严晓、刘世宏：《非常规突发事件的性质和特征探析》，载《北京

航空航天大学学报（社会科学版）》2011年第3期。

［179］刘小青、任丙强：《环境政策执行模式的转换过程与逻辑——基于北京市河长制的个案分析》，载《新视野》2023年第6期。

［180］刘馨宇：《宪法社会权性质的教义学探析》，载《中外法学》2022年第3期。

［181］刘星：《预警响应缘何失灵：基于应急管理过程论的一个解释框架——德国洪灾与河南暴雨的启示》，载《云南民族大学学报（哲学社会科学版）》2022年第6期。

［182］刘雪松、王晓琼：《自然灾害的释义及伦理省思——人类中心主义的反思和修正》，载《自然灾害学报》2006年第6期。

［183］刘艳：《新时代蓄滞洪补偿制度建构的逻辑转变与对策建议》，载《中国人口·资源与环境》2023年第10期。

［184］刘一弘：《应急管理制度：结构、运行和保障》，载《中国行政管理》2020年第3期。

［185］刘一弘、高小平：《风险社会的第三种治理形态——"转换态"的存在方式与政府应对》，载《政治学研究》2021年第4期。

［186］刘艺：《构建行政公益诉讼的客观诉讼机制》，载《法学研究》2018年第3期。

［187］刘云生、潘亚飞：《自然灾害统一立法中的道德、政策与法律——兼评〈中国防灾减灾基本法立法问题研究〉的目标定位及体系构建》，载《兴义民族师范学院学报》2017年第1期。

［188］刘志欣：《政府应急预案的效力定位研究》，载《灾害学》2014年第2期。

［189］柳斌杰：《关于〈中华人民共和国基本医疗卫生与健康促进法（草案）〉的说明》，载《中华人民共和国全国人民代表大会常务委员会公报》2020年第1期。

［190］柳经纬：《标准与法律的融合》，载《政法论坛》2016年第6期。

［191］卢超：《从司法过程到组织激励：行政公益诉讼的中国试验》，载《法商研究》2018年第5期。

［192］卢盛峰、陈思霞、时良彦：《走向收入平衡增长：中国转移支付系统"精准扶贫"了吗？》，载《经济研究》2018年第11期。

［193］罗豪才、宋功德：《认真对待软法——公域软法的一般理论及其中国实践》，载《中国法学》2006年第2期。

［194］罗恒：《论军事领域法：概念提出与体系建构》，载《时代法学》2023年

第 1 期。

［195］吕健俊、陈柏峰：《基层权责失衡的制度成因与组织调适》，载《求实》2021 年第 4 期。

［196］吕艳辉：《行政给付限度论》，载《当代法学》2011 年第 2 期。

［197］吕忠梅：《〈环境保护法〉的前世今生》，载《政法论丛》2014 年第 5 期。

［198］吕忠梅：《环境法典编纂方法论：可持续发展价值目标及其实现》，载《政法论坛》2022 年第 2 期。

［199］吕忠梅：《中国环境法的转型——从后果控制到风险预防》，载《中国环境监察》2019 年第 Z1 期。

［200］马得勇、张志原：《观念、权力与制度变迁：铁道部体制的社会演化论分析》，载《政治学研究》2015 年第 5 期。

［201］马骏：《政治问责研究：新的进展》，载《公共行政评论》2009 年第 4 期。

［202］马原、常健：《生存权与发展权之间良性循环研究》，载《人权》2021 年第 3 期。

［203］梅扬：《紧急状态的概念流变与运作机理》，载《法制与社会发展》2023 年第 6 期。

［204］孟磊、李显冬：《自然资源基本法的起草与构建》，载《国家行政学院学报》2018 年第 4 期。

［205］孟磊：《区域合作协议的"立法同意"研究》，载《哈尔滨工业大学学报（社会科学版）》2024 年第 2 期。

［206］孟涛：《紧急权力法及其理论的演变》，载《法学研究》2012 年第 1 期。

［207］孟涛：《中国非常法律的形成、现状与未来》，载《中国社会科学》2011 年第 2 期。

［208］莫纪宏：《中国紧急状态法的立法状况及特征》，载《法学论坛》2003 年第 4 期。

［209］莫于川、梁爽：《关于完善中国的应急志愿服务法律保障体系之管见》，载《河北法学》2011 年第 5 期。

［210］莫于川：《公共危机管理的行政法治现实课题》，载《法学家》2003 年第 4 期。

［211］倪星、王锐：《权责分立与基层避责：一种理论解释》，载《中国社会科学》2018 年第 5 期。

[212] 钮敏、蒋洁：《我国灾害防减基本法的框架设计》，载《江苏社会科学》2010 年第 1 期。

[213] 欧阳静：《县域政府包干制：特点及社会基础》，载《中国行政管理》2020 年第 1 期。

[214] 欧阳静：《政治统合制及其运行基础——以县域治理为视角》，载《开放时代》2019 年第 2 期。

[215] 潘红艳：《巨灾保险试点问题解析及对策研究》，载《行政与法》2021 年第 2 期。

[216] 潘仪雯、骆晓龙等：《自然灾害引发危化品泄漏事故风险管理现状研究》，载《自然灾害学报》2023 年第 4 期。

[217] 庞明礼、陈念平：《科层运作中的督查机制：惯性、悖论与合理限度》，载《理论月刊》2021 年第 2 期。

[218] 彭錞：《再论行政应急性原则：内涵、证立与展开》，载《中国法学》2021 年第 6 期。

[219] 彭峰：《中国环境法法典化的困境与出路》，载《清华法学》2021 年第 6 期。

[220] 彭宇文：《理性主义的教育法法典化：理想与现实之间》，载《华东师范大学学报（教育科学版）》2022 年第 5 期。

[221] 皮曙初：《重构中国特色灾害损失补偿体系探讨》，载《保险研究》2013 年第 9 期。

[222] 戚建刚：《应急措施的行政法探讨》，载《人民检察》2020 年第 9 期。

[223] 齐爱民：《论信息法的地位与体系》，载《华中科技大学学报（社会科学版）》2006 年第 1 期。

[224] 秦奥蕾：《党内法规与国家立法关系中的机构编制法定化》，载《法学论坛》2021 年第 6 期。

[225] 任海涛：《教育法典总则编的体系构造》，载《东方法学》2021 年第 6 期。

[226] 任海涛：《论教育法体系化是法典化的前提基础》，载《湖南师范大学教育科学学报》2020 年第 6 期。

[227] 闪淳昌：《建设现代化应急管理体系的思考》，载《社会治理》2015 年第 1 期。

[228] 尚毓嵩：《机构改革背景下地质灾害防治的变革与重塑——以〈地质灾害防治条例〉的修改为中心》，载《中国政法大学学报》2020 年第 2 期。

［229］沈岿：《风险治理决策程序的应急模式——对防控甲型 H1N1 流感隔离决策的考察》，载《华东政法大学学报》2009 年第 5 期。

［230］沈岿：《论软法的有效性与说服力》，载《华东政法大学学报》2022 年第 4 期。

［231］沈岿：《论行政法上的效能原则》，载《清华法学》2019 年第 4 期。

［232］史培军、吕丽莉、汪明等：《灾害系统：灾害群、灾害链、灾害遭遇》，载《自然灾害学报》2014 年第 6 期。

［233］史宇鹏、李新荣：《公共资源与社会信任：以义务教育为例》，载《经济研究》2016 年第 5 期。

［234］史玉成：《流域水环境治理"河长制"模式的规范建构——基于法律和政治系统的双重视角》，载《现代法学》2018 年第 6 期。

［235］史玉成：《生态补偿制度建设与立法供给——以生态利益保护与衡平为视角》，载《法学评论》2013 年第 4 期。

［236］宋华琳：《标准规制与企业的标准合规》，载《吉林大学社会科学学报》2024 年第 2 期。

［237］宋华琳：《政府职能配置的合理化与法律化》，载《中国法律评论》2017 年第 3 期。

［238］宋维志：《数字法学真的来了吗？》，载《现代法学》2024 年第 1 期。

［239］宋维志：《运动式治理的常规化：方式、困境与出路——以河长制为例》，载《华东理工大学学报（社会科学版）》2021 年第 4 期。

［240］宋亚辉：《风险控制的部门法思路及其超越》，载《中国社会科学》2017 年第 10 期。

［241］苏娇妮、刘亚平：《政府任务中的组织属性、部门风格与行为逻辑分析——基于多个省直部门的比较与观察》，载《理论学刊》2024 年第 2 期。

［242］孙柏瑛、周保民：《政府注意力分配研究述评：理论溯源、现状及展望》，载《公共管理与政策评论》2022 年第 5 期。

［243］孙磊：《中国地震灾害管理的历史进路、变迁动力与现实挑战》，载《中国应急管理科学》2023 年第 11 期。

［244］孙世彦：《〈经济、社会、文化权利国际公约〉研究述评》，载《国际法研究》2014 年第 4 期。

［245］孙笑侠：《论行业法》，载《中国法学》2013 年第 1 期。

［246］孙佑海、王操：《乡村振兴促进法的法理阐释》，载《中州学刊》2021年第7期。

［247］谭达宗：《重大行政决策终身责任制的法律责任定位》，载《中国行政管理》2016年第8期。

［248］谭燕萍：《政府部门职能界定中的博弈分析——基于职能交叉现象的思考》，载《学术论坛》2008年第7期。

［249］汤善鹏、严海良：《地方立法不必要重复的认定与应对——以七个地方固废法规文本为例》，载《法制与社会发展》2014年第4期。

［250］汤啸天、李瑞昌：《我国应当建立"以风险为中心"的公共安全管理机制》，载《上海政法学院学报（法治论丛）》2017年第1期。

［251］陶鹏、童星：《我国自然灾害管理中的"应急失灵"及其矫正——从2010年西南五省（市、区）旱灾谈起》，载《江苏社会科学》2011年第2期。

［252］陶鹏：《论应急预案编制与管理的政策过程面向》，载《西南民族大学学报（人文社会科学版）》2021年第2期。

［253］陶鹏：《行动方案抑或政治符号：应急管理预案悖论及其超越》，载《南京社会科学》2013年第4期。

［254］陶振：《跨域公共危机治理中的府际联动：结构、类型与优化》，载《广西社会科学》2020年第7期。

［255］田先红：《基层信访治理中的"包保责任制"：实践逻辑与现实困境——以鄂中桥镇为例》，载《社会》2012年第4期。

［256］童星、陶鹏：《论我国应急管理机制的创新——基于源头治理、动态管理、应急处置相结合的理念》，载《江海学刊》2013年第2期。

［257］童星、张海波：《基于中国问题的灾害管理分析框架》，载《中国社会科学》2010年第1期。

［258］童星：《中国应急管理的演化历程与当前趋势》，载《公共管理与政策评论》2018年第6期。

［259］图们：《国防法是国防活动的典据》，载《法学杂志》1997年第3期。

［260］汪建昌：《区域行政协议：概念、类型及其性质定位》，载《华东经济管理》2012年第6期。

［261］汪劲：《从环境基本法的立法特征论我国〈环境保护法〉的修改定位》，载《中外法学》2004年第4期。

［262］汪习根、吴凡：《论中国对"发展权"的创新发展及其世界意义——以中国推动和优化与发展中国家的合作为例》，载《社会主义研究》2019年第5期。

［263］汪永成：《政府能力的结构分析》，载《政治学研究》2004年第2期。

［264］汪玉凯：《冷静看待"大部制"改革》，载《理论视野》2008年第1期。

［265］王灿发、傅学良：《论我国〈环境保护法〉的修改》，载《中国地质大学学报（社会科学版）》2011年第3期。

［266］王灿发：《地方人民政府对辖区内水环境质量负责的具体形式——"河长制"的法律解读》，载《环境保护》2009年第9期。

［267］王操：《碳中和立法：何以可能与何以可为》，载《东方法学》2022年第6期。

［268］王晨光、张怡：《〈基本医疗卫生与健康促进法〉的功能与主要内容》，载《中国卫生法制》2020年第2期。

［269］王春业、徐珮程：《论粤港澳大湾区合作中政府间协议及其法律效力》，载《港澳研究》2022年第1期。

［270］王达梅：《我国横向财政转移支付制度的政治逻辑与模式选择》，载《当代财经》2013年第3期。

［271］王佃利、吕俊平：《整体性政府与大部门体制：行政改革的理念辨析》，载《中国行政管理》2010年第1期。

［272］王佃利、史越：《跨域治理视角下的中国式流域治理》，载《新视野》2013年第5期。

［273］王刚、吴嘉莉：《城市韧性：理论渊源、定位张力与逻辑转变》，载《南京社会科学》2024年第2期。

［274］王贵松：《论法治国家的安全观》，载《清华法学》2021年第2期。

［275］王贵松：《行政裁量权收缩之要件分析——以危险防止型行政为中心》，载《法学评论》2009年第3期。

［276］王贵松：《行政活动法律保留的结构变迁》，载《中国法学》2021年第1期。

［277］王贵松：《作为利害调整法的行政法》，载《中国法学》2019年第2期。

［278］王红建：《论行政公益诉讼中不履行监督管理职责的认定标准》，载《河南财经政法大学学报》2022年第1期。

［279］王宏：《超越传统科层制：问责情境下领导指示的纠偏功能与优化路径》，载《领导科学》2021年第15期。

［280］王晖：《尧舜大洪水与中国早期国家的起源——兼论从"满天星斗"到黄

河中游文明中心的转变》，载《陕西师范大学学报（哲学社会科学版）》2005年第3期。

［281］王建平、李欢：《芦山地震心理危机干预"二次伤害"的法律控制——以张支蓉叠加性损害的心理援助义务法律化为视角》，载《理论与改革》2014年第6期。

［282］王建平、李军辰：《灾害应急预案供给与启动的法律效用提升——以"余姚水灾"中三个应急预案效用总叠加为视角》，载《南京大学学报（哲学·人文科学·社会科学）》2015年第4期。

［283］王建平、李臻：《功能叠加视角下城市减灾能力提升的法治路径》，载《华南师范大学学报（社会科学版）》2020年第4期。

［284］王建平、唐仪萱：《灾民身份的认定与灾后重建救助协调——以〈防震减灾法〉修改为视角》，载《中国司法》2008年第8期。

［285］王建平：《我国防灾减灾救灾综合机制的设想》，载《政法论丛》2017年第3期。

［286］王健、王鹏：《新一轮市场监管机构改革的特点、影响、挑战和建议》，载《行政管理改革》2018年第7期。

［287］王敬波：《面向整体政府的改革与行政主体理论的重塑》，载《中国社会科学》2020年第7期。

［288］王敬波：《统一市场监管的法治道路》，载《中国行政管理》2022年第10期。

［289］王锴、刘犇昊：《宪法总纲条款的性质与效力》，载《法学论坛》2018年第3期。

［290］王锴：《基本权利保护范围的界定》，载《法学研究》2020年第5期。

［291］王锴：《论宪法上的一般人格权及其对民法的影响》，载《中国法学》2017年第3期。

［292］王理万：《立法官僚化：理解中国立法过程的新视角》，载《中国法律评论》2016年第2期。

［293］王理万：《论作为宪法实施方式的促进型立法》，载《法学论坛》2024年第1期。

［294］王丽娜：《国家辅助性原则在中国自然灾害行政给付中的实施》，载《河北学刊》2011年第5期。

［295］王丽莎：《试论中国卫生基本法的制定》，载《中国医院管理》2013年第1期。

［296］王利明：《论编纂式法典化》，载《政治与法律》2023年第12期。

[297]王利明:《总分结构理论与我国民法典的编纂》,载《交大法学》2019年第3期。

[298]王鹭、肖文涛:《刚性管制—弹性管理—韧性治理:城市风险防控的逻辑转向及启示》,载《福建论坛(人文社会科学版)》2021年第5期。

[299]王鹏:《论强制转移权及其法律限制》,载《武汉理工大学学报(社会科学版)》2016年第4期。

[300]王峤、曾坚、臧鑫宇:《城市综合防灾中的韧性思维与非工程防灾策略》,载《天津大学学报(社会科学版)》2018年第6期。

[301]王青斌:《论执法保障与行政执法能力的提高》,载《行政法学研究》2012年第1期。

[302]王青斌:《行政不履责司法审查体系链的构建》,载《中国社会科学》2023年第11期。

[303]王清军:《环境行政公益诉讼中行政不作为的审查基准》,载《清华法学》2020年第2期。

[304]王权典:《论环境安全视角下的我国灾害防治法制建设》,载《自然灾害学报》2003年第3期。

[305]王世杰:《私人主张超个人利益的公权利及其边界》,载《法学家》2021年第6期。

[306]王天华:《主观公权利的观念与保护规范理论的构造》,载《政法论坛》2020年第1期。

[307]王万华:《重大行政决策中的公众参与制度构建》,载《中共浙江省委党校学报》2014年第5期。

[308]王锡锌、章永乐:《我国行政决策模式之转型——从管理主义模式到参与式治理模式》,载《法商研究》2010年第5期。

[309]王锡锌:《行政正当性需求的回归——中国新行政法概念的提出、逻辑与制度框架》,载《清华法学》2009年第2期。

[310]王晓:《国家治理视域下的文明行为地方立法现代化研究——以39个设区的市文明行为促进型立法为样本》,载《北京联合大学学报(人文社会科学版)》2019年第4期。

[311]王艳艳、李娜、俞茜等:《我国蓄滞洪区建设管理问题及措施研究》,载《中国防汛抗旱》2022年第4期。

［312］王艳艳、向立云：《〈全国蓄滞洪区建设与管理规划〉解读》，载《水利规划与设计》2013年第6期。

［313］王增文、陈馨旖、李耕：《有机团结视角下社会应急力量参与救援的现实困境与优化办法——以涿州水灾"邀请函乌龙事件"为例》，载《中国应急管理科学》2024年第5期。

［314］王增文、吴健、李晓琳：《巨灾保险参与主体行为的演化路径研究》，载《保险研究》2022年第9期。

［315］王振永：《实行"局队合一"凝聚监管执法合力——应急管理综合行政执法改革探讨》，载《中国应急管理》2022年第1期。

［316］魏陆：《人大预算监督效力评价和改革路径选择》，载《上海交通大学学报（哲学社会科学版）》2015年第1期。

［317］魏山峰：《安全生产双重预防机制相互关系研究》，载《中国安全科学学报》2023年第1期。

［318］文宏、杜菲菲：《专家参与危机决策何以可能：基于能力落差框架的分析》，载《暨南学报（哲学社会科学版）》2023年第7期。

［319］文军、胡秋爽：《城市韧性治理的不确定性困境及其应对》，载《福建论坛（人文社会科学版）》2024年第2期。

［320］闻丽：《科层化：科层制组织的理性与非理性》，载《理论月刊》2005年第12期。

［321］吴凯杰：《法典化背景下环境法基本制度的法理反思与体系建构》，载《法学研究》2024年第2期。

［322］吴园林：《我国省级人大预算监督制度建设40年：改革及其完善》，载《经济研究参考》2019年第19期。

［323］郗文倩：《汉代的罪己诏：文体与文化》，载《福建师范大学学报（哲学社会科学版）》2012年第5期。

［324］习近平：《坚定不移走中国特色社会主义法治道路为全面建设社会主义现代化国家提供有力法治保障》，载《求是》2021年第5期。

［325］夏金莱：《应急行政决策中公众参与机制的构建——以突发公共卫生事件应对为例》，载《法商研究》2021年第6期。

［326］夏明方：《继往开来：新时代中国灾害叙事的范式转换刍议》，载《史学集刊》2021年第2期。

［327］肖杰、郑国璋、郭政昇等：《明清小冰期鼎盛期气候变化及其社会响应》，载《干旱区资源与环境》2018 年第 6 期。

［328］谢立斌：《宪法社会权的体系性保障——以中德比较为视角》，载《浙江社会科学》2014 年第 5 期。

［329］谢增毅：《中国社会救助制度：问题、趋势与立法完善》，载《社会科学》2014 年第 12 期。

［330］熊淑娥：《日本灾害治理的动向、特点及启示——2018 年版〈防灾白皮书〉解读》，载《日本研究》2019 年第 2 期。

［331］熊伟：《法治视野下清理规范税收优惠政策研究》，载《中国法学》2014 年第 6 期。

［332］熊伟：《问题导向、规范集成与领域法学之精神》，载《政法论丛》2016 年第 6 期。

［333］熊樟林：《重大行政决策概念证伪及其补正》，载《中国法学》2015 年第 3 期。

［334］徐国利：《论行政问责的责任与归责原则》，载《上海行政学院学报》2017 年第 1 期。

［335］徐键：《功能主义视域下的行政协议》，载《法学研究》2020 年第 6 期。

［336］徐孟洲：《论经济社会发展规划与规划法制建设》，载《法学家》2012 年第 2 期。

［337］徐文新：《专家、利益集团与公共参与》，载《法律科学（西北政法大学学报）》2012 年第 3 期。

［338］徐岩、范娜娜、陈那波：《合法性承载：对运动式治理及其转变的新解释——以 A 市 18 年创卫历程为例》，载《公共行政评论》2015 年第 2 期。

［339］徐以祥：《行政法上请求权的理论构造》，载《法学研究》2010 年第 6 期。

［340］许安标：《加强公共卫生体系建设的重要法治保障——〈基本医疗卫生与健康促进法〉最新解读》，载《中国法律评论》2020 年第 3 期。

［341］薛刚凌、杨璇：《论政府发展职能与行政法回应》，载《行政法学研究》2023 年第 5 期。

［342］薛刚凌：《行政主体之再思考》，载《中国法学》2001 年第 2 期。

［343］薛澜、沈华、王郅强：《"7·23 重大事故"的警示——中国安全事故调查机制的完善与改进》，载《国家行政学院学报》2012 年第 2 期。

[344]薛澜、钟开斌:《突发公共事件分类、分级与分期:应急体制的管理基础》,载《中国行政管理》2005年第2期。

[345]鄢德奎:《生态补偿的制度实践与规范重塑——基于154份地方立法文本和规范性文件的实证分析》,载《法学评论》2024年第2期。

[346]严金明、王晓莉、夏方舟:《重塑自然资源管理新格局:目标定位、价值导向与战略选择》,载《中国土地科学》2018年第4期。

[347]颜昌武、杨华杰:《以"迹"为"绩":痕迹管理如何演化为痕迹主义》,载《探索与争鸣》2019年第11期。

[348]杨丹:《自然灾害援建中政府责任的法学分析——以社会保障为视角》,载《中国公共政策评论》2017年第2期。

[349]杨东:《论灾害对策立法——以日本经验为鉴》,载《法律适用》2008年第12期。

[350]杨昆:《蓄滞洪区公平发展问题探讨》,载《中国水利》2007年第17期。

[351]杨敏行、黄波、崔翀、肖作鹏:《基于韧性城市理论的灾害防治研究回顾与展望》,载《城市规划学刊》2016年第1期。

[352]杨思斌:《社会救助立法:国际比较视野与本土构建思路》,载《社会保障评论》2019年第3期。

[353]杨伟东:《推进行政组织管理的法治化》,载《中国行政管理》2014年第6期。

[354]杨晓萌:《中国生态补偿与横向转移支付制度的建立》,载《财经研究》2013年第2期。

[355]杨绪峰:《过失犯的结果回避可能性:规范构造与实践运用》,载《环球法律评论》2023年第4期。

[356]杨志、曹现强:《地方政策再创新的策略类型及生成机理——基于从"河长制"到"×长制"演化过程的追踪分析》,载《中国行政管理》2023年第7期。

[357]叶必丰:《论部门法的划分》,载《法学评论》1996年第3期。

[358]叶必丰:《区域合作协议的法律效力》,载《法学家》2014年第6期。

[359]叶必丰:《行政组织法功能的行为法机制》,载《中国社会科学》2017年第7期。

[360]衣永军、秦广秀、曹鹏飞:《海河流域蓄滞洪区运用补偿核查探究》,载《水利发展研究》2018年第4期。

［361］应松年：《巨灾冲击与我国灾害法律体系的完善》，载《中国应急管理》2010年第9期。

［362］应松年：《行政机关编制法的法律地位》，载《行政法学研究》1993年第1期。

［363］应松年：《中国行政程序法立法展望》，载《中国法学》2010年第2期。

［364］应验：《何为"党政领导干部"：基于党内法规的外延梳理与内涵阐析》，载《中国行政管理》2023年第9期。

［365］于安：《论国家应急基本法的结构调整——以〈突发事件应对法〉的修订为起点》，载《行政法学研究》2020年第3期。

［366］于安：《制定〈突发事件应对法〉的理论框架》，载《法学杂志》2006年第4期。

［367］余凌云：《现代行政法上的指南、手册和裁量基准》，载《中国法学》2012年第4期。

［368］喻中、钟爱萍：《灾害法学研究刍议》，载《桂海论丛》2000年第3期。

［369］原新利、龚向和：《我国公民物质帮助权的基本权利功能分析》，载《山东社会科学》2020年第2期。

［370］翟进、张海波：《巨灾的可持续恢复——"汶川地震"对口支援政策案例研究》，载《北京行政学院学报》2015年第1期。

［371］詹承豫、顾林生：《转危为安：应急预案的作用逻辑》，载《中国行政管理》2007年第5期。

［372］詹承豫、徐培洋：《基于目标导向的自然灾害防治公共责任划分逻辑研究》，载《灾害学》2024年5月23日中国知网网络首发。

［373］张桂蓉、雷雨、赵维：《自然灾害跨省域应急协同的生成逻辑》，载《中国行政管理》2022年第3期。

［374］张国磊、张新文：《制度嵌入、精英下沉与基层社会治理——基于桂南Q市"联镇包村"的个案考察》，载《公共管理学报》2017年第4期。

［375］张海波、牛一凡：《事故调查如何促进风险防范？——基于167份事故调查报告的实证分析》，载《行政论坛》2022年第2期。

［376］张海波、童星：《公共危机治理与问责制》，载《政治学研究》2010年第2期。

［377］张海波、童星：《中国应急管理结构变化及其理论概化》，载《中国社会科学》2015年第3期。

［378］张海波、童星：《中国应急管理效能的生成机制》，载《中国社会科学》2022年第4期。

［379］张海波、童星：《中国应急预案体系的优化——基于公共政策的视角》，载《上海行政学院学报》2012年第6期。

［380］张海波：《应急管理中的跨区域协同》，载《南京大学学报（哲学·人文科学·社会科学）》2021年第1期。

［381］张航：《行政法课予私人公役何以可能》，载《法学评论》2024年第4期。

［382］张红：《我国突发事件应急预案的缺陷及其完善》，载《行政法学研究》2008年第3期。

［383］张建刚、王珺：《北欧国家福利制度困境、演变趋势及其对我国实现共同富裕的启示》，载《上海经济研究》2023年第1期。

［384］张紧跟：《组织间网络理论：公共行政学的新视野》，载《武汉大学学报（哲学社会科学版）》2003年第4期。

［385］张俊香、黄崇福：《自然灾害区划与风险区划研究进展》，载《应用基础与工程科学学报》2004年12月增刊。

［386］张康之：《超越官僚制：行政改革的方向》，载《求索》2001年第3期。

［387］张琳：《论民营经济的激励型立法》，载《东方法学》2022年第3期。

［388］张敏纯：《党政协同视阈下的河长制体系定位与制度优化》，载《中南民族大学学报（人文社会科学版）》2022年第9期。

［389］张佩茹、赵秀哲：《越精细越低效？——政府部门职责分工与平衡的再思考》，载《领导科学》2022年第3期。

［390］张鹏、孙国光：《公务员职业倦怠成因及干预对策》，载《中国行政管理》2008年第10期。

［391］张强：《我国大部制改革的演进逻辑》，载《甘肃行政学院学报》2019年第5期。

［392］张守文：《信息权保护的信息法路径》，载《东方法学》2022年第4期。

［393］张守文：《政府与市场关系的法律调整》，载《中国法学》2014年第5期。

［394］张维平：《政府应急管理预警机制建设创新研究》，载《中国行政管理》2009年第8期。

［395］张翔：《财产权的社会义务》，载《中国社会科学》2012年第9期。

［396］张旭勇：《行政公益诉讼中"不依法履行职责"的认定》，载《浙江社会

科学》2020年第1期。

[397]张永泉：《必要共同诉讼类型化及其理论基础》，载《中国法学》2014年第1期。

[398]张雨田：《疫情防控中的应急征用补偿制度及其完善进路》，载《行政法学研究》2021年第5期。

[399]张玉磊：《跨界公共危机治理组织间网络：模式选择、现实挑战与构建路径》，载《长白学刊》2022年第4期。

[400]张袁：《行政公益诉讼中违法行政行为判断标准的实践检视与理论反思——以1021起裁判样本为考察对象》，载《行政法学研究》2022年第2期。

[401]张媛、孟耀斌、叶涛：《我国Natech事件分布规律及涉水Natech事件致因分析》，载《灾害学》2022年第1期。

[402]章楚加：《重大环境行政决策中的公众参与权利实现路径——基于权能分析视角》，载《理论月刊》2021年第5期。

[403]章志远：《部门行政法学历史使命的三重维度》，载《浙江学刊》2017年第4期。

[404]章志远：《司法判决中的行政不作为》，载《法学研究》2010年第5期。

[405]赵宏：《保护规范理论的误解澄清与本土适用》，载《中国法学》2020年第4期。

[406]赵宏：《主观公权利的历史嬗变与当代价值》，载《中外法学》2019年第3期。

[407]赵一诺、黄思齐、李尧远：《非常规灾害防治时空挑战纾解的敏捷路径》，载《灾害学》2022年第2期。

[408]赵英男：《行政基本法典总则部分"提取公因式"技术的困境与出路》，载《法律科学（西北政法大学学报）》2022年第6期。

[409]赵颖：《论公共应急行政补偿——以范围和程序为主》，载《理论与改革》2012年第1期。

[410]郑春燕：《行政任务变迁下的行政组织法改革》，载《行政法学研究》2008年第2期。

[411]郑功成：《应急管理部与灾害管理体制重构》，载《中国减灾》2018年第9期。

[412]郑雪梅：《生态转移支付——基于生态补偿的横向转移支付制度》，载《环

境经济》2006年第7期。

［413］郑玉双：《紧急状态下的法治与社会正义》，载《中国法学》2021年第2期。

［414］钟开斌：《从强制到自主：中国应急协调机制的发展与演变》，载《中国行政管理》2014年第8期。

［415］钟开斌：《控制性多层竞争：对口支援运作机理的一个解释框架》，载《甘肃行政学院学报》2018年第1期。

［416］钟开斌：《以复合型体制应对城市极端暴雨洪涝灾害》，载《探索与争鸣》2022年第12期。

［417］钟开斌：《找回"梁"——中国应急管理机构改革的现实困境及其化解策略》，载《中国软科学》2021年第1期。

［418］钟开斌：《中国应急管理体制的演化轨迹：一个分析框架》，载《新疆师范大学学报（哲学社会科学版）》2020年第6期。

［419］钟开斌：《中国应急预案体系建设的四个基本问题》，载《政治学研究》2012年第6期。

［420］钟雯彬：《〈突发事件应对法〉面临的新挑战与修改着力点》，载《理论与改革》2020年第4期。

［421］钟晓敏、岳瑛：《论财政纵向转移支付与横向转移支付制度的结合——由汶川地震救助引发的思考》，载《地方财政研究》2009年第5期。

［422］周黎安：《中国地方官员的晋升锦标赛模式研究》，载《经济研究》2007年第7期。

［423］周利敏、谭妙萍：《中国灾害治理：组织、制度与过程研究综述》，载《理论探讨》2021年第6期。

［424］周利敏、原伟麒：《迈向韧性城市的灾害治理——基于多案例研究》，载《经济社会体制比较》2017年第5期。

［425］周利敏：《灾害管理：国际前沿及理论综述》，载《云南社会科学》2018年第5期。

［426］周利敏：《韧性城市：风险治理及指标建构——兼论国际案例》，载《北京行政学院学报》2016年第2期。

［427］周伟、刘红春：《单一到综合：防灾减灾立法范式的转变》，载《学习与实践》2015年第2期。

［428］周骁然：《论环境法典总则编基本制度的构建理路》，载《苏州大学学报

（法学版）》2021 年第 4 期。

［429］周雪光：《基层政府间的"共谋现象"———个政府行为的制度逻辑》，载《社会学研究》2008 年第 6 期。

［430］周雪光：《运动型治理机制：中国国家治理的制度逻辑再思考》，载《开放时代》2012 年第 9 期。

［431］周志忍、蒋敏娟：《中国政府跨部门协同机制探析———个叙事与诊断框架》，载《公共行政评论》2013 年第 1 期。

［432］周志忍：《机构改革的回顾与展望》，载《公共管理与政策评论》2018 年第 5 期。

［433］朱华桂、曾向东：《监测预警体系建设与突发事件应急管理——以江苏为例》，载《江苏社会科学》2007 年第 3 期。

［434］朱明哲：《法典化模式选择的法理辨析》，载《法制与社会发展》2021 年第 1 期。

［435］朱新力：《行政不作为违法之国家赔偿责任》，载《浙江大学学报（人文社会科学版）》2001 年第 2 期。

［436］朱旭峰、赵慧：《政府间关系视角下的社会政策扩散——以城市低保制度为例（1993—1999）》，载《中国社会科学》2016 年第 8 期。

［437］朱雪莹、黄剑涛、林健富等：《深圳市巨灾保险落地效果抽样调查研究》，载《灾害学》2024 年第 1 期。

［438］朱勋克：《论综合减灾基本法的立法要义》，载《法学杂志》2002 年第 3 期。

［439］朱正威、吴佳：《中国应急管理的理念重塑与制度变革——基于总体国家安全观与应急管理机构改革的探讨》，载《中国行政管理》2019 年第 6 期。

［440］邹兵建：《过失犯中结果回避可能性的混淆与辨异》，载《中外法学》2021 年第 4 期。

［441］［德］哈特穆特·鲍尔：《国家的主观公权利——针对主观公权利的探讨》，赵宏译，载《财经法学》2018 年第 1 期。

［442］［德］哈特穆特·鲍尔：《新旧保护规范论》，王世杰译，载《财经法学》2019 年第 1 期。

［443］［德］罗伯特·阿列克西：《法的安定性与正确性》，宋旭光译、雷磊校，载《东方法学》2017 年第 3 期。

［444］［德］罗伯特·阿列克西：《宪法性法律与一般性法律——宪法诉讼与专业

法院诉讼》，杨贺译、张龑校，载宋晓主编：《中德法学论坛》（第 17 辑上卷），南京大学出版社 2020 年版。

［445］［德］延斯·克斯滕：《"基本法无须例外状态"》，段沁译，载《苏州大学学报（法学版）》2021 年第 1 期。

［446］［德］英格沃·埃布森：《德国〈基本法〉中的社会国家原则》，喻文光译，载《法学家》2012 年第 1 期。

［447］［美］戴维·R.戈德沙尔克：《城市减灾：创建韧性城市》，许婵译，载《国际城市规划》2015 年第 2 期。

［448］［美］戴维·斯特劳斯：《机会平等与结果平等截然不同吗？》，陈博译，载《残障权利研究》2015 年第 2 期。

［449］［挪］克里斯滕森 T.：《比较视野下的中国中央政府机构改革：视角、经验与反思》，陈思丞译，载《公共管理评论》2020 年第 1 期。

［450］［日］山本隆司：《客观法与主观权利》，王贵松译，载《财经法学》2020 年第 6 期。

［451］［日］太田匡彦：《行政分配的构造与程序》，鲁鹏宇译，载《公法研究》2016 年第 2 期。

［452］［日］星野英一：《私法中的人——以民法财产法为中心》，王闯译，载梁慧星主编：《民商法论丛》（第 8 卷），法律出版社 1997 年版。

［453］［英］西亚姆巴巴拉·伯纳德·曼耶纳：《韧性概念的重新审视》，张益章、刘海龙译，载《国际城市规划》2015 年第 2 期。

［454］［英］西明·达武迪：《韧性规划：纽带概念抑或末路穷途》，曹康、王金金、陶舒晨译，载《国际城市规划》2015 年第 2 期。

（三）报纸类

[1]《国务院调查组相关负责人就河南郑州"7·20"特大暴雨灾害调查工作答记者问》，载《光明日报》2022 年 1 月 22 日，第 3 版。

[2] 刘温馨：《用好普查成果 发挥普查效益》，载《人民日报》2024 年 5 月 9 日，第 6 版。

[3] 马爱平：《地震监测预报是如何实现的？》，载《科技日报》2016 年 4 月 20 日，第 4 版。

[4]王毅：《贯彻对外关系法，为新时代中国特色大国外交提供坚强法治保障》，载《人民日报》2023年6月29日，第6版。

[5]习近平：《充分发挥我国应急管理体系特色和优势　积极推进我国应急管理体系和能力现代化》，载《人民日报》2019年12月1日，第1版。

[6]姚晓霞、蔚欣欣：《推进〈交通运输法〉立法势在必行正当其时》，载《中国交通报》2022年5月9日，第3版。

[7]仲音：《生存权和发展权是首要的基本人权》，载《人民日报》2022年7月6日，第4版。

（四）网址及其他

[1]《"十四五"国家综合防灾减灾规划》，载中国政府网2022年6月19日，http://big5.www.gov.cn/gate/big5/www.gov.cn/zhengce/zhengceku/2022-07/22/5702154/files/bf76d221687d4cacab6128702df07c63.pdf。

[2]《登封一铝合金厂爆炸原因：水淹厂区，合金槽内高温溶液爆炸》，载新京报网2021年7月20日，https://www.bjnews.com.cn/detail/162674622814568.html。

[3]《发展权利宣言》，载国务院新闻办公室网站1986年12月4日，http://www.scio.gov.cn/ztk/dtzt/34102/35574/35577/Document/1534188/1534188.htm。

[4]《关于〈中华人民共和国自然灾害防治法（征求意见稿）〉的起草说明》，载应急管理部网站2022年7月4日，https://www.mem.gov.cn/gk/zfxxgkpt/fdzdgknr/202207/t20220704_417563.shtml。

[5]《关于向社会公开征求〈中华人民共和国自然灾害防治法（征求意见稿）〉意见的通知》，载应急管理部网站2022年7月4日，https://www.mem.gov.cn/gk/zfxxgkpt/fdzdgknr/202207/t20220704_417563.shtml。

[6]《关于印发〈沪苏浙城市结对合作帮扶皖北城市实施方案〉的通知》，载国家发展和改革委员会网站2021年12月8日，https://www.ndrc.gov.cn/xwdt/tzgg/202112/t20211208_1307087.html。

[7]《国家发展改革委：增发国债资金全部按项目管理》，载中国政府网2023年10月25日，https://www.gov.cn/lianbo/bumen/202310/content_6911864.htm。

[8]《国家防灾减灾救灾委员会办公室　应急管理部发布2023年全国自然灾害基本情况》，载中国政府网2024年1月21日，https://www.gov.cn/lianbo/

bumen/202401/content_6927328.htm。

［9］《国家卫生健康委：统筹安排 19 省对口支援湖北除武汉市外的 16 个市州及县级市》，载中国政府网 2020 年 2 月 11 日，https://www.gov.cn/xinwen/2020-02/11/content_5477116.htm。

［10］《国务院关于印发"十四五"国家应急体系规划的通知》，载中国政府网 2021 年 12 月 30 日，https://www.gov.cn/gongbao/content/2022/content_5675949.htm。

［11］《国务院机构改革方案》，载中国政府网 2018 年 3 月 17 日，https://www.gov.cn/guowuyuan/2018-03/17/content_5275116.htm。

［12］《河南郑州"7·20"特大暴雨灾害调查报告》，载应急管理部网站 2022 年 1 月 21 日，https://www.mem.gov.cn/gk/sgcc/tbzdsgdcbg/202201/P020220121639049697767.pdf。

［13］《凉山州金阳县"8·21"山洪灾害调查评估报告》，载四川省应急管理厅网站 2024 年 2 月 5 日，https://yjt.sc.gov.cn/scyjt/dcbg/2024/2/5/49ae58b90d1a4ff38f9bacbf1215620c/files/凉山州金阳县"8·21"山洪灾害调查评估报告.pdf。

［14］《柳州市人民检察院首次办理替代性修复民事公益诉讼案件》，载人民网 2022 年 3 月 15 日，http://gx.people.com.cn/n2/2022/0315/c400711-35174773.html。

［15］《民政部财政部关于〈中华人民共和国社会救助法（草案征求意见稿）〉公开征求意见的通知》，载中国政府网 2020 年 9 月 8 日，https://www.gov.cn/xinwen/2020-09/08/content_5541376.htm。

［16］《宁波市人民政府防汛防台抗旱指挥部公布 2022 年"市领导包县、县领导包乡"责任制名单》，载宁波市应急管理局网站 2022 年 7 月 25 日，http://yjglj.ningbo.gov.cn/art/2022/7/25/art_1229075260_58953319.html。

［17］《人民至上生命至上——安徽防汛救灾纪实》，载安徽省水利厅网站 2020 年 8 月 17 日，https://slt.ah.gov.cn/tsdw/swj/zhxw/119442431.html。

［18］《十四届全国人大常委会立法规划》，载中国人大网 2023 年 9 月 8 日，http://www.npc.gov.cn/npc/c2/c30834/202309/t20230908_431613.html。

［19］《汶川地震灾后恢复重建对口支援方案》，载中国政府网 2008 年 6 月 11 日，https://www.gov.cn/gongbao/content/2008/content_1025941.htm。

［20］《习近平在中央政治局第十九次集体学习时强调充分发挥我国应急管理体系特色和优势积极推进我国应急管理体系和能力现代化》，载新华网 2019 年 11 月 30 日，http://www.xinhuanet.com/politics/leaders/2019-11/30/c_1125292909.htm。

［21］《应急管理部发布2021年全国十大自然灾害》，载应急管理部网站2022年1月23日，https://www.mem.gov.cn/xw/yjglbgzdt/202201/t20220123_407199.shtml。

［22］《云南：省政府审议通过〈加强基层消防力量建设工作实施方案〉》，载国家消防救援局网站2022年8月12日，https://www.119.gov.cn/article/49TeZ8CpN6f。

［23］《中共中央 国务院关于推进防灾减灾救灾体制机制改革的意见》，载中国政府网2017年1月10日，https://www.gov.cn/zhengce/2017-01/10/content_5158595.htm。

［24］《中共中央印发〈深化党和国家机构改革方案〉》，载中国政府网2018年3月21日，https://www.gov.cn/zhengce/202203/content_3635301.htm#1。

［25］《中国发布丨河南郑州暴雨致市内通信基站大面积退服 抢修恢复紧张进行中》，载中国网2021年7月21日，http://news.china.com.cn/txt/2021-07-21/content_77642461.htm。

［26］《中华人民共和国自然灾害防治法（征求意见稿）》，载应急管理部网站2022年7月4日，https://www.mem.gov.cn/gk/zfxxgkpt/fdzdgknr/202207/t20220704_417563.shtml。

［27］《中华人民共和国2023年国民经济和社会发展统计公报》，载中国政府网2024年2月29日，https://www.gov.cn/lianbo/bumen/202402/content_6934935.htm。

［28］《重庆市巫溪县"6·23"滑坡灾害调查报告》，载重庆市应急管理局网站2024年1月19日，http://yjj.cq.gov.cn/zwxx_230/bmdt/sjdt/202301/P020230129422639136527.pdf。

［29］《综合交通法规体系2035年基本建成六大系统支撑交通运输一体化发展》，载中国政府网2021年1月12日，https://www.gov.cn/xinwen/2021-01/12/content_5579131.htm。

［30］陈晨、蒋晓芳：《压实"河长制"责任守牢防汛"金标准"》，载大河网2023年7月13日，https://news.dahe.cn/2023/07-13/1269650.html。

［31］江竹轩：《谨防包保成为"甩责包袱"》，载兵团日报网2023年3月27日，http://epaper.bingtuannet.com/pc/cont/202303/27/c1040593.html。

［32］任册：《法院调解小区污水处理有着落》，载搜狐网2017年7月22日，https://www.sohu.com/a/159071255_267106。

［33］山六五：《"包保"责任制不"误"正业》，载人民网2019年11月25日，http://dangjian.people.com.cn/n1/2019/1125/c117092-31473013.html。

［34］魏星：《全面深化落实河长制湖长制抓实抓细抓好防汛各项工作》，载江西省人民政府网2023年5月19日，https://www.jiangxi.gov.cn/art/2023/5/19/art_395_4465453.html。

［35］温家宝：《政府工作报告——2005年3月5日在第十届全国人民代表大会第三次会议上》，载中国政府网2005年3月5日，https://www.gov.cn/gongbao/content/2005/content_158717.htm。

［36］向学笙：《"某长制"不是基层治理的"万能良药"》，载人民网2021年10月22日，http://opinion.people.com.cn/n1/2021/1022/c223228-32261749.html。

［37］应急管理部：《中央级储备库已储备900多万件救灾物资》，载光明网2023年7月25日，https://m.gmw.cn/2023-07-25/content_1303454128.htm。

［38］张春贤：《全国人民代表大会常务委员会执法检查组关于检查〈中华人民共和国消防法〉实施情况的报告》，载中国人大网2021年12月24日，http://www.npc.gov.cn/npc/c2/c30834/202112/t20211224_315562.html。

［39］张晓鸣：《加强"四个协同"，努力实现"四个提升"，长三角一体化应急管理协同发展取得新成效》，载文汇报官方网易号2022年4月9日，https://www.163.com/dy/article/IVBUC6OD05506BEH.html。

二、外文文献

［1］Erhard Denninger. Judicial Review Revisited: The German Experience. Tulane Law Review, 1984-1985, 59（4）.

［2］Gianluca Pescaroli, David Alexander. Understanding Compound, Interconnected, Interacting, and Cascading Risks: A Holistic Framework. Risk Analysis, 2018, 38（11）.

［3］Klingner D.E., Nalbandian J., Romzek B.S.. Politics, Administration and Markets: Conflicting Expectations of Accountability. American Review of Public Administration, 2002, 32（2）.

［4］Lino Munaretto. Der Vorbehalt des Möglichen Öffentliches Recht in begrenztenMöglichkeitsräumen. Mohr Siebeck, 2022.

［5］Michael J. Sandel. The constitution of the procedural republic: liberal rights and civic virtues. Fordham Law Review, 1997, 66（1）.

［6］Michel Rosenfeld, András Sajó. The Oxford Handbook of Comparative Constitutional Law. Oxford University Press, 2012.

［7］Naffine, Ngaire. Who are Law's Persons - From Cheshire Cats to Responsible Subjects. Modern Law Review, 2003, 66（3）.

［8］Robert Alexy. A Theory of Constitutional Rights. Translated by Julian Rivers, Oxford University Press, 2002.

［9］Romzek B. S.. Where the Buck Stops: Accountability in Reformed Public Organizations in Patricia. Jossey Buss, 1998.

［10］Ronald Dworkin. Justice for Hedgehogs. Harvard University Press, 2011.

［11］Ronald Dworkin. Sovereign Virtue: The Theory and Practice of Equality. Harvard University Press, 2002.

［12］Shafritz J.M.. The Facts on File Dictionary of Public Administration. Facts on File Publications, 1986.

［13］Terje Aven. The Call for a Shift from Risk to Resilience: What Does it Mean?, Risk Analysis, 2019(6).

［14］Xenophon Contiades, Alkmene Fotiadou. Social Rights in the Age of Proportionality: Global Economic Crisis and Constitutional Litigation. International Journal of Constitutional Law, 2012, 10（3）.

［15］Zhao D., Hu W.. Determinants of Public Trust in Government: Empirical Evidence from Urban China. International Review of Administrative Sciences, 2015, 83（2）.

图书在版编目（CIP）数据

自然灾害防治综合立法研究 / 林鸿潮等著． -- 北京：中国法治出版社，2025．3． -- ISBN 978-7-5216-5097-6

Ⅰ．D922.680.4

中国国家版本馆 CIP 数据核字第 2025GV5588 号

责任编辑：王雯汀　　　　　　　　　　　　　　封面设计：赵　博

自然灾害防治综合立法研究
ZIRAN ZAIHAI FANGZHI ZONGHE LIFA YANJIU

著者 / 林鸿潮等
经销 / 新华书店
印刷 / 北京虎彩文化传播有限公司
开本 / 710 毫米 × 1000 毫米　16 开　　　　　印张 / 27　字数 / 413 千
版次 / 2025 年 3 月第 1 版　　　　　　　　　2025 年 3 月第 1 次印刷

中国法治出版社出版
书号 ISBN 978-7-5216-5097-6　　　　　　　　定价：98.00 元

北京市西城区西便门西里甲 16 号西便门办公区
邮政编码：100053　　　　　　　　　　　　　传真：010-63141600
网址 http://www.zgfzs.com　　　　　　　　编辑部电话：010-63141824
市场营销部电话：010-63141612　　　　　　印务部电话：010-63141606
（如有印装质量问题，请与本社印务部联系。）